国际杜威教育思想研究丛书 ｜ 丛书主编 彭正梅

The Education of John Dewey
A Biography

教育人生

约翰·杜威传

[美] 杰伊·马丁（Jay Martin）◎著　杨光富 等◎译

华东师范大学出版社
上海

图书在版编目(CIP)数据

教育人生：约翰·杜威传/(美)杰伊·马丁著；杨光富等译. —上海：华东师范大学出版社,2020
ISBN 978-7-5760-0104-4

Ⅰ.①教… Ⅱ.①杰…②杨… Ⅲ.①杜威(Dewey,John 1859—1952)—传记 Ⅳ.①K837.125.46

中国版本图书馆 CIP 数据核字(2020)第 036489 号

THE EDUCATION OF JOHN DEWEY
by Jay Martin
Copyright © 2002 Jay Martin
Chinese Simplified translation copyright © 2019 by East China Normal University Press Ltd.
Published by arrangement with Columbia University Press through Bardon-Chinese Media Agency 博达著作权代理有限公司
ALL RIGHTS RESERVED

上海市版权局著作权合同登记 图字：09-2015-330 号

国际杜威教育思想研究丛书

教育人生：约翰·杜威传

著　者　[美]杰伊·马丁
译　者　杨光富 等
责任编辑　彭呈军
审读编辑　孙　娟
责任校对　王丽平
装帧设计　卢晓红

出版发行　华东师范大学出版社
社　　址　上海市中山北路 3663 号　邮编 200062
网　　址　www.ecnupress.com.cn
电　　话　021-60821666　行政传真 021-62572105
客服电话　021-62865537　门市(邮购)电话 021-62869887
地　　址　上海市中山北路 3663 号华东师范大学校内先锋路口
网　　店　http://ecnup.taobao.com/

印 刷 者　上海盛隆印务有限公司
开　　本　787毫米×1092毫米　1/16
印　　张　26
插　　页　4
字　　数　454 千字
版　　次　2020 年 12 月第 1 版
印　　次　2023 年 4 月第 2 次
书　　号　ISBN 978-7-5760-0104-4
定　　价　98.00 元

出 版 人　王　焰

(如发现本版图书有印订质量问题,请寄回本社客服中心调换或电话 021-62865537 联系)

本书献给我亲爱的海伦

"你让一切充满了爱"

哲学批判必须从激励哲学家的动机和兴趣出发,而不是从逻辑的一致性以及对真相的思考等角度出发。如果我们要研究哲学家的动机和兴趣,就必须强调传记的元素。因此,我们必须知道他的性情、个人问题、所处时代和个人偏好等。我们还必须注意到哲学家所处特殊社会的环境,以及他的(经历和)天生的敏感性。

——约翰·杜威,《哲学思想演讲录》

在他生命的最后时刻,杜威先生在哥伦比亚大学做了一场关于公共事务的演讲。当掌声平息时,他站起来,并没有鞠躬,而是告诫大家:做一名哲学家是需要勇气的。

——杰克·兰姆,《约翰·杜威:回顾》

主编前言

　　杜威(John Dewey，1859—1952)的一生与美国社会的不断转型密切相关。当杜威1859年出生时，美国还是个农业社会，教会还是社会的精神领袖，教育也主要由教会控制。但当他1952年去世时，美国已经是领先的工业强国和一流的教育强国，拥有最为强大的经济实力和军事力量。杜威一生见证了美国不断转型：从教会主导社会到拥有大型组织社会；从宗教知识主导到科学主导；从精英共和到人民民主；从乡村社会到具有世界竞争力的国家，并发展为全球超级大国。美国社会的这些转型及其时代任务促进了杜威的哲学及教育思考。

　　杜威一生深刻地卷入到并思考自己的时代及其主题，他敏锐地认识到了17世纪以来兴起的科学的试验的方法对于人类问题的核心作用，并坚定地相信人类发展的进步主义。他被认为是西方第三次启蒙(第一次是古希腊时期，第二次是17和18世纪)的重要的代表人物。他不仅把教育问题视为社会哲学的中心问题，也把教育视为哲学本身的中心问题。他的哲学思考体现了"爱教育"，而非哲学本义上的"爱智慧"。

　　杜威的教育思考并不强调结果性的"知识"，而是强调体现过程的以及不断进行的"探究"。在他看来，只有培养学生对于探究的热爱以及探究能力，他们才能应对现实及未来社会的不确定的挑战。具体而言，在我们看来，相对于柏拉图以来的西方教育思想的进展，杜威在教育史上完成了6个方面的突出贡献。

　　1. 把个体的生命实践转向了问题情境和问题解决，超越了康德对两个世界的划分，把实践效果作为探究和知识的意义标准，试图使人类实践的各个领域(包括教育领域)理智化。

　　2. 把人类探讨问题情境的思维本质与教学的本质统一起来，超越了赫尔巴特对教学的形式化的划分，把教学理解为问题解决。

　　3. 强调教育的个体性和社会性的统一，超越了柏拉图在《理想国》中对教育社会性的过分强调和卢梭在《爱弥儿》中对教育个体性的极端强调。

4. 把自由交流视为个体和群体发展的根本指标和途径，把群体内和群体间的自由交流的程度视为民主的标尺，先于哈贝马斯提出并论述了交流的人类学价值，并把交流引入到对教育的思考之中。

5. 强调经验的审美性，把审美性经验的不断"漩涡"，视为个体发展之河的终身性经验的不断改造。

6. 超越冷漠的社会概念，超越了把投票视为公民参与的程序主义的民主理念，转向了伟大共同体，把教育和学校作为社会改造的手段，从而作为微型共同体，来建立一种基于共同探究的跨文化、跨种族以及国际间的伟大共同体。

杜威在教育史上所完成的这些转向，具有深刻的世界主义意义。即使是今天以"21世纪能力"为导向的世界教育改革运动也把杜威视为改革的理论奠基者。我们这里甚至可以作这样一个假设：杜威作为现代的教育思想家，世界对其思想的研究和讨论的程度，在某种程度上可以被视为这个国家教育的现代化的程度。当然它不是唯一的尺度。但是，就像他对德国唯心主义和浪漫主义的评论中所强调的那样，一种试验的探究的哲学，才是未来哲学，才是未来的世界哲学，也是一种具有世界意义的未来的教育哲学。

实际上，杜威本人的足迹也带有世界性。杜威在哥伦比亚大学任教期间，先后赴日本(1919)、中国(1919—1921)、土耳其(1924)、墨西哥(1926)、苏联(1928)和南非(1934)等国访问讲学和考察，对"当地"的教育产生了"世界"的影响。不过，杜威最大的影响还是在中国，它刺激了、激励着中国从旧文化、旧教育向新文化、新教育的转型以及不断转型。

如何看待并认真对待杜威教育思想的世界主义意义，这自然需要世界各国的教育研究者去探讨和讨论。但我们相信，国际上对于杜威教育思想的研究，有助于我们做出判断。因此，这里拟从来自英语、德语、俄语、西班牙语和日语等语言的杜威研究中，选择若干经典性的作品，把它们引入到中文世界之中，以丰富和提升我国目前已经逐渐加深的杜威教育思想研究，进而回应我国当代所面临的民族伟大复兴与建设人类命运共同体在教育上的战略挑战。

彭正梅

华东师范大学

杜威教育思想研究中心

2020 年 7 月 19 日

译者序

　　1859 年 10 月 20 日,约翰·杜威(John Dewey)在美国佛蒙特州伯灵顿(Burlington)小镇上出生。他是杂货商阿奇博尔德·斯普拉格·杜威(Archibald Sprague Dewey)和露西娜·阿特米西亚·里奇·杜威(Lucina Artemisia Rich Dewey)夫妇的四个孩子中的第三个。他的哥哥约翰·阿奇博尔德(John Archibald)在两岁多的时候因掉进沸水烫伤而死。40 周之后杜威出生了,为了纪念他死去的哥哥,杜威以他的兄长"约翰"之名命名。杜威还有一个哥哥戴维斯·里奇·杜威(Davis Rich Dewey)和一个弟弟查尔斯·米纳·杜威(Charles Miner Dewey),他的哥哥后来成为一名著名的经济学家。在母亲严格的家庭教育下,杜威度过了幼儿时代。1867 年 9 月,他进入当地公立学校第三区小学上学。1872 年,杜威进入伯灵顿的一所中学接受中等教育。由于天资聪明、学习认真,他仅用三年的时间就完成了四年的中学课程。

　　1875 年,杜威进入佛蒙特大学(University of Vermont)读书。大学读书期间,由于受到哲学教授托里(H. A. P. Torrey)的影响,杜威萌发了今后从事哲学研究的想法。他回忆说:"托里是一位优秀的教师,我的成长应该归功于他对我的双份恩惠:一是他使我的思想明确地转向了把哲学研究作为终生的职业;二是在那一年里他用了大量的时间对我进行指导,我开始专心于哲学史方面经典著作的阅读,并学习富有哲理性的德国哲学著作。"①1879 年,杜威以全班第二名的优异成绩从大学毕业,获得了文学士学位,并成为美国大学优秀生联谊会会员。

　　大学毕业后,杜威分别在宾夕法尼亚州石油城中学(Oil City High School)(1879—1881 年)以及佛蒙特州伯灵顿镇夏洛特村(Charlotte)莱克维尤高级中学

---

① [美]简·杜威.杜威传(修订版)[M].单中惠,译.合肥:安徽教育出版社,2009:46—47.

(Lake View Seminary)(1881—1882 年冬)任教。① 虽在石油城中学教书,但他仍继续保持对哲学研究的兴趣。"在教学之外,杜威潜心思考哲学问题,阅读了大量的哲学著作,尤其是德国古典哲学著作。"②在家乡莱克维尤高中任教时,杜威的教学任务不重,这让他有更多的时间与托里教授面对面交流。除了与托里讨论哲学问题之外,他们还多次谈论到自己的前程问题。其实,初为人师的杜威教学"笨手笨脚"③,效果并不好。"由于杜威年轻,又没有接受过专门的教学训练,也缺乏实际的教学经验,所以最初的教书生涯不尽人意。"④因此,托里建议杜威:"不应该继续在中学教书……应该把哲学当作自己一生的事业。"⑤托里让杜威把哲学作为自己未来的事业,这在当时的确是非常大胆的,因为在此之前,几乎所有的美国哲学教授都是神职人员。听了托里的意见之后,杜威最终清醒地意识到,"他并不适合在中小学教书"。⑥"在经过一番仔细考虑之后,杜威接受了托里的建议,并很快制定了在约翰·霍普金斯大学(Johns Hopkins University)攻读研究生的计划。"⑦应该说,正是托里造就了杜威这样一位未来的思想巨人,也正是托里的影响与建议,杜威才最终将哲学研究作为自己的职业。1882 年 9 月,杜威进入约翰·霍普金斯大学深造。在这样一个享誉盛名的大学里,杜威度过了两年学习生涯,并取得了丰硕的成果。1884 年,杜威获得约翰·霍普金斯大学哲学博士学位。

1884—1888 年、1890—1894 年期间,杜威在美国密歇根大学任教(1889 年曾短期在明尼苏达大学教授哲学)。1894 年夏,杜威担任芝加哥大学哲学、心理学和教育学系主任,开始形成其哲学思想。他认为当时的教育方法与儿童的心理不协调,决定将其哲学和教育理论付诸实践。1895 年秋天,芝加哥大学拨款 1000 美元建立了杜威祈盼已久的教育学实验室。1896 年 1 月,杜威在芝加哥大学开办了"芝加哥大学实验学

① 杨光富.西方著名教育家的成长之路[M].上海:华东师范大学出版社,2016:215.
② 吴式颖,任钟印.外国教育思想通史(第九卷)[M].长沙:湖南教育出版社,2002:308.
③ George Dykhuizen. The Life and Mind of John Dewey[M]. Carbondale :Southern Illinois University Press, 1973:21.
④ 杨光富.传奇教育家杜威[M].太原:山西人民出版社,2018:54.
⑤ George Dykhuizen. John Dewey:The Vermont Years[J]. Journal of the History of Ideas, Vol. 20, No. 4 (Oct. - Dec. , 1959):539.
⑥ Kandan Talebi. John Dewey-Philosopher and educational reformer[J]. European Journal of Education Studies, Issue 1 Volume 1, September 2015:1.
⑦ George Dykhuizen. The Life and Mind of John Dewey[M]. Carbondale :Southern Illinois University Press, 1973:26.

校"(The Laboratory School of the University)，该校通常被称为"杜威学校"（Dewey School）。"虽然芝加哥大学实验学校只存在了八年时间，但是，它为杜威建构他自己的教育思想体系打下了必要的基础……杜威开始形成了具有特色的教育思想。"[①] 1904 年，他转到哥伦比亚大学任教，一直到 1930 年退休。

在哥伦比亚大学任教期间，他先后赴日本(1919 年)、中国(1919—1921 年)、土耳其(1924 年)、墨西哥(1926 年)和苏联(1928 年)等国访问讲学、考察教育状况，宣传实用主义教育思想。1952 年 6 月 1 日，杜威在纽约去世。杜威在近代中国知识界被誉为"美国教育大家"、"世界思想领袖"，他的实用主义教育思想不仅在美国，而且在其他国家产生了最广泛和最深刻的影响。

在长达 93 年漫长的人生道路中，笔耕不辍的杜威著述甚多，涉及政治、哲学、心理、教育、伦理学、逻辑、宗教、社会学等领域，一共有 30 多本著作和近千篇论文。他的主要教育著作有：《我的教育信条》(*My Pedagogic Creed*，1897)、《学校与社会》(*The School and Society*，1899)、《儿童与课程》(*The Child and the Curriculum*，1902)、《民主主义与教育》(*Democracy and Education*，1916)、《经验与教育》(*Experience and Education*，1938)等。其中《民主主义与教育》一书全面阐述了实用主义教育理论，是杜威实用主义教育思想的代表作。

杜威虽然出版了几十本专著，发表了近千篇论文，但令人遗憾的是，他却从未为自己树碑立传，撰写自己的人生和学术传记。如果我们想了解杜威学术思想发展的心路历程，就只能从他的《从绝对主义到实验主义》("From Absolutism to Experimentalism")一文中寻找一些蛛丝马迹。在这篇文章中，杜威追溯了他自己就读佛蒙特大学时跟随托里教授学习哲学的经历，及其哲学和教育思想的发展过程。这篇文章被他女儿简·杜威(Jane Dewey)看作是杜威一生中仅有的一篇"自传性提纲"。[②] 留给世人最为权威的杜威传记，应该是由杜威女儿简所撰写的《约翰·杜威传》(*Biography of John Dewey*)了。1923 年，保罗·亚瑟·席尔普(Paul Arthur Schilpp)主编的《约翰·杜威的哲学》(*The Philosophy of John Dewey*)一书出版，该书的第一章内容就是简所撰写的《约翰·杜威传》。在写作过程中，杜威给简提供了必要的写作素材，因此这部著作被教育史学界看作是一本广义上的杜威"自传"。后来，我国杜威教育研究专家单中惠

---

① 单中惠. 现代教育的探索——杜威与实用主义教育思想[M]. 北京：人民教育出版社，2002：125—126.
② [美]简·杜威. 杜威传(修订版)[M]. 单中惠，译. 合肥：安徽教育出版社，2009：前言，10.

先生将简·杜威的《约翰·杜威传》、杜威的《从绝对主义到实验主义》，以及杜威的学生和同事、杜威研究学者等撰写的关于杜威生平活动的相关文章翻译为中文，并结集为《杜威传》一书在安徽教育出版社出版。《杜威传》一书自 1987 年出版以来，已经多次再版、修订，在学界产生了较为广泛的影响，现已成为研究杜威哲学与教育思想不可不读的一本著作。

作为享誉世界的教育家，杜威一直是国内外学者研究的热点人物。据南伊利诺伊大学卡本代尔分校（Southern Illinois University at Carbondale）杜威研究中心（The Center for Dewey Studies）的创始人乔·安·博伊兹顿（Jo Ann Boydston）女士统计："自从第一篇评论有关杜威和他的工作的文章发表以来的 86 年中，共有 2200 多篇文章问世，平均每年 25 篇。但是从 1973 年 1 月至 1977 年 1 月这四年中平均每年有 60 多篇有关杜威的文章发表"。[1] 另外，1996 年杜威研究中心编辑出版的《约翰·杜威的著作目录（1886—1995）》（Works About John Dewey，1886—1995）一书中指出："在从 1886 年至 1994 年的 108 年里，有关杜威的论著共计 4759 篇，其中 1977 年以来发表或出版的约 2000 篇。"[2]虽然关于杜威的研究成果数量众多，但关于他的传记却不多见。在为数不多的杜威传记中，除了简·杜威的《约翰·杜威传》外，影响较大的另一本杜威传记则是美国史学家乔治·戴克威曾（George Dykhuizen）于 1973 年出版的《约翰·杜威的生平与精神》（The Life and Mind of John Dewey）一书，这应该是约翰·杜威较为全面的传记。戴克威曾在佛蒙特大学担任名誉教授四十年，他在 20 世纪 40 年代就认识了杜威及他的第二任妻子罗伯塔（Roberta）。戴克威曾因为与杜威以及杜威许多朋友和同事的关系非常好，因此在写作中得到了大量的一手资料，这使他对杜威的生活和思想的描写内容真实可靠，权威性较高。

除了《约翰·杜威的生平与精神》这本著作外，目前最新的杜威的权威传记当属杰伊·马丁（Jay Martin）的《教育人生：约翰·杜威传》（The Education of John Dewey：A Biography）这本著作了。马丁是美国著名的传记作家，至今已撰写了 3 本权威传记及 2 本自传体著作，还主编了 21 本著作。他曾任美国南加州大学利奥·S. 宾（Leo S. Bing）英文学教授、爱德华·S. 古尔德（ Edward S. Gould ）当代人文研究中心主任等职。作为一名传记作家，马丁一直想撰写一本关于杜威的传记。为此，他深入南伊利

① 单中惠. 约翰·杜威的心路历程探析——纪念当代西方教育思想大师杜威诞辰 150 周年[J]. 河北师范大学学报(教育科学版),2020(1)：36.

② Barbara Levine . Works About John Dewey，1886—1995[M]. Southern Illinois University Press,1996.

诺伊大学卡本代尔分校的杜威研究中心以及美国诸多大学的图书馆,查阅了杜威所写的近两万封书信,以及其他数以千计的手稿和信件,同时他还认真研读了已经出版的相关著作。马丁通过挖掘大量的原始资料,特别是杜威研究中心大量未发表的作品,于2001年夏季正式动笔撰写《教育人生:约翰·杜威传》。从构思到动笔撰写书稿,前后时间跨度竟长达20年。《教育人生:约翰·杜威传》全书分为"崭露头角"、"历经沧桑"以及"融入世界"三卷内容。马丁力图通过杜威的儿童生活、家庭情况、宗教信仰及朋友友情等主题,全面追溯杜威一生的生活与工作经历。

杜威虽是世界思想领袖,但首先他是平常人,具有多重的面孔。但作者在论述时能够较为自如地在儿子和兄弟,丈夫和父亲,学生和教授等多重角色之间转换。另外,杜威更是一名学识渊博的哲学家,一名倡导实用主义教育思想的教育家,同时也是一名宣传社会变革的社会活动家。如何在传记中全方位、多角度展现出一个有血有肉真实的杜威,马丁在书中是这样解释的:"我试图尽可能真实地描绘出杜威的活动:以一个哲学评论员的身份,探寻他的思想轨迹;以一个历史学家的身份,写出他参与其中的那个时代;以一个心理学家的身份,审视他的习惯形成及特性,以及他在发展中的停滞和创作上的进步;以一名政治学家的身份,展示他对政治活动的积极参与;以一名追忆者的身份,记述他对家人的深情牵挂;最重要的是,以一名谨慎的乐观主义者的身份,相信自己的生命值得活一次,现在值得拯救。"①另外,马丁这本杜威传记尤其突出母亲、妻子和女儿们等女性在杜威成长和生活中的重要性。

《教育人生:约翰·杜威传》一书的出版得了众多学者的肯定。美国南伊利诺伊大学卡本代尔分校杜威研究中心主任拉里·希克曼(Larry A. Hickman)评价这本书时说:"杰伊·马丁的传记把杜威的学术生涯描绘得有血有肉。他借鉴了大量以前无法获得的资料,让读者感到,杜威不仅有思想,而且还有丰富的情感。杜威无疑是一位思想家,同时也是一位多情的丈夫和慈爱的父亲,一位敬业的教师和热忱的社会改革家,一位值得信赖的朋友和热恋中的情人。有了这本传记,我们对杜威及其所处时代的社会背景的了解有了巨大的飞跃。"②《杜威全集》(*The Writings of John Dewey*)主编乔·安·博伊兹顿也称赞道:"真是太棒了(而且)……内容清楚全面,这就是约翰·

---

① Jay Martin. The Education of John Dewey: A Biography[M]. New York: Columbia University Press, 2002: 4-5.

② Jay Martin. The Education of John Dewey: A Biography[M]. New York: Columbia University Press, 2002: front cover.

杜威的权威传记。"①

　　《教育人生：约翰·杜威传》这本书第一次向读者全面详细地呈现了美国著名哲学家、实用主义教育思想家、教育改革家及文学家约翰·杜威丰富的人生经历及动荡不安的时代背景。马丁在撰写的过程中，力图通过对这位哲学家和社会活动家的描绘，使其思想完全无缝地融入他的个人生活，融入到他那个时代更广泛的历史主题之中。这不仅有助于我们了解杜威所处的时代，也有助于我们了解这位教育家的成长历程以及他实用主义教育思想形成的渊源与脉络。应该说，它是至今为止最为生动有趣、最为全面权威的杜威教育传记。我们在为《教育人生：约翰·杜威传》这本著作点赞的同时，也期待有更多更好的杜威传记问世，这可以让我们更为全面地了解杜威的成长经历及其教育思想的精髓，以便我们借鉴其教育思想中的有益成分，更好地为当前的教育改革服务。

华东师范大学教育学部教育学系、基础教育改革与发展研究所

杨光富

2020 年 11 月 11 日

---

① Jay Martin. The Education of John Dewey：A Biography［M］. New York：Columbia University Press，2002：front cover.

目录

第一卷　崭露头角

第二卷 历经沧桑

第三卷　融入世界

第一卷
崭露头角

所有传记都是对其主题的诠释。作者能够利用每一个可能的资料加以叙述,这样 3 的传记才是最好的。他们关心的是对生活事实的合理传播,并且更重要的是,作者要设计一种形式、一种风格、一种态度,这样才可以像一本书,围绕主题、贴近生活。如果做得足够好,它可以形象地描述男人或女人的真实生活。

传记作家是生活的第二作者,或许是它的剪辑师。约翰·杜威的传记要求其作者代表杜威,了解他是如何生活的。因为杜威在生活中的主要职业是思考,他的传记作家不仅要写杜威的思想,而且要与杜威一起思考和探究这一思考的过程。进入杜威的思想和生活,主要通过他的情感才能获得。他不是一个思维机器,而是一个思维活跃的人。他的传记作家只有在他自己的叙述中传达出杜威强烈情感的连续活动,才能成功。

杜威曾经说过,他幸福的两个源泉是他思考的工作(或游戏)和他的家庭。杜威的 4 传记作者必须关注他的家庭,否则这位思想家的肖像将是不完整的。

杜威积极地回应了他所处时代的特点和状况。他的传记作家也必须反映他一生中历史的变化。因为杜威经历过国家大部分的历史,并且深陷其中,所以他的传记也必须如此。

杜威是一个人。但他准备了许多面孔,以满足他自己的内在能力,在可能的时间、可能的地点提供各种机会。对于哲学家们来说,他是一位哲学家,学识渊博,技术精湛。对于那些从事教育的人,无论是这个领域的专家还是痛苦不堪的父母,他都是新学习的主要倡导者。对于公民来说,他是美国政治、公共事务和公共政策的纷争中的倡导者和斗士,也是自由主义者的有力争论者。

杜威毫不费力地从这些角色中的任何一个转移到其他角色。因此,他的传记作者必须准备好描绘他的许多活动,并解释它们是如何从一个人身上产生的。杜威的许多面孔就像一个水晶的侧面,当它转动时,反映出单一生命的不同角度。

我的约翰·杜威的传记一直在重复不断地调整中,就像他过去经历的一样。杜威的一生是他最好的教育。通过调查他的生活,发现他所创造的价值比发现的要多。在本书的第一卷中,我从杜威生活的一个方面转到另一个方面——作为儿子和兄弟,丈夫和父亲,学生和教授,冥思苦想的哲学家和政治活动家,教育家和争论者,一个思想深刻、感情更深刻的人,一个习惯于欢乐却有时会陷入极度痛苦之中的人。

通过调查杜威的生活,我得出了他自己可能不知道的意义。传记作者的特权和领域就是创造意义,进而创造价值。然而,我试图尽可能真实地描绘出杜威的活动:以一个哲学评论员的身份,探寻他的思想轨迹;以一个历史学家的身份,写出他参与其中的那个时代;以一个心理学家的身份,审视他的习惯形成及特性,以及他在发展中的停滞和创作上的进步;以一名政治学家的身份,展示他对政治活动的积极参与;以一名追忆者的身份,记述他对家人的深情牵挂;最重要的是,以一名谨慎的乐观主义者的身份,相信自己的生命值得活一次,现在值得拯救。

传记作家有一些特许保密的知识,这些知识隐藏在论述的主题中。他们在开始写这篇文章之前,就知道他们的主题是怎样的。传记作家不是时间的奴隶,而是自由地将他们的叙述向后和向前移动,围绕主题传达他们生命的意义。这本书与它的主题不同,它只是把杜威的一生浓缩成几百页。尽管如此,我还是希望我的这本传记通过我对杜威的描写,能够揭示出他的真实面目。

杜威创造了他的生活,他通过不断的创造来了解自己所做的事情。我用这些风格迥异的砖块,形式多样的建筑,以及重新聚焦的透视镜,重塑了他的生活。如果我写得足够好的话,杜威将会再次呼吸,并在字里行间中重获新生。

孩童时期

1856 年,杂货商阿奇博尔德·斯普拉格·杜威(Archibald Sprague Dewey)和他的妻子露西娜·阿特米西亚·里奇·杜威(Lucina Artemisia Rich Dewey)的儿子出生了,他们以孩子父亲的名字给他起名叫约翰·阿奇博尔德(John Archibald)。两年后,他们又有了第二个儿子戴维斯·里奇(Davis Rich),他是以妈妈露西娜父亲的名字命名的。这两个男孩都非常活泼可爱。然而,1859 年 1 月 17 日发生的一件不幸的事故改变了这一切。佛蒙特州伯灵顿的《每日自由报》(*Daily Free Press*)刊登了这则惨剧:

> 一则令人心痛的事故——我们非常痛苦地得知,镇上的朋友阿奇博尔德·斯普拉格·杜威的大儿子在一场突发事故中不幸遇难。孩子大概在两到三岁之间,

是一个很好的男孩，但在昨晚因不慎跌入一桶热水中，被严重烫伤。这是制作糖果油和棉絮的常用工具。当时，棉花又意外着火，并烧向孩子。火灾加重了这个孩子的痛苦，也加重了他父母的痛苦，孩子最终于今天早上7点左右死亡（据我们所知，主要是由于烫伤所致）。在突如其来的丧亲之痛中，悲伤的父母得到了社区居民真诚而又含泪的同情。

这是一个可怕的事故，最后约翰·阿奇博尔德惨遭死亡，他的父母为此伤心欲绝。

四十周后，即1859年10月20日，露西娜又生下一个男孩。他的父母以他已故哥哥的名字给他起名叫约翰。很明显，他们认为他取代了死去的儿子，但阿奇博尔德不能忍受把自己的名字传给第二个孩子，所以他不是叫约翰·阿奇博尔德，只是叫约翰·杜威。

我们大多数人为自己，同时也为他人生活和做事。但是，替代的孩子继承了一项责任，不仅为他们自己和他们的父母生活，也为失去的孩子生活。他们必须长期忍受父母的焦虑，也许他们永远也不会理解这一点，但他们一定会感到在他们身后还有另一个人的影子。杜威不得不替代另外一个孩子，这成为他生命中的第一次危机。

活着的孩子可能会体验他所承担的特殊职责。如果他因性情而忧郁，这是不幸的，因为他会觉得这替代责任太重而承受不了。但如果他很幸运，如果他的性情是阳光和乐观的，那么他可以作为礼物享受他受到的额外关注。当他活过了他哥哥死去的年龄之后，他可能觉得自己不会受伤害，是命运的宠儿。他将有可能承担起别人生活的负担，并将之变成一种与之相关的深表同情的才能。

杜威是幸运的，他很好地弥补了父母的丧子之痛。他们总是像对待他们的第一个孩子一样对待他。在许多方面，他超越了他的哥哥戴维斯。约翰像一个哥哥一样给戴维斯很多建议（但是直到约翰成名之后，戴维斯才最终成为著名的经济学家）。当他的弟弟查尔斯·米纳（Charles Miner）遇到困难时，约翰像大哥一样总是尽力地帮助他。妈妈露西娜总是关心约翰的健康和安全，而不是她的另外两个儿子。查尔斯·米纳也因为妈妈对他的相对忽视而感到难过。露西娜非常溺爱约翰，好像把他当做在那次事故中幸存下来的孩子。当她给约翰写信时，总是在信纸上写满各种消息及对他的各种关爱，当一页纸写满时，她又会继续在空白处写，直到把空白处全部写完才罢休。在阿奇博尔德死前，她总是与阿奇博尔德跟约翰住在一起，而不是她最大的孩子戴维斯，或是她最小的孩子查尔斯。另外，相比戴维斯的孩子，露西娜更喜欢约翰的孩子。

如果约翰性情脆弱，这种额外的关心可能会压垮他。有充足的证据表明，他确实感到这种沉重负担给他带来的困难。但他肩负起了这份责任,学会了先为父母而生活,后为他人而生活。直到最后,他为美国人民的需要献出了自己的一切。

约翰必须处理的一个问题,那就是他父亲对约翰·阿奇博尔德之死的复杂反应。1859 年 8 月 20 日,也就是约翰·阿奇博尔德死后的第七个月,露西娜、阿奇博尔德和戴维斯搬进了位于伯灵顿威拉德南街 186 号的新房子里居住。这个房子是露西娜的父亲送的礼物,五个月前,他以 2 000 美元的价格从原来的房主手中买下了它。这个房子有三层,一个山墙屋顶和一个前廊。市政厅并没有购买这个房子的价格记录,露西娜的爸爸戴维斯·里奇把房子转让给了她和丈夫居住。毫无疑问,他们需要一所新房子,因为露西娜正在怀孕,即将有一个新宝宝出生。也许他们也想为下一个孩子的到来找到一个新居所,这是一个与约翰·阿奇博尔德之死无关的地方。

约翰就出生在这个新买的房子里,自此,杜威一家在这里安顿下来。阿奇博尔德的生意兴隆起来了,戴维斯也在茁壮成长着,婴儿约翰被父母提心吊胆地看护着。1861 年 1 月 17 日是约翰·阿奇博尔德逝世的第二个周年纪念日,也是约翰妈妈怀他的第二个周年纪念日。再过九个月,约翰就到了 2 岁,也就是约翰·阿奇博尔德去世时的年龄。与此同时,历史正准备为阿奇博尔德做出令人惊讶的决定提供依据。

在 1856 年的总统选举中,共和党候选人约翰·C. 弗里蒙特(John C. Fremont)的得票率超过了北方所有其他候选人。但他在南部只获得了少数选票,因此他以微弱优势输给了宾夕法尼亚州的民主党人詹姆斯·布坎南(James Buchanan)。

全国的分裂和选举中的分裂一样严重。这场运动是在几个大家都知道不会持久的妥协背景下进行的。1850 年,米勒德·菲尔莫尔(Millard Fillmore)总统签署的对南方奴隶主的妥协法案被认为是"最终和不可撤销的"。但任何愿意仔细研究的人都可以看到,这是一个拼凑起来的立法,其目的是承认加州是一个自由州,但却允许在其他地区实行奴隶制。引进新的、更有效的逃亡奴隶法不会带来地区间的和解,也不会结束南北、自由和奴隶州之间的争论。只有经济利益才能使公开的冲突平息下来,使各州团结起来。堪萨斯-内布拉斯加法案利用人民主权的面具来决定一个州是以"奴隶"还是"自由"的身份进入,这只是一个想要左右兼顾的行为,并没有任何有益的效果。这只产生旧的政治联盟的解体及堪萨斯州暴力的爆发。在堪萨斯州,狂热的废奴主义者约翰·布朗(John Brown)在以结束奴隶制的人道主义理想为名义的混乱中而出名。

尽管继承了这一切,布坎南总统缺少一个曾经让国家经济繁荣的工具。他刚宣誓就职,一场由于国家冲突引发的金融恐慌就在南北之间蔓延。经济衰退很快变成了长

8

期的萧条,并且美国农业受到的打击尤为严重。美国农民曾靠向欧洲出售农产品而繁荣起来,但现在欧洲人自己的生产满足了他们的需要,因而导致当时的美国农民生产过剩,背负债务,美国的东北部和中西部,经济萧条非常严重。约翰·杜威的出生地佛蒙特州当时也陷入经济困境之中,随之而来的是各种社会问题。许多农民开始迁往城市,尤其是伯灵顿,那里的基础设施对如此迅速的人口涌入毫无准备。在这个分歧和迟疑不决的时刻,布坎南总统的内心充满了矛盾,并且优柔寡断。这个国家动摇了,他也动摇了。

在美国有许多不同的观点。最高法院在德雷德·斯科特(Dred Scott)诉桑福德(Sanford)一案中的判决显示了法院内部的分歧。但是,大多数法官普遍一致同意首席大法官罗杰·塔尼(Roger Taney)的观点,认为非裔美国人几乎没有宪法规定的权利,联邦政府不能通过任何法律来规范领土上的奴隶财产。

约翰·杜威大约在1859年的秋天出生。约翰·布朗(John Brown)在弗吉尼亚州的哈珀斯渡口突袭了美国的军火库,偷走了足够的武器,开始了他所希望的大规模的奴隶起义。然而,弗吉尼亚州的法院并没有分享他对通过暴力获得自由的热情,在罗伯特·E.李(Robert E. Lee)抓获他后,他很快被定罪并处以绞刑。

在随后的1860年选举中,四名候选人获得了选举人的选票。和约翰·C.弗里蒙特类似,亚伯拉罕·林肯(Abraham Lincoln)几乎没有得到南方的选票,只有40%的选票是民众的选票,但他在选举团中轻而易举地获胜了。布坎南在1860年12月提出了一个暂时性的、犹豫不决的及模棱两可的决定,即一个州退出联邦是违宪的,但联邦政府为防止分裂而进行调解也是违法的。就在圣诞节前夕,南卡罗来纳州脱离联邦,其他州也紧随其后。1861年林肯就任总统,萨姆特堡被占领,联邦财产被没收。

1861年4月,各州之间的战争终于爆发了,阿奇博尔德·斯普拉格·杜威当时正好是50岁。他有两个小男孩,生意也非常兴隆,当时他的妻子怀上了他们的第四个孩子。这一切都表明他太老了,太安定了,不能参军打仗。

但是突然在1861年夏天,阿奇博尔德卖掉了他的杂货店,并在佛蒙特州第一骑兵队当上了军需官。很快他就走了,加入了北弗吉尼亚州的联邦军队,留下露西娜照顾两个孩子,准备生另一个孩子。露西娜利用商店出售所得的一部分资金让家人住在一起。过了一段时间,她最终不得不卖掉威拉德南街的房子,和亲戚住在一起了。

阿奇博尔德被卷进这场国家冲突之中,他是为了废奴制还是爱国热情而参军打仗呢?或者当第二个约翰接近第一个约翰去世的年龄时,他还在为他去世的孩子而感到悲伤和不安吗？不管怎样，他已经走了，露西娜所能做的就是等待第一支佛蒙特骑兵队的消息。对小约翰来说，他父亲的离去是他生命中的第二次危机。

阿奇博尔德服兵役意味着露西娜和她的儿子，特别是约翰，变得更亲近了，这是以前没有过的。阿奇博尔德也无法让约翰认同他参军，为了一个遥远的理想，他必须离开约翰的母亲。1861年7月14日，露西娜又生了一个男孩，查尔斯·米纳。即使约翰有一个哥哥戴维斯，他还是被鼓励表现得像他死去的哥哥约翰·阿奇博尔德。此外，约翰还得适应父亲的离去和母亲被一个新生婴儿的分心。

这对全国每个人来说都是一个可怕的时刻。约翰在1933年回忆道，"我父亲在内战时期大部分时间都在军队里服役"，"我和我的母亲、兄弟和其他家庭成员住在一起"。在这段时间里，战争正在激烈地进行着，甚至远离战场也能感受到。约翰记得，当他们和他的舅舅马修·H. 巴克姆（Matthew H. Buckham）住在一起时，伯灵顿收到了一次同盟军袭击的假警报，他叔叔去堡垒守了一整夜。大门敞开，一切都不安，未来比现在更不确定。

杜威家族和露西娜的父母以及大家庭未来的发展存在一些特殊的不确定因素，也许这一切都是阿奇博尔德命运的安排。第一支佛蒙特骑兵队卷入了这场冲突。尽管关于前线的公告总是简略而不可靠，但在北方许多地区，这些公告经常张贴在市中心的公告栏上，然后在报纸上发表。每当有消息要报道时，露西娜就可以根据这些报道了解到她丈夫部队零星交战的情况。从1861年12月到1864年底，佛蒙特州的第一支骑兵共参加大型和小型的战斗有72次之多；是在葛底斯堡和里士满。阿奇博尔德自己写了一篇关于1862年初夏该团在弗吉尼亚州斯特拉斯堡从同盟军撤退的记述：

5月24日一大早，根据总部的命令，有趟搬运行李的列车将穿过雪松溪。大约十点钟的时候，有消息说前面的火车被切断了。来自F公司的马车师傅C. P. 斯通（C. P. Stone）说，我们很快就会遭到袭击，这句话立刻引起了一场轻微的骚动，之后人群又立即安静了下来。

四点钟左右，一支带着四门炮的队伍来了，后面跟着的是我们团中校领导。汤普金斯（Tompkins）作为后援赶过来，在距离我们火车的右前方不远的地方。战斗持续了半个多小时，后来敌人朝炮台方向潜伏而来，由于受到敌人的威胁……队伍被迫撤退……火车开动了，每个司机都以最完美的顺序在队伍中各就各位。我们一开始行动，敌人的小骑兵就从半步枪射程内的树林中出现了，子弹的嘶嘶声很快就熟悉了。但即使现在也没有出现混乱——我要说的是，有三个司机下了车,把车轮拴在陡峭的山坡上……

四支队伍安然无恙地渡过了小溪,其他的队伍在水中前行,因火势迅猛,几匹马倒在水中,火势越来越大,在 20 到 25 杆的范围内有 75 到 100 匹马。

当马保持双腿不动的时候,仍然没有人离开他的座位。当一匹马跌倒或脱缰的时候,骑马的人才会离开。这样,76 匹马中有 17 匹马被救。

当水上的通道被死马或残疾的马阻塞时,就会命令骑马人清理阻碍的马匹来拯救自己。我有理由希望所有人都活着,尽管有两人受伤,四人被囚禁。

我没有写什么道听途说的东西,整个行动是在我自己的观察和指导下进行的。

阿奇博尔德幸免于难,因为"忠心耿耿,功勋卓著",很快被提拔为上尉(captain)。直到 1864 年秋天之前,他甚至没有受伤。1864 年底,就在战争结束前,第一支佛蒙特骑兵被派往弗吉尼亚州西部的坎伯兰。这个地区于 1861 年 6 月脱离弗吉尼亚州,1863 年被西弗吉尼亚州接纳。

战争正在慢慢结束。无论如何,占领军士兵接待来访者似乎相对安全,于是露西娜带着三个孩子来看望丈夫,并且一家人一起欢度了 1864 年的圣诞节。

约翰已经三年多没见到他父亲了。现在他 4 岁了,这就像是第一次见到阿奇博尔德,他一生都记得在这漫长的分居后和父亲度过的第一个夜晚。66 年后的 1931 年,一个朋友问他童年的事。尽管他通常对自己的过去保持缄默,但有一段记忆突然浮现出来:

我记得最清楚的圣诞节是在我 4 岁的时候。我父亲在战争中驻扎在西弗吉尼亚州,母亲带我们去那里过冬,我记得的为数不多的事情之一是醒来看到他们的床在房间的另一边,好像有一英里远。然后我得到了一些东西,其中一个是小的木制搅拌器。后来,我母亲告诉(我),一定是很多年(以后),他们认为我们会很失望,因为我们不可能在那里得到其他东西,但我们得到了这些东西。

露西娜和孩子们回到伯灵顿后,和她的亲戚们住在一起。战争终于在 1865 年初结束,然后在 1865 年 4 月 14 日,林肯总统被暗杀。全国陷入悲痛之中。约翰·杜威最早的回忆之一是"看到罗斯角的建筑物披上黑色的衣服纪念林肯的死亡"。他那时才 5 岁。对他来说,已经开始了对美国历史变迁的回忆,直到 92 岁时,他才获悉了朝鲜战争的开始。阿奇博尔德于 1865 年春天出院。尽管第一支佛蒙特骑兵大部分立即返回家乡,但阿奇博尔德仍留在南部。他是不愿意回来吗? 还是他发现了一些不愿放弃的商业机会？不管怎么样，他还是留在了南方，在弗吉尼亚州和伊利诺伊州南部从事各种商业活动，直到1867年才在伯灵顿定居下来。

1867年夏天，阿奇博尔德回来不久，杜威夫妇搬进了自己的房子，房子位于伯灵顿的乔治街和珍珠街的交界处。与此同时，阿奇博尔德在珍珠街附近重建了杂货店和雪茄店。家庭生活恢复了，随之而来的是约翰·杜威早期生活中的第三次危机。

约翰的父母很不一样，因为他们的性格非常不同，几乎完全相反；他们对孩子的反应非常不同；他们的兴趣也非常不同；受不同需求的驱使。约翰是如何调和父母之间如此不同的影响的？

1830年9月12日，露西娜出生于佛蒙特州的肖勒姆（Shoreham），她在父亲兴旺的农场里长大。在那里，她学会了独立，在自给自足的农场，她学会了家庭所需的所有家庭工业技能。此时在美国，随着人口从农场转移到城市，这种技能正在迅速消失。

但约翰·杜威把他母亲的技能理想化了，多年后，在《学校与社会》（School and Society，1899）一书中，他曾赞美说，"纪律和……及性格塑造涉及……培养良好的工作习惯和勤勉的精神……做某事的义务，在世界上生产某物的义务"，这些东西一直到19世纪中叶由农场家庭耕种。他告诉约瑟夫·拉特纳（Joseph Ratner），在他自己的教育理论和实践著作中强调这些技能时，他受到了"佛蒙特州环境的影响，特别是我（外祖父）农场的影响……"。在他后期的一篇文章中，他描述了他所经历的20世纪20年代和20世纪30年代孩子们被剥夺的经历：

> 村子里有老式的锯木厂、老式的磨坊、老式的制革厂。在我祖父的家里，仍然还有一些家里人自己做的蜡烛和肥皂。有时候，鞋匠会来附近住几天，制作、修理人们穿的鞋子。通过这样的生活条件，每个人都与自然和简单的工业有着相当直接的联系。由于没有大量的财富积累，绝大多数年轻人受到了非常真诚的教育……这主要是通过接触实际材料和重要社会职业而获得的。

约翰·杜威最钦佩托马斯·杰斐逊（Thomas Jefferson），有几个原因，其中一个是他和杰斐逊共同分享了理想化的乡村生活。在他的著作中，杜威试图让在城市里长大或在工厂里工作的孩子们，感受到像他母亲所在的那样一个农业家庭的创造性、生产性和独立生活。

但露西娜的父亲不仅仅是个农民。戴维斯·里奇也是佛蒙特州大会的一名成员，任期五年。他的父亲，即露西娜的祖父查尔斯·里奇（Charles Rich）曾在华盛顿的国会任职五届。总之来说，他们富足、热心公益、乐于从事公共服务，在公共政策方面有影响力。在这三代人中,这个富裕的家庭与肖勒姆和伯灵顿的许多重要公民有着血缘和利益的联系。露西娜的堂兄马修·H.巴克姆是佛蒙特大学的校长,约翰·杜威曾是那里的学生。在内战期间和战后,露西娜和孩子们有时与巴克姆夫妇住在一起,约翰和戴维斯是巴克姆两个孩子的好朋友。简言之,露西娜和老伯灵顿精英们在政治和大学生活中有很多相似的观点。

15

露西娜通过她强烈的道德正直感来看待世界,这种道德正直感随着不断的自我反省,并通过参与社会福利和改革活动而加深。她的价值观以灵魂为中心。就目前而言,她是一个"党派主义者",她相信因为不是每个人都能得救,所以她应该深切关注她所爱的人的灵魂。许多年后,约翰写信给他的妻子说,他与母亲的早期经历使"有必要规划(我的)……完整的自我,过去和未来……已经长大了……在我的灵魂福祉和发展中拥有真正的基督教福音派教徒的兴趣"。他是一个严肃、害羞、内省的孩子。

杜威的父亲赋予了他美国生活的另一面:盛气凌人、充满活力、虔诚,但不是精神上的反思,而是面向社会行动和迅速崛起的商业阶层的生活。正如亨利·詹姆斯(Henry James)和其他评论员所描述的那样,这些美国人可能没有受过教育,没有反思的能力,甚至没有礼貌,但他们对自己有信心,他们尽可能地夺取了权力。以伯灵顿佛蒙特大学为基础的社会阶层反映了一种以教书育人为中心的旧民主主义。相比之下,新的商业阶层反映了一种商业民主,它从任何人手中买来,卖给任何人。

1811 年 4 月 27 日,阿奇博尔德·斯普拉格·杜威在佛蒙特州费尔法克斯(Fairfax)的一个农场出生,他是新英格兰一个古老的家庭的第十一个也是最后一个孩子。和露西娜一样,他的家人在新英格兰生活了几代,也为美国的生活作出了独特的贡献。他祖父的父亲帕森·杜威(Parson Dewey)曾在革命战争中发挥过作用,葬在本宁顿(Bennington)。虽然露西娜的祖先是英国人,但阿奇博尔德在他的苏格兰和爱尔兰血统中有一些荷兰血统。他的祖先是 16 世纪逃离佛兰德斯的织布工;他们的原名是德威(de Wei)(意思为"牧场")。后来,约翰将英国与固执的清教主义联系在一起,并更愿意宣称自己的荷兰血统:"然而,我为自己是荷兰人而不是英国人感到高兴。在西部地区,杜威在人群聚集的地方听到两条谚语,一条大意是'像杜威一样勤奋'……另一个是没人能把杜威灌醉。"他补充说,后一种天赋是因为他"喝酒节制"还是杜威的"吸收能力",目前还不清楚。他喜欢他从阿奇博尔德那里继承的荷兰血统。作为一个男孩,在很久以后,他希望像他的父亲。

16

阿奇博尔德是新英格兰移民潮中的一员,当时该地区的商业扩张,使发展成功的服务业成为可能。他选择做杂货商，在 19 世纪 40 年代初在伯灵顿开了一家杂货店，轻松地从农场过渡到城镇。1855 年，当他结婚并把 25 岁的妻子从肖勒姆带到伯灵顿时，他已经是一个 44 岁的成熟男人了。尽管他讲话结结巴巴——约翰·杜威后来意识到这是一种"精神病，而不是（由于）他的发声器官有任何问题"——但他在广告方面有着绝对的天赋，他能用幽默的语言成功地吸引顾客。1848 年 4 月，伯灵顿的《每日自由报》一出版，他就开始在报纸上登广告，他的第一条广告是："那些喜欢黑暗而不喜欢光明的人，最好不要在杜威的店里买油或抹香鲸油蜡烛。"1850 年，在"连锁事件"的标题下，阿奇博尔德·斯普拉格·杜威主动出售了一批香肠。1852 年，他在广告中取笑宗教先知。在"以'利润'的名义"的标题下，他宣布"杜威为推广'家庭烧烤'而装备了火腿"。至于他的火腿，他向顾客保证说："杜威的火腿是自己熏的；他的雪茄人人都爱抽。"有时他会把这个广告词改成"火腿和烟草，吸烟和不吸烟"，他说，他的雪茄转而是"一个坏习惯的好借口"。这些广告一直持续到 19 世纪 50 年代。他是诗人约翰·萨克斯(John G. Saxe)的朋友，说服他写了一篇关于他出售的鲑鱼的滑稽模仿的诗文。

17　阿奇博尔德自己为自由媒体写了一首题为《归因于杜威》(Owed to Dewey)的诗。

　　1860 年，也就是约翰出生的第二年，伯灵顿的发展使阿奇博尔德的生意兴旺起来，以至于他不得不搬到大学区教堂街上一家大得多的商店，它介于大学街和主要街道之间。他写信给他的客户说，他已经把货物搬到了那里，"他希望他们能前往购买"。他满意地说，这家新店经过了大面积的改造和扩建，"宽敞典雅"。但第二年，他卖掉了这家店，加入了废奴运动。

　　尽管广告中充满乐趣，阿奇博尔德却是个严肃的商人。早在 1851 年，他就在《每日自由报》上公布了自己的企业座右铭："所有的物品都保证完美无缺，如果不满意，可以退货。"除了这家商店，他还在大理石湾拥有一座砖窑，并与波士顿的一位合伙人一起从事"干草委托贸易"。最后，他还是美国新英格兰北部电话公司的董事会成员。阿奇博尔德的才华显然在商业领域大放异彩，而露西娜则相反，在道德行为方面大放异彩。

　　从表面上看，杜威父母之间的这种反差是许多美国社会生活评论员所描绘的典型情况，父亲离开家在办公室或商店时，母亲则负责照看孩子。亨利·詹姆斯和亨利·亚当斯(Henry Adams)都描述道：妇女带着孩子在欧洲各地探寻文化，而她们的丈夫则留在工业城镇，他们主要是通过信件进行联络。乔治·桑塔耶拿(George Santayana)认为这种分歧是上流社会传统的主要缺陷。但露西娜和阿奇博尔德之间的分歧是不同的。露西娜不是一朵优雅的花，而是一个真正有活力的女人，完全致力于所谓的清教徒男性美德。她使戴维斯和约翰具备了道德目标，并让他们致力于追求责任。

约翰·杜威的父母对待他们的孩子很不一样。阿奇博尔德是个商人，很少有时间和孩子们在一起。他更喜欢接近戴维斯，而不是约翰。戴维斯在后来成为一名经济学家，这反映了他与商人父亲之间的联系。对于约翰，阿奇博尔德总是相当谨慎。在所有的外在形式中，他们的关系都是相互尊重，但他们之间总是存在情感上的隔阂。后来，当约翰填写了一份表格，将其列入国家传记的百科全书时，他所说的他父亲因"机智"和"和蔼可亲"而"值得注意"的话，在受到赞扬的同时，也遭到了指责。阿奇博尔德与儿子相处很尴尬，当亲密关系受到威胁时，他用自己的机智与儿子保持距离。在1885 年 10 月 21 日，约翰 26 岁生日的第二天，阿奇博尔德写给约翰的一封信中，有一段非常奇怪的话，最能说明这一点。阿奇博尔德一开始相当尖锐地写道："我没有忘记昨天——是你像窃贼一样闯进这个家庭的周年纪念日，但是天气很好，我不喜欢把铁锹放在一边，拿笔写信……如果你母亲的信件没有流产，你会得到一个小小的提醒，我们都想到了你。"除了有人说他忘了生日，或者说天气太好，不方便在儿子生日时写信，或者说他送的礼物是"小事"，但他还有一个奇怪的词"窃贼"（burglarious）。约翰像个窃贼一样闯进了家庭圈子，偷了一个不属于他的地方，也就是说，这个地方本来是属于约翰·阿奇博尔德的。如果不是约翰·阿奇博尔德去世了，他是一个永远不会被命名为约翰·杜威的替代儿童，还有什么词比"窃贼"更能说明这一点呢？不管我们如何解读阿奇博尔德和他儿子约翰之间的这些和其他的交流，阿奇博尔德总是有一种令人不快的疏远。

相比之下，露西娜对约翰的生活过于投入，这很可能是因为从他一岁半到五岁，露西娜是他唯一的看护人。他小时候看起来很瘦弱，这让她对他倍加关心。另外，约翰比她的其他儿子更像露西娜。19 世纪 70 年代，杜威家族的一位常客在 1947 年曾说过："露西娜当时看起来和（约翰·杜威）一模一样，这种相似性令人印象深刻。"像她一样，约翰的黑眼睛是他最突出的特征。她身体有点虚弱，约翰也是。但她工作非常努力，甚至"付出了巨大的代价"。约翰也成了一个不知疲倦的人。他总是在七点过后不久就开始工作。1918 年的一天，当他一直睡到早上八点时，他向他的孩子们坦白说，在这一天，他打破了他晚睡的"记录"。

当时，约翰·杜威与母亲的智力发展、公共服务和道德价值观密切相关，而父亲却

18

19

热衷于商业和经济的扩张。一个是对孩子无微不至的体贴，另一个关注的则是男人世界里的东西。一个与孩子们的生活保持着相当的距离，另一个却十分的投入。他对这两个人有什么看法？这些影响会使他形成什么样的人格？

约翰·杜威死后，他的第二任妻子罗伯塔（Roberta）回答了这个问题。她毫不含糊地告诉哲学家乔治·阿克斯特尔（George Axtelle），约翰"经常告诉我他父母和他在佛蒙特州的生活"。她说，他总是坚持自己的"父亲比母亲更有影响力"，这是杜威的一个面具，一个几乎没有隐藏的愿望。但事实上，他母亲的影响非常大，以至于他不得不学会如何抵抗。虽然他受到母亲的影响，但他更渴望受到父亲的影响。他深受母亲的爱，但他渴望也能得到父亲的爱。他父亲对他施加影响的努力是微乎其微的，正如他母亲对他施加影响的愿望是巨大的一样。但当他反抗她的时候，他会采纳他父亲的任何影响。因为，他记得当他坚持父亲是更大的影响力时，这是他所希望的。在幻想中，他开始解决父母不同的危机：选择认同他远在天边的父亲，这给了他成为自己的发展空间。

基督教的影响

约翰早期的第四次危机是他与基督教的关系。他父亲对基督教的看法和他余生一样，这是由他的商业决定的。他是伯灵顿第一教会的成员。在阿奇博尔德成长的岁月里，伯灵顿第一教会没有受到神学争论或分裂的困扰，他从小就明白宗教只是一个星期天的事情。当他成为教会成员时，他致力于教会事务的管理。1849 年，他被任命为公理会审慎（预算）委员会的"地方主管"（或财务主管）。1852 年，他成为委员会主席，并首次将委员会的财政置于"知识渊博"（knowledgeable）的基础上，即"明白易懂"（intelligible）的基础上，并使其保持在预算之内。他是一个优秀的商人，一个尽职的成员。但他几乎没有宗教方面的动力。

露西娜正好相反。当她在肖勒姆长大的时候，那里的教会经历了一个深刻的转变，分裂成三位一体和一神论。19 世纪上半叶，教会主义的剧变在整个新英格兰地区司空见惯，主要冲突是以耶鲁神学院为代表的正统派与日益增长的自由主义思潮之间的冲突。保守派倾向于从字面上解读圣经，强调个人反省，强调的是个体的人。自由派团体坚持认为，在解读圣经时必须运用人类智慧，社会福利是道德行为的适当目标，群体中的相互关心具有道德价值。由于牧师和教会主要人物的倾向不同，导致这场冲突在不同的时间里引起了每一个新英格兰的会众(congregation)的注意。1814年,露西娜的家乡肖勒姆受到了自由主义的冲击。那个时候,尊敬的丹尼尔·摩顿(Daniel D. Morton)成为牧师。1833年,他的继任者尊敬的约西亚·古德休(Josiah Goodhue)接棒,那个时候露西娜才3岁。但自由主义的胜利并非没有对手,肖勒姆会众长期处于混乱之中。与平静的伯灵顿会众不同,肖勒姆是神学争论的温床,每个会众都必须站在一边。宗教在肖勒姆是一股强大的力量,对露西娜的生活有着决定性的影响。

露西娜在古德休的直接影响下长大,也受到摩顿对父母的影响。1850年1月5日,她被正式承认信仰,随后接受洗礼,进入肖勒姆联合教会。她成熟的行动展示了她为自己创造了怎样的神学和道德融合。她兼有年长的,保守地强调个人内省的优点——为人善良,并拥有严格的个人道德——对圣经的任意理解,强烈强调通过社会福利来行善的自由主义,以及改革派的努力。当她结婚,她的会籍转移到伯灵顿第一教会。生孩子时,她个人正直的性格和社会关怀建立了很好的联系。她把个人的节俭与对社会进步的兴趣结合起来。约翰·杜威一生都随身带着一些她最喜欢的书,其中包括埃德蒙·H. 西尔斯(Edmund H. Sears)的《奥尔登时代西尔斯的照片: 朝圣者家庭的命运》(*Pictures of Older Times, as Shown in the Fortunes of a Family of the Pilgrims*, 1857)和爱德华·杨(Edward Young)的反映忧思的《哀怨,或者夜思》(*The Complaint: or, Night Thoughts*, 1875)。

露西娜的个人虔诚是在她对孩子们的安全与健康的持续关注中显现出来的。她认为这些都是愚蠢的行为——如喝酒,打台球,赌博,打牌,跳舞。她明确告诉她的孩子们,他们甚至不能在星期天玩弹珠。星期天要到主日学校和教堂去。露西娜在主日学校教书,就她自己的儿子来说,一周内,她一直在给他们上课。她没有轻易放弃。直到1883年,她还在催促戴维斯寻找耶稣基督。她叹了口气说:"我一直在读戴尔(Dale)写的一本关于赎罪的书,在我看来,如果戴维斯坦率地读下去,他会觉得很有说服力的。"星期一是祈祷和祈祷会。她不断地问孩子们:"你认为耶稣说得对吗?"她超越了自己的家庭,为大学生提供个人道德方面的建议。教会主日学校和出版协会出版了一本名为《大一和大二》(*Freshaman and Sophomore*)的说教故事,露西娜在给佛蒙特大学的学生提供有益的道德咨询时,扮演了卡弗(Carver)夫人的角色。她对内省的强调无疑对那些很少见到她的大学生有帮助。但她对孩子们的严格检查使他们不愿意反省。每年圣诞节她都给约翰写日记。他尽职尽责地保存着它,但他所记得的只有"天气炎热或寒冷"和"我去户外或看书"。他一辈子都提防自省,很少谈论自己或自己的过去——在露西娜不再给他写日记后,他也从不记日记。尽管如此,他还是个孩子,正如他后来描述的那样,"一个高度'自我意识'的年轻人,过分敏感(而且)病态,(倾向于)考虑别人所谓的对我的看法,我真的知道,不管怎样,这些看法大多是虚构的"。

露西娜对服务的理念同样认真。她很早就深深地参与了教会的传教工作,并最终成为伯灵顿妇女家庭传教协会的主席,这个协会后来被称为亚当斯传教会。事实上,她是"最早和最坚定的"使命之友之一。在《亚当斯使命月刊》(*Adams Mission Monthly*)上的她的讣告告诉我们:"她对我们慈善家仍然面临的问题作了最后的思考:'我们如何才能使伯灵顿成为一个温和而有道德的城市,一个对年轻人来说安全、干净的地方,一个有道德和幸福家园的城市?'"露西娜"特别关心……为了保护……那些可怜又不幸的人"。正是她想出了伯灵顿教堂应该被组织起来,支持这项使命。然后,她努力组织他们的工作,有力地告诉一个教会代表团团长、尊敬的 E. P. 古尔德先牧师:"工作就是上帝。如果伯灵顿的教会不抓住这个机会从事一项重要的工作……他们会犯人生的错误。"

1905 年发表的"伯灵顿第一教会成立一百周年记述"中,露西娜被归为"理想主义者":

> 她的思想总是触及到一些更远见的东西,她要做一些事情来帮助那些在身体或灵魂上需要帮助的人……她把水街(Water Street)上的孩子们聚集到一所教会主日学校。她尝试在那建一家咖啡馆。她是亚当斯太太的忠实盟友……她非常渴望,并带着一颗怀疑的大脑去寻找一些悬而未决问题的答案……她总是从事物的本来面目,弄清楚它们应该是什么,可能是什么。

在杜威家族里,露西娜的基督教福音派有着明显的影响。约翰·杜威晚年仍然记得复活节在他家里是什么样子的:

> 也许我们染过蛋,但那是(一个无聊的游戏)——我有一个模糊的回忆……一个被染了色的鸡蛋。但是新英格兰的教友们除了去教堂听关于复活的布道外,对复活节并没有太多的关注。我们不是清教徒,所以不打算过圣诞节,但总是穿着长袜,天亮前起来看看里面是什么,但不是一棵树。

露西娜自己直到 20 岁才宣布信仰并成为教会的一员。但她十分关心儿子们的精神福利,并渴望把他们带进精神生活中。1871 年 6 月 15 日,当约翰 11 岁时,她亲自撰写出了简短的信仰宣言,让戴维斯和约翰作为正式请求加入圣餐仪式。约翰说:"我认为我爱基督,并且要皈依他。我已经考虑了一段时间,我应该和教会团结起来。现在,我想说的更多，因为这似乎是向主忏悔的一种方式，我想在圣餐会上记住他。"约翰在大学期间一直是伯灵顿教堂的活跃成员，直到1879年离开该市到宾夕法尼亚教书。1881年，当他回到佛蒙特州，在夏洛特教高中时，他立即恢复参加教会活动。

夏洛特位于伯灵顿以南大约15英里处，但约翰每周都会回来。1881年11月，在他回来不久，他和另外四个年轻人会见了牧师，在教堂里成立了一个官方的青年协会。在12月5日的第一次会议上，他当选为主席。由于该组织的规则禁止他在六个月后继续担任主席，他随后成为副主席，成为筹备委员会成员，专门为青年人安排各项活动。每个周末，他都会去伯灵顿参加年轻人周六晚上的"社交活动"，并在周日和父母一起去参加礼拜。他也参加过教会的一些节日，比如1882年6月的草莓节。

如果说个人的虔诚和道德承诺是杜威家族永恒的主题，那么这些强调与露西娜所承诺的服务理念同等重要。如果说她那朴素的虔诚使年轻的约翰·杜威内心专注于自己，那么她的社会理想则使他向外部的世界拓展。毫无疑问，约翰对露西娜过分强调个人反省感到不安。每当他母亲问他"和耶稣在一起"怎么样时，他就会感觉到坐卧不安。在1886年一篇关于宗教的新闻文章中，他在宗教内省中对反清教徒的做法感到不安：

> 当人们观察和分析宗教情感，看它是否存在，是否正确，是否正在增长时，这是不健康的。长久地观察自己的宗教情绪和经历，就像从地上拔出一粒种子看它是否在生长一样，都是致命的。

杜威拒绝了母亲让他病态自省的努力。1941年，他对他的朋友马克斯·奥托（Max Otto）说："我还远远没有得到教化的天赋，如果我在讲道的方向上屈服于某种倾向，这会毁了我。"

尽管如此，露西娜对公共服务的自由奉献，以及她在解读圣经时对智慧和经验的强调——这会影响让她转向外部世界——这些都吸引了早期约翰的注意，并一直保持着他的关注，直到他去世。露西娜在这些方面的努力是由于牧师的任命而得到的额外的力量。1873年，尊敬的刘易斯·布拉斯托（Lewis O. Brastow）担任第一教会牧师，当时的杜威仅13岁。伯灵顿在牧师的带领下获得自由派的位置，这是露西娜几年前在肖勒姆与古德休曾见证过的。但是二十年的时间已经有所改变，露西娜学会的虔诚主义，和布拉斯托一起消失了。布拉斯托完全致力于开明的自由派布道。"自由福音主义（原文如此），"他写道，"假设人类的智慧可以冒险去处理被揭露的真相和宗教经验。"显然，他宣扬了露西娜所致力的三个理想中的两个部分。训练有素的哲学，布拉

24

25

斯托放弃了个人虔诚的旧主题,强调智力和社会行动。"一个人'精神上应该有男子气概',"他断言,但"拯救和重建的并不完全是孤立于同伴之外的个人,而是他们共同生活中的人……没有人能在自己身上找到完整。……只有在相互交往的生活中找到,因此一个人必须过上平常的生活。"布拉斯托强调宗教的"重建"而不是"皈依",在杜威的头脑中植入了这个词,多年后,在许多书籍和文章中,他认为,哲学和社会都需要"重建",这是杜威最喜欢的单词。布拉斯托是新英格兰的重要人物。1884 年,他被任命为耶鲁神学院的教授,标志着自由主义完胜正统教会主义。在约翰读高中和大学期间,他一直是约翰的牧师,当约翰拒绝了露西娜的虔诚,他仍然可以通过与布拉斯托的布道结盟来保持他母亲其余的信仰。露西娜一直在等待自由神学来到伯灵顿,她为布拉斯托感到高兴。约翰清楚地明白,他牧师的哲学倾向正是他自己所渴望的。在露西娜的感觉里,如果约翰对耶稣感觉不好,他十分喜欢布拉斯托,这一点就已足够了。杜威后来总结了他宗教训练的特点:"我是在一种更'自由'的传统福音主义氛围中长大的。"

杜威早年的第四次危机最终是通过教会主义的自由派解决的。但直到他离开父母,他才找到一个方法,以获得足够的距离,来解决他精神生活分裂的冲突。

约翰·杜威教育的开始

与此同时,随着战争的结束,这个国家仍在经历一个又一个的危机。这场战争对成千上万的家庭来说是非常糟糕的,他们失去了亲人,或者离开家园,战争让经济遭受重创。但 19 世纪 70 年代似乎是最好的时期。在北方,军事冲突开始带来繁荣,随着战后重建的需要,经济蓬勃发展:人们能感觉到国家开始"重建",在重建和统一国家中,占领南方的联邦军队所谓的重建确保人们遵守宪法,以保护以前的奴隶。

约翰·杜威正在上学,这个国家也正在迅速地发生着变化。到 70 年代末他大学毕业时,他父母成长的世界已经彻底重建,随着国家的发展,他面临着前所未有的新情况。财富的增长显著而迅速,这一切始于战争时期。在战争结束前,对肉类包装、运输、服装和武器的需求创造了新的百万富翁。战争前,美国只有少数几个百万富翁,但到了 19 世纪 90 年代初,百万富翁有 4 000 人。早些时候,林肯注意到了这种新情况,于是写信给他的朋友 W. R. 埃利斯(W. R. Ellis):

我看到不久的将来会出现一场危机,这使我感到不安,使我为国家的安全而感到颤抖。由于战争，公司已经受到人们的崇拜，一个高层腐败的时代即将到来。国家的财权将努力通过消除人民的偏见来延长其统治，直到所有的财富都集中在少数人手中，共和国将被摧毁。

林肯很快就沉默了。但如果他的预言需要证实，它很快就来了。在共和国的宫廷圈子里，埃莱特(E. F. Ellet)夫人指出，尽管总统前一年去世了，"1866 年(在华盛顿)的时尚季节几乎是一个狂欢节"。注意"宫廷圈子"这个词：一个新的金钱贵族诞生了。当赫伯特·斯宾塞(Herbert Spencer)来到美国时，即使是他，他推荐的一本"放松的福音书"，这个社会达尔文主义版本也非常适合美国商人，而不是商界精英所信奉的"工作和财富的福音书"。

当工业财富增长时，城市必须紧随其后。城市人口的增长速度几乎是农村人口的四倍。与爱默生(Emerson)、惠特曼(Whitman)和惠蒂尔(Whittier)等战前美国作家不同，在 19 世纪 70 年代开始写作的作家，如豪厄尔斯(Howells)和亨利·詹姆斯(Henry James)，都是城市人，他们像人们一样自然地转向城市职业，并专注其中。美国人希望在城市生活中发现历史学家亚瑟·M. 施莱辛格(Arthur M. Schlesinger)所描述的：一个人们可以认识到"所有那些使文明更美好、更人道的冲动和运动"的地方，包括"教育、文学、科学、发明、美术、社会改革、公共卫生和休闲"。所有这些因素在 19 世纪 70 年代都是迫切需要关注的问题，尽管一些幸运的人实现了这些目标，但贫穷、文盲、剥削劳动力、疾病的痛苦和犯罪猖獗的贫民窟是其他人的命运。

移民数量的增加有助于形成"另一半"以及他们的生活方式。城市和工厂往往是新移民的第一站和最后一站。在战前，我们发现适应农村条件几乎没有什么困难，因为美国的农场和欧洲的农场没有太大区别。但适应城市却十分困难。城市允许剥削工人，富人和穷人之间的反差在城市中更大、更明显。

教育和改革运动为解决这些问题提供了两条明显的途径，早在 19 世纪 70 年代就开始显现出来。1867 年，国会成立了首个教育部，来传播免费学校的福音。1872 年，当美国最高法院支持卡拉马祖市(Kalamazoo)建立免费学校的权利时，小查尔斯·弗朗西斯·亚当斯(Charles Frances Adams Jr.)在《北美评论》(North American Review)中写道："因此，国家对富人说，你应该把你的富足贡献给你贫穷邻居孩子的教育。"成人教育也蓬勃发展起来，建立了免费图书馆。乔陶夸(Chautauqua)运动始于 1874 年，在全国各地派讲师。托马斯·戴维森(Thomas Davidson)在康涅狄格州的法明顿(Farmington)和后来的纽约基恩谷(Keene Valley)建立了他的暑期哲学学校。教

28 育似乎是最重要的,那个时候移民不断增加——美国人引以为豪,而美国工业赖以生存的识字率却不断地下降。进步是19世纪50年代大萧条和停战后的口号,进步似乎与良好的教育有关。这在现代社会被视为一种必要的获得,特别是从农村生活向城市生活的过渡,将儿童从家庭农场的许多实用教育要素中分离出来。随着轮转印刷机的发明,报纸的数量增加了十倍。在19世纪70年代以前,由于图书发行的组织完全不起作用,廉价的好书非常普及。大学所有年级的教科书都在生产,并且十分畅销。最重要的是,民主的延续和发展有赖于教育,需要教育的稳步推进。

教育滋养了改革的欲望,改革强调了教育的意义。在战争中,道德理想主义的胜利留下了改革的遗产。随着废奴事业的胜利,1865年威廉·劳埃德·加里森(William Lloyd Garrison)暂停出版《解放者》(*The Liberator*)。现在还需要解决其他问题,而这些问题很难终结。正如托马斯·温特沃斯·希金森(Thomas Wentworth Higginson)在谈到19世纪70年代开始出现的问题时所说:"你不能马上解决资本和劳动力的问题,(比如说)奴隶制的问题,'让我的人民走',这件事要复杂得多。这就像是试图在没有其他知识的情况下调整一个计时器,而不是通过观察一个太阳刻度盘获得知识。"这是因为改革问题不再是抽象的或道德的,它们涉及社会和经济关系,需要人们了解这些关系。战后,年长的改革者所做的一切毫无效果。正如威廉·迪恩·豪厄尔斯(William Dean Howells)在谈到强大的废奴主义诗人约翰·格林利夫·惠蒂尔(John Greenleaf Whittier)时所说,他(和他们)没有"意识到社会运动的重要性"。但道德理想主义确实存在,当它与社会知识融合时,它产生了强有力的捍卫者。约翰·杜威就是其中之一,他和即将出现的最优秀的改革者一样,兴趣广泛,并有能力预见并促进在一个紧密相连的社会的各个层面上的变革。

29 最后一个开始影响战后公民发展的就是科学的迅速崛起,其必然后果是,自然主义对真理的检验逐渐破坏了战前盛行的宗教对真理的检验。1860年以前,美国各大学院的校长都是牧师;同样,哲学教授也都拥有一个部长的级别(a ministerial degree)以保证道德上的正直。现在都变了,以约翰·W.德雷珀(John W. Draper)的《宗教与科学的冲突》(*The Conflict Between Religion and Science*,1874)为指导,知识分子把科学看成是与神学相媲美的东西。仅在19世纪60年代,就成立了25所科学学校,这一运动在1876年达到高潮,这一年建立了约翰·霍普金斯大学(Johns Hopkins University),它以德国大学研究模式为基础,没有任何宗教联系和义务。学院院长并不是牧师。

达尔文的《物种起源》（*Origin of Species*）这本著作在这方面发挥了重要作用，它是点燃这场激烈争论的火柴。这本书出版于 1859 年，那一年正好约翰·杜威出生。美国人要么全盘谴责这本书，要么全盘接受。所有人都看到了，这是美国反对加尔文主义的一次大反抗。战争中死亡的人数之多，使得严格的加尔文主义注定是站不住脚的，战后的进步理想使进化成为一种可取的选择。在耶鲁，保守派牧师主席诺亚·波特（Noah Porter），参加了一个志愿者班，按照赫伯特·斯宾塞的"第一原理"，反驳他们——最后，班上的每个人都离开了对进化论深信不疑的人。斯宾塞——创造了达尔文所采用的"适者生存"一词——在 1860 年至本世纪初，在美国售出了 37 万本经他授权的书籍。对达尔文主义的广泛反对只不过是为了宣传达尔文主义。但是像米诺特·J. 萨维奇（Minot J. Savage）这样的调解人完美地表达了大多数美国人真正想要相信的："如果你接受（进化论），你将不得不放弃对'人类堕落'的信仰。进化教导人类进步：完美的亚当在我们前面，而不是后面。"很快，大多数人都相信上帝是通过自然选择来工作的。

上帝似乎也通过机器工作，因为机器正在以极大的速度改善人类的生活。技术是科学的产物，同时技术要求越来越多的科学。发明是时代的玩具。埃尔伯特·哈伯德（Elbert Hubbard）四处宣扬"设备齐全的工厂是一种乐趣"，发明家们将这种乐趣自由地传播开来。1876 年，社会福音牧师华盛顿·格拉登（Washington Gladden）在美国研究所的机房里发现了"上帝的思想"。新的美国神话人物是像凯西·琼斯（Casey Jones）这样的人，他们与新机器的力量联系在一起。1869 年，将太平洋铁路和中央太平洋铁路连接，形成了第一条横贯大陆的铁路，这是一个史诗般的事件。在美国的发展中，工业开发地区边缘地带已经取代延伸到美国西边的定居点。

这些是 19 世纪 70 年代约翰·杜威接受教育时，美国正在发生的重大变化。一个更年长、更见多识广的美国人亨利·亚当斯（Henry Adams）在他的《教育》（*Education*）这本书中承认，他为这些巨大的快速变化而感到震惊。约翰·杜威，一个天真的小学生，能从中得到什么呢？他将如何设法在他们中间为自己创造一个职业和一个生活的地方呢？职业问题形成了杜威最后的内心危机，他跌跌撞撞地走向了职业，而不是探求一份职业。但他最终找到了命中注定的那个职业，他成了这个时代的英雄之一，并把它进行到底。他是那个时代的人，是那个学会思考财富及其重要性的人。他会考虑城市的动荡、对新教育的需求、改革和重建的义务、科学的重要性及其在方法和思想上的实际应用等问题。那个时代对他至关重要，所有的这些都进入他的内心深处,这种重要性有可能超过其他任何一个美国人所感受到的。

但要做到这一点并不容易,起初,杜威似乎无法成为这个新美国人,这个新男人。

约翰·杜威必须解决的最后一个危机涉及他在伯灵顿的教育和他一生职业选择之间的复杂关系。我们知道他最终选择成为一名哲学家、一名教师。但他是怎么决定的呢?

露西娜发现并向我们讲述了杜威出生地的不一般。伯灵顿当然需要露西娜对它的关注,因为它不是美国传说中的田园诗般的新英格兰小镇。当杜威的第一个传记作家乔治·迪库赞(George Dykhuizen)写了杜威的出生地时,他正致力于创造一个特殊的新英格兰神话。迪库赞在佛蒙特大学任教,他形容"伯灵顿的魅力和自然美景是大多数新英格兰社区所'无法比拟的'"。他继续说道:

> 它坐落在山坡上,从尚普兰湖(Lake Champlain)海岸缓缓升起,它俯瞰东边的绿色山脉和尚普兰湖以及西边的阿迪朗达克(Adirondacks)。大多数人属于中产阶级,既不特别富裕,也不特别贫穷。

杜威的学生,后来也是杜威在哥伦比亚大学的同事欧文·埃德曼(Irwin Edman)在谈到杜威时,讲了这样一个最简洁并且用词不恰当的传说,"(杜威是)一个土生土长的地方人……一个佛蒙特州的乡下人"。埃德曼指出这并不符合事实,杜威"出生在佛蒙特州的一个农场",但其实他出生在一个相当大的城市。他说伯灵顿有一个同质的文化模式。杜威的研究生悉尼·胡克(Sidney Hook)对这一观点非常赞同。他声称,杜威是在"一个在财富和生活水平上没有巨大差异的社区"长大的,但事实并非如此。

伯灵顿的景色确实很美。在看到那不勒斯湾(Naples)时,威廉·迪恩·豪厄尔斯大声说,"除了从伯灵顿看尚普兰湖日落外,这是世界上最美的景色"。但伯灵顿作为一个城市的现实却大不相同。像许多其他美国城市一样,在杜威出生的时候,它正经历着快速的变化。由于其在尚普兰湖的地位,它是一个水上运输和商业中心。就木材贸易而言,它是美国第二大港口。流入尚普兰湖的河流不仅带来了原木,还带来了水手、移民、陌生人和临时居民,其中大部分是爱尔兰和法裔加拿大人。这座城市的码头是船夫、临时停留的暴徒和水手聚集的地方。难怪杜威出生仅仅五年,市议会就批准了"一项关于普通妓女的法令",对这一罪行处以 60 天的监禁、40 美元的罚款,或同时监禁和罚款。1866 年,塞缪尔·塞耶(Samuel N. Thayer)在他的"卫生官员的报告"中断言,伯灵顿南部的病房主要由"拥挤的出租房组成……(其中)有一间房屋被 51 个卑鄙下流的人占领"。在中间的病房里,"有些公寓里,男人、女人和孩子们挤在一起,违反了有关礼仪和道德准则……可怕的疾病和致命的瘟疫（即霍乱）一定会在那里产生"。这里"贫穷长期纠缠着人们"，"人们过着悲惨和肮脏的生活"。这一些都归因于伯灵顿发展快速，而设施却严重缺乏。

杜威父母特别关心的是学校。伯灵顿糟糕的社会状况显然对那里的学校产生了影响。1866 年，就在杜威上学之前，埃尔德里奇·米克斯（Eldridge Mix）出版了《普通学校校监报告》（"Report of the Superintendent of Common Schools"）。该报告宣称，过去十年里伯灵顿从一个城镇变为一个城市，这一快速的转型导致学校学生拥挤严重。他说，这些学校"管理不善，效率也不高"。"学校的建筑也非常差。"米克斯说："我怀疑，任何拥有名马的绅士是否会长期容忍这样的建筑……作为我们城市的一所学校。"更糟糕的是，"老师们并不是最优秀的人才"。米克斯的结论是，如果没有别的，为了自身的利益，就应该说服伯灵顿的市政官员去改善当时的学校。伯灵顿可能是该州最大的商业城市，但对学校的"忽视"是"对我们真正利益进行毁灭性的打击"。因此，"必须进行彻底的变革"，在这种变革中，"应当建立一个全新的（学校）制度"。

米克斯的指责可能让一些市政官员感到不快，很快，他的学校监管职位被他人取代了。但两年后，他的继任者维尔（L. G. Ware）作出了基本相同的评价。他发现，教学有"太多的（死记硬背）和鹦鹉学舌"。他看到了对学生的一些影响："我注意到，大一点的男孩和女孩非常懒散、不求上进，学习方式轻浮。"

这就是教育约翰·杜威的学校制度。杜威夫妇特别关心高中的相关情况。在 1866 年，米克斯宣称，联邦中学"在各个方面都是该市的耻辱"。但是经过二十年的争论之后，一所新的高中在 1870 年才被市政府批准，不久约翰就准备进入这所学校。即便如此，直到他上高中很久之后，这座建筑才完工。

约翰·杜威是在一个处于转型和动荡中的城市长大的。在人烟稀少的山丘上，农场里居住的主要是英国和苏格兰爱尔兰人。更古老、更乡村、更野蛮的美国在伯灵顿到处都能找到。在伯灵顿，盎格鲁-撒克逊美洲也可以在老一代的定居者身上以及在大学社区中找到。佛蒙特大学成立于 1791 年，它是新英格兰第五所古老的学院。在杜威的青年时期，它被认为是一个杰出的学习中心，尤其在哲学方面可以与四所早期新英格兰学院——都是男校——相媲美，甚至还超越了它们。这四所早期新英格兰学院分别指哈佛、耶鲁、布朗和达特茅斯。所以佛蒙特大学把一个精英带到了伯灵顿：它是一个新教徒、公理会教派、能自由思考，并且受到良好教育的阶层，它吸收了城市统治阶层中更富裕、受教育程度更高的成员。和其他地方一样，这所大学建在湖边的小山上。聚集在大学周围的是旧住宅区,那里有整洁的新英格兰住宅和房地产,与湖口的贫民窟区形成鲜明对比。正如一位伯灵顿市民所写:"这里可以找到许多富人的家,大学城里你会见到一些文雅的人,这里形成了一个有文化的社会,这让城市更加具有社会吸引力。"露西娜的堂兄马修·H.巴克姆声称,进入这个社会只需要"智慧、美德和礼貌",而不管新来者的"地位"或"职业"。人们只需绕着伯灵顿和周围的环境走一圈,就可以看到美国曾经是什么样的国家,人们接受精英,这个国家也正在成为一个由不同种族的人组成的、社会分层严重、复杂的国家。

34　　　约翰·杜威进入大学学习是有把握的。他母亲的一些亲戚在学校里担任重要职务,他的父亲与大学里大多数的行政人员都很熟。在第一公理会,大多数教授都是常来的圣徒。尽管如此,有条件为他上大学做准备的中学却寥寥无几。晚年的杜威经常抱怨当时中学的不足。虽然他注定要上大学,但学校并没有为他做好准备。

　　　1867年9月,约翰进入区第三学校,它位于北大街和默里街拐角处,离他的新家只有一小段路。那时,杜威家人的居住地及学校所在地区大部分是法裔加拿大人,所以不是所有的学生都说英语。当约翰进入学校时,学校仍然不分年级。当时在伯灵顿,每个地区都管理自己的学校,结果这个地区的教室都拥挤不堪。杜威入学时,不分年级的班里有五十四名学生,年龄从7岁到19岁不等,老师们的素质往往不高。学校标准很低,多年来政府对学校也非常忽视,连房子都快要倒塌了。结果是可以预料到的:教学主要是"仅仅是发音,甚至发音也是错的,是一种死气沉沉、单调乏味的音节发音,(而不是)智慧的、欣赏的、同情的思想体验"。幸运的是,到1868年9月,全市学校彻底改组,班级分级,师资队伍焕然一新。据报道,教学仍然相当乏味,但至少将课程分为一些必修科目——如阅读、写作、修辞学、地理和拼写等——这意味着约翰将获得充分的基础知识。在很早的时候,他的成绩就已显示出了他的兴趣和能力。他的举止完美,擅长阅读,背诵虽然是课程的重要组成部分,但他却不擅长。

　　　约翰在文法学校度过了五年,从一个年级升到另一个年级,直到他在适当的年龄35毕业。虽然这个时间安排得非常好,但约翰在外面几乎没有朋友。每个人都注意到,戴维斯和查尔斯待人非常友好,并且善于交际。相比较而言,约翰十分害羞、孤僻。正是他的腼腆影响了他的背诵成绩。

　　　1872年秋天,约翰开始在学院威拉德街上那所破旧的高中上学……"这是一所建筑简陋的学校"。他写道,"(不久后)它被认定为一所危险的学校",并且它即将"被一所新建的学校所取代"。在几次他后来谈到他在高中的经历时,他感觉他就像被禁锢在那里一样。来自学校管理的紧张一定使他不愉快地想起了露西娜的家规,他本想摆脱学校苦难的生活。新高中可能比旧高中好,但正如他记得的那样,老师的教学非常差劲,所教知识也陈腐不堪。老师们只是从旧楼搬到新楼,所谓的教育还在继续。他记得一开始他:

> 去了大学街的旧高中大楼……(那儿)校长是梅塞尔斯·巴特利(Messers Bartley)和哈尔西(Halsey)。后者是英语语法方面的专家,他也因其"这是有规定的"这句话而在学生中出名。法兰西先生是一系列算术书的作者,他对此表示支持。他的算术书里充满了困惑,有时老师们也对正确答案有不同意见。

正如杜威所经历的那样,高中仅仅是阅读、写作和算术基础知识的延续,虽然要求更高,但也更学究。杜威对这一切感到厌倦和焦虑,渴望新事物,他可能学到了比他意识到的更多的东西。他一生都是个喜欢读书的人。他的作文技巧在他上大学的时候就得到了快速的发展,他用一种非常自然朴素的风格,写得既正确又迅速,且通俗易懂。他以精确的数学思考,写了一本关于算术方面的哲学著作。

虽然他在学校成绩不错,但他并不喜欢这一点,这可能是他早期教育活动的一个显著的事实。他的第二任妻子罗伯塔·杜威(Roberta Dewey)推测他对教育的兴趣,这是他在高中的负面体验的结果。她告诉珀尔·韦伯(Pearl Weber):"在佛蒙特州,他看到一个老师殴打一个孩子,这个孩子的身体状况变得很差,后来再也不正常了。"这是真的。杜威本人也告诉记者说:

> 我记得有一位老师几乎每天都用鞭子体罚学生,有时手上拿着一把尺子,有时拿着一条皮鞭,以此激发学生对学习的兴趣。有一次,她(指珀尔·韦伯)和几个大男孩从街上逃学,老师打了一个学生,我想这对她的影响是永久的。

当然,杜威并没有把所有的时间都花在学校里。他在伯灵顿周围的小山上漫步。他和戴维斯以及他们的巴克姆表兄弟们到很远的地方去玩,经常横渡到法属加拿大的领土,有时也会被困在暴风雨中,在简陋的建筑物里过夜。但是,到曼斯菲尔德山(Mount Mansfield)和更远的地方旅行,这一切并没有给他的生活指明方向。他上学期间也打过零工。上小学时,他给人送过报纸,每周可以挣一美元。14岁时,他找到了一份计酬工作——每周六美元——为木材厂清理木材。但这些卑微的工作并没有告诉他应该如何对待自己。

杜威参加了大学的预科课程,其中包括四年的拉丁语——他仅花三年就完成了——三年的希腊语、两年的法语,还有英语语法、英国文学和算术等课程。查尔斯·

36

达尔文的《物种起源》在 1859 年前发表,卡尔·马克思(Karl Marx)的《政治经济学批判》(*Critique of Political Economy*)在同一年出版。但是杜威所就读的高中并没有教真正的自然科学或政治理论的知识。他这样的准备是当时上大学所要求的。

37　　　1875 年,约翰在 15 岁高中毕业时,他还没有解决他年轻时遇到的一些主要问题。作为他哥哥替代品的压力使他与父亲疏远,而与母亲很亲近。总的来说,在他的家庭生活中,约翰受到母亲的价值观及对他希望的影响,同时,他也渴望能像他父亲那样。牧师布拉斯托的影响始于 1873 年,他帮助约翰制定了一个理性的基督教版本,摆脱了母亲露西娜清教徒的影响,但他同时保留了母亲对改革和社会服务的承诺:它很快就被称为"社会福音"。但是当约翰高中毕业时,他还没有从个人虔诚的正统观念中解放出来。事实上,他母亲精神合成中融合的正统自由派似乎混淆了约翰·杜威对关于基督教的信仰是什么的认识。约瑟夫·拉特纳(Joseph Ratner)回应了学生杜威对基督教的质疑,他写道:"不可能说基督教信徒相信什么,以及他通常所依附的东西。"杜威承认他"对神学从来没有多大兴趣"。他受过教育,教育对他很有价值,但他对过于讲究规则、学究式的教育感到非常不满。他内心的压力不仅表现在他的羞怯上,还表现在精神症状——呼吸问题、身体疼痛,甚至可能在他反复出现的眼睛疲劳中。

　　约翰在大学里的四年,为解决这些问题提供了时间和地点,但连大学也没有给他一个他能承诺的生活方向。当他进入佛蒙特大学读书时,学校的学生不足一百人,其中约翰的哥哥戴维斯也在其中。学校共有八位教授,主要教授经典著作、修辞学、道德哲学、政治经济学、自然科学、数学和现代语言,他们带领学生们完成了一系列规定的课程。直到约翰读到高年级时,学生才能选择一门选修课。杜威所受的教育很大一部分归功于他读了大学图书馆一万六千本书中的部分书籍。他记得"在那些日子里,正如图书馆的记录所显示的那样,我阅读的兴趣非常广泛"。图书馆的书由图书管理员、

38　修辞学、英国文学和古典语言学教授约翰·埃尔斯沃思·古德里奇(John Ellsworth Goodrich)严格看管。约翰的哥哥戴维斯是一个热心的读者,他想起了自己为得到这些书籍所遇到困难的沮丧:

　　　　那时图书馆开放——一周仅有两次,并且时间有限。对我来说,书籍的内容是大学所提供的最珍贵的礼物,我充分利用了使用它的特权。我挑选的书可能并不总是充满智慧的,我对图书管理员的仔细审查和关心感到恼火,图书管理员对我阅读书籍的质量似乎有一种不必要的担心。在家里,我的阅读是不受限制的。我看不出有什么理由不去满足我对大学认为适合收藏的任何一本书的好奇心。

当然,戴维斯和约翰都可以从他们的家、亲戚那里、富有同情心的教师和最近翻新的伯灵顿市图书馆获得相关书籍。从这些不同的来源的书籍中,他们很可能借阅了一些传统的阅读,小说和诗歌方面的书籍。但是约翰在大学四年里从大学图书馆借阅来的书籍和期刊很好地显示出他认真思考的兴趣。事实上,在他选择的书刊中,没有任何一个主题占据主导地位,这表明他兴趣的多样性,他还没有找到一个主要的兴趣。

大一的时候,约翰从图书馆借了 15 本书。其中有三分之一的书籍是政治方面的,包括阿盖尔(Argyll)的《法律统治》(*Reign of Law*,1872)、白芝浩(Bageho)的《物理学和政治》(*Physics and Politics*,1873)、麦克·金斯什(Mac Kinstosh)的《1688 年英国革命史》(*History of the Revolution in England*,1688)、辛顿(Hinton)的《英国激进领袖》(*English Radical Leaders*,1875)以及亨利·里夫斯(Henry Reeves)1844 年翻译的托克维尔(Tocqueville)的《论美国的民主》(*Democracy in America*)的两卷本。作为一名大一新生,他对未来的职业生涯进行了思考。他借阅了《思辨哲学杂志》(*Journal of Philosophy*,1868)的第一卷,这正是他论文最早发表的期刊。

我们能从他早期的选择中找到什么? 在 15 本书中,有 7 本是 1870 年以后出版的。很显然,杜威的性格里,不太喜欢较旧的东西。相反,他想要新的、现代的、经过科学实验的东西。这也体现在他的学科选择上:在他选择的书中如果有关于他在高中学习过的学科的话,那也是很少的。他在寻找新知识。那些年他学习拉丁语、希腊语和法语,这些对他没有任何影响,他甚至读过托克维尔的译著。在他的作品中,我们也发现很少有美国作品。尽管他读过埃克曼(Eckermann)的《歌德谈话录》(*Conversations with Goethe*),但大多数书都是英国的或与英国有关的。

这种情况在他大二的时候还在继续,但同时也有一些新发展。有一段时间,杜威对威廉·梅克比斯·萨克雷(William Makepeace Thackeray)的作品充满热情,因为读了他的《见闻札记》(*Roundabout Papers*)后,他就迅速地转向《塞缪尔·泰特玛什》(*The History of Samuel Titmarsh*)以及《庸人之书》(*The Book of Snobs*)两本著作,并且在三周内就读完了上述的三本著作。接下来,他又读了《潘登尼斯》(*Pendennis*)。乔治·艾略特(George Eliot)也是他欢迎的作家。在大二时,他另一个值得注意的变化就是,他开始认真阅读杂志包括《北美评论》(*North American*)、《爱丁堡评论》(*Edinburgh Review*)和《大西洋月刊》(*Atlantic Monthly*)。在他读大学的最后两年里,他查阅了《圣经文库》(*Bibliotheca Sacra*)、《双周评论》(*Fortnightly Review*)、《布莱克伍德杂志》(*Blackwood's Magazine*)、《威斯敏斯特评论》(*Westminster Review*)、

《十九世纪》(*Nineteenth Century*)、《利特尔的生活年龄》(*Littel's Living Age*)、《普林斯顿评论》(*Princeton Review*)和《季刊评论》(*Quarterly Review*)等期刊。如果有什么东西表现出他对新事物的热爱,期刊就会给他提供最前沿知识的信息。

尽管杜威参加了古典课程的学习,但他对这门课程并没有多大的兴趣。在他的课程中,他对古典文学的兴趣逐渐减退。在他的"希罗多德"(Herodotus)课程中,他仅获得了 69 分的成绩。他只是阅读了威廉·柯珀(William Cowper)的《伊利亚特》(*The Iliad*)和《奥德赛》(*The Odyssey*)的译本,而不是去尝试阅读原著。相反,他沉迷于当代期刊里的内容,他尤其对当前的知识和他那个时代的争议感兴趣。在《约翰·杜威传》(*Biography of John Dewey*)中,他的女儿简曾评论说,这些期刊比他在哲学上的常规课程"更深刻地影响了他"。约瑟夫·拉特纳曾经问过他是否读过《安多佛评论》(*the Andover Review*),其中关于公理神学的争论激烈,但约翰对这些争论丝毫没有兴趣。他告诉拉特纳,对他有真正的影响的政治类期刊是"英国的、当代的、十九世纪的,半月刊这类期刊"。除期刊文章之外,他还寻找那些受进化论影响的作者的作品,如约翰·费斯克(John Fiske)的《世界诡异传说》(*Myths and Myth-makers*, 1873)和理查德·普罗克里斯(Richard Prochris)的《其他世界:近代科学研究视野下的多个世界》(*Other Worlds Than Ours: The Plurality of Worlds Studied Under the Light of Recent Scientific Research*, 1871)。要跨越佛蒙特大学古典课程和现代政治、哲学、科学思想的两个世界并不容易。他还没有把他的教育和他的兴趣结合起来。

杜威大三时借了 26 本书,他从大学图书馆借出书刊的速度加快了。那一年他有两个发现:马修·阿诺德(Matthew Arnold)和历史叙事。他读过阿诺德的《散文集》(*Essays*, 1873)、《文学和教条》(*Literature and Dogma*, 1873)、《上帝和圣经》(*God and the Bible*, 1875)以及《法国的大众教育》(*The Popular Education of France*, 1861)。还有弗朗西斯·帕克曼(Frances Parkman)的两本历史类著作,以及关于罗马、德国、希腊和英国历史方面的著作。阿诺德尝试把人道主义和宗教整合在一起,这对杜威有很大的吸引力,并对他产生了较大的影响。(几年后,他写了一篇关于马修·阿诺德的文章。)他对历史越来越感兴趣,似乎他被进化的精神所鼓励,并被进化的精神所拥抱。

在他高年级时,他最后的兴趣被激发了出来,那就是他受到了达尔文的同事赫伯特·斯宾塞哲学和心理学课程的影响。杜威读了斯宾塞的两卷本《心理学原理》(*Principles of Psychology*, 1872),前后读了两遍。最后又读了斯宾塞的《综合哲学提纲》(*A System of Synthetic Philosophy*)的第一卷《第一项原则》(*First Principles*)。

杜威在大学图书馆里找不到真正的科学著作,但他查阅了他能找到的任何东西。在大四的时候,他借阅了奥斯汀·弗林特(Austin Flint)的《神经系统生理学》(*Physiology of the Nervous System*,1873)和约翰·丁达尔(John Tyndall)的《科学的片断:写给不懂科学的人们》(*Fragments of Science for Unscientific People*,1871)。但我们知道,他对科学方面的阅读远远不止这些,他经常阅读的英国期刊上有许多关于新科学理论和科学争论的文章。他还参加了自然科学和物理科学课程的学习。杜威记得,他在大三时选修了珀金斯(Perkins)教授的生理学课程,“没有实验室工作”,这篇文章是 T. H. 赫胥黎(T. H. Huxley)论述基于进化法则的生理学要素。他告诉乔治·戴克森(George Dykhuizen):“我想这是我对哲学兴趣的开始,生物的有机性给我留下了深刻的印象。”在这门生理学课程中,他得了 92 分,当时是个高分,远高于“希罗多德”这门课程 69 分的成绩。

杜威对科学的阅读使他对哲学和社会分析的实证主义方法产生了兴趣。他阅读了法国哲学家、社会学家奥古斯特·孔德(August Comte)的著作,“当一个本科生——毫无疑问,把科学作为有组织的智慧,他知道从孔德那里找到社会事务明智的方向”。戴维斯·杜威也对康德和实证主义感兴趣,这两个兄弟经常谈论社会分析的方法。

佛蒙特大学四年级的课程“包括政治经济学、国际法、文明史(基佐)、心理学、伦理学、宗教哲学、逻辑学等”——“有着广泛而深刻的意义的严肃的知识主题——进入了他的思想世界”,这正是杜威所追求的有特殊机会的一年。

杜威把他对哲学的兴趣归功于赫胥黎及他对其他科学知识的阅读。在他大四,读了《生理学原理》(*Elements of Physiology*)之后,他对哲学的兴趣与日俱增。他在大四时借阅的图书包括理查德·胡克(Richard Hooker)、乔治·巴克莱(George Berkeley)、埃德蒙·伯克(Edmund Burke)、约翰·穆勒(John Stuart Mill)、威廉·哈密顿(William Hamilton)、大卫·休谟(David Hume)、柏拉图(Plato)的著作,以及施韦格勒(Schwegler)的《哲学史手册》(*Handbook of the History of Philosophy*)和《思辨哲学杂志》的附录。

约翰专心致志于哲学并不奇怪。自 1826 年詹姆斯·马什(James Marsh)就任第五任校长以来,佛蒙特大学一直被视为美国哲学研究的卓越学术中心。马什校长是美国引进德国思想的第一人——康德(Kant)、谢林(Schelling)和赫尔德(Herder)等哲学家——从此这些思想进入了美国知识分子的生活。他通向德国理想主义的桥梁是通过英国诗人及哲学家柯勒律治(Coleridge)。"虽然我读过康德的一部分著作",马什给柯勒律治写信说:"我感谢您的作品,因为我能理解我读到的东西。"马什通过主编出版柯尔律治的《对沉思的援助》(*Aids to Reflection*),将先验论引入到美国的思想中,他说:"(这)将有助于把真理和正义的爱人置于更好的哲学基础上。"然后他进一步翻译了赫尔德关于《希伯来诗歌精神》(*The Spirit of Hebrew Poetry*)的论文。

被大学录取十年后,杜威回忆道:"佛蒙特大学……过去,它的名声主要靠教授哲学,也就是柯勒律治的哲学,从来没有向洛克的巴力(Baal of Locke)或苏格兰学派低头。"1872年,当马什还在著名的安多弗神学院(Andover Seminary)教书时,杜威就读了马什在《北美评论》上发表的一篇文章。在这里,马什与"浪漫主义"哲学流派结盟,反对古典主义,因此把他的努力放在了现代主义的一边。五十多年后的1929年,杜威在"詹姆斯·马什与美国哲学"的一篇演讲中重新审视了马什的作品。他指出,马什"在他那个时代的科学文献中的阅读范围很广,这影响了他的推测"。正如杜威所理解的那样,马什通过亚里士多德的理论和牛顿物理学的方法来修正康德的理论,于是得出这样的结论:正如康德所说,空间和时间不仅是精神形态,而且是"自然界和外在事物的形式"。马什相信,体验到的真实的东西可以区别于精神行为,他所开发的"理性心理学"在佛蒙特大学成为活跃的哲学传统,为杜威下一步自然主义心理学研究打下了基础。但他还不知道该怎么做。

在晚年,杜威经常被那些对美国超验运动知之甚少的人问到他是否受到爱默生(Emerson)的影响,但他的回答总是有点不温不火。令人惊讶的是,大多数人都这样问他。虽然杜威在大学时读过爱默生的散文,但有两个原因能说明爱默生对他的影响其实并不大。第一个原因是文化:爱默生打破了公理教会的背景,这在杜威的环境中

不是最受欢迎的。第二个更重要的原因是,在杜威看来,马什并不像爱默生是一名先验论者。对于这个哲学倾向的佛蒙特州,马什在哲学上的技术范围远远超出了爱默生。难怪当杜威把爱默生的作品作为他最欣赏的作品时,有人却认为散文或其他作品并没有被认为是典型的爱默生主义,而是后来的心理著作《知识分子的自然史》(*The Natural History of the Intellect*),这本书使爱默生的地位与几十年前的马什最为相似。马什的作品长期留在杜威的记忆中。

赫伯特·施耐德(Herbert Schneider)是杜威在哥伦比亚大学教书时的学生之一,后来同时也是他的一位同事,他回忆说,当他开始研究他的美国哲学史时,杜威"递给我一卷书籍(马什的《回忆录和遗迹》(*Memoir and Remains*)),他说,'它在我的早期是

非常重要的一本书,现在仍然值得一读'"。还有一次,当哥伦比亚哲学系在著名的老拉斐特餐厅为杜威举办生日派对时,他的崇拜者向他赠送了一本马什的《对沉思的援助》:

> 他显然很高兴,他说他已经很多年没看过这本书了……对他来说这本书仍很珍贵。然后他开始想到很多东西,这和他平时的习惯相反。他说,正是马什和柯勒律治给他和他的这一代人解放了思想。他们认为精神是生命的一种形式,是生命的本质,他们从教会和启蒙运动的教义中解放了精神的能量:精神和反省是自由生活的特征,两者都与现实生活和自然存在密切的关系。他接着说:"从那以后,我对宗教的看法没有改变。我仍然认为,宗教生活会持续地认真对待理想和现实、精神和生活,但不一定需要虔诚地对待生活。这种'共同信仰'对我来说已经司空见惯了。但我很快发现,没有人对柯勒律治或我的宗教观念有太大的兴趣,所以我对此保持沉默。"杜威的一个坚定的看法是,宗教不应该被制度化,因为不仅仅是生活本身可以被制度化。

马什是一位高级的思想家,他以生理学和心理学的讨论开始了他的哲学课程。实际上,他写了《心理学评论》(*Remarks on Psychology*)这本未完成的专著,共十一章内容。作为一名教育改革者,他反对教育的"条条框框"……太多的限制,并且缺乏弹性。他坚持"教育的事业是发展心智,并使它意识到它自己的力量"。约瑟夫·托里(Joseph Torrey)出版的《马什回忆录》(*Marsh's Memir*)是杜威一门哲学课必读的书目。很显然,马什关于哲学、心理学、生理学和教育的思想是杜威在哲学上最早的思想来源之一。

但对杜威的精神和道德哲学影响最大的是 H. A. P. 托里(H. A. P. Torrey)教授,他是马什著作主编约瑟夫·托里的侄子。约瑟夫·托里是一位哲学家,他于1862年至1866年担任佛蒙特大学校长。H. A. P. 托里教授是一名公理教会的牧师,他完全处于公理主义的自由阵营中。自1868年他辞去维尔根斯(Vergennes)的部长职位,接替约瑟夫·托里担任该大学哲学系主任以来,他一直是杜威教堂(Dewey's Church)"非常活跃"的成员。杜威把 H. A. P. 托里形容为:"一个真正(拥有)敏感而有修养的人……对美学具有明显的兴趣和爱好……他是一位优秀的老师,我的成长归功于他的一个……恩惠,他把我的思想明确地转向哲学,并把它作为一份终生追求的事业。"在杜威课堂上,托里教授布置的阅读书目是他叔叔课上所用过的——《马什回忆录》、诺亚·波特(Noah Porter)的《知识科学元素》(*Elements of Intellectual Science*)、约瑟夫·托里的《艺术理论》(*A Theory of Fine Art*)——但托里的个人偏好远远超出了这些。几十年前,马什主要通过柯勒律治来接近康德,但托里对康德和康德理想主义以及苏格兰直觉主义有着很好的了解,他把情感的道德意义放在最重要的位置。"在学习之初,多亏您向我介绍了康德。"杜威写信给托里说,"我想我对哲学有了更好的了解,这比任何其他方式都好……它确实给我的思想带来了一场革命,同时也给我其他阅读和思考奠定了基础。"

45 　　托里对政治一点也不感兴趣,但杜威却对它感兴趣。同时,他和托里一起,读苏格兰的普通哲学和美国的直觉主义的著作。他独自一人走向英国的理想主义者,尤其是T. H. 格林(T. H. Green)和爱德华·凯德(Edward Caird)。他和他的哥哥戴维斯对个人主义经济学和政治学进行了批判。哈丽雅特·马蒂诺(Harriet Martineau)所翻译的孔德的实证主义社会学的书籍,以及爱德华·凯德所写的关于孔德的书籍,所有这些书对他这样一位大学生尤其重要。从孔德那里,约翰第一次认为,科学是系统的才能,社会学是对社会事务的科学考察。因此,在佛蒙特大学的毕业典礼上,当杜威被选中作为学生代表发表演讲时,他选择了"政治经济学的局限性"这一主题。

　　约翰和戴维斯上的是同样的课,阅读和讨论的也是同一本书,尤其是那些涉及政治哲学、社会分析和政治经济学的书籍。如果约翰没有受到托里的影响,他可能会按照戴维斯的方向去研究社会生活。如果戴维斯发现了约翰在托里那里的所作所为,他可能会进入哲学领域。但在大学里,两人都还没有定下职业,在选择职业之前,他们都漂泊了一段时间。

　　难道约翰·杜威没有经历过几乎不可避免地成为替代儿子所带来的冲突吗?他的父母有一个更和谐的婚姻吗?他是在一个没有争议的信仰的家庭中长大的吗?他在学校里的经历是明确清楚的吗?或者他在生活中有一个坚定而单一的目标吗?他仍然会感受到每个青少年所感受到的压力,这些复杂的情况给他带来了额外的负担。也许,在杜威大学毕业时,没有人能在 19 岁之前解决这些冲突。杜威全班共有 18 名同学,他累计平均绩点为 86%,以全班第二名的成绩毕业,并被选为美国大学优秀生联谊会成员(Phi Beta Kappa)。

　　在他毕业的时候,杜威没有调和早年的历史、情感、精神和智力上的危机。相反,他比以往任何时候都更加矛盾。他充满了二元论,他的哲学研究只给他的内心生活增添了更多的矛盾。自己与他人、个人道德与社会利益、悲观与乐观、虔诚与改革——在
46 这上面堆积着上帝与世界、唯心主义与唯物主义、直觉与理性、信仰与科学、无限与有

限、灵魂与社会、精神与感觉、灵魂与身体的哲学二元论。从他为团结和承诺而采取的任何行动来看,他被叫到了相反的地方,但他的说法似乎同样具有说服力。

对于希望了解杜威思想发展的读者来说,这些冲突的重要性无论是在世界上,还是在哲学思索中,都存在于 19 岁的约翰·杜威的身上。当他无法解决自己的矛盾时,他怎么能摆脱哲学上的二元论呢?他试图让它们和谐,但那是他无法领悟的。杜威向约瑟夫·拉特纳承认了这一点。他写道,他的"二元论"与其说是他头脑里的构想,不如说这是情感上的限制和障碍。他在另一封信中写道:"在我的头脑中有很多的双重性、差距、障碍。"

杜威对每件事都有两种看法。一个将近 20 岁的大学毕业生,他的思想和动机,他整个人有那么多的方向,但他却不能迈出一步。他没有职业,他没有工作,他没有终点。他是个二元论者,他不知道该往哪里去。

结果,他什么地方也没去。更确切地说,他走到了这个佛蒙特州男孩的终极之地:宾夕法尼亚州的石油城。

教书生涯?

石油城是伯灵顿最可怕的噩梦。伯灵顿的所有社会和文化弊病,在石油城的河流贸易中显得更加突出。在木材贸易繁荣之前,伯灵顿是一个相对成熟的城镇,有固定的人口、一所大学和坚固的教堂。然而,石油城因石油的发现而兴起,在杜威来到这里之前,这里繁荣了不到三十年。

石油城因其贸易而得名。19 世纪 50 年代在宾夕法尼亚州发现石油时,石油城诞 47
生于阿勒格尼河(Allegheny River)和新命名的石油溪(Oil Creek)的交汇处。这是石油产量最高的地区,每天从石油城运出的石油多达 1 500 万桶。它有任何繁荣城镇所具有的特点。先行来的石油工人有临时工,暴徒,卡车司机,动作敏捷的年轻人。人们用帐篷搭建房子。接着是石油装备——钻头和井架。接下来,人们建造了储存罐和运输设施——石油盆地、仓库、码头,然后水手,船夫,肌肉男都陆续来到这里。这里码头延伸了近一英里。后来,平底船工人把散装石油桶漂流到匹兹堡提炼。妓女和骗子也紧随其后来了。大钱总是在这些人手里——投资者、经纪人、投机者、骗子、赌徒,这些都是掠夺石油的人,或掠夺石油工人的财富。约翰·D. 洛克菲勒(John D. Rockefeller)制定了开采石油标准,并赶跑了所有小型石油生产商。石油城交易所于

1878 年正式开业。接下来就开始进行城镇建设，一天之内建成的板房并不比已倒塌的棚屋好到哪里去，临时设施带来了卫生问题。然后，有钱的经理和业主建造了更好的房子，并要求住户彬彬有礼。他们还雇用了一些城市治安人员。最后，妻子们随之而来，这意味着有孩子们，紧接着又盖了学校和一些教堂，一座石油城歌剧院也建起来了。一丝文明播撒在泥泞不堪的钻机之间，在疯狂的掘金氛围中勉强维持。在约翰·杜威到达这里时，人口猛增到近八千。

毕业的那个夏天，他一直在外面等着有人雇他工作，或希望有人告诉他该怎么做。但到九月底，他还没找到工作，于是他就来到石油城的一所高中教书了。这项工作来自他的表姐阿菲娅·威尔逊（Affia Wilson），她是石油城高中的校长，该校于四年前成立。当时石油城的新的有钱的精英们要求他们的孩子能接受高中教育。杜威来的时候，学校用一栋砖房作为校舍，这座砖房的建筑在前一年才完工。这栋坐落在中央大道（Central Avenue）上的教学楼可以容纳 200 多名学生，但在杜威任教的两年里，只有 45 名学生入学，19 名学生毕业。杜威在这所中学担任的职务是副校长，每个月的薪水仅有 40 美元。他给学生们教授几何、自然科学和拉丁语等几门课程。

杜威教书时将近 20 岁了，他虽然认识希腊语与拉丁语，对德语也略知一二，但对女孩却一无所知，不知道如何与女孩子交往。后来，他告诉他的妻子，在和她恋爱之前，他已"暗恋"上他的表姐阿菲娅。他曾直率地告诉他的学生马克斯·伊士曼（Max Eastman）说："在我 19 岁的时候，我曾试图与我的表姐（阿菲娅·威尔逊）发生一些风流韵事……我觉得应该做点什么，但我做不到。因为我太害羞了。"如果杜威不那么害羞的话，也许会与他的表姐阿菲娅·威尔逊结婚，并一直在石油城中学工作生活下去。

在他的教学中没有什么能使他满意的。镇上只有几个熟人，没有朋友，没有能力和女孩子建立亲密关系，杜威该怎么办呢？他会做他一直做的事——让自己保持沉默，用自己的思想娱乐自己。在这种情况下，有大量证据表明，这正是他所要做的。当时他住在石油城南部的一个寄宿公寓里，对面的一条街有个基督教青年会（Y. M. C. A.）。同宿舍的舍友塞尔登（E. V. D. Selden）是石油交易所的一个年轻成员，仍然记得杜威。他说杜威："非常勤奋好学，同时也是一个不苟言笑、性格内敛的人，他常常坐在桌旁，不爱说话，也不大跟别人交往。晚上当舍友们吃饭的时候，他却一个人在房间里读书，似乎完全沉迷在他的思想之中。"塞尔登还讲述了杜威在愚人节发生的一则笑话：当人们给他端来用羊毛做成的煎饼时，他竟然拿起来心不在焉地吃了起来，最终发现真相后，"他既没有和大家一起欢笑……也丝毫没有感觉到有趣"。塞尔登还记得,他和其他人建议这位年轻教师把一部分工资投资在一个新的石油城市公司——约翰·D. 洛克菲勒的标准石油公司(John D. Rockefeller's Standard Oil)时,但杜威却无意投资。

也许在这个寄宿公寓的故事中,杜威被描绘成滑稽有趣的人,就像伊卡博德·克雷恩(Ichabod Crane)那样可笑。但他远离父母,他在内心寻求可以依靠的东西,在两个不满方面取得了个人突破:他的基督教和他的职业。他在石油城度过的时间恰好可以思考这些问题。这几年正好可以让他调整一下,缓解一下他在家里无法解决的压力。他开始成为他自己,来自他外部以前的冲突开始脱落。当他到达石油城时,他母亲关于他"和耶稣在一起"的老问题仍然困扰着他。正如他所说的那样,当他祈祷的时候,他仍然不确定自己的"精神上的真诚"。在石油城的一个晚上,他告诉他的学生马克斯·伊士曼说,他突然体验到了存在的和谐,对他的精神幸福充满信心。伊士曼认为这是一种"神秘的体验",但其实它并不神秘。"无法看见,甚至不是一种可以确定的情绪——只是一种极度幸福的感觉,他的担忧终于结束了。"这样的经历来自于自我,这预示着他终于可以解决长期困惑他的问题。他终于回答了他母亲的问题。杜威对伊士曼说:"从那以后,我再也没有怀疑过任何信仰。对我来说,信仰意味着不担心⋯⋯我声称我有宗教信仰,那天晚上在石油城就有了。"一旦个人真诚的问题得到回答,他就可以毫无冲突地享受自由公理主义的知识和社会遗存。

他还没有解决的另一个问题是职业的问题。不过,他现在还在教书,教书似乎是他能做的事。他在房间里度过的夜晚也让他解决了这一问题。他在自己的房间里尽职尽责地读书,这与他父母对他的培养是一致的,但是也有一点不同。没人告诉他该读什么。没有课程表。他没有任务。他不会得到任何分数。他不必为别人而活,不必取悦他人,也不必补偿他人。他不必读书,也不必思考。除了他自己所想要的东西,只要他能辨别出来,他就没有必要去追求。

他想得最多的是一个主题,就是解决精神斗争的有关问题。一旦这些问题解决了,他就剩下哲学这一话题了。他开始考虑写文章。唯物主义的形而上学的假设似乎并不是一个能激起人们灵魂的主题,但它却激起了杜威的灵魂。在解决了个人信仰问题后,杜威认为宗教是一种精神和社会福利的东西。尽管当代关于唯物主义的讨论没有给基督教留下一席之地,但杜威一心想保留他所拯救的东西。他这样做不是为了证明基督教的正确性,而是攻击唯物主义的假设。他把他的文章命名为《唯物主义的形而上学假设》("The Metaphysical Assumptions of Materialism")。他经简单的逻辑分

49

50

析指出,唯物主义的第一个假设是物质的一元论,它与第二个基本的假设相矛盾:"物质的终极形态具有二元性的'心灵'和'物质'属性。"杜威总结说,如果物质与精神联系在一起,这一矛盾对唯物主义者来说是"自杀性的"。没有什么比他自己对内在统一的渴望,以及他对一切事物的两面性之间的二分法更能说明他的个人情况了。在抨击唯物主义者时,他提出了自己的问题。

他对唯物主义的部分批判,读起来就像他从佛蒙特大学图书馆里拿出的书上说的那样:

> 如果没有关于物质本身的知识,只有……的知识……与任何物质完全无关的现象(休谟怀疑论),或是仅与那些和客观精神有关的现象(伯克利唯心主义),或是与未知和不可知物质有关的现象(斯宾塞),或是知识的形式将思想统一起来,而知识的形式是头脑必然强加给意识中的所有现象(如康德)。

杜威在一篇简短的直觉主义文章中提出了这些观点。他把这封信寄给了哈里斯(W. T. Harris),他是《思辨哲学杂志》的编辑,这本杂志是美国领先的哲学杂志,也是杜威大学时读过的一本杂志。哈里斯是一位老练的思想家,也是美国为数不多的不是牧师的哲学家之一。在全国范围内,他是最著名的圣路易斯学院黑格尔学派的人。那时,杜威对黑格尔却一无所知。但是哈里斯精神上的"右派"黑格尔主义给了杜威可以探究的方向。杜威是一位接受黑格尔主义的有神论者,因为它"赋予了创造与及时监督的理性,而不仅仅是超自然的事件"。它使创造和天意监督理性,而不仅仅是超自然事件。

杜威把他的第一篇哲学文章寄给哈里斯是一个大胆的举动。就在他离开石油城的前几周,他开始解决他的职业问题。如果哈里斯认可他的论文,他将成为一名哲学家。杜威写道:

> 随函附上一篇关于唯物主义的形而上学假设的短文,如果贵刊能采用,我将十分开心……

> 我想你一定深受这些问题的困扰,但如果我问得不过分的话,我很高兴知道你对这篇论文的看法,即使你不打算录用它……

> 你认为,我是否有足够的能力来保证我在这一主题上投入大量时间,如你提出这方面的意见,我将非常感谢。并且,因为我是一个怀疑如何使用我的阅读时间的年轻人,这可能有很多好处。

杜威的新自信一定是显而易见的。他的一个高中学生伯雷尔·波特菲尔德(J.

Berrell Porterfield)告诉他的家人,杜威先生"是个聪明人","他是个大人物,不可能待在这里"。在石油城教书两年后,他最终于1881年离开。

现在,他回到伯灵顿,想继续进行他的哲学研究,他等待哈里斯的答复。但他首先必须考虑工作的问题。回到伯灵顿后,他在佛蒙特州夏洛特(Charlotte)的一所中学得到了一份教学工作。由于教学工作要到一月份才开始,他还有六个月的自由时间。于是,他决定和大学老师托里一起读哲学著作,并学习哲学德语。因为杜威现在已经决定要成为一名哲学家。他已经请求哈里斯对他的哲学能力发表意见。但是,正如杜威已经知道的那样,哈里斯回信很慢。作为杜威的第一个真正的导师,托里对他关怀备至,托里也是第一个信任他的人。然而,杜威很清楚,真正的哲学思辨困扰着托里,因为这会与对他非常重要的宗教信仰产生冲突。托里的胆怯提供了强有力的警示教训,杜威从他那里吸取教训,准备超越他的老师作为一个哲学实验主义者。

托里推荐他们研究的最早的书之一是斯宾诺莎(Spinoza)的《伦理学》(*Ethics*)。到了10月份,经过近三个月的研究,杜威写了一篇关于斯宾诺莎泛神论的文章。哈里斯还没有对杜威的哲学生涯发表意见,但杜威已经做好了自己的决定,他把斯宾诺莎的文章寄给哈里斯,并附上一张便条,其语气与他几个月前第一次试探性的、不确定的信完全不同。现在的他,看起来自信而专业:

> 随函附上斯宾诺莎泛神论的一些想法,我觉得他的知识理论有其不足。在我看来,在对斯宾诺莎的批评中,有一两件事经常被忽略,我把这篇文章寄给你,也许你会觉得这一篇适合发表在你们的期刊上。

就像他第一次向《思辨哲学杂志》投稿一样,这篇文章有一个非常个人化的渊源,反映了他与托里的关系。托里向他坦白道:"毫无疑问,泛神论是最令人满意的形而上学形式,但它却违背宗教信仰。"杜威评论说:"这样的评论,说明托里的内在冲突,这使他无法充分发挥自己的能力。"在"斯宾诺莎的泛神论"文章中,杜威宣称,斯宾诺莎的泛神论在认识论上是不够的,这使他避免陷入托里的僵局。因此,他总结道,托里错误地认为泛神论是形而上学的基础。

杜威总是超越他的老师。他会接受一个导师,并吸收他的思想,然后试图取代他。这是他从父亲那里学到的一个解决办法。它有它的好处,因为杜威永远不会真正成为任何人的门徒,但它也有它的缺点,因为它往往会使杜威陷入消极的解决方案,或对导师的反应,使他脱离了支持他的老师。

杜威把斯宾诺莎的文章寄给哈里斯的第二天,终于等到他的来信了。哈里斯同意

52

53

杜威关于唯物主义的文章在期刊上发表,并鼓励他考虑从事哲学研究。"谢谢你对我文章的肯定",杜威回信给哈里斯,还说他寄来的两篇文章不需要报酬。几年后,杜威对威廉·詹姆斯(William James)说:"出于某种本能,由于我不可能做任何特别的事情,我被引入了哲学和'理想主义'。"

哈里斯把他带到了两个地方。五年后,杜威出版了他的第一本书《心理学》(*Psychology*),他向哈里斯承认了他在1881年的感受:

> 当我把我的第一篇文章寄给《思辨哲学杂志》的时候,我还是一名中学老师,没有太多时间去做研究,但我仍冒昧地问你对这篇文章的看法。你非常和蔼地肯定了我的文章,这使天平转向了一个我一直在考虑的计划,但我却担心自己是否有能力进行哲学的专门研究,以便教授哲学这门课。所以从某种意义上说你就是我的第一个引路人。

杜威把哲学作为自己未来的事业,在当时的确是大胆的。除了哈里斯的鼓励之外,他需要有自己的内心信念。在此之前,几乎所有的美国哲学教授都是神职人员,他们中的许多人在宗教信仰和哲学思辨之间表现出相同的冲突和约束。杜威从未打算学习成为一名牧师。杜威写道,哈里斯的《思辨哲学杂志》是"当时国内唯一的哲学杂志",哈里斯和他的圣路易斯学院黑格尔学派成员是少数因非神学原因致力哲学研究的非神职人员。托里的哲学一直延伸到康德,而哈里斯则是这个国家黑格尔主义者的引领者。杜威读了哈里斯大量的作品,有一句话让他用了十年的时间去理解,它影响了他所有的时间。最后,杜威向哈里斯承认:"当我第一次研究德国哲学家的时候,我读到了一些关于他们的文章,其中有一句话一直伴随着我——你谈到了'从康德到黑格尔的伟大的心理运动'。"

"这句话",杜威说,"当时对我来说是一个谜。"杜威关于康德心理学的博士论文以及几篇文章试图解开这个谜团,最终在杜威的第一本书中找到了它的最终表达。因此,通过这句漫不经心的话,哈里斯成为杜威的第二任老师。哈里斯是一位多产的作家,著有近五百种出版物。最重要的是,他对19世纪下半叶的一个重要的问题感兴趣,这个问题就是"教育"。一位学者写道,他是这一时期"教育界的杰出人物",成为华盛顿特区的国家教育专员,作为一个模范人物,哈里斯先把黑格尔带给杜威,然后又将杜威带到教育领域。黑格尔长期以来一直保持着影响力,杜威从未放弃哈里斯关于社会人文教育是维护和扩大民主的这一至关重要的信念。

哈里斯的哲学派别并不是当时美国唯一一个独立的哲学思想流派。另一个当时在学院外运作的哲学团体是托马斯·戴维森哲学和文化科学学院（Thomas Davidson's School of Philosophy and Culture Sciences），它先是在康涅狄格州的法明顿（Farmington）设立了第一个暑期学习基地，然后在 19 世纪 80 年代又在纽约的基恩（Keene）开设了一个基地。戴维森是威廉·詹姆斯的亲密朋友，也是莫里斯·科恩（Morris Cohen）的导师。在戴维森看来，严肃的非神职人员正在研究哲学而不求学位。杜威在阿迪朗达克（Adirondacks）飓风中度过了许多夏天。1891 年，他在飓风山（Hurricane Mountain）附近建了一个小屋，在那里度过了夏天的大部分时间，在这里讲授哲学，并讨论哲学，一直到 1907 年。在美国只建立了一个严肃的哲学联谊会，但问题是这个国家实在太辽阔了。由于疆土广阔，居住分散，哲学家们找不到简单的方式聚集在一起交流。戴维森的暑期学校提供了一个可以交流的地方，当时许多知识分子可以聚集在那里交流。威廉·詹姆斯、费利克斯·阿德勒（Felix Adler）和哈里斯在夏天在这进行了长时间的访问。几年后，杜威的朋友马克斯·奥托（Max Otto）描述了当时兴高采烈的感觉，年轻的世俗思想家此时开始感受到："这是一个多么伟大的时期……那些人在那个时代从事哲学事业。"对此，杜威也同意这一看法。

但杜威想要一份报酬丰厚的工作，为此他需要一个学位，因为他没有足够的财力去为了自己的爱好而去学习哲学。杜威不希望作为高中老师来追求哲学事业。除此之外，他也不得不承认，他几乎没有中学老师所需要的才能。他在石油城中学的教书效果一般，就像他在佛蒙特州夏洛特的莱克维尤高级中学（Lake View Seminary）任教时，他很难维持纪律。到了 6 月，镇上的居民们创建莱克维尤高级中学去教育他们的孩子，他们很高兴地看到杜威离开了这所学校，因为他的教学水平连一般老师都不如，不过杜威也很乐意离开这所学校。

不管他在《思辨哲学杂志》发表多少篇文章，但若想在大学获得一份工作，唯一的途径就是获得一个高级学位，一个博士学位。这个学位可能等同于神学学位，在美国，它就是在高校教授哲学的资格。另一种可能是出国留学。在英国和欧洲大陆，哲学在大学里蓬勃发展，它是由世俗学者任教的，这些学者受到科学发展的启发。哲学家们通过寻找生物学、地质学和化学等学科来揭示人类的思想，他们在实验室工作。弗里德里希·宇伯威格（Friedrich Überweg）写了他重要的著作《哲学史》（*History of Philosophy*）。美国人去德国拜威廉·冯特（Wilhelm Wundt）为师学习心理学，或跟随 F. A. 特伦德伦堡（F. A. Trendelenburg）学习新康德主义、新亚里士多德学派。或者去英国接受伯纳德·博桑奎特（Bernard Bosanquet）和其他人的指导。

但杜威无法做出这种选择，因为他没有财力在欧洲或英国当上两三年的游荡哲学家。杜威的父母露西娜和阿奇博尔德教他应该依靠自己生活。他的父母，尤其是他母亲的富裕亲戚可以给他所需的钱。但没有人这样想过，至少约翰·杜威没有考虑过这个提议。

如果他不能去欧洲，他仍然可以筹集足够的资金去巴尔的摩学习哲学，这是美国唯一一所以德国原则为基础的大学，这所大学就是约翰·霍普金斯大学。这所新大学及其新任校长丹尼尔·柯伊特·吉尔曼（Daniel Coit Gilman）致力于将科学研究带入美国的研究生学习。甚至巴尔的摩本身也被认为是德国东部沿海地区的一小部分。杜威记得："（在巴尔的摩）没有人知道美国大学独特的传统和习俗。如果有人问他（在约翰·霍普金斯大学）的大学生活在哪里，他会被带到一个小俱乐部房间。学生和老师在那里聚会，喝德国啤酒，唱德国歌曲。"

杜威一代的年轻哲学家把哲学变成了一门新的科学学科。他们中的许多人相信，一种新的看待世界的方式就在眼前，那些跑得最快的人会首先找到它。事实证明，杜威跑得最快，但这一点还不明显。他在莱克维尤高级中学任教仅一个月，就得知约翰·霍普金斯大学提供二十个研究生奖学金名额，每人500美元。杜威想获得这个奖学金，他的导师托里主动提出要帮助他。1882年2月的第二个星期，托里写信给霍普金斯大学哲学教授乔治·莫里斯（George S. Morris），希望他帮助杜威获得奖学金："他在大学期间就在哲学领域显示出优异的才能，自毕业后又一直对哲学进行了专门的研究。他对元物理有明显的偏爱，在我看来，在某种程度上，杜威先生拥有获得成功所必需的心理素质。"

杜威完全有希望从霍普金斯大学那里得到一份令人垂涎的奖学金。22岁时，他有一篇文章被美国著名的新哲学杂志接受，接着他又向它投了另一篇文章。在1882年的冬天，他开始写第三篇文章《知识与感觉的相对论》（"Knowledge and the Relativity of Feeling"）。这是职业生涯的最初阶段，他宣称自己是达尔文进化论的倡导者，坚持客观经验的有效性。他越来越自信，主动提出帮助哈里斯编辑杂志，他甚至宣称自己在哲学德语中已经有足够的能力，可以为杂志翻译当代德国哲学家的著作。最后，意识到哈里斯对黑格尔的承诺，他断言他也投身于黑格尔研究，声称他对黑格尔的著作有非常完美的理解。"我最近一直在读 K. 罗森克兰兹（K. Rosenkranz）为黑格尔百科全书的柯奇曼版本（Kirchmann）写的导言，这似乎清楚地表明了黑格尔与康德及其主要原理的关系。如果你愿意的话，我很乐意寄一份翻译稿来。"杜威动作如此之快,以至于他没有等待哈里斯的回应,而是继续翻译罗森克兰兹的导言,哈里斯在7月份出版的《思辨哲学杂志》上发表了这份译稿。

哈里斯写信说,杜威的前两篇文章即将发表:"希望在4月出版的这期上发表你《唯物主义的形而上学假设》的那篇文章,我们想把斯宾诺莎泛神论的文章放7月份这一期上。"那么,文章的发表有助于杜威申请约翰·霍普金斯大学的奖学金。但在夏天公布获得奖学金的名单中,杜威的名字并未出现。吉尔曼是奖学金的唯一评判者,回想起来,杜威的申请似乎完全是错误的。一封来自牧师托里的信,尤其是一封强调杜威形而上学才能的信,他的科学热情不太可能打动吉尔曼。支持来自乔治·莫里斯,他每年在霍普金斯任教一个学期,他自己是牧师,他可能只是加深了杜威是一个虔诚的基督徒,而不是霍普金斯式的印象。杜威关于唯物主义局限性的文章可能已经印证了这一印象。

杜威伟大的个人品质之一是坚持不懈。他没有被自己的失败吓倒,立即写信给吉尔曼,要求获得300美元的总统奖学金。他急切地告诉吉尔曼,"我要继续我的哲学和心理学研究"。虽然他对赫伯特·斯宾塞的作品以外的心理学知之甚少,但他意识到,在霍普金斯,心理学只是哲学课程的一部分,很好地适应了学校对实验研究的重视。他继续对吉尔曼说:"如果没有援助我能继续读下去,我就不会提出申请(奖学金)。"接着,杜威又补充说,有了一种新的内心安全感,这表明他越来越有能力超越内心的危机和冲突:"我有信心,如果我能得到援助,我自己……就能做一个好的交代。"为证明自己所说的,他告诉吉尔曼他已经阅读了推荐给未来哲学研究生的书籍清单:"我几乎读过所有的书……"哲学系非常重视三个方面的书籍,因此杜威申请学习"哲学史、心理学和逻辑学"三门课程,它们涵盖了几乎所有的基础知识。

杜威按对了按钮,但吉尔曼对此却没有印象。事实上,杜威给他留下的印象并不深,他也拒绝过对托斯丹·凡勃伦(Thorstein Veblen)的资助。他再次拒绝了杜威的申请。但杜威已经下定决心:他一定去霍普金斯大学读书。他在里奇维尔(Richville)的姨妈莎拉·里奇(Sarah Rich)答应过他,如果一切都失败了,她会借给他500美元。他接受了她的资助并递交了入学申请。(他偿还了这笔贷款,一次大约50美元。)就在1882年秋季学期开始的前几天,他接到消息说他被录取了。9月4日,他立即写信给吉尔曼接受了这份录取。在那些日子里,一所大学的校长参与了大学生活的方方面面,杜威还向吉尔曼询问了"关于食宿的信息——位置和费用等——这对我到达那里有帮助吗?"在等待吉尔曼回信之前,他就动身前往巴尔的摩了。在那里,大学的文化和精神将影响他整个的职业生涯。

哲学生涯?

他绕道前往巴尔的摩,经过纽约的西点军校,以便看望他的弟弟查尔斯·米纳·
杜威,他是这个军事学院的大一新生。在一定程度上,这次看望意味着他与这个家庭
的联系,即使他即将离开这个家庭。部分原因是,杜威表现得像他所取代的哥哥一样,
也取代了现在已经70多岁的父亲。但这主要反映出家里的每个人对查尔斯·米纳的
关心。他从来没有得到妈妈露西娜对其他孩子那样的关爱,查尔斯似乎已经是个迷路
的孩子——在学校里,他很容易精疲力竭,很容易灰心丧气,他艰难地行进着,几乎没
有信心。露西娜和阿奇博尔德都写信给约翰,感谢他对查尔斯的这次鼓励之行,因为
他们都害怕"他丧失信心,他现在受到了鼓励"。查尔斯需要不断的鼓励,但事实证明,
再多的鼓励也不够。他在任何事情上都没有取得成功,他的两个哥哥的成功使他感到
气馁而不是激励。他进入西点军校是他成功的顶点。家人对他的前途已感到悲观失
望了。

查尔斯觉得学校生活"单调乏味"。1883年6月,他数学不及格,在班上名列最
后。1884年6月24日,他从学校退学。离开西点军校后,他回到伯灵顿,跟随母亲露
西娜,"他任性的生活方式"使他负债累累。露西娜告诉他,如果他不"改变自己",她会
把他赶出家门,他"必须承担自己的膳宿费用"。她对如何与他打交道感到困惑,有时
想把他交给上帝,然而又担心他的无所作为:

> 当我看到查尔斯无视最朴素的道德义务时,我知道他只会越来越远离正确的
> 道路,并且会让自己的路变得更加困难。我的判断是对的,我期待上帝能赐予他
> 一颗新的心脏,并给他祝福。然而,当时我不采取任何负责任的人应该采取的行
> 动……我已经没有其他的办法了,有时候,牧师的耐心也用光了,我不敢相信在不
> 耐烦的状态下会给他忠告。

在约翰生活的早期,露西娜要求他要有智慧,要比他父亲或哥哥戴维斯聪明。她
向约翰承认,她相信他比她更了解查尔斯,"我知道我想要的……是他令人满意的改
进,而不是惩罚"。但查尔斯没有去教堂听福音加以治愈,"我所知道,他阅读的东西都
是一些最垃圾的故事,他把它们放在抽屉里,自己也感到羞愧"。他还"经常去歌剧
院"。鉴于他过去有骗人的事情,露西娜担心他会"有不诚实行为"。或者,他完全的堕

落是"上帝让他清醒过来的方法"？她恳求约翰写信给他，做他的"帮手和朋友"，敦促查尔斯"让基督走进他的生活。她恳求约翰为她和阿奇博尔德以及查尔斯祈祷。但是约翰并不比他母亲更了解如何营救查尔斯。露西娜和阿奇博尔德的这个最小的儿子在佛蒙特州漂泊，最后在俄勒冈结婚，他偶尔会给约翰写信，最终于1926年去世。

1882年，所有的男孩都搬走了。戴维斯在伊利诺伊州的海德公园高中教书。他学习希伯来语课程，同时在学校教拉丁语和希腊语两门课程。他和查尔斯一样，对自己的前途也不能确定，于是写信给约翰说，他正在"消耗（生命）……就在现在"。约翰·杜威在石油城住了两个学年，但现在他是第一次真正独自一个人。因为，他住在石油城仍与家庭成员保持联系。他曾在夏洛特教过春季学期的课程，但每个周末都回伯灵顿的家中。现在他要去一个陌生的城市，在那里他一个熟人也没有。他刚一离开，全家人似乎都很担心他。他在里奇维尔的姨妈又给他寄了一笔她借给他的钱："我本来想听听你的计划，你决定做什么，不过我很遗憾我们没有多谈这个问题。事实上，我很不安，以免我给了你愚蠢而草率的建议。"他妈妈问："你见到教授了吗？你从西太平洋来的信，我感到非常满意……不过，你要记住，不能把话说得太过于直白，也不能事无巨细。希望我一直都知道关于你的一切……再见，我亲爱的儿子，照顾好你自己。"他父亲也很快加入了关心的行列，他说了更多实际的问题。最后，阿奇博尔德附上了杜威的表亲们的一封信，表达了希望："你会发现你住的地方天气不太热，非常令人愉快。"

杜威住的地方叫尤塔屋（Euta Hoad），位于巴尔的摩萨拉托加（Saratoga）大街66号。他在那里安顿下来，大概要挂上蚊帐。接着他就开始上课了，整个秋天，不断有信件寄给他。他母亲几乎总是在信上说："再见，我亲爱的儿子，小心点。你的妈妈。"露西娜催促他每天都要给她写信，当她没有收到信时，她就很担心。甚至到了2月下旬的第二学期，他还没有来信，这引起了家里的恐慌：

> 亲爱的约翰，为什么我们没有收到你的信呢？这周任何信息都没有。你对天花有什么预防措施吗？如果你没有，你将会……请立即这样做吧。亲爱的约翰，不要认为这是一件小事，对它一笑置之——你女房东的想法毫无疑问是好的，但你不要掩盖一切。脏不是世界上唯一的有害的东西，卡莱尔（Carlyle）和你的女房东恰恰相反。

露西娜不仅关心约翰，而且关心查尔斯学习中遇到的困难。她还要关心戴维斯，因为他对自己的信仰持怀疑态度，尽管他有时想成为神职人员。露西娜向约翰抱怨

61

说，上个月她只收到戴维斯一封信，"我不必说让他这么沉默是多么痛苦"。与此同时，戴维斯和查尔斯都写信给约翰，大部分是关于露西娜不想听的事情。戴维斯坦白：

> 我一直在努力……大约三周里一直精神疲惫，又是头痛的问题……因此我睡得太多，没有读什么书……我没跟家里的人说过这些，因为不想让他们有不必要的担心……然而，无论如何，我认为我不能在生活中做任何与专业有关的工作。

相比之下，戴维斯认为约翰的"成功就在现在……那是非常肯定的"。查尔斯写信给约翰说他考试不及格，"法语很难，而且内容又很多"。他说，这让他每天晚上十一或十二点才可以睡觉。他刚刚勉强通过秋季的代数考试。他现在在几何学上又有困难，过了一会儿，他就宣称自己在"三角学和逻辑分析法"中"一无所知"。查尔斯也预言约翰很快就会成为"约翰·霍普金斯大学的教授……我祝你们取得最大的成功，相信你们也会成功的"。显然，约翰必须承担起家庭成功的包袱。他被指派去"拯救"戴维斯，1883 年秋天，他鼓励他成为霍普金斯大学的研究生。查尔斯已经无法挽救了。1883 年 5 月，查尔斯的父亲写信给约翰，他承认："一想到失败会对他造成什么影响，我就不寒而栗。"查尔斯绝对恢复不过来。

约翰·杜威在大学第一年的 10 月份，就能够向托里教授勾画出他对约翰·霍普金斯的印象，阿奇博尔德随后告诉约翰，收到这封信，托里"很高兴"。

> 学习到了紧要的关头，在有可能的地方，他们要有一些明确的概念。但刚开始的时候，他们的反应却相当迟钝，甚至在莫里斯教授的书和论文发给同学们之后的一段时间也是这样。所以第一次课他讲的是一般共性的东西。但现在，我们已经安定下来学习了。我在他的课上每周要学四个小时，是关于大不列颠的哲学史（the history of Phil. in Great Britain）——从培根到斯宾塞。一周两次在哲学神学院上课。在很多方面，我认为后面的课更有价值。它是"用于文本研究，与知识科学有关"。学习方法就是这样的。我们从阅读柏拉图的《泰阿泰德》（译本）开始，同时阅读与文本相关的主题材料——赫拉克利特、德谟克利特、普罗泰戈拉等的著作——每个主题给一本书，他希望同学们能查到各个作者作品的片段，并向权威人士请教，然后在课堂上给大家讲讲。然后，我们阅读亚里士多德的《灵魂论》，同样用上述的方式进行学习。我们尽可能从原始材料中学习，当我们学完的时候，我们应该对古希腊哲学有了很好的了解，至少关于古希腊哲学的来源、意义和知识都有很好的掌握。

杜威正在向莫里斯学习，学习他在德国学到的，有关哲学教学的新方法。吉尔曼把莫里斯带到霍普金斯大学，作为哲学史与理论研究的代言人。事实上，杜威是他班上唯一一位专攻哲学史的研究生，所以他对莫里斯的课特别感兴趣。当他写信给托里时说：

> 莫里斯教授是一个明显的唯心主义者，从《普林斯顿评论》中他关于哲学问题的文章中可以看出这一点。我们已经听他说过"普遍的自我"，他说唯心主义（实体唯心主义，相对于主观主义或不可知论）是唯一的积极哲学，它已经有了或者可能存在。

杜威在试图向托里解释莫里斯关于存在科学观点时，偶然发现了莫里斯最喜欢的术语，他得出了一个正确的结论：因为莫里斯的"主客体"是一种有机的关系，主客体"是有机联系的，彼此割裂的话，两者都没有现实的东西。存在在意识之中。在存在科学方面的结果是实体唯心主义"。这意味着，正如莫里斯自己在别处所说，作为对有机整体的研究，哲学就是"科学本身的科学"。

杜威被莫里斯迷住了，他把捍卫唯心主义作为科学的中心目标。他一直在和他讨论这些问题，因为他已经预言，当莫里斯开始研究实证主义哲学时，他的演讲将具有批判性。带着一年级研究生的热情，杜威问托里是否看过莫里斯关于康德《纯粹理性批判》(*Critique of Pure Reason*)的作品，莫里斯对这部著作的看法相当成熟。

杜威对莫里斯的反应表明了他自己目标的严肃性。他未能揭示的是更重要的东西，这显示了杜威自己的形而上学的倾向和能力，在多大程度上使他对其他哲学流派视而不见，并使他陷入了难以自拔的唯心主义的争论之中。杜威的一个盲点是很好的例子，它可以说明他错过了多少，他当时的局限性是什么。他对托里提到了查尔斯·桑德斯·皮尔士(Charles Sanders Peirce)：

> 我不上逻辑课，因为这门课需要有很强的运算能力，还要有较强的逻辑性。皮尔士先生表示，自然科学方法论的描述尽可能地用数学的形式。它是一门科学课，而不是哲学课。事实上，我认为皮尔士先生的课不是哲学课，是自然科学的概论课。

他不能理解、领会皮尔士的课，但这已经产生了积极的影响。如果他不上皮尔士的课，他就必须找一门其他的课。这门课会把他推到哲学系之外，学习社会学和政治学科目。在历史和政治学系里，他和赫伯特·巴克斯特·亚当斯(Herbert Baxter Adams)一起研究世界历史，在另一门课上，他和莫里斯一起读黑格尔的《历史哲学》(*Philosophy of History*)。莫里斯的唯心主义论强调所有知识、文字和科学作为有机整体的一部分，这对杜威产生了深远的影响，因为他开始认为，作为一个哲学家意味着统一每一门学科——历史、文学、经济学、政治学、社会学和人类学——成为一个知识体系。

杜威非常努力地追随莫里斯的唯心主义，学习博桑奎特的逻辑学，这是莫里斯喜欢的东西。他研究了莫里斯在纽约联邦神学院和霍普金斯大学秋季八次"哲学和基督教"的公开讲座。对于喜欢谈论"科学的普遍性"的莫里斯来说，科学和宗教是一体的。并且，他开始研究一种新的唯心主义哲学，它可能成为"相类似的天主教文化"的源泉……（融合）教会和国家，……科学、文学和宗教"，并创造出"能够认识到真正理想的领导者，并明智地管理国家"。

杜威把莫里斯在教学中提出的思想应用到他的课程作业中。在春季学期，他选修了历史和政治学教授赫伯特·巴克斯特·亚当斯的比较宪法史"研讨课"。他听了小说家乔治·华盛顿·凯布尔（George Washington Cable）的六次演讲，其主题总是能引起他的共鸣。在"文学与现代社会的关系"一讲中，凯布尔强调文学与社会的相互责任。最重要的是，他还选修了斯坦利·霍尔（G. Stanley Hall）教授的心理学高级课程，每周四次课，还参加了"观察和实验"的实验工作。杜威很快就认定霍尔的课程是"纯生理学的"，但他认为霍尔本人是一个"优秀的人，并且是一个彻底的心理学大师"。杜威设计了两个关于"注意力"的实验，这是霍尔最喜欢的话题之一。在一个实验中，他试图确定"把注意力集中在一件事情上，对意识中的'剩余部分'有什么影响"。在第二个实验中，他考虑了"注意力在产生无意识肌肉运动中的作用"。

杜威和霍尔的关系一直很不好，因为霍尔正在和莫里斯竞争这个部门空缺的主席职位。吉尔曼正在考察他们两个，看哪一个更符合霍普金斯的精神。大多数学生选择霍尔，杜威的同学詹姆斯·麦肯·卡特尔（James McKeen Cattell）也选择了霍尔，他后来成了著名的心理学家。作为一名两者兼顾的学生并不容易——唯心主义者和实验主义者——但杜威努力做到了。

霍尔有一个兴趣引起了杜威的特别注意，那就是霍尔和欧洲心理学家一样，对教育心理学非常着迷。1883 年春，杜威除了在霍尔的课堂和实验室学习外，他还参加了霍尔"智力训练的原则与方法"（Principles and Methods of Intellectual Training）八次公开讲座。霍尔从实际观察开始："当前的教育需求和兴趣。通过对波士顿公立学校儿童的系统研究，说明了教育学的方法。"然后他转向了"注意力和意志的训练"和"语言的学习"等话题，这些话题将吸引杜威数十年。

杜威全神贯注于自己的课程学习,一心想取得成功,以致他在霍普金斯大学几乎交不到朋友。但他有一个朋友,叫詹姆斯·麦肯·卡特尔,五十多年来一直是他的朋友。卡特尔问道:"见过约翰·杜威的人谁不是他的朋友?"就杜威而言,他羡慕卡特尔在哥廷根有机会和赫尔曼·洛采(Hermann Lotze)一起学习逻辑学,因为洛采是当时他最钦佩的逻辑学家之一。第二年,杜威获得了奖学金,第一年获得该奖学金的卡特尔也认可这一结果。

杜威可能成为霍尔的追随者,至少是暂时的,因为莫里斯只在霍普金斯大学度过了秋季学期。春季学期,莫里斯回到密歇根大学安娜堡(Ann Arbor)分校任教,在他被邀请去霍普金斯任教之前,他已经在那里工作了几年。这使得杜威分别在不同学期,更容易地汲取莫里斯和霍尔的优势了。莫里斯再次回到密歇根,没有人教哲学史了。杜威在秋季学期证明了自己是个聪明的学生。他的两篇文章甚至在他来到霍普金斯之前,就发表在《思辨哲学杂志》上了。1882年12月,他将论文《知识与感觉的相对论》交给了莫里斯在霍普金斯大学的形而上学俱乐部。在这篇文章中,杜威担任了哲学家的批评者,尤其是斯宾塞的哗众取宠,并以他自己的"自我意识"作为"真正的绝对"的辩护而结束。自从杜威证明自己是莫里斯的门徒之后,在莫里斯不在的情况下,他自然应该占据他(莫里斯)的位置。在莫里斯的建议下,这名仅读到第二学期的研究生,在春季学期承担了本科生哲学史课程的教学,并获得了150美元的课时费。他现在是霍普金斯大学的老师了!查尔斯的预言终于实现了!约翰向托里描述了这个班级的情况:

> 宇伯威格的哲学史(莫里斯的译本)被用作教材,当然内容省略了很多——目的是让他们尽可能多地了解不同哲学家的观点——事实上,并不是批判性的,这样他们至少会对哲学的一些问题有所了解,这些问题已给出答案。

杜威谦虚地补充道:"因为我是唯一的(研究生)……我做一名专业的哲学史学生,这不是一个很大的荣誉。"杜威的七个本科生中,有两个也参加了皮尔士"逻辑学"课程的学习,我们只想知道他们如何理解这两门课程是同一门学科的一部分。毕竟,正如杜威给哈里斯所写的那样,莫里斯对"数学和哲学程序和方法的区别"的"事实"给予了"特别关注",而皮尔士则恰恰相反。

"这是教育史上司空见惯的事情。"杜威后来写道,"约翰·霍普金斯的开办标志着美国高等教育的一个新纪元。"这对他自己的历史也是很重要的。杜威被约翰·霍普金斯大学录取并在那里迅速获得成功,这为他开启了一扇通往职业生活的大门。然而,他的成功和在霍普金斯大学的学术研究,并没有帮助他解决个人矛盾和危机。虽然他在表面上是成功的,但他仍然像以前一样充满了冲突,霍普金斯的各种影响只会加剧他的各种矛盾。尽管他把它藏得很好,但杜威在霍普金斯大学所面对的一切,使他在内心生活中比以往更加困惑。因为这些影响是对他冲突的反映,在石油城和夏洛特,他就开始解决这些冲突了,但现在他又重新焕发出力量来解决这些冲突。在他的研究生教育中,由于老师的不同,他提出的暂时性的解决方案快速地瓦解了,使他又回

68 到了刚刚开始的地方。现在他是一个高级知识分子,但在情感方面更难做出选择。正如他后来对自己说的,他被内在统一的"强烈的情感渴望"所驱使。但在他生命的这个阶段,他可以寻求满足情感上的"饥饿"……一个纯理性探究的主题。在托里那里,他发现,一种哲学可以短暂地给他一种情感上的平静。这是狭隘的知识统一体。在霍普金斯大学,他找到了其他的导师,他们可以教他如何将自己的碎片组合在一起,至少表面上是这样。但事实证明,他待在那里的时间越长,教师们的思想冲突越加剧了他自己的智力问题,从而恢复了他内心的犹豫不决。我们现在要更深入地研究那些声称他关注和效忠的影响。

杜威在哲学上受到的影响

乔治·西尔维斯特·莫里斯是对杜威产生重要影响的第一人。1877年,吉尔曼校长邀请莫里斯每年举办一系列的公开讲座,并且在一段时间之后,让他在约翰·霍普金斯大学开设课程,这是因为吉尔曼认为莫里斯是美国领先的研究型哲学家。莫里斯1872年至1873年间翻译了宇伯威格的《哲学史》,对此,尼尔·考夫林(Neil Coughlin)评论道:"这是其他美国哲学家们尚未开展过的伟大的纯粹学术研究之一。"此外,从吉尔曼的观点来看,莫里斯有"正规权威"资历:他曾在赫勒大学与赫尔曼·乌尔里奇(Hermann Ulrici)一起学习,在柏林与弗里德里希·A.特伦德伦堡(Friedrich A. Trendelenburg)一起学习,而后者当时是经验科学和形而上学之间最杰出的哲学调解人。鉴于这位新讲师莫里斯在特伦德伦堡那里曾受到的训练,吉尔曼认为他是亚里士多德学派,因此也一定是讲科学的哲学家。事实上,乌尔里奇和特伦德伦堡都相信哲学是在集中地对真理本身及所有真理本质进行研究——简而言之,哲学

69 不是形而上学而是一种科学。这正是吉尔曼希望能通过莫里斯得到的东西,而莫里斯也的确跟随着他老师的步子,尤其是当他谈到他对"示范"(demonstrated)的信仰时,

"这是他最喜欢的一个词",杜威回忆道。

但吉尔曼却误判了莫里斯的想法。在莫里斯人生的早期,大约开始于杜威早期的老师托里(H. A. P. Torrey)刚在联合神学院(Union Theological Seminary)完成学业的时候,他正在联合神学院学习如何成为一名牧师。但莫里斯在神学院经历了信仰上的严重危机。他放弃了他的牧师职业计划,并在第二年离开了美国,开始在欧洲进行为期三年的哲学研究,主要是在德国。这三年反过来却让他更加怀疑他或许应当放弃将哲学作为一个职业的选择,并试图成为一名在某些欧洲城市上任的美国领事。然而这些希望都落空了,他没有任何目标,也没有工作就回到了美国,成为一个富裕的纽约银行家孩子的家庭老师。两年后,他才在密歇根大学找到一个职位,不是作为哲学家,而是作为现代语言和文学教授。在那儿接下来的十年里,他的传记作者写道,"他在大学里几乎没有参与任何一般性事务",并且被学生们认为是"陌生的"或"怪异的"。显然他已经放弃了特伦德伦堡的中介调解逻辑,发现自己对自然主义和形而上学都不确定。他的信仰危机一直持续到中年,当他开始在霍普金斯任教时这种危机仍然活跃。

从 1877 年开始,莫里斯将他的学年分为两段,在霍普金斯度过秋季学期,并在春季返回密歇根。然后,在杜威到达霍普金斯不到两年的时间里,莫里斯有了一个重要发现。通过英国哲学家托马斯·希尔·格林(Thomas Hill Green)的著作,他发现了黑格尔!格林和黑格尔引导他获得一种方法,在调和意识(Mind)概念时将经验主义和唯心主义结合起来。1889 年,杜威总结了他从莫里斯那里学到的关于格林和黑格尔的内容:"在普通经验和科学的基础上,存在着一种原则,一种本质上的精神上的原则,这也是伦理和宗教的基础……任何对科学条件的公正分析都会显示出某些想法、原则或类别……这不是物质的和感性的,而是理智的和形而上学的。"

70

这个想法——在关注自然的人类时,也同样地在了解上帝——让莫里斯回归为人类。他长期存在的精神危机消失了,他很快就写下了以前不能写的书,比如他的《黑格尔的政治和历史哲学》(*Hegel's Philosophy of the State and History*,1887)。黑格尔的二元论允许莫里斯获得一个逻辑,通过这种逻辑,他可以统一自己,特别是通过这种逻辑,他可以回到他年轻时的轻松自信,即人的智慧可以终结于对上帝的肯定,或者至少在黑格尔的"绝对自我意识"里,可以这样。

如果莫里斯不确认他是否和上帝在一起的十五年混乱让我们联想到杜威因不确定是否"与耶稣同在"而感到痛苦的时期,我们就能感受到当杜威刚到达约翰·霍普金斯并开始与莫里斯一起学习时显而易见的危险。莫里斯拥抱黑格尔时依然存在的宗教不安影响了杜威。如果杜威被抛回到他早期与基督教的矛盾境地,他也会倾向于采用莫里斯的解决方案,并以他导师莫里斯的方式成为黑格尔派。

到 1882 年,当杜威抵达巴尔的摩与莫里斯一起学习时,吉尔曼校长似乎已经对他最初有关莫里斯的幻想破灭了,他最初的期待是指定莫里斯担任大学哲学系首席教授的职位。但莫里斯访问霍普金斯大学的五年使吉尔曼确信他错了,莫里斯并没有专注于经验、客观的科学思想以及他想要他主持的学术生产目标。事实上,他的失望也导致,他不愿意为计划要跟随莫里斯一起学习的杜威提供奖学金。

他教师团队中的另外两位哲学家都证明自己更符合他的实验理想。1888 年,在杜威开始研究生学习的那一年,吉尔曼任命斯坦利·霍尔为哲学系主任。他比莫里斯年轻 4 岁,(很长一段时间里)他几乎紧紧地跟在莫里斯的身后。跟莫里斯和杜威一样,他也出生于佛蒙特州。跟莫里斯一样,他也在一开始准备通过研究神学来获得哲学上的一个职位。莫里斯离开联合神学院一年后,霍尔也在那里报到,如同莫里斯一样待了两年,然后同样地继续前往柏林学习。

相似性就此结束。当时新的心理学科学研究恰好在德国展开,哲学家们正在寻求实验心理学来洞察心灵、感知和意图的问题,以便从旧的哲学问题中获得新的视角。因此,哲学自然地与新的心理学结盟。霍尔对莫里斯的老师特伦德伦堡进行了长时间的研究,以吸收其认为科学与形而上学之间没有冲突的观点,然后他转向新建立的心理学实验室的解剖学、医学和生理学研究。由于没有如同莫里斯的对最终真理的顾虑,霍尔顺应着奔向未来的浪潮。在他回到美国后不久,再经过对威廉·冯特(Wilhelm·Wundt)的著作《生理心理学原理》(*Physiological Psychology*)的畅心阅读后,霍尔去了哈佛大学,在那里他获得了第一个美国心理学博士学位以及他论文鉴定主任威廉·詹姆斯的肯定。霍尔回到德国,并以非凡的先见之明,掌握了心理学和哲学的两个方向:实验主义和教育心理学的真理。它们是欧洲熟悉的主题,但在美国却是刚刚出现。在欧洲,霍尔确立了他的双重身份:他在实验室做关于肌肉生理学的工作,并且认识到在美国"最有前途的工作是研究心理学在教育中的应用",他还访问了正在尝试接纳新的教育理念的学校。

霍尔猜对了。1882 年,哈佛大学的查尔斯·艾略特(Charles Eliot)校长邀请他在学校里讲课,第二年 1 月,就在莫里斯回到安娜堡的时候,霍尔抵达约翰·霍普金斯大学。这是杜威研究生生涯的第二学期,他很自然地在霍尔的课堂上注册。从唯心主义哲学的怀抱中,他突然掉进了生理学家的实验室和教育家的教室。霍尔在很多方面都是莫里斯的竞争对手。莫里斯已经熬了五年，等待吉尔曼任命他担任哲学系主任。在霍尔到来两年后，莫里斯却听到一直以来承诺给他的职位已经给了霍尔。莫里斯总是大度的，他写信给吉尔曼校长，霍尔被任命为"全职和终身教授……在我看来，从各方面讲都是值得祝贺的事。我向他致以最诚挚的祝贺"。

杜威在他们之间挣扎。莫里斯鼓励时运不佳的杜威在原有系统中寻求真理。相比之下，霍尔对实验心理学的关注吸引了杜威，他也曾在佛蒙特大学时对赫胥黎的生理学和斯宾塞的心理学着迷。霍尔是多刺的，而莫里斯是多情的。一位评论员指出，霍尔渴望"被称为'心灵（Mind）上的达尔文'"。他把自己在约翰·霍普金斯大学的哲学领导地位押在事实、数据和研究上，而不是在理论上。对他来说，哲学必须走出图书馆，进入实验室。当霍尔到达霍普金斯大学时，他对哲学专业的研究生进行了评估，发现许多人都是唯心主义的恶魔；约翰·杜威肯定在嫌疑犯名单上。

对杜威来说，莫里斯和霍尔之间的竞争只是简单地加剧了他自己的冲突。杜威不容易被霍尔的观点说服——而且他本人也从来没有被说服过。在他开始在霍尔的实验室学习后不久，他给托里写信说："我看不出它和哲学之间有什么密切的联系。但我想，如果没有别的东西时，它可以为磨坊提供原料。"相比之下，他对莫里斯以及思想家都非常感兴趣。很显然，他尊重莫里斯的学习，采纳了他的黑格尔哲学。杜威后来说："我从来没有见过比他更一心一意、精神更饱满的人。"他说，莫里斯"深深地影响了（他），至少是暂时的转变，被他的……热情的和对学术的忠诚"。反过来，莫里斯又把杜威视为他的明星学生。但是杜威只能远远地跟随莫里斯，保持一定的距离，他的科学热情使他和霍尔结成了同盟。在经历了所有他个人对宗教的痛苦之后，对于他来说，在实验室里做实验而不是追求真理是一种解脱。此外，霍尔对哲学与心理学、心理学与教育相结合的兴趣，在杜威身上得到了积极的回应，毕竟杜威对传统教育实践的幻灭是显而易见的。对年轻的杜威来说，莫里斯对"大问题"的热情比霍尔收集的生理数据更令人钦佩。但杜威在他早期的哲学著作中注定要追求的是霍尔的哲学，而不是莫里斯的哲学。

杜威到达霍普金斯大学时，查尔斯·桑德斯·皮尔士是第三位哲学讲师。他的专长是"哲学逻辑"。杜威对逻辑有着浓厚的兴趣，并打算研究它，但杜威发现，皮尔士对数学逻辑和科学方法论在逻辑分析中的应用有着浓厚的兴趣。这不是杜威所认为的逻辑，但很容易理解为什么吉尔曼让皮尔士加入哲学系，因为他代表了第三个哲学发展的潮流。莫里斯的历史学术研究、霍尔的心理实验和皮尔士的量化逻辑为这一新的研究型大学提供了一种哲学方法的三元组合。但他们却从未成为一体，因为莫里斯、霍尔、皮尔士从来就没有连接过他们的工作。在学生们看来，他们必须从他们三个中选择一个。杜威选择了莫里斯，即使他按照霍尔的方式行事，同时决定反对皮尔士。

尽管杜威二年级时选修了皮尔士的数学逻辑课程，但他仍然怀疑这门课程会有利于他所受的哲学教育。但皮尔士对"伟人的心理"的更为随意的爱默生式的考察似乎对杜威产生了持久的影响。很长一段时间，他继续质疑皮尔士的数学方法。杜威告诉哈里斯，他自己对皮尔士的逻辑没什么兴趣，"皮尔士讲的是逻辑，但这些讲座对数学系学生的吸引力大于哲学系学生"。在杜威离开霍普金斯之前写的最后一篇论文中，他甚至对皮尔士进行了抨击。在黑格尔和"新心理学"的引领下，杜威写道，现代哲学"抛弃了一切逻辑与数学类比和规则的法定逻辑；并投身于经验的浪潮之中"。于是杜威随随便便地把皮尔士扔进了过时的哲学家的垃圾箱。他花了三十年的时间才开始欣赏皮尔士，然后皮尔士成为影响他最深的哲学家。

74 杜威选择了莫里斯，并跟着霍尔，而忽略了皮尔士。今天，人们很容易就会说，他应该摆脱莫里斯，向霍尔摇摇头，然后追随这三个人中唯一的原创哲学家皮尔士。事实上，在接下来的三十年里，杜威拒绝了莫里斯的唯心主义，所做成就远远超出了霍尔，并最终理解了皮尔士的重要性。约翰·杜威的特点是显而易见的。他接受了很多思想，慢慢地过滤，澄清了自己的想法，并且开始谨慎地了解自己。

成为一名哲学家

在 1883 年的春天，在惯有的经济问题压迫下，杜威除了关注学术研究还考虑了两件事情。首先，他现在确信他有足够的支持和足够的成就记录来申请 1883—1884 年的教学奖学金。在 1882 年 12 月，他把他的论文《知识与感觉的相对论》发给了哈里斯，他解释说，他"试图将他在唯物主义方面所使用的某个观点应用到感觉论（Sensationalism）某个阶段的论证中"。到 3 月，当他还没有收到哈里斯的回复时，杜威写信询问哈里斯是否会接受这篇论文："我询问的原因是，我希望申请一个奖学金……而发表的原创论文起着很大的作用……否则我不会打扰你。"事实上，这篇文章出现在当年被延迟发行的 1 月期刊上，差不多在杜威写信询问时发表了出来。为了确保奖学金申请成功，杜威还为形而上学学派（Metaphysical Club）4 月的会议写了一篇论文。

虽然莫里斯当时回到了密歇根,但杜威仍然在很大程度上受到他的影响,正如这篇论文展现的那样。在"黑格尔与范畴理论"("Hegel and the Theory of Categories")中,他认为黑格尔通过辩证法以形成动态理论的方法,足以解决早期唯心主义的困境。莫里斯会喜欢这个观点的。杜威在他的奖学金申请报告中所写的最后一篇论文题目是"康德哲学方法"。与他对黑格尔的论述一样,这都反映了托里(甚至是马什)的持续影响,并表明杜威在试图把他的导师们联系在一起的时候,仍然从一个转到另一个。他大体上遵循他先前对斯宾诺莎和斯宾塞的作品所采用的批判方法,他认为康德对主体和客体的分离必然导致了主观主义和不可知论。但是,拜托里所赐,他指出康德引出了"直觉理解的概念,这是所有真理的终极标准"。他总结道,康德的洞见——当时杜威认可莫里斯——留给黑格尔让其在此基础上去发展成一个有机系统。

在杜威研究生的第一年结束时,他在哲学方面取得了这些卓越的成就,应该可以让他获得奖学金。但是吉尔曼对杜威的怀疑现在似乎集中在杜威作为一名教师的个人能力上。吉尔曼写信给佛蒙特大学校长马修·巴克姆寻求建议。杜威"给我们的哲学老师们留下了非常好的印象",吉尔曼承认,但"如果我们邀请他担任一名教师,明年,他将会指导本科生。不管他是否有公认的精神力量,我认为,他似乎没有足够的教学能力"。巴克姆立即回应说,他知道杜威"非常沉默,正如你所看到的那样——可能缺乏适当的自我掌控",但他建议,教师任命"会增强他对自己的信心"。巴克姆把这个问题交给了托里,两天后托里又补充说:"从年轻时起,他就表现出一种深思熟虑的心态,同时也表现出沉默寡言的性格。"但是,托里补充说,杜威在"清晰和有深度"上具有不同寻常的天赋,而且"他的学生绝对不会抱怨他的指令不够清晰"。最后,吉尔曼决定给他颁发第二年的奖学金,而卡特尔在第一年已经获得过该奖学金。在吉尔曼看来,他怀疑一位新的不那么温文尔雅的哲学家将会引领未来。霍普金斯大学校长也确实没有意识到,杜威会比他同时代的所有人更能成为他想要的那种哲学家。

杜威希望在他的第二年课程结束时获得他的学位。他所需要的只是一篇完整的论文。他在夏天带回了一篇论文《康德的哲学方法》("Kant's Philosophic Method")的草稿给托里看,想把它发展成一篇学位论文的主题。1883 年秋季学期,杜威再次选修了莫里斯的两门课程。一门是关于德国哲学的发展,"特别涉及了从康德到黑格尔的运动",另一门是关于斯宾诺莎的伦理学。莫里斯还做了四次公开演讲,"社会关系哲学",杜威都忠实地参加了。最后,莫里斯邀请了一位年轻的哈佛大学黑格尔派,约西亚·罗伊斯(Josiah Royce),在霍普金斯大学做了两场关于"哲学的宗教方面"的演讲。

1884 年春天,杜威又进入了赫伯特·巴克斯特·亚当斯的历史和政治学神学院,甚至还和班上另一个学生伍德罗·威尔逊(Woodrow Wilson)进行了激烈的辩论。当时的主题是"布莱尔法案"(Blair bill),该法案提议利用联邦基金改善南方的教育。威尔逊认为,基于各州的权利,该法案是违反宪法的。杜威站在了相反的一边。神学院的记录表明,杜威希望"直接关注南方的教育现状,并引用了 1880 年的人口普查中的一些统计数据,这似乎表明,文盲的比例正在上升……那里呈现出教育的倒退现象"。早期的杜威坚持法律——甚至宪法——必须反映社会需要。此外,他已经清楚地意识到教育对社会进步的重要性。他在与威尔逊的辩论中说,"历史证明,教育进步总是来自上层",因此教育必然是一个联邦问题。显然杜威的激情表现出来了,因为录音秘书注意到他说话的语气呈现出"强烈的渴望",而且在他讲话之后的"相当有趣"的讨论促使成员们投票决定将课堂延长一个小时,直到晚上 11 点才结束。

这时杜威也受到了斯坦利·霍尔的影响,无论是在课堂里还是在实验室做实验。在杜威的第二年学习中,他选修了霍尔的"心理物理学"课程,主要关注"感官的生理学"……从本能的学习开始,作为心理学课程的入门。杜威是"在心理物理学研究室进行专门研究的六名学生之一"。他还参加了霍尔关于"心理伦理学"的讲座,从希腊人开始,到康德结束,特别关注"用归纳法来研究伦理问题"。(杜威在他的整个职业生涯中经常教授这门课。)结果是,随着论文研究的进一步开展,杜威发现自己试图将对他的各种影响融合为一体。托里对康德的兴趣,莫里斯的黑格尔主义以及霍尔对心理学的关注——以及他本身对康德的兴趣——所有内容都融合在他的论文《康德的心理学》(*The Psychology of Kant*)中。当他还在写的时候,他向哈里斯描述了这件事。由于杜威的论文已经丢失,这就是我们能获得的最好的记录:

> 就我个人而言,我今年正在努力攻读博士学位,而我自己的工作主要是围绕我的论文展开的,论文的主题是"康德的心理学",即他的精神哲学(就他而言),或他的知识理论的主观方面。在这方面,除了给出他的感觉、想象和理论的一般性评价外,我希望能够指出,他把理性或精神(Reason or Spirit)的概念作为人类经验的整个领域的中心和有机统一,并且,就他对这个概念的忠实而言,他是现代哲学方法的真正创始人,但同时他又失败了,陷入了自己的缺陷、矛盾和——这就是我目前最感兴趣的哲学方法问题——

这些是如何整合的呢?杜威认为,哲学方法是这三个实体的关键:康德的"理性和精神的概念是整个人类经验的中心和有机单位",黑格尔的阐述着重于通过辩证的方法来实现其有机统一,而霍尔则着重于隐藏在幕后的有意识和无意识的状态。这是一个很好的统一策略,并且提供了一个技术哲学技巧的早期例子,这将永远是杜威工作的标志。这篇论文在4月底完成,5月份获得批准。那时杜威已经在写一篇更重要的论文。

在这篇《新心理学》("The New Psychology")的新论文中,霍尔的影响更为明显。 78 杜威在完成论文后,就向形而上学学派递交了这篇论文。这里面充满了康德的唯心主义、新黑格尔主义、霍尔的实验室,甚至是赫伯特·巴克斯特·亚当斯的政治历史主义,这篇论文也喻示着杜威作为一个独有的哲学家首次天才式的出彩亮相。杜威针对旧的心理学说:"我们所发现每一种心理现象不仅可以被解释,而且可以用还原的方式解释。"这些"丰富多彩的"个体、群体和民族的特殊经历,甚至在"同一个生命体的两个(不同)时刻"中,都可以被图式化和分类。

> 我们现在更清楚了。我们知道……(个人的)自己的生活与社会生活紧密相连。与过去的教育、传统和基因联系在一起;我们知道,人其实就是一个微缩世界,把社会的丰富性全都聚焦在自己身上……我们知道在我们的精神生活中……大片土地(large tracts)永远不会进入意识;那些真正进入意识的东西是模糊的和超然的,有着难以理解和解读的含义;是无限复杂的……简而言之,我们对灵魂的实际活动和过程几乎一无所知。

用几句话,杜威就抛弃了直觉主义、常识和他从小就接触的实证思想家——威廉·哈密顿、穆勒、休谟和雷伊德(Reid)——他断言:"我们能做的最好的事就是感谢他们,然后继续我们自己的工作……"因为我们的工作是面向未来的。

杜威解释说,从生理学的角度来看,我们应该认识到,大脑不是思想的宝库,而是"活动的线条"(lines of activity)。"由于生物学,我们充分理解了有机生命的概念,特别是精神生命(mental life)",作为一个按照所有生命规律法则发展的有机整合过程。"由于环境的原因,我们应该理解"有灵魂的生命(psychical life)……不是一个孤立的个体。"

> 这个想法是个人与他所出生的有组织的社会生活的有机联系,在于他从这种 79 社会生活中汲取心理和精神食粮,并在这种社会生活中发挥他应有的作用(做出必要的发明)……社会和历史科学——有关人类活动各个领域的起源和发展的科学。

他总结说,人类活动的所有领域都"充斥着心理逻辑问题和相关材料"。

第二年的春天,他继续与亚当斯和理查德·T.埃利(Richard T. Ely)一起学习历史和经济学,并与戴夫(Dave)谈论他兄弟正在阅读的政治书籍。在与伍德罗·威尔逊辩论后,他预言威尔逊"可能……如果他愿意,可以在政治上走得更远"。杜威对哈里斯说:"我正在思考……国家的理论,历史系里的国际法,我与那里的人有非常密切的联系。"他可能是,尽管在戴夫到来之前杜威就对历史和政治产生兴趣,但戴夫的出现又更加强了这个兴趣(以及莫里斯对黑格尔的理解),激发了杜威"对历史哲学和社会伦理学的特殊兴趣"。现在,在他的《新心理学》的文章中,他声称"广泛来看历史本身就是心理问题,并提供了最丰富的资源",那些每天发生的正常或异常的现象所得来的特殊数据为心理调查研究提供了更多、更具体的材料:"摇篮和精神病院成为了心理学家的实验室。"这是一次伟大的合成。

在这第一篇重要的文章中,杜威似乎准备从新心理学中创造一个事实、过程和生活的逻辑。但在那个关键时刻,他失去了勇气,突然又回到了被露西娜、布拉斯托和托里影响的旧状态,因为他读了纽曼·史密斯(Newman Smyth)的准神学"动态直觉主义"(dynamic intuitionalism)。杜威在史密斯的影响下,突然一个大倒退回到他的旧时虔诚上——认为新的心理学具有"强烈的伦理",充满了"奉献、牺牲、信仰和理想主义",并最终指向上帝:"在信仰和理性的关系中找不到需要解决的问题,对其研究可以发现理性都存在于信仰之上,而信仰在其源头和发展脉络中也都是理性的。"在一个新方向的边缘,杜威回归到对他最早信仰的忠实肯定。这就是年轻杜威的不安处境:他已经证明了自己有哲学思辨的能力;他完成了一篇论文;他很快在他的综合考试中取得了一个"值得称赞"的成绩;他完全吸收了霍尔的生理学指导。他准备进行一次创造性的飞跃,但在最后一刻,他的个人感情、家庭信仰、对母亲虔诚信仰的忠诚以及史密斯的反动影响都驱使他捍卫美国新英格兰地区的教会文化。

吉尔曼的疑虑似乎已经被证实了:杜威似乎没有成为一名纯哲学家的动力,甚至在某种程度上,他也无法理解他自己所描述的新心理学的含义。当最关键的考验来临时,他所有的旧矛盾都牢牢地抓住了他。他离开霍普金斯的时候,仍然是一个充满疑问的人,一个很容易被拉回到他最早矛盾状态的人。他有头脑,有前途,但是他有勇气一路走下去吗?总之,所有人在他身上看到的沉默,是否反映出他缺乏信心,不愿全力以赴?他所做的并不是像他所希望的那样能取得突破性进展。他谈到人类"丰富多彩的经验",但他自己注定是无色的吗?他有一个全新的博士学位,但他内心有什么呢?

找到哲学领域和工作

1876 年的总统选举,选民投票最终候选人为共和党人卢瑟福·B. 海斯(Rutherford B. Hayes)和民主党人塞缪尔·蒂尔登(Samuel Tilden)。阿奇博尔德认为,尽管这场有争议的选举最终结果还未确定,但如果蒂尔登获胜,内战将会是"徒劳无功"。(杜威和他的兄弟戴维斯都投了蒂尔登的票。)结果海斯赢得了选举,但两大政党的选票几乎平分秋色。

联邦政府倾向于软弱,而贿赂——获得工作——仍然在各个层面上,从联邦政府到市政当局都很盛行。每个人都在谈论政府的腐败,但似乎没有人能对此采取任何行动。总统詹姆斯·加菲尔德(James Garfield)宣布支持公务员制度改革,但四个月后,他被一名精神错乱、灰心丧气的求职者用枪击中;突然间,切斯特·阿瑟(Chester Arthur)成为总统。作为一名颇有成就的坦慕尼·霍尔(Tammany Hall)机器政客和政党分赃制度的捍卫者,阿瑟一改其一贯作风,支持并签署了一项公务员制度改革法案,令所有人(甚至包括他自己)都感到惊讶。

19 世纪 80 年代是政治动荡的十年,人们对改革的渴望日益高涨,但几乎没有取得持续的有进展的改革。尽管民众的情绪高涨,他们越来越倾向于认为联邦政府需要在解决当今的一些主要问题上发挥更积极的作用,但国家政府的管理者们却只致力于最低限度的政府管理。按照海斯的传统,以及追随他的总统们——詹姆斯·A.加菲尔德、格罗弗·克利夫兰(Grover Cleveland)和本杰明·哈里森(Benjamin Harrison)——都认为,联邦政府只有一个小范围的合法活动空间,他们任由当时的问题恶化,直到行动迫在眉睫必须开展。

也许这些尚未解决的问题中,最重要的是战后工业化的迅速扩张。当时,为战争需要而设计的新发明和新系统被带入了平民生活,随着以前的军人转化为平民,工业化进程加快了。没有人怀疑,在很短的时间内,美国将超越英国,成为世界领先的制造业国家。现在人口是按工业来组织的;工作依赖于机器生产;向上的流动性依赖于技术技能和资本的占有,每一种情况都带来了弊端。越来越多的人聚集到小地区,很快就产生了工业贫民窟。矿工们被迫沦落到恶劣的生活和工作条件中。在工厂和血汗店的工作以一种非人道的步伐逼迫着人们。大萧条来了又去,那些站在边缘的人们一有撞击就会跌进谷底。社会经济阶层的分化在美国前所未有,亨利·乔治(Henry

George)的伟大著作《进步与贫穷》(*Progress and Poverty*，1879)的标题就准确地描述了当时美国的状况。

以生产创新和所有制集中化为基础的新产业不断涌现。也许其中最重要的新发明，既是最广为人知的，也是最不为人所注意到的：公司。无处可见，却处处可感。城市居民有时可能会把农场理想化，但农场生活可能比工业劳动更艰难，回报也往往更低。在南方，白人农民几乎和黑人农民一样穷，一起种植是很常见的。在东北部，离开农场的人持续不断。到19世纪末，那些留下来的人被鉴定为近亲繁殖，是低能儿、酗酒者，或是药物型鸦片成瘾者。在西边，最好的土地在19世纪80年代被占用。1862年颁布的《宅地法》(*Homestead Act*)为每一个定居者提供了160英亩土地，结果证明，这项法案的迷惑力大于实际帮助。对于一个真正有生产力的农场来说，这一种植面积太小了，后来对该法案的修改也只是稍微改善了一点。在19世纪80年代早期，几乎所有搬到堪萨斯州西部少产、贫瘠的土地上的农民，由于严重的干旱，在19世纪末之前都已经返回了东部。

威廉·迪恩·豪尼尔斯把这段时间视为一个"探索更公平的环境"的时代，这是对19世纪80年代一个很好的描述。但是什么是"更公平的环境"呢？企业家们认为，他们的公平是在几乎不受任何限制的情况下做生意。工业工人们把"更公平的环境"定义为更高的工资和更好的工作环境。发明家认为这是一个从他们的发明中获得巨大利润的机会。消费者认为，"更公平"意味着新产品的低价，而现在看来，这是至关重要的。在商业宣传中，"更公平的环境"意味着"自由企业"；但在董事会中，"更公平的环境"意味着削减竞争对手的能力以及消除竞争。"更公平的环境"意味着摩根(J. P. Morgan)有能力在不受立法干预的情况下创建信托基金，但公众也有自己的怀疑：对银行家而言的"更公平"、更自由意味着对普通人而言的更卑鄙、更愚蠢。"更公平"意味着真正的经济增长，这在某种意义上帮助了所有人；但这也意味着几乎所有没有登上巅峰的人都会感到不安、焦虑和不适。工厂主或矿主认为，"更公平"包括卫生条件的自由裁夺权。工人们则越来越相信，公平意味着他们可以自由地加入工会，甚至在有必要时进行罢工。

谁来决定什么是公平？私人财富是公共财产吗？正如亨利·德马雷斯特·劳埃德(Henry Demarest Lloyd)所说，"财富"对"联邦"("共和体")来说其责任是什么？信托应该受到监管吗？工会是否应该建立并允许其变得强大？当公民获得了大量财富或者满足了一些世俗欲望时，他们还会遵循四部福音书吗？移民应该受到欢迎还是被拒绝？应该由全国 1％的家庭来控制全国 88％的财富吗？是否应该由富人去乘坐奢华的镀金马车，而劳动大众只能受训如何驾驭它？爱德华·贝拉米（Edward Bellamy）在他的乌托邦小说《回顾》（*Looking Backward*，1888）中为他的时代找到了一个象征，这也是一个隐喻。杜威读了贝拉米的书，五十多年后，当他被问到他认为最具影响力的前五十年的书是什么时，杜威认为是威廉·詹姆斯写的《心理学原理》以及贝拉米的《回顾》。在杜威完成了学业，并逐渐走向成熟的期间，他都忙于道德问题和伦理问题，无论是在他的书中还是许多文章中都有反映，这一点也不让人感觉奇怪。当然，他母亲的精神信仰和他早期的教育，以及他对基督教的持续关注，都起到了一定的作用。对大多数美国人来说，那些主要问题要等到 19 世纪 90 年代才能得到解答。而杜威专注于道德问题，并很快就找到了答案。

杜威从霍普金斯大学毕业时遇到的困难是，他还没有找到一种哲学观点能完美地安抚自己的情绪，因此他的情绪冲动不断侵入他的思想。他对黑格尔主义的认可并不仅仅受到他的性情的影响，还在于他倾向于欣赏组织有序、条理清晰的体系；也在于这能为他继续信仰上帝提供一个理性的基础或理由。当然，他的认可也源于他对乔治·莫里斯的忠诚。杜威自身身份的分裂使得任何二元体系都对他具有吸引力。多年后，当他试图解释黑格尔和莫里斯在 1884 年对他的强大吸引力时，他归于当时被称为"内心的撕裂"的痛苦状态。

> 然而，黑格尔的思想对我的吸引力也有其主观的原因；它希求着统一，这无疑是一种强烈的情感渴求，但同时也是一种只有理性主体才能求得满足的渴望……（然后）分裂和分离是……在我看来，这是新英格兰文化遗留的产物……是一种内在的撕裂……黑格尔合成法……可以作为一种巨大的释放，一种解放。

黑格尔唯心主义所提供的必要的"解放"是暂时的，尽管它的持续时间很长。一些批评家甚至在杜威的最后一部作品中找到了黑格尔影响的痕迹。他的朋友阿瑟·本特利（Arthur Bentley）声称，在他们这一代的每一位知识分子身上，都可以看到"黑格尔的沉淀物"。出于同样的原因，杜威也受其影响，但是很明显的是杜威的早期作品就显示他从未完全满意黑格尔的解决方案。他的情感需求与他的理性的、系统的计划背道而驰。1884 年的夏天，杜威还沉浸在许多情感之中，甚至黑格尔的辩证法也无法将它们统一起来。他的每一次尝试都只给他留下更多的情感冲动，并且只有理智才能解决这些情感渴望。

1884 年夏天，在他生命的迫切需求中，似乎更糟糕的是他还没有找到一份工作。

乔治·莫里斯曾暗示密歇根大学可能会雇用杜威。毕竟,莫里斯本人每年都要在霍普金斯大学待半年,这就要求他在安娜堡市提供一名替补。莫里斯现在的助理,乔治·霍维森(George W. Howison),一个哈佛大学毕业的唯心主义者,在加州大学伯克利分校接受了一份工作,并从秋天开始工作。杜威在1884年5月听说莫里斯对校长吉尔曼谈论"他正在认真地考虑是否任命杜威为他的下级",这让他燃起了希望。

到1884年6月5日,霍普金斯大学毕业典礼的日期,杜威被授予博士学位的日子,密歇根大学还没有做出回复,杜威回到伯灵顿去思考他的未来。除了工作以外,还有一种未来的可能,但他已经拒绝了。显然,吉尔曼最终确信他的这位哲学系新毕业生可能有些才华。由于杜威与霍尔的合作,吉尔曼现在对杜威有了一个更好的认识:他是一位科学研究者。所以在杜威离开巴尔的摩之前,吉尔曼把他叫进了他的办公室,给了他一个让他可以在德国学习的博士后留学奖学金。然而,杜威急于开始自己的职业生涯,拒绝了吉尔曼的邀请。

最后,密歇根大学校长詹姆斯·B. 安格尔(James B. Angell)——他曾经是美国驻中国大使并也曾是巴克姆之前的佛蒙特大学校长——给杜威回了信并很高兴地提到他记得杜威的父母以及曾是小男孩的杜威。就在杜威收到安格尔的邀请的同一天,杜威回信说,他"很高兴接受"这份工作,也很感激安格尔的"亲切友好的话语"和"美好的祝愿":"我很荣幸这么多年过去了,你依旧还记得我。"夏末,莫里斯向东前往霍普金斯大学,杜威则向西前往密歇根州。在那里,杜威承担起了这个学期整个哲学系的职责。他在梅纳德和杰佛逊街转角的一栋公寓里有了自己的房间,并为他的四个秋季课程做了最后的准备,其中包括"经验心理学"和"心理学专题"。

作为西部最古老、最著名的高等学府,密歇根大学有时被称为"西部的雅典"。加州大学伯克利分校已经开始"突袭"密歇根大学的教员,就像霍维森(被挖走)的情况一样,这一点已经得到了充分的证实。此外,它是著名演讲者全国巡回演讲的例行停留站。比如,在杜威到来的那个学期,马克·吐温(Mark Twain)和乔治·华盛顿·凯布尔就在那里开展过讲座。但作为一个居住的地方,安娜堡并没有那么发达:它正处在从一个乡村小镇转变为一个学术中心城市的过程中。在安娜堡中依然存在着明显的田园般的色调,安格尔校长自己就在附近的农场里饲养着羊群。

1884年,安娜堡的人口为8 000人,却在一学年里增加了近1 400名学生。教职工人数约为65人,已经包括了一些后来成名的学者。年轻的激进历史学家亨利·卡特·亚当斯(Henry Carter Adams)和杜威同时加入了密歇根大学的教工队伍。查尔斯·霍顿·库利(Charles Horton Cooley)当时还是个学生,不久后就会被公认为美国社会学之父。杜威经常和亚当斯、库利一起在几个读书俱乐部聚会,同时也会单独会见他们。但在杜威的新英格兰眼中,安娜堡刚刚从荒野中崛起,几乎没有达到边境区前沿的复杂繁华程度。多年后,杜威在中国旅行时,试图向远在美国的家人描述满洲,他说那里"有点像我们的西部边疆……在美国除了边境外……那里更保守"。安娜堡的确是个保守的地方,而杜威也在母亲的指引下准备保守安稳地待在那里。

当杜威到达时,他并没有表示他理解或关注到学生们之前的不满,尽管这些不满在让他获得他的工作上起了决定性的作用。在过去的一年里,密歇根大学的学生们批评了哲学系的狭隘性。霍维森和莫里斯一样,在哈佛大学接受了黑格尔哲学的熏陶和神学学位后,一直致力于为基督教的哲学道路辩护。当霍维森在 1883 年 10 月到达密歇根的时候,一个学生在《阿贡诺》(*Argonaut*)上发表了一篇专栏文章,他预言说:"他的授课内容将与我们早已习惯的内容几乎没什么区别。我们可能会看到,穆勒和斯宾塞,以及整个哲学现代科学学派消失不见,而伯克利主教等人会出现等待着我们的赞美和求教。"相比之下,密歇根大学的许多学生对传统的宗教虔诚不那么投入,而是对科学以及经验主义哲学等的贡献感兴趣。没有人会反抗有说服力、文雅、真诚的莫里斯本人,但这个助手(霍维森)很容易成为攻击目标。学生们的不满情绪在 1883—1884 学年的学生报纸上沸腾了。他们抱怨莫里斯和霍维森在教学中忽视了赫伯特·斯宾塞、乔治·亨利·刘易斯(George Henry Lewes)和其他经验主义者。学生们怀疑哲学课程是为了"消弱"学生群体的任何非宗教倾向,他们还指责这两位唯心主义哲学家在思想上胆小怕事:"简而言之,我们所持的观点是,正确的教学不应该是宗教课程的方式,而应该用公平、全面和完全非教条的方式,并基于数据。"这显示了 19 世纪 80 年代许多知识分子所感受到的宗教和科学之间的冲突。学生们补充说:"当年轻人看到……(哲学家们)他们在科学(课程)中被教导要学会尊重,此时却被轻蔑地忽视,可能会认为是(教授们)不愿意与他们争论……可能会占有他们的思想。"幸运的是,霍维森被调到了伯克利。

杜威是完美的替代者。他从霍尔那里受到的精神生理学训练以及他自己对现代科学的兴趣,正是密歇根大学的学生们所追求的那类老师所必有的特质。莫里斯理解学生,并对他们做出了完美的回应。他让杜威承包了几乎全部的系统化课程,除了只保留黑格尔的逻辑课程外,他甚至还修改了自己的课程,转向英国和欧洲的经验主义,此外他还设计了一门新的课程,"国家和历史的哲学"。没有一个崇尚自由思考的密歇根学生会对莫里斯,尤其是新教师提出更多要求了。杜威在秋天开设的一门课程是"心理学专题"(生理、比较以及病态)。杜威甚至模仿霍尔,复制了他的心理实验室。随着岁月流逝,杜威增加了"心理学与哲学"、"实验心理学"、"思辨心理学"(他告诉托里,这是"从心理学的角度讨论哲学问题")、"心理学的历史"、"希腊科学与哲学"以及"赫伯特·斯宾塞的哲学"等课程。早在 1886 年,甚至连莫里斯的伦理学课程都可以被宣传为"一门……可能会有好处的课程……(由那些学生认定的)他们首次和杜威教授一起完成了默里(Murray)心理学的学习"。杜威的入职缓和了莫里斯与学生之间的摩擦,让一个公认的明显有科学兴趣的新人进入了哲学系。更重要的是,杜威的心理学研究使他开拓了美国哲学和心理学联盟的初期状态。哲学家们从新的心理学中寻求对人类思维的进一步了解,以及对传统的精神三分论的进一步理解:理智、情感和欲望。当杜威的科学取代了霍维森在密歇根的神学理论时,美国哲学也翻开了新的一页。

有些变化是表面的,而不是实质的。莫里斯非常了解杜威,知道他仍然徘徊在黑格尔的体系中以寻找一个安全的基石。在学术界,这一点是显而易见的。不久,莫里斯和杜威领导的密歇根大学哲学系被认定为美国新黑格尔主义学术思想的中心。杜威走了一条很好的哲学路线:一方面他满足了科学派学生的需求,一方面又迎合了密歇根大学里大批基督徒的唯心主义。正如有些人认为他是一个强硬的科学家,而有些人则认为他是一个文雅的唯心主义者。尽管他必须要想法满足新的经验主义者们,但同时对于依旧是校园里最大组织的学生基督教协会的成员们,他又必须要表现出开明的宗教正统观。杜威教授新科学的同时,也在莫里斯建立的有神论框架下研究哲学。对他来说,或许证明科学与宗教没有冲突就足够了,但他想更进一步,证明科学能推演证明宗教信仰。

杜威的严谨态度一直是他的主要美德之一。难怪一本学生刊物《钯》(Palladium)的一位作者宣称:"我从来没见过如此年轻却又如此超前的人。"杜威到达密歇根后马上就着手做的事中就有与学生基督教协会合作,组织了一个圣经班。当时的学校月报(Monthly Bulletin)报道说:

> 一个圣经班已经成立了……为那些……渴望对圣经和基督教教义进行批判性研究的人。研究的第一个主题是基督的生命,特别提到它作为一个历史事件的重要性。这堂课由杜威博士带领。

杜威很快也安排了在周日做礼拜时与学生基督教协会的学生们展开谈话的活动。

他第一次谈话就表明，他认为一开始就明确自己的定位在哪里是一件很有责任感的事情。他在"认识上帝的义务"（The Obligation to Knowledge of God）的谈话中说道："圣典们会统一处理怀疑主义。认识上帝是一个义务，不履行这个义务不是智力上的失败，而是道德上的错误。信仰不是一种特权，而是一种责任。"谈话的最后一句话也同样严厉；"上帝永远围绕着我们，如果不认识他，就表明我们不希望认识他。"在杜威的心里，她母亲的信仰主义与莫里斯的黑格尔主义混合在一起，使他得出了一个令人困惑的结论："尽管宗教福音传播者可能在思想上无知"，但他会比思辨的"科学主义者"更接近真实。这个结论可能让学生基督教协会的学生们感到欣慰，但却不适于他实验室里的学生。而这也无法说服杜威他自己，长久以来他都过着一种双面生活。杜威试图让自己能满足所有人——他的父母、他的学生、他自己——却不能长久地经受住随之而来的矛盾。尽管如此，在接下来的几年里，杜威还是与学生基督教协会做了几次会谈，主导圣经研究，并经常向公理会发表演说。正如一篇报纸文章所言，"这些（会谈）是如此令人满意，没有人会错过聆听他讲话的机会"。他的虔诚是不会引起批评的，但是他的宗教思想有时会遭到反对。在他一篇发表在《大学》（The University）上的文章《灵魂的复活》（"The Revival of the Soul"）中，杜威声称，"科学绝对不可能解决任何宗教问题"。这句话让编辑处收到一封信，驳斥杜威的观点，并得出结论说："科学在其真实性、广博度上和宗教以及其他任何知识领域一样重要。"杜威自己最终也采取了这一同样的立场。

另外一次，当他有机会在公众场合发表演讲时——这次不是在一个基督教组织的主持下——他做了一个非常不同的演讲。1884 年春天，莫里斯在密歇根大学筹办了哲学学会。用莫里斯的话来说，这一学会的形成是"为了鼓励针对哲学问题以及哲学在文学和历史上的应用进行个人研究，以及唤醒人们对哲学讨论的兴趣"。1884 年秋季学期莫里斯回到巴尔的摩，轮到杜威主持学会会议。他以题为"心理进化及其与心理学的关系"（Mental Evolution and Its Relation to Psychology）的演讲主持了第一次会议。这里充满了新科学派哲学家的暗语："心理"（而非心灵）、"进化"（而非宗教）和"心理学"（而非神学）。对于学生基督教协会来说杜威是传统主义者……对于哲学学会来说他又成为现代主义者，现代主义受到热烈的欢迎。《阿贡诺》将 10 月 18 日针对这一事件的报告命名为"杜威博士的一份有力论文"：

> 周三晚上，21 号房间里挤满了被选中的上层阶级、教授和一些市民。晚上的主要发言是由新哲学教授杜威博士发表的。这无疑是一段时间以来在安娜堡进

90

行的最有力的讨论。他表明，生命必须被视为一个有机整体，它的各个部分相互依存，密切相关，而自我意识是……心理的主导原则；心理的进化在于扩大我们的环境；将我们自己置于与精神宇宙适当的有机关系中。

在这次演讲中，杜威表现得很谨慎，基本是在重诉他的论文《新心理学》。显然，他还没有读过昌西·赖特(Chauncey Wright)的文章《自我意识的进化》("The Evolution of Self-Consciousness")，这篇文章有助于拓展他的论点。但杜威已经看到，他在心理学和实证哲学方面的研究将为他赢得密歇大学学生们的认可。如果他想追求唯心主义，就必须以某种方式将其与新科学结合起来，而不是与宗教虔诚和优雅的说教相结合。

杜威有理由对他在安娜堡第一年受到的接待感到满意。甚至在他的第一学期结束时，他给哈里斯写信说，他觉得自己的工作"非常有趣"。他满脑子都是思想——宗教、道德、黑格尔、心理学、自我意识、社会和政治变革。他如何将这些联系在一起，什么将成为它们的中心？他是否会找到一位新的男导师，一位新的父亲，帮助他找到解决办法，就像他曾经一直做的那样？

恋爱中的杜威

但他找到的是一个女人，一个救了他的女人。他的新英格兰虔诚所造成的内心撕裂是通过他的母亲得来的。他在石油城的孤独生活，极大地舒缓了他的神经，哲学思想和自我意识的诉求取代了他虔诚的自我反省。现在需要另一个女人来释放他丰富的情感和解放他丰富的内心世界，一个能够治愈他内心撕裂的人，一个能够缓解他被各异思想捆绑拉扯状态的人。毫无疑问，在杜威自己看来，他的经历要简单得多，远没有描述中的那么复杂。他只是坠入了爱河，这给他的生活带来了新的中心和新的目标。所谓的描述他那"强烈的情感渴望"让他爱火燃烧：

> 我在想你，我亲爱的，今晚我是如此地想你……哦，亲爱的，你是万物的中心，而非万物的外缘，所以我的存在会因你而被强力地吸引。我爱我自己——一个人没有自我将难以安身。我爱我的生命——一个人没有生命将寸步难行。但是，亲爱的，你就是我的自我，你就是我的生命，正因为有你我才得以安身立命，得以继续前行……亲爱的，你怎么能把我过去的所作所为和我过去的想法如此彻底地从我的视线中抹掉，让我的世界、我的内心只充满了你？（你）……你给予我一个爱

巢,而以前的我却是如此地无家可归,只因为我一直都在寻觅你的踪影。

杜威并没有夸张,多年后,他对马克斯·伊士曼说:"没有两个人比他们更相爱了。"这种情感的溢流似乎是重复的、过度的,但杜威沉迷于将他的"强烈的情感渴望"依附于一个能够回报他的爱的人身上,这件事若仅仅是黑格尔的逻辑则是不可能做到的。

这个人就是哈丽特·爱丽丝·奇普曼(Harriet Alice Chipman),一位主修哲学的大三学生,她和杜威都住在杰佛逊大街上的那所房子里。她吃饭时坐在杜威左边的餐桌旁,并选修了他的课。他们在实验室讨论与意志有关的无意识运动反应,在课堂上讨论亚里士多德和赫伯特·斯宾塞,然后在吃饭时相互传递熟牛肉和土豆泥时,他们坠入了爱河。

杜威在佛蒙特大学读本科时,学校还没有实行男女同校制,在约翰·霍普金斯大学读研究生时,也没有女研究生被招入,除了杰出的逻辑学家克里斯汀·拉加(Christine Ladd),她在 1879 年被允许作为一名特殊的非注册学生在那里上课。但自1870 年以来,安娜堡市就开始招收女学生。学生报纸点明了接纳女性进入大学的重要性:"美国文明与自由"为女性提供了"生存与成名的机会"。这已经被证明了,《阿贡诺》的一位作家曾夸口说,女性的大脑"和男性一样能够接受抽象的真理"。1886 年毕业的 13 个哲学专业学生中就有 6 个是女性。基于可以与一个女人展开一场恋爱的可能性,杜威可以更轻松地接触女性并获得舒适感。餐桌上的义务又提供了另一个可能,哈丽特·爱丽丝·奇普曼也以其明显的才华获得了这个机会。

和约翰一样,爱丽丝是一个严肃的人,对思想很感兴趣;她的一个同学记得她有着"严肃认真的性格和非凡的头脑"。她比约翰早出生一年,生辰是 1858 年 9 月 3 日。93除了哲学,他们还发现了许多共同之处。和约翰一样,她也曾在高中教书,而她的家族一开始是佛蒙特人,这点和杜威的家族也一样。虽然她还在读本科的时候杜威就已经有了博士学位和学术职位,但在另一个层面上,她已经具备了杜威还欠缺的一些特质,因此她可以成为杜威的老师。她是一个思想自由派的激进的学生,曾经就抱怨哲学系缺乏科学精神。爱丽丝有一种"深层的宗教精神",她的女儿简(Jane)后来写道,但她又确实是一个普通的、非宗教的人。她从来没有问过杜威是否"和耶稣在一起"。甚至,正如简所说,她的母亲"从未接受过任何教会的教条"。她的姐姐认为,她甚至可能会嘲笑约翰在安娜堡教堂认真参加祈祷会。在简看来,她的父亲从她母亲那里学到了"一种宗教态度就是一种本我的自然体验,因此神学和教会机构只会让其麻木而不会促进它"。当然,她不会加入学生基督教协会。但她的确成为两个可以显示其思想倾向的世俗团体的一员。爱丽丝参与建立了一个国际协会的密西根大学分会,即大学妇女联谊会,一个融知识分子和女权主义者为一体的妇女联谊会,其成员有卢克丽蒂亚·莫特(Lucretia Mott)、乔治·沙(George Sand)和乔治·艾略特(George Eliot)等。当地人称约翰·杜威为"妇女联谊会兄弟"。1885年秋天,杜威和爱丽丝都成为萨摩瓦俱乐部(Samovar Club)的创始人之一,该俱乐部致力于一边从一个真正的俄罗斯茶壶里倒茶出来品酌,一边讨论托尔斯泰(Tolstoy)、屠格涅夫(Turgenev)和俄罗斯人的思想(samovar就是俄罗斯茶壶的意思,译者按)。在1884年秋季学期开始之前,爱丽丝就急切地等待着受到过科学训练的新哲学讲师的到来,并选修了他所有的课程。很快,她就发现这位老师坐在她公寓里餐桌的右边,递给她一块苹果派。

她的妹妹皮特(Pett)叫她海蒂(Hattie),她的朋友叫她奇皮(Chippy),约翰则叫她爱丽丝。她来自密歇根州附近的芬顿市。她的父亲戈登·奥伦·奇普曼(Gordon Orlen Chipman)曾是一个以贸易发家的内阁缔造者,一个充满政治热情的杰克逊式的民主党人。在富兰克林·皮尔斯(Franklin Pierce)当选总统后,按照党派分利原则的规矩,他在1854年获得了芬顿市邮局局长的职位。爱丽丝的母亲露西·里格斯(Lucy Riggs)是弗雷德里克·里格斯(Frederick Riggs)和其妻子伊瓦琳(Evaline)的女儿。《芬顿独立报》(Fenton Independent)在爱丽丝外祖母的讣告中写道,生于1810年的伊瓦琳·里格斯"在荒野中搭建了家庭,因为当她来到这里的时候,密歇根还是一个未被开发的地区"。爱丽丝外祖父的历史是非凡的。他是真正的拓荒者,于1810年生于纽约利文斯顿县。他曾经是美国陆军工程兵团的一名测量员,绘制了萨吉诺和麦基诺的版图。他也曾是哈德逊湾公司(Hudson Bay Company)的皮货商,和奇普威人住在一起,学习他们的语言,并成为了部落的一员。后来,他积极维护印第安人的权利,反对印第安事务局。他走遍了整个西部,探索了堪萨斯大草原,轻松地从最初的边境生活——打猎和交易,到达下一个阶段——勘探和采矿,甚至在科罗拉多州注册了采矿权。约翰·杜威在1917年对霍勒斯·艾伦(Horace Kallen)说,他认识"一位美国先驱……开创了西部的发展并由于西部的发展而被创造"。他补充说:"我认为这个国家不可能会再创造出这种类型的人物。"在父系方面,爱丽丝的另一位祖先约翰·洛根·奇普曼(John Logan Chipman)与一个印第安人结婚,所以她血统的双方都与边境有着真正的联系。

戈登当上邮局局长四年后,露西生病了,突然就去世了。戈登悲痛欲绝,越来越沉入忧郁之中。从他妻子去世的那一刻起，他就只想到了死亡。在那一年结束之前，他就死于肺结核，在坟墓里哀悼自己，只剩下哈丽特·爱丽丝，她的妹妹奥古斯塔（Augusta）和一个刚出生的孤儿。很有可能，爱丽丝周期性爆发的严重抑郁是由她的父母过早去世造成的。的确，爱丽丝似乎特别为失去而感到不安，成年后她所遭受的每一种痛苦都深深地切入她的灵魂。与此同时，她决心保持独立。她是早期的女权主义者，一直致力于妇女解放事业。但她也需要从杜威那里获得持续不断的被爱和被关心的抚慰。 95

父母死后，哈丽特和奥古斯塔由他们的外祖父母伊瓦琳和弗雷德里克·里格斯进行照料。家庭的影响总是难以捉摸的，但大致可以看出的是，弗雷德里克对他的每一个外孙女都有着很大的影响。奥古斯塔被外祖父拓荒者的生活所吸引，最终她嫁给了伊萨克·托皮（Isaac Topping），一位跟着一个马戏团一起流浪的巡回表演家，表演一头"会唱歌的驴子"。奥古斯塔为这部剧写了草图并创作了歌曲。哈里特·爱丽丝则受到了她外祖父张扬炫目的反偶像主义的影响。外祖父为被压迫者辩护，反对华盛顿的侵犯政策，而她则成了政治、社会和经济被压迫者的终生拥护人。弗雷德里克拒绝加入任何教会组织，即使在边境上这也不寻常，而这就影响了爱丽丝，让她对宗教和社会问题的自由思考产生了兴趣。芬顿的一些市民认为爱丽丝"顽固而又令人恼怒"，尤其是在她捍卫妇女权利的时候。在她到达密歇根大学不久，她就联合她的三个女性朋友，抗议图书馆阅览室的政策，据《阿贡诺》报道，妇女在当时"实际上是被禁止进入的"。她们的抗议活动赢得了"南面更衣室"（South dressing room）的使用权，她们占领了这个更衣室，并把它作为了女性阅览室。

19世纪70年代中期，爱丽丝从芬顿高中（Fenton High School）毕业，和约翰一样，她对自己的未来充满了不确定。她花了一年的时间在芬顿的浸信会神学院（Baptist Seminary）学习音乐，然后在附近的法拉盛的一所高中教了一段时间的音乐课。1883年，她怀着上大学的愿望学习了法语，以优异的成绩进入了密歇根大学，并进入哲学专业。因为她那严肃严谨的性格，她随性的阅读范围都涉及到英国诗人以及亚里士多德、蒙田和斯宾诺莎（她认为斯宾诺莎是完全"可理解的"）。为了好玩，她还进行希腊语的读写活动。1886年春天，她向哲学学会提交了一篇论文《泛神论与现代科学》（"Pantheism and Modern Science"），综述了当时《思辨哲学杂志》上最新一期的四篇文章。

1885年约翰·杜威人生的中心事件是他爱上了爱丽丝，并成为了一个全新的人。 96

吉尔曼校长说他太书生气是对的。杜威爱的激情被转化为各种思想和严格的个人诚实。杜威后来写道:"我的妻子曾经非常真诚地说,我总是从末端开始做事……因沉醉于掌握太多的技术而被阻碍。"爱丽丝把他的注意力重新集中起来。1885 年,他开始从"前端"(front end),也就是从人类欲望和社会需求的角度着手。在这方面,爱丽丝强化了其他人对他的影响,包括从亨利·卡特·亚当斯到他的兄弟戴维斯。杜威开始从技术方法论转向实用实践研究;从唯心主义到斯宾塞的社会静态论;从绝对到个人;从抽象到具体;从黑格尔的逻辑到探究的逻辑;从系统制度到多元与实验;从虔诚的"伦理观"到"伦理文化"。

其中的一些变化很快就在他的文章中显现出来。但是,约翰·杜威内部变化的最好证据是他在学校放假期间写给爱丽丝的信。第一次是杜威在密歇根大学待了一年后的暑假。杜威回到了他在伯灵顿的父母家,但他的思绪仍然停留在爱丽丝身上。他告诉爱丽丝说:"能再次回家真是太奇怪了。"

我开始在写作时用"家"(home)替代"回去"(back),但我真的再也找不到这是我家的感觉了……我父母住的地方最应该是家了,但伯灵顿,似乎再也不是我的家了。我断奶了……在这六年的回家历程里,我第一次觉得自己好像只是在拜访。

关键词是断奶。他和以前一样爱他的母亲——她的家仍然是他的"家"——但是找到爱丽丝后,他就从伯灵顿的新英格兰文化中断奶了。在密歇根,而不是新英格兰,他告诉爱丽丝,他"希望……(并且)想要建立一个永久的家"。(在他漫长的一生中,他再也没有在新英格兰生活过,甚至在假期中也没有。)或许他还没有意识到这一点,爱丽丝已经成为他情感家庭的中心。他告诉她的下一件事就说明了这一点:他正在做研究,以探寻奇普曼家族在他出生的佛蒙特州的根源。很快,他就报告说,他发现了一个奇普曼氏的存在,他是"弗金斯(Vergennes)镇的第一个办事员",还有一个"老纳撒尼尔·奇普曼"(Nathaniel Chipman),他告诉爱丽丝,他们的存在"使你与佛蒙特州密切相连",因此,也与佛蒙特州人约翰·杜威相连。1893 年,杜威在佛蒙特州找到并购买了一本在拉特兰郡出版的纳撒尼尔·奇普曼的政府法则草案。(杜威并没有做到足够的探索,事实上,佛蒙特州的奇普曼家族早在杜威家族之前就存在了,约翰·奇普曼(John Chipman,1620—1708)早在 17 世纪就从英国的巴恩斯特布尔(Barnstable)移民到佛蒙特州。)他们还发现了另一个共同的联系:他们在石油城都有亲戚。

约翰向爱丽丝坦白说,为了承纳他对爱丽丝的爱,他放弃了自己的一些旧有的热情。他把他的柏拉图放在了书架上，开始每天用德语朗读一小时歌德的诗作。他提醒她"我们曾有过一次小小的谈话……关于自然和诗歌，尤其是华兹华斯"。他浏览了奥列芬特（Oliphant）夫人的《十九世纪文学史》（*Literacy History of the Nineteenth Century*），然后把布朗宁（Browning）的诗当作"调料"读了一遍。他有生以来第一次开始写诗。他告诉爱丽丝，尽管他在伯灵顿长大，但直到现在他才意识到它是多么美丽；他浪漫地描述那"夹杂着紫色、青铜色和灰绿色的落日以及那四条从深紫色的前景过渡到绿色蛋白石色后景的山脉，与夹杂着橙色条纹的火焰般的湖泊交相辉映"。不久，他在联合俱乐部发表了一篇关于布朗宁诗歌的演讲。

在爱丽丝没有注意到这一切都是一个害羞的新英格兰人在向她告白的情况下，杜威就变得更加大胆了，他对她说："我将会因为你下一年继续待在安娜堡而感到快乐和感恩，尽管我不能说出这将让我回归安娜堡的愉悦增加多少，但这也意味着去年的快乐也许会重新开始，而我希望这次能让我更加快乐。"他整个夏天都保持着和爱丽丝的通信。离学校开学只有两周的时间了，他以一位哲学家的身份向爱丽丝恳求。他告诉她，他没有做任何工作，而他预定的秋季班课程会涉及柏拉图的《理想国》（*Republic*）。他敦促她："如果你愿意从现在到 30 号之间，花时间阅读《理想国》，记下值得讨论和研究的好主题，查阅参考文献，并大致规划一门课程，你将从我的心上卸下一个重担。"在 19 世纪，一位哲学家要求一位聪明的女士帮他规划一门哲学课程，这无疑是在向她求婚。

约翰·杜威被改造了。他的母亲帮助他进行了第一次"转变"。现在，通过爱丽丝，他进行了第二次转变。在 1885 年秋季学期，一切浪漫的事物都为他们绽放。杜威的课继续吸引着大批学生。至于他的哲学写作，他仍在试图调和黑格尔哲学与基督教以及实验心理学——他称之为"思辨心理学"，以及用这三种途径来分析社会问题。爱丽丝对哲学和政治都感兴趣，但她毫不费力地解决了自己兴趣之间的冲突。1885 年 12 月 31 日，约翰告诉爱丽丝，早上他写了"一些关于黑格尔的观点"，下午他又读了"棉花和羊毛与铁的贸易统计数据"。这两个兴趣当然可以结合在一起，爱丽丝早在他之前就做到了。

约翰的思想和研究方向是多角度的。随着他与爱丽丝的关系不断加深，他内心的撕裂逐渐减轻，这使他进入了意料之外的研究领域。在 1885 年初秋出版的《马丁尼奥博士的道德理论》（*Doctor Martineau's Theory of Morals*）一书中，他开始探究一位杰出的知识女性对道德原则的追求。接着，他开始从社会学的角度对普遍存在的一种假设进行批判，即女性的精致与脆弱让她们无法在健康不受损害的情况下忍受高等教育的压力。杜威在 1886 年写了《女性的教育与健康》（"Education and the Health of Women"）和《高等教育中的健康与性》（"Health and Sex in Higher Education"），一篇发表在《科学》（Science）杂志上，另一篇发表在尤斯曼（E. L. Youmans）的《大众科学月刊》（Popular Science Monthly）上，杜威驳斥了这种消极的观点，并提供了令人印象深刻的统计数据，去证明教育不会损害女性的健康。作为一名大胆的经验主义者，他在第一篇文章中指出："将科学的精确方法应用于教育问题的这一趋势，是当前教育学最有希望的迹象之一。"在这两篇文章中，他主要关注的是在得出任何社会学结论之前都要进行充分的科学研究："教育必须以专业科学家为榜样。它必须要有组织化。"

杜威哲学的扩展

他的新兴趣，主要受到爱丽丝的影响，继续关注妇女的健康。哈里斯则激发了他对教育理论的兴趣，斯坦利·霍尔又推动了这一影响。现在爱丽丝对教育也很感兴趣，正在密歇根大学准备从事教学工作。这些影响结合在一起，让约翰开始了他自己职业生涯的重要阶段。杜威越来越意识到美国迫切需要重新定位教育，于是他加入了密歇根教师俱乐部，并开始了对欧洲教育和教育理论的哲学研究。他很快就对密歇根大学的教师们发表演讲，主题是"从高校的角度看高中的心理学"（Psychology in High-Schools from the Standpoint of the College）。不久，杜威就协助密歇根大学对芬顿、奥沃索和马斯基根的高中进行认证访问。他开始在教育理论中运用他所学到的可操作的实践类知识；扩大他的哲学概念，开始将心理学应用到我们如何学习、如何集中注意力和如何思考的研究中。19 世纪 80 年代，随着美国人口的增长，公共教育开始成为一个全国性的话题，教育改革家们也开始为自己扬名。19 世纪，在浪漫主义的感伤影响下，美国人将童年理想化。这引起了人们对早期教育的兴趣，新的心理学也自然地影响到了教育研究。此外，工业和信息革命也意味着，为了让公民可以获得高水平的经济流动和成功，公立学校越来越有必要对公民进行教育。在美国，免费的高中教育的发展相对较新，也比较罕见，因为它没有像德国文法学校（German gymnasium）那样的系统来为合格的学生做好进入高等教育的准备。现在美国人不得不问：中学应该教什么？高中应该怎么教？基本课程和职业课程应该是什么？大学教育对高中产生了影响，但大学也在不断变化，逐渐转向选修系统。同时，随着高中课程的扩大，大学教育也发生了变化。同样，基础教育也在得到改进。美国人对于这三个教育阶段中民主教育与传统欧洲教育的区别并不确定。因此，当时急需一批教育专家，他们也能迅速地取得名声。杜威在密歇根大学的第一学期里，著名的教育理论家、革新者弗朗西斯·帕克（Frances Parker）上校在密歇根州教师会议上就"做中学"（Learn to Do by Doing）这一主题发表了讲话，仅仅几年后，在芝加哥和帕克一起工作的杜威就让这一观点获得更长远的发展。1885年，杜威转向教育领域，这是一个很有前途的转变，并开始让他获得全国的关注。

以人性和动态为基础的道德、妇女健康以及早期教育是杜威的新课题，他利用这些课题进行了旨在实现内在统一的实验。但他对基督教的关注，以及他对莫里斯和哈里斯的持续忠诚，也让他继续努力地研究黑格尔，这一点可以从他向哲学学派发表的关于"黑格尔及其近期思想"（Hegel and Recent Thought）的演讲中得到证明。杜威还未意识到，他对哲学唯心主义的钻研是对维护基督教原教旨主义的无意识尝试。相反，他相信他可以找到一种方法，只要添加新的合成物，就能把它们全部融合到一个新的集合体中。

在杜威看来，他最大的资产——为成为一名心理学家所受的训练——是将所有这些兴趣凝聚在一起的粘合剂。早在他在密歇根大学教书的第一年中，他就开始计划写一本关于心理学的书。他首先想到的是实用。所有关于心理学的教科书都已经过时了，包括他使用的默里的教科书，他相信自己可以弥补其中的不足。但这本书里心理学的观点应该是什么呢？如果他按照莫里斯的思路写了一篇关于心理学的书，把它放在黑格尔的系统中——在"思想—外在—本身"（Idea-Outside-Itself）范畴内的"有机物"和"力学"之间的附属位置，这将无法满足新心理学教师的需要。如果他追随霍普金斯大学的另一位导师霍尔，写一篇关于肌肉放电或蠕动反应等特殊生理学科的书，这又将让大多数试图将心理学作为一个新的哲学分支进行教学的学院哲学家们感到困惑。杜威没有明说的答案是，他将把德国的唯心主义和德国的实验主义结合起来，从而产生一种美国心理学。

他在1884—1885年写的两篇文章中开始构思出这一理念。这两篇文章很快都在《理智》（Mind）杂志上发表，当时《理智》是英语世界里最著名的哲学杂志。在书中，他认为"知觉"——心理学的主题——可以扩展为"记忆、想象、概念、判断和推理"。如果是这样，那么哲学对自我意识的关注就可以与心理学对知觉的重视相结合，知觉是自我意识的源泉。这样，心理学和哲学就会在人类奋斗的现实世界中相遇，甚至涉及对

101

历史、政治和艺术领域的关注。在第一篇文章《心理学是哲学方法》("Psychology as Philosophic Method")中，杜威得出了如下观点：

> 没有任何可能的突破：要么我们必须否认在心理学中处理知觉的可能性，然后我们的"纯粹客观的心理学科学"只能是一种生理学；或者，承认它，我们必须承认直接来自于它的东西——自我意识。自我意识确实是经验的一个事实（我不害怕这个词），因此必须在心理学中找到它的处理方法。

因此，最好的哲学家必须是最好的心理学家。威廉·詹姆斯开始在哈佛发展自己的心理学思想，他接受了杜威的观点，并最终写了一本比杜威更好的关于心理学的书。但是在詹姆斯影响他之前，杜威关于自我意识的开创性见解就先影响了詹姆斯。一下子，杜威就完成了他开创知识的人生阶段，这一阶段早在他读到哈里斯关于"从康德到黑格尔的伟大心理运动"的含糊其辞的评论时就开始了。现在，这是一个三重运动：康德影响了黑格尔，黑格尔影响了杜威。杜威对托里教授说：

> 我能否成功地改进现有的教科书，甚至使其出版，还有待观察。然而，我只是在尝试，以最大可能的统一原则来写一篇文章，这样它就不只是对心理学的入门介绍，还将是有关哲学的概论。

杜威非常清楚他想在一本关于心理学的书中取得怎样的成就，以及他在书中所展示的清晰性。他想利用心理学来研究哲学，并通过把心理（mind）概念作为一个有遗传性的、活跃的单位来阐述，为"逐渐枯竭的哲学思想"注入新的生命。

杜威的书——在美国出版的第一本关于现代心理学的书——现在基本上已经被人们遗忘了，但是在1885年到1886年之间，他的书却是他最杰出的智慧结晶。他作品的原创性在于他成功地将哲学唯心主义与心理学实验相结合，以表现两者之间的关系，然后断言哲学必须是心理学的。他的论点很简单：存在的一切，都存在于意识之中，因此，对意识的心理研究是理解一切存在的关键。心理学探索了自我意识的深度，哲学处理了自我意识；也就是说，它们是一体的。杜威用一种简洁的同义反复，教会了他的同事和他的学生们，要想保持哲学家的身份意味着也要成为一名心理学家。此外，杜威在他的书中为科学家和哲学家提供了一种共同的语言：要想成为一个真正的哲学心理学家，一个人说话会既不像莫里斯，也不像霍尔，而是要像杜威。

杜威在密歇根大学任教一年半之后，于1885年12月初完成了《心理学》（Psychology）的初稿。他把稿子寄给了著名出版商哈珀兄弟（Harper & Brothers），几乎立刻就收到了他们的回复："我们会认真考虑。"像所有的第一作者一样，他紧张地等待着进一步的消息。他的脑子里随时充满了心理学的想法，而不仅仅是在实验室里；他看到心理学无处不在。再次阅读布朗宁时，他发现他的戏剧性歌词"几乎全是对动机的研究"。在圣诞节的前一天，他修改了自己的书，并开始探究一个新的、令人困惑的领域："对婴儿心理学的研究，使得如今的我将一个年幼的孩子视为机械模仿者和神秘魔王梅菲斯托菲尔（mephistophell）的混合物——不是以邪恶的方式，而是以超自然和邪恶智慧的方式。"但他在心理学方面的研究对幼儿教育将意味着什么呢？

然而，杜威对《心理学》出版的关注，却被消失的爱丽丝所取代，她已经回老家芬顿度假。当他们说再见时，约翰经历了一个非哲学的放纵时刻，给了爱丽丝五个吻。然后他们的鱼传尺素开始了。"我亲爱的，"爱丽丝开始写她的信，"我昨天收到了你的信……我的心是如此快乐，当它听着爱的声音说着生命与和平的甜蜜话语时……从办公室出来的路上，它一直对我说，'我的爱人爱我'，一天的灰暗消失了，我周围充满了阳光和春天。"约翰以一种谦逊、模仿的哲学态度回答道："亲爱的，我发现没有你，我只是一个抽象的主观立场。"他的意思是，只有她的爱使他成为一个真正的人。那年圣诞节，他第一次没有回伯灵顿，而是和他母亲的妹妹一起住在密歇根州的拉皮尔，这个姨妈很像杜威的妈妈。在那里，他有时可以顺便到芬顿去看爱丽丝。

在他们分开的日子里，杜威又开始阅读布朗宁的作品，读其中有些难度的《索尔德罗》（Sordello）篇。他和爱丽丝都钦佩布朗宁的诗学现代主义，以及特别钦佩他和伊丽莎白的爱情传奇故事。那时，他们对婚姻的思考占据了哲学的位置，让其退居后位。在1885年圣诞节的前一天，爱丽丝打开了约翰寄来的包裹，在里面发现了一枚蛋白石订婚戒指。在兴奋中，她想象着"从石头的每一种颜色中看到了小小的爱的光芒，我知道那是你的吻，我要把它戴在手指上睡觉"。"明年圣诞节，"她高兴地写道，"我们将在一起。"她率直的话语是一个决断，而不仅仅是一个预言。杜威的新英格兰风格将会与爱丽丝的决断力相互匹配、势均力敌。

假期期间，杜威把订婚的事告诉了父母和兄弟，回到安娜堡后，他写信给父亲，请他给未婚妻寄一封欢迎信。即使是在这个场合，阿奇博尔德也用那种总是对约翰开玩笑的口吻给出了一个不同寻常的回复：

> 你建议我给奇普曼小姐写封信。我原谅你，约翰，你这么做是出于无知。三十多年前，我写信给一位难得一见的年轻女士，结果如何？你自己就是此事的后果之一：你不记得了，也不记得以后发生了多少不计后果的事情，但你知道我是怎样挫败了你那优秀母亲的大好前途的。但说真的，约翰，如果我能写封不让你

感到丢脸的信,我很乐意把自己介绍给你成年时选中的那个姑娘……也许我可能会花一段时间写信给奇普曼小姐,直到让她尽可能地想起你的父亲。

他没有从父亲那里得到他想要的东西,但是约翰·杜威却在所有方面都取得了成功。他受到学生们的极力钦佩。安格尔校长支持他并邀请他加入新英格兰协会(New England Society)。爱丽丝很爱他。最重要的是他的新书。在经过大量的修改后,几乎在他刚刚完成最后一章的修改时,哈珀兄弟就于4月接受出版《心理学》。这本书引起了国际上的轰动,让杜威受到了哲学界的关注。与杜威一样,致力于将唯心主义与经验主义融合在一起的学院派哲学家们,不仅只是在美国的,还包括在英国和德国的也都对杜威的解决方案表示欢迎。这让他和他的书立刻名声大噪,因为这本书是当时美国大学里唯一适合用于心理学教学的。杜威在他的序言中所表达的意图和在他的书中所实施的意图决定了它作为教科书的用处何在。"我确信,"杜威写道,"有一种提出问题和审视问题的方法,这是哲学的;还有一种初学者在心理学中比在其他地方更容易找到的方法,当找到时,这是对所有具体哲学问题而言最好的介绍。"此外,正如杜威的注释所示,《心理学》是一部杰出的学术著作。没过多久,这本书就被威廉姆斯大学、布朗大学、史密斯大学、韦尔斯利大学、明尼苏达大学、堪萨斯大学和佛蒙特大学采用。

第二版出版于1889年,第三版出版于两年后。杜威对唯心主义术语进行了修改和提升,并增加了实验插图。1891年版甚至将杜威对反射或调节弧的重要识别作为思考的基础。这本书的影响是立竿见影的。詹姆斯·麦克莱伦(James A. McLellan)在他自己的教育理论著作的第一版中承认,杜威"在心理学方面的工作深受哲学学生的欢迎"。杜威的《心理学》坚定地将心理学确立为哲学学科的基本工具,并在世纪之交继续作为大学标准教科书。这正是美国哲学家们一直希望找到的那种书。当时还是学生的詹姆斯·罗兰·安格尔(James Rowland Angell)发现,这本书"立刻打开了一个我似乎一直在等待的新世界"。

然而,这本书受到了哲学家们的批判,他们敏锐地看到了其核心中的同义反复的逻辑。杜威把物理知觉作为自我意识转变为形而上学的唯心主义,把唯心主义又转化为自我意识,仿佛它们都是一样的。就连赞同他的托里也在《安多弗评论》(Andover Review)上评论这本书说,为了使他的论点成立,杜威在本该"形而上学"出现的地方使用了"心理学"。威廉·詹姆斯向他的朋友克鲁姆·罗伯逊(Croom Robertson)吐露,乍一看时,他是"热情的","希望有一些真正新鲜的东西",但他却发现这部作品过于黑格尔式的系统化,以致于不足以被称为哲学。

心理学家们对这本书进行了抨击,理由却是相反的——它缺乏科学的细节。杜威的老师霍尔被他的学生写的东西吓呆了(也许还有点嫉妒),他没有掩饰自己的不满。在他的评论中,他写道:"黑格尔的绝对唯心主义可以如此清晰地被'解读为'一系列的事实,这确实是一个令人惊讶的发现,就像地质学和动物学巧妙地受到上帝创世六天法则的影响一样。"他相信"几乎没有(事实)……是令人满意的,而且我们认为许多内容从根本上就是错误的并具有误导性",因为杜威"更倾向于关注他定义网络中的可相互解释性和一致性,而不是它们与事实的关系"。霍尔的评论出现在新的《美国心理学杂志》(*American Journal of Psychology*)的第一期。一定是杜威的心理学导师刺痛了他。即便是在几年后,杜威对霍尔的评价也异乎寻常地苛刻,1894年,他告诉爱丽丝,霍尔是在"以一种虔诚敬神的时髦方式炫耀一种心理学",这只能被用于"精神催眠术"。现在他明白了威廉·詹姆斯所说的"霍尔用粗俗的事实和教化虔诚相结合的方式威胁着我们的文化"的含义。1903年,杜威声称霍尔与他人竞争,他对霍尔的控诉都来自于霍尔竞争者的言论:

> 最终使他无法与其他研究者保持和谐的合作关系,即使是他自己的学生中较强的研究者……霍尔博士既不允许他身边的人按照他们自己的兴趣自由地工作,又把属于别人工作的功劳据为己有,这是一个众所周知的问题。

也许,对杜威最仁慈的批评者是密歇根大学的学生们。他们在讽刺杂志《甲骨文》(*The Oracle*)上,俏皮地写道,学生们"以惊人的价格出售了杜威的《心理学》唯一授权的翻译"。一个聪明的学生把"Dew(e)y"①定义为"形容词:冷的,非人的,心理的,神秘莫测的,反常的和僵化愚钝的"。甚至模仿济慈(Keats)的《无情的妖女》("La Belle Dame sans merci")戏弄杜威:

> 哦,纤瘦的女孩,你这是怎么啦?
>
> 显得这般苍白、疯狂而憔悴。
>
> 哦,你不知道吗?老人说,
>
> 她正在读杜威的《心理学》啊。

学生们对《心理学》的最终判断是,它是"现存最'生硬'的"教科书之一。但是他的课总是人满为患。显然,杜威非常认真地对待他的教学,并教授尽可能多的学生。即使没有这些评论,任何清楚他每一门课程准备的人都会明白这一点。在第一天上课的

①"dewy"意思是"带露水的",加上"e"即为Dewey,暗指杜威。——译者注

时候,他向学生分发了每节课的预期内容的概要,不仅仅是本学期的必读书单,而是每门课的详细概要,以及进一步阅读和反思的指导。这通常相当于一份约120页的讲义,他在讲义中提供了以往的学生们可能已经做过的笔记。反过来,这让他可以在讨论和授讲时自由地漫步拓展,远远超出了课程的基本内容。

1886年,杜威获得了各方的一致认可,这使他确信,能够在莫里斯教授的建议下,被提升为助理教授,他的薪水增加到1600美元,大学的校董会对此表示赞许。安格尔校长本人对约翰说,"几乎毫无疑问"他会被提升。基于这种期望,约翰和爱丽丝计划结婚。当约翰向乔治·莫里斯吐露他的结婚计划后,他对爱丽丝说:"我从来没有见过莫里斯先生这么热情。他握着我的手,摇了摇——真的摇了摇——说好,非常好,他很高兴能听到这个消息,这使他非常高兴。"但校董会推迟方案时他们开始焦虑了。约翰劝爱丽丝不要着急——"我们再也不会分开了"。尽管如此,当校董会在争论时,4月仍然是一个充满不确定性的月份。爱丽丝还没有把他们订婚的事告诉她的外祖父或任何人,她担心他们无力承担结婚的费用。"我很怀疑明年夏天结婚是否明智,亲爱的。"爱丽丝在4月中旬写道。甚至杜威的母亲也担心他不能以现在的薪水结婚。但他仍然充满信心和决心。"亲爱的,今晚你在做什么?"他问爱丽丝。"做为了让明年夏天我们能结婚的事,难道你不是吗,我的爱人?"到4月12日,杜威从莫里斯那里听到了一个传言,说安格尔校长已经和校董会中的一个人就杜威的事情进行了辩论。另一个充满不确定性的月份到了。最终,在6月的时候,杜威的任命被通过了。

1886年7月28日,约翰和爱丽丝在芬顿结婚。托马斯·赖特(Thomas Wright)牧师主持了婚礼,伊瓦琳·里格斯和斯托纳(G. J. K. Stoner)夫人是证婚人。当约翰的母亲收到消息时,她写信给约翰:

> 哪怕再微不足道,我也要花点时间,给你写几句话,向你表达我对你新生活的深切关注和关心。我亲爱的儿子,我是如此深深地、温柔地关注着你,不仅对你,而且对你所爱的人,我都充满了强烈的兴趣。

她请求他把爱丽丝的照片寄给她,并允许她给儿媳写信。约翰和爱丽丝从帕卡德街315号的寄宿处搬到了他们在汤普森街441号的住处,开始了他们的婚姻生活。

杜威声誉的建立

杜威在《心理学》中所完成的将唯心主义思想与经验心理学相融合的成就是无人

可超越的。在很长一段时间内，至《我们如何思维》（*How We Think*，1910）一书出版甚至更后一段时间，杜威都在使用这些实证的见解。但是唯心主义式的语言风格以及黑格尔的影响在逐渐淡化。在 1886 年 4 月前，杜威对于在社会问题上的应用心理学愈发感兴趣，同时也继续保留着黑格尔主义，但现在这些都已经荡然无存了。其他的兴趣则还一直存在。他给爱丽丝的信中写道："我正在阅读关于制度与工资的书籍……它为我打开了新的视野领域。我有时真希望自己研究的是政治学；它是如此彻底的人类化。"与此同时，他也回顾了塞缪尔·蒂尔登的"公共写作和基督教联盟的演讲"（Public Writing and Speeches in The Christian Union）。蒂尔登在总统竞选中败北卢瑟福·伯查德·海斯，但海斯在成为总统后却背负上"骗子海斯"的绰号而蒂尔登则凭借其政治上的卓识赢得了大家的尊重。人们如今却已忘记，蒂尔登关于民主、激进主义政治的文章就是杜威对美国政治生活状况的实际介绍。在同一时间段，杜威还看了"一些德国与法国关于劳动阶层的历史资料"，这激发了他的民主热情。

这些阅读部分是杜威为了其行程中两周后的演讲做准备的。4 月 14 号，他在政治科学协会（PSA）上发表了题为"伟大工业的崛起"的演讲。在此次演讲中，杜威逐渐停止将科学、宗教与心理学的自我意识统一起来，而从哲学研究转向对经济社会的心理考察。杜威在霍普金斯大学时对于历史和政治科学方面的第二兴趣丰富了他的个人经历。他亲自去了解伯灵顿的工业发展，且基于他住在石油城的缘故，他了解到更多关于洛克菲勒的标准石油公司的崛起。在 PSA 的演讲中，充满激情的杜威提到在工业疯狂发展中民主的倒退。有报道称该演讲为"对于现代企业事业发展的经济、工业、社会和道德影响……的出色研究"。尽管过去很糟糕，但杜威表示"对于所有阶层未来是充满希望的"。在两年后的对此次演讲的分析中，他写道："民主如同公民和政治一样，直到工业化才如其现实地存在。"他还向 PSA 的顽固保守派提到"工人们有权组织工会让工业制度重新民主化"。

杜威对于民主以及其变迁兴衰越来越感兴趣。在哲学学会上发表的主题为"亨利·梅因的民主观"的演讲中，杜威延续了他对于伟大工业的批判，他引用了梅因关于民主的批判思维来阐述自己更为积极的观点，他认为民主"几乎接近于所有社会组织的理想状态，在此状态下每个个体和社会都是有机联系的"。在数月后的安娜堡的特尔斐（Delphi）大厅中演讲时，杜威更为旗帜鲜明地声称"每个受过教育的人的目标……应当保持对人民的同情"，他为现今美国日益增多的经济阶层的思想而感到悲哀。

109

110

杜威从不解决知识上的困惑,只是将其放置一边或者漠不关心,这是杜威思想的鲜明特点。当某个问题过时时,他就重新转换或者调整这个问题。随着他对政治的兴趣增长,他对哲学思想的兴趣越来越淡。杜威的第二本书《莱布尼茨关于人性理解的新文章》(Leibniz's New Essays Concerning the Human Understanding,1888)显示新黑格尔逻辑对杜威的影响微乎其微。托里是莱布尼茨的忠实粉丝,杜威是受担任哲学系列编辑的乔治·莫里斯委托而写作。实际上,当初计划由已经去世的霍维森来写作,后来被杜威所代替。所以在某种意义上,杜威第二本书的时间应该向后移。但是这本书让我们看到了杜威作为一名技术型哲学家的良好训练和成长,它解决了哲学问题的清晰性,吸引着读者一遍一遍回读,这提高了杜威的声誉。甚至于数年之后,杜威仍被视为美国研究莱布尼茨的最高权威,拉尔夫·巴顿·佩里(Ralph Barton Perry)还因为杜威写的这一系列书而邀请他写作莱布尼茨一卷。

杜威声名鹊起后的两大结果是显而易见的。第一,他陆续收到邀请去参加会议、写书、发表文章或者合作专著。自此之后,杜威的余生都非常忙碌。他甚至会收到仅看过他写的书的陌生人的邀请。他曾写信给老师托里:"我刚刚建立起我自己的抽象哲学,一位来自加拿大多伦多的绅士詹姆斯·麦克莱伦,他是安大略师范学院的主任和多伦多大学的教授,他正在写一本关于教育理论和实践(书名为《应用心理学》(Applied Psychology))的书并希望获取一些心理学导论知识,所以我就一直在与他合作。"这就是杜威的第三本书,其中少量是共同撰写的,在这本书再版时,杜威被列为共同作者。这本书让杜威成为有名的教学方法理论家。

通过演讲这一主要方式,教育改革迅速受到教育学家、心理学家和哲学家的关注。与此同时,杜威收到大量的邀请去作最近思想汇报讲话。最初他是免费作演讲的,只要求一些必要费用补偿,但是之后就每场演讲收费 25 美元了,本想借此减少演讲邀请数量,却没有想到邀请却成倍增加了。

第二个结果,杜威受到了很多试图开设或壮大哲学系的学校的关注。1886 年的春天,领导迟迟不予提升让杜威和爱丽丝心中有些愤懑,他也在寻求其他的工作机会。1886 年约翰·霍普金斯大学有意聘用杜威,但是斯坦利·霍尔却对杜威抱有怀疑,他对吉尔曼说过他"怀疑杜威的工作"。后来学校就放弃了聘用杜威的计划。到了 1887 年,爱丽丝鼓励杜威去找明尼苏达大学校长赛勒斯·诺斯罗普(Cyrus Northrop)寻求一份工作。杜威去了然而却没有下文了。托马斯·皮布尔斯(Thomas Peebles)是詹姆斯·麦考士(James McCosh)在普林斯顿大学的学生以及传统苏格兰常识哲学学派的主张者,他后来被明尼苏达大学临时雇用了。然而对于杜威,那时他离职的决心已然形成,诺斯罗普当时也没有忘记他。

也许杜威已经差不多忘记了明尼苏达大学的事,因为他在密歇根大学的第三年也接近尾声,他所有的注意力都转移到另一件大事上了。爱丽丝怀孕了。

弗雷德·杜威

弗雷德里克·阿奇博尔德(Frederick Archibald),通常被叫做弗雷德(Fred),有时被他父亲叫做"亲爱的弗雷迪小男孩",他于1887年7月19日出生在密歇根州芬顿区弗雷德里克和伊瓦琳·里格斯的家中,这也是爱丽丝长大的地方。"弗雷德里克"是爱丽丝的外祖父而"阿奇博尔德"则是杜威的父亲。

接下来就是杜威作为父亲的好奇行为的传奇故事。寄宿在杜威家的莉莲·W.约翰逊(Lillian W. Johnson)回忆到有一次在周日的晚餐时间,小弗雷德在厅里喧闹。杜威夫人就叫杜威去哄弗雷德安静,然而杜威却拉长音调慢吞吞地说:"爱丽丝,这我可做不到,这工作太难了。"另外一个故事是一次弗雷德在楼上的卫生间玩水把水都溢出来了,最后水都渗到了杜威的书房,杜威冲到楼上,一脸惊奇,一言不发地站着直到弗雷德开口说话:"约翰,什么也不要说了,快去把拖把拿来!"

许多故事以许多版本流传着,并且最终也适用于他的大多数孩子。有一个口口相传的故事是,杜威将坐着婴儿的婴儿车推到银行外面,他从银行取钱出来后全神贯注地数着钱并且一个人高高兴兴地回家了。而小孩呢,在流传的版本中则是一直心满意足地睡到杜威意识到自己的疏忽。对于杜威来说,这些哲学家的传奇故事中的部分还是真实的。

自弗雷德出生起,除了他7岁那一年的一小段时间,他一直是个完美的小孩,他专注、可靠、热心善良、独立以及温柔体贴。在弗雷德6岁的时候,杜威曾去他在安娜堡的一年级班上看过"两三次",并且很高兴能看到孩子美丽快乐的样子,"他是那里看上去最平静、最认真的小孩"。弗雷德天生"就一直很大方",他的父亲非常爱他,并对他大有期待。约翰和爱丽丝有一个共同的心理负担:他们都对小孩子的教育感兴趣,他们都认为自己处于教育和儿童抚育改革的前沿,因此他们认为必须将自己的孩子培养成为杰出的人。孩子任何一个不好的行为都会给他们带来许多担忧,他们经常反问自己:"我们哪个地方做错了吗?"然而他们却一直没有认识到孩子成长的道路不可能是一帆风顺的。

当弗雷德 7 岁的时候,杜威一家从安娜堡搬到了芝加哥,同时爱丽丝准备和孩子出国让孩子们体验一下欧洲,这种"经历"可是约翰和爱丽丝从前都没有机会享有的。然而突然间,弗雷德就"分裂"了,他得了一种后来被称之为"分离焦虑症"的症状,可能是由于离开了安娜堡来到了还没有家住的芝加哥;以及没有能和父亲一起,尽管父亲答应在不久的几个月之后加入他们;并且又来到了一个大家都不说英语的奇怪的地方。这些原因使弗雷德感到紧张、烦恼以及消沉,这些压力转变成了身体症状:他感到头痛,并且眼睛疲劳,严重到无法看到黑板上的字。

约翰自己准备淡化心理上的障碍。他告诉爱丽丝:"我曾经在上学期间有头疼的症状,也有眼睛疲劳的症状,但是这种症状会在离开学校后 10 至 15 分钟后消失。"(不幸的是,弗雷德和他的兄弟姐妹们都遗传了父亲的无常的转换倾向,直到几乎所有人以及父亲得到基本痊愈的治疗。)

然而真正让约翰感到内疚的是,他觉得弗雷德这么轻易就"分裂"的原因是自己给孩子施加了太大压力。弗雷德在紧张焦虑时似乎没有能力去"控制自己",也就是说,使自己恢复平静。约翰认为自己从前逼迫弗雷德对科学产生兴趣的行为引起了他的"反感"。约翰自己认为这种情况实在是"太多了",他向爱丽丝写道:"弗雷德似乎会对周围事物的改变深感危机。"杜威希望自己能有个机会让他"重新"抚养一次孩子,他会考虑到弗雷德的脆弱以及对于"行为连续性"的巨大需求。在无数次反省后,约翰认为都是自己的错:"在他小时候我一直在虐待他,因为我一直对他期待太多。"约翰认为自己如今能给可怜的孩子所做的就是给他一些简单的任务;孩子应该是"一步步地学习,就像学习木工手艺一样",因为越来越多的反思性学习"刺激人但却没有提供任何让刺激消退的正常通道"。约翰感到懊悔,因为他认为自己的照料把弗雷德这张白纸染上了光彩,但事实上,却把事情弄得一团糟。

约翰自己的长期危机一旦被他克服就会使他变得更加强大,并且他继而感到自己无所不能,可以渡过千难万险并且笑到最后。相同的事情再次发生在弗雷德身上时,他对危机的焦虑情绪会越来越短,他再也不会失去信心。在弗雷德 9 岁时,他会写随笔,会给不常在一起的父母写亲切的信。他经常待在爷爷奶奶在芬顿的家中,有时也会和熟人待在杜威一家曾度过很多夏天的位于纽约的小木屋中。他不再有分离焦虑,会给父母写很多快乐的信,还在自己的签名上附上拥抱和亲吻。当他成长为少年时,他偶尔会连续好几天照顾自己的弟弟妹妹,并且把他们的行为举止反映给外出的父母。例如在 1902 年，弗雷德 5 岁的时候，他告诉约翰和爱丽丝："每个人的表现都不错，除了露西(Lucy)总是在说'我什么事情都会做，我请……'并且急于去搭建一座简陋的房子；简妮(Janie)和戈登(Gordon)都很乖。"他有时把自己的建议告诉父亲。他曾告诉约翰："天气太冷了不能穿亚麻的，你最好还是再带一条灯芯绒裤子。"弗雷德对于一切事物充满热情。在 1902 年，当他和从哈利肯(Hurricane)来的朋友们一起参观纽约城时，他迫不及待地想要走过布鲁克林大桥去参观自由女神像。弗雷德也是一名早熟的学生。在 1904 年 1 月份，弗雷德的父母去大学附属高中听弗雷德和他的团队与装甲学院(Armour Academy)的辩论赛，这场比赛的观众有三百人。弗雷德站了起来，和想象中的一样平静，围绕主题"英国政府应当采纳约瑟夫·纪伯伦(Joseph Chamberlain)的关税建议"坚定地阐述观点，最后弗雷德团队获胜。

　　1904 年，爱丽丝把孩子们带到了法国。下半学期弗雷德在格勒诺布尔大学注册学习法语，爱丽丝和其他孩子则去了西部。下半学期结束后，他又转移去了耶拿大学学习德语和拉丁语。弗雷德的德语学得很好，但是拉丁语有点困难，因为他已经习惯于把拉丁语翻译成英语，但不习惯于在拉丁语与德语之间切换。当然，在此种压力下他的眼睛又有疲劳症状了，尽管恢复得很快。

　　当弗雷德回到美国后，他在芝加哥大学度过了 1905—1906 学年。接着他又去了叔叔戴维斯·里奇·杜威教授经济学的麻省理工学院学习。一切发展得都很顺利，但是当他在麻省理工学院就读三年级时的一次事件让他的父母很紧张。他给母亲写了一封信，开头和那些可怕的信的开头一样不吉利："让我轻轻地告诉你这个消息。"消息就是："我订婚了。"他解释说就是前一天晚上，一个名叫爱丽丝·汉密尔顿·欧康奈尔(Alice Hamilton o'Connell)的"衣着华丽的女孩"抛弃了她曾经绝不嫁给异教人的决心，并且接受了他的求婚。爱丽丝当时一定是屏住了呼吸，因为欧康奈尔是罗马天主教徒。早在欧康奈尔 20 岁的时候，她就毕业于国家师范大学并在教二年级学生。弗雷德说她是个头脑清晰的女孩并且"对于金钱的伦理价值没有任何愚蠢的浪漫幻想"。爱丽丝作为一个憎恨一切教条主义的人对此感到非常紧张。她给弗雷德的回复中全是"责备与鼓励"，弗雷德这次像往常一样抱怨爱丽丝并不理解自己。然而，弗雷德对欧康奈尔小姐的热情也仅仅持续到他 1910 年毕业。他没有结婚而是成为了一名研究生，最终毕业于哥伦比亚大学社会学系，并于 1913 年获得博士学位。他的毕业论文题目为"社会群体的行为特征"。后来他立即离开去了布林莫尔学院教授社会学和经济学，并且在那里遇见了一位年轻的大学女校友伊丽莎白·布拉德利(Elizabeth

Braley)，二人于 1915 年结婚。她不是天主教徒。这一点让爱丽丝感到宽慰，并且约翰也很爱她，就像自己的亲生女儿一样。结婚后，弗雷德从布林莫尔学院辞职并开始经商。

当莉兹(Liz)在 1918 年生下第一个孩子戈登·奇普曼(Gordon Chipman)时，约翰称自己是"疯狂地"想见到孩子。他给爱丽丝的信中写道"我迫不及待"。其他孩子陆续降临——1919 年伊丽莎白·安妮(Elizabeth Anne)出生，然后是小约翰——又一个约翰·杜威。但是小约翰 1934 年在科罗拉多斯普林斯的军事学院放假期间死于一场车祸，所以弗雷德和莉兹决定再生一个孩子替代小约翰。在 1936 年，莉兹生下了乔·安娜(Jo Anna)。安娜出生时，杜威和弗雷德、莉兹一起住在 72 号街道的东 320 号公寓，他曾说："他们两年前意外失去了个男孩，但是现在很开心，他们新出生的孩子很可爱。"

弗雷德在一战时入伍了，由于他受过科学训练，所以被分配到纽约长岛的防化勤务毒气防御基地。在 1918 年 9 月，他被提拔为陆军少校并掌控整个基地。在战争结束后，他在基地复员期间仍管理了数月。尽管他着手写了一本关于美国制造致死毒气的书，但是被军队禁止发表其在基地获得的任何资料。

1919 年，正如约翰·多斯·帕索斯(John Dos Passos)所说，巨大财富马上就要出现在美国，因为另一场战争已经刺激了经济的发展。弗雷德高瞻远瞩，在费城的蒙哥马利公司获得了一份工作，处理股票和债权交易。但是他也仍然会回纽约的社会研究新学院教授课程。后他辞职离开蒙哥马利公司，并成为农民借贷信托公司的副总裁。事实证明，他是一位成功的投资经纪人，并成为自己的杜威与培根公司的管理合伙人。约翰·杜威有时也会给弗雷德介绍生意，比如把莱文森(S. O. Levinson)介绍给他。作为纽约游艇俱乐部的一员，弗雷德是一名充满热情的游艇驾驶员及海上赛车手。20世纪 20 年代，弗雷德搬去了长岛，在市里与大颈之间往返上班，一直到 30 年代中期搬回市里。从 1936 年起至 1967 年去世，他都是几家公司的董事，还是一名顾问。

弗雷德一直与他的父亲保持亲密的联系。他为父亲准备纳税申报单；给父亲投资建议；安排每年的圣诞节晚餐；并且最后把约翰带到自己身边居住。他和约翰·杜威聊天就好像他是父亲，而约翰"像是弗雷德的小弟弟……非常开心"。不管什么时候父亲需要休息，弗雷德都会带他去大颈散步呼吸新的空气。随着时间流逝，如果约翰还记得 1894 年弗雷德"分裂"时，自责刺激了孩子的那些日子的话，他一定想不通自己当初怎么会如此错误地评估了他的小男孩。诚然，弗雷德致力于赚钱而并没有投身于建设社会，但是他仍是一个好儿子、好丈夫和好公民。

前往明尼苏达大学，重返密歇根大学

在 1888 年的初冬，皮布尔斯教授从明尼苏达大学辞职了。杜威马上当起了全职教授并在那里开启了 1888—1889 学年，教授心理学和道德哲学以及逻辑学。他个人非常矛盾，并向托里解释自己的矛盾。在明尼苏达大学，他就是整个系的支柱，这情况在很大程度上限制了高深的研究工作；而且这里的学生也不似芝加哥大学的学生一样蓄势待发，看样子人也会越来越少。但是接受这份工作也有几点好处：

> 明尼苏达大学的院系正在迅速扩张，校长诺斯罗普也抱有雄心壮志想要提高学校的排名。尤其对于一个年轻男人来说，在一个诸多政策尚待改造的全新院系工作，也是有很多好处的。此外，我不得不承认，像明尼阿波利斯这样的大城市非常具有吸引力。

针对自己的离开，一个年轻人可能会向仍值得尊敬的导师说出很多个原因，但有些原因则是一个拥有雄心壮志的年轻人所不愿承认的。其一，莫里斯教授才 48 岁，杜威可能要在密歇根大学给他做大约 20 年的下级助手。而杜威离开密歇根大学更为直接果断的诱因是：他在明尼苏达大学的工资可达到 2 400 美元。

他接受了这份工作并且向密歇根大学提交了辞职信，校董领导表示"非常遗憾"，失去了"如此优秀的人才"。显然，杜威带着满满的善意祝福离开了密歇根大学。正如一份大学出版物上所述，杜威"已经展示了他作为一名教师的能力、知识和技巧，他完全值得获得晋升"。在明尼苏达大学，诺斯罗普校长和杜威的新同事们都非常欢迎他的到来，在他们眼中"这个年轻人对于其他人穷尽毕生研究的哲学真理有着清晰的理解。他的到来将是麦考士（McCosh）学校的结束。"杜威在与前辈闹得不愉快时再次得到幸运女神的眷顾，他将在明尼苏达大学迎接成功。

杜威几乎没有去过这所新的学校，搬到了 S. E 第十五大街上第 925 号房，其间他一直备受称赞。《爱丽尔》(Ariel)的作者曾说过："杜威教授所在的学院成为大学里最有趣和最成功的学院，我们对未来充满希望，相信经过数年的成长我们就能跻身这个国家的一流大学。"

但是杜威并未能维持大家期待进步的愿景很久。1889 年 2 月底，莫里斯教授去参加了冬季捕鱼之旅，感染了风寒后恶化成急性肺炎，最终于 3 月 23 日去世。杜威对此感到深深震惊，继而停课去了安娜堡。明尼苏达大学的行政处即刻就紧张了，因为担心杜威会成为莫里斯继任者，他们"在杜威回来时得知那边并无此安排后感到非常开心"。然而事实上，不是没有安排而是早已确定了该事宜，早在《爱丽尔》上出现该新闻之前，杜威就收到邀约去替代莫里斯的职位，他也与诺斯罗普校长（一位非常善解人意的先生）商谈过此事，最终以 2 200 美元的最高工资接受了密歇根大学的盛情邀请。

在莫里斯去世前 18 天，爱丽丝生下了一个女儿，名为伊芙琳（Evelyn），而杜威则要替代莫里斯的位置。《爱丽尔》的下一刊主题就表达了对杜威离职的遗憾。那些准备跟随杜威学习的学生和计划将来上杜威的课的学生们尤为感到损失巨大："杜威教授是站在前沿的一名深邃的思想家和学者，同时他也是一名非常成功的教师。他拥有将复杂问题简单化和有趣化的能力，他的平易近人使得他深受爱戴。"不久之后杜威《莱布尼茨》（*Leibniz*）一书的出版社格里格斯公司请求杜威接手莫里斯生前编纂的德国哲学系列。杜威转而写信给曾受莫里斯委任写作关于黑格尔逻辑学的哈里斯，要求他来完成德国哲学系列的编纂。

那年夏天，自杜威带领全家去参加了托马斯·戴维森（Thomas Davidson）在纽约基恩的"夏令营"后，杜威一家之后就经常去了，在那里杜威可以见到美国很多的哲学大师们并与他们交流自己的想法。莫里斯的去世让杜威又少了一个坚持黑格尔主义的理由。杜威满脑子都是奇怪新颖的想法，他已经打算在密歇根大学开设一个全新类别的院系。他开始聚集一些志同道合的同事们，他让詹姆斯·塔夫茨（James B. Tufts）担任院里的哲学教授，塔夫茨使用杜威的教材，接管了一般的哲学课程，而杜威自己则接替莫里斯的课程，并开设了他最近感兴趣的像政治哲学类的课程。为了扩大哲学系，杜威还说服了一位文学导师弗雷德·牛顿·斯科特（Fred Newton Scott）来教授美学课程。在 1891 年，当杜威主动开设了一门哲学先进课程时，他用詹姆斯的新著作《心理学原理》（*Principles of Psychology*）替代了自己的书籍。在同一年塔夫茨前往弗里堡学习哲学后，曾在莱比锡大学和在哈佛大学跟随詹姆斯和罗伊斯学习过的乔治·赫伯特·米德（George Herbert Mead）替代了塔夫茨的位置。杜威还聘用了阿尔弗雷德·亨利·劳埃德（Alfred Henry Lloyd），他曾先后在柏林的哥廷根大学和海德堡大学学习，并在詹姆斯和罗伊斯的指导下获得了博士学位。他所聘用的人，像杜威一样，都是公理会的，所有人都走上了和杜威一样的道路，都从绝对主义转变为经验主义。在不知不觉中，杜威就通过聚集一批志同道合者创设了美国历史上第一个哲学院校。在密歇根大学的所有因素、条件和人员都为数年后杜威在芝加哥大学跻身成为大师级美国哲学家而助力。

在杜威回到密歇根大学后,他恢复了与学生基督教协会的密切联系,并继续定期前往安娜堡公理会教堂,就圣经翻译问题经常与"部长级人物"共同讨论,并参加了圣经研究会。杜威对于教堂的依恋就像他母亲从前一样,这种全新的动力更来自于1891年早期母亲和父亲从伯灵顿搬到安娜堡,住到约翰和爱丽丝在第15森林大道的家。阿奇博尔德当时80岁了,还带着病,来到自己儿子的家中度过余生。1891年4月10日,父亲死于心脏病。我们并不知道杜威对于父亲的离世有何反应,母亲则仍然陪伴着约翰和爱丽丝。

关于伦理的写作

杜威早期对母亲两大爱好的接触仍然对他影响很大。尽管他在密歇根大学时仍然信奉基督教,但他也一直在为他所关注的自由和社会正义而奋斗。他对于社会改革的热情,对意识的心理学变化和信念的社会流动性的敏感,也许最重要的是他对所处时代的特征与条件的关注,促使他深刻反思伦理问题。作为院系的教授,他开设了像"人类伦理学"和"人际关系伦理学"的课程。他认为哲学上的伦理写作的传统是不适当的,并着手纠正,并且获得了成功:他成为美国基于现代科学尤其是哲学的伦理学的主倡导者。后针对此主题他迅速写了两本书。尽管这两本书都没有受到新闻界的广泛关注,但都被哲学家们仔细阅读了。1891年5月初,威廉·詹姆斯在杜威《伦理学批判理论概述》(*Outlines of a Critical Theory of Ethics*)出版后不久,就给杜威写了个"热心便笺"。杜威回复说这本书仅收到了可数的"好评"和"差评",但是詹姆斯是第一个"关注到要点"的人,"当一个人像你一样表达出了你写给我的内容时,这本书就是成功的"。詹姆斯曾和他哈佛大学院系的教授乔治·赫伯特·帕尔默(George Herbert Palmer)讨论过这本书,这位教授也高度赞扬此书。尽管书名都起得很谦逊,但是《伦理学批判理论概述》(1891)和《伦理学研究:提纲》(*The Study of Ethics:A Syllabus*,1894)给这门学科带来了革命性变化。

这两本书都是由安娜堡的一家出版社出版,并为杜威课堂教授伦理学、心理学伦理和伦理思想的历史的课程做了准备。两本书也都注定是独立的"批判式"贡献。正如他在第一本书中表达的一样,他期待这些书能起到示范作用。他说《伦理学批判理论概述》一书是"关于个人对生产能力和环境的作用分析"。显然杜威是受到英国经验主义者的影响。但那时他也已经创造了他自己称之为"伦理科学"的概念,这个概念由引导道德发展的"自由的扩张"和道德选择基础所组成,他通过将伦理与民主演化相联系的方式逐渐超越了个人的影响。同样,他在教授与科学调查、审美的社会意义有关的伦理学时,遵循凯德解释孔德的方法。但他也在"序言"中指出,他透过智能行为的镜头看到了科学艺术的社会方向,因此他对伦理学再次有了自己的认识。

杜威的方式体现了莫里斯对他的持续影响。为了解决伦理学问题,他常常将对立的观点进行对比,然后指出每个观点的狭隘之处,继而提出一个更具有包容性的观点。例如,在第一部分"基础伦理学概念"中,他开篇就以长篇分析了享乐主义理论下的观点,认为伦理学上的"善良"或者目标就是"享受"。他像康德一样反对这种不考虑行为之外的因素,仅以意志行为本身来定义善良的理论,他同样认为"善良意志是指能够按照道德法则行事的意志"。两种理论受到了激烈的对比分析,其中杜威早期作为哲学家的两大中心特征体现得淋漓尽致:令人印象深刻的对于哲学历史的学识以及对哲学课本精读的严谨。杜威得出的结论是,享受或者道德法则的实现都不是道德选择中的"善良";反而,道德的目的是在同一个体的自我内部和外部同时实现共同体的意志。通过这样的辩证法,杜威能够通过将个体目标与团体的共同善意相融合的方式构想出一个两极化的伦理学统一体。正如个体的智慧可以成为社会的知识一样,道德经验也可以转变为社会行为。

杜威更为简洁地遵循相同的步骤,像斟酌"善良"的概念一样地去斟酌"义务"和"自由"的概念。通过这些研究,杜威坚持认为伦理学(或者是道德行为)并不是一定要附加与行为有关的某种东西,它就是此时此刻的行为。为使对比更为鲜明,杜威去探索自己的产业文化,通过一种能体现他是真正的19世纪后期的美国人的方式:

> 道德世界的存在并不是模糊神秘的。不妨去想象一个运行良好的工厂正在进行综合性生产作业,比如说棉布的生产。这就是目的,是每一个劳动者的目的。然而,并不是每一个人都在做着同一件事情。每个劳动者的分工越明确,工作组织得越井井有条,结果就越完美。这就是个体行为或者自由的一面。为与道德行为的对比更为完整,我们必须假设每个人都在工作是因为工作本身,而不仅仅为了获得薪水这种所谓的最终目的。如今这些形形色色的人都聚集在一起做着不同的事情,有些人之间更为亲密,因为他们的工作接触更为亲密,事实上所有人都有一些亲密关系,因为大家都会为共同的事业作贡献。这就是法则和义务的一面。

这个人人各异的群体和相关的行为活动是一个模拟的道德世界。需要持续满足一定的需求,需要大家合作达到特定目的,并在人与人之间建立起固定关系。现实世界中到处都存在目的和明确的活动范围,就像模拟工厂中存在的一样。

在杜威的后期工作中,随着他逐渐从理想的道德世界转移到需要真实计算工资的现实的社会和经济世界,伦理学就变得越来越关系复杂。

在《伦理学研究:提纲》一书的"前言"中,杜威说这本书并不是前一本书的简单复制,这本是前一本书《伦理学批判理论概述》的升华,在两本书中他都力挺"设想和正常的自由生活一样的理论"。在《伦理学研究:提纲》一书中,他着重论述了心理学上的"积极经验",他声称这是在伦理学理论上的"一项任务,并且就我目前了解而言,之前没有人尝试过"。

心理学让杜威学会去平衡犹太教与基督教所共持的法则和正义上的道德理念,以及心理学概念上的情感。在《伦理学研究:提纲》一书中,他仍然遵循在《伦理学批判理论概述》一书中所追求的相同的逻辑程序,发现了在天理和人欲的二元论下,不同领域中对伦理立场的限定太过狭隘。他指出:"爱是自我意识下的公平正义;爱是统一的爱。"因此,爱"是美德,但不仅仅是至高无上的美德",是对"主客观"或者"媒介和功能"的完全认识。在心理学上,爱是自由与责任、权力和正义的联合体,正是逻辑和爱丽丝引导着他。

在杜威写给戴维森关于即将在基恩的暑期学校上课的信中,他有提到《伦理学批判理论概述》一书,但是是同时评论两本书的:

> 在我的伦理学中没有道德的存在,分离的道德是不存在的……但是如果你说我对于我在抗议中提出"为什么我会被束缚"的问题并没有答案。为什么?我究竟是谁?我一无所有却被约束着;但正是我的约束成就了我是谁。"我为什么一定要做好事?"因为那就是我。

低劣的伦理学就是不能让一个人成为他自己。

杜威自然而然地致力于伦理学,这引导着他从一个模拟的工厂到一个现实的世界,然后形成了逻辑学基础,还为工业世界的社会正义铺平了道路。现在,他经常在寻找自我位置的时候,超越着自己先前的影响,他又抛弃了康德的实证哲学系统而接受了实证政治学系统,并且支持康德所说的"真切渴望一个更好的社会"。越来越多的人建立起对运用科学的分析方法的需求,并且运用科学的方法去进行社会改革,杜威从新黑格尔主义到对社会的关注都是遵循着逻辑的道路,用理想社会代替理想精神并将

123

124

其理解为一种社会行为。杜威像孔德和凯德一样,有意地将公平正义个性化,将其看作是来源于强大的科学的领导者。在回顾蒂尔登演讲的最后,杜威引用了蒂尔登关于美国迫切需要"有资格能通过活跃的、智慧的执行部门从内部改革政府的人"的观点。从这一刻起,杜威似乎有意寻找一个合适的人选,他有一个智慧的方案对政治加以改革,从而在美国建立一个新的正义水平。

乌托邦骗局

不幸的是,在杜威的一生中,他的愿望常常误导了他的才智。尤其是他对一位名叫富兰克林·福特(Franklin Ford)的新闻记者的严重错误判断。19 世纪 80 年代早期,作为《布拉德斯特里特》(Bradstreet)商业时报的记者,福特已经断定与狂热金融、贪婪资本主义相关联的美国民主进程中的缺陷,是由于分析和报道新闻的过程缺乏智慧。福特有了大胆的设想,并在那些试图专门揭露丑闻的激进主义记者前面捷足先登。福特受到了那近十年的乌托邦主义的影响,那时有大量乌托邦式的小说出版,以及提出了成百上千的乌托邦式的主题,于是他确定需要寻找一个思想深刻的、具有社会同情心和科学精神的人来制定改革大计,从而创造出他称之为的"思想新闻"。1888 年,他开始了为期一年的重点大学游历,包括哥伦比亚大学、哈佛大学、耶鲁大学、约翰·霍普金斯大学、康奈尔大学以及芝加哥大学,期望在哲学系、历史系或者社会科学系中找到自己想要找的那个人。他后来曾说他要寻找"一个或一些能够给出多个关于'思想新闻'的原则的人",对此,他郑重宣布说:"我在芝加哥大学找到了这个人,他就是约翰·杜威。"而对于杜威来说,他也被福特的说法所震惊,他曾对爱丽丝说过:"除科利斯发动机(Corliss engine)外,我从来没有听过像他这样的想法,而且我觉得还行得通。"

福特持有爱德华·贝拉米的乌托邦理想主义,像传教士或蛇油推销员的强大说服力,以及对时间的疯狂偏爱。杜威认为这种结合是非常具有魅力的。当福特对爱丽丝预言"在(治疗)实践中将会出现精神疗法家,对被疑问或个人问题所困扰的人的诊治将成为一项事业,这样的时代马上会到来"时,杜威深陷其中。当杜威和福特初次见面时,两人就一拍即合。杜威作为哲学家当然关心智慧,而福特也说过新闻报道需要智慧,二人都认为智慧型的报道将会带来政治改革并建立公平正义。爱丽丝是比她丈夫更为激进的乌托邦主义者,所以也被福特所深深吸引。

福特立马就看到了爱丽丝对于乌托邦主义的敏感性。他告诉爱丽丝她是他所知道的"最勇敢的人",并告诉约翰说,爱丽丝比起约翰"准备更为充分"。事实上,福特是一个惊人的积极思想传播者,他高深的想法不可避免地吸引了约翰和爱丽丝(二人永远都不会对这种魔力完全免疫)。约翰曾描述过福特告诉他的东西:福特用一堆的术语来宣称"人类的问题"不仅仅是思想的问题。然后他就沉浸于自己的想象之中。他曾经看到"一条巨大的精神传送带以最快和最有力的方式旋转和伸展,一个巨大的物质轮同时也在旋转"。在这个催眠甚至有点愚蠢的想象之中,他看到自己抓住了一个人的腰带,并乞求他将精神带放置到物质轮上,从而达到理想主义的状态。他找到了杜威并告诉他:

> 现在轮到你了。你已经帮助我过了思想那一关,我们思想层面上的关系今晚就已经结束。关键问题是你是否愿意继续在行动的层面,思想结束了,计划要开始了。在你还未决定继续行动之前,我不是自由之身。

在愚蠢的激情之下,杜威向福特承诺"我支持他,我和大学之间的关系将从属于这种主要关系"。

杜威在芝加哥大学最好的朋友亨利·卡特·亚当斯也是一位激进主义者,他有点想见一见福特,当他看到福特卓越的报道后,写信给杜威询问福特的"真正意图"是什么。杜威回复说福特是经杜威美国化的孔德系统政治学的具体体现,"现如今福特的想法并不仅仅是简单地阐述真理⋯⋯而是在探求真理;这种探究事业变得系统化和集中化"。为了亚当斯,杜威写了一份关于他所理解的福特意图的概要。其中有几大原则:第一,新闻事业应当科学化和系统化管理;第二,新闻事业应当"集中智慧,然后再进行再分配";第三,为了成功,科学的"思想新闻"必须像其他商品一样能够获取利润。最重要的是,智慧必须通过高效的信息交换来管理。最终,"思想新闻"将会创造出公共政治,起初是深刻思想,最后是智慧行动。"将公共问题公开化(不是为了改革或者其他目的,除非它将披露事实作为事业)的新闻报纸将会成为公共利益的代表。"

对于杜威来说,福特是一个成真的梦想。杜威曾告诉威廉·詹姆斯说认识福特是他的"一次美好的个人经历"。福特计划开创一个由理想主义驱动的新闻组织的计划,从而让杜威在社会福音思潮、基督教的实证主义、政治进步主义甚至黑格尔主义中坚持着自己的基督教信仰。关于最后一个黑格尔主义,杜威通过福特的帮助,不久就认为美国民主实现了黑格尔的"高度完美有机体系",但远未到"卓越"的境界,黑格尔是在政治事实上主张"事实合理性"的哲学家。福特为杜威提供了他梦寐以求的机会，并对他曾经信仰的所有事情坚信不疑。因此他可以像自己一直所希望的那样说服自己是一个完整的整体，而不是他所一直恐惧的只是矛盾的碎片的结合。他对自己从前的学生兼未来的同事詹姆斯·罗兰·安格尔承认"思想新闻"的计划对于一个哲学教授来说，听上去或多或少有点疯狂，但是，"不管怎样今后我要依照我的信念行事"。

1892年3月16日，《芝加哥日报》（*Michigan Daily*）经杜威允许报道称"4月份《思想新闻》将迎来第一期"。是由于心存怀疑所以杜威到最后才公告吗？如果是这样的话，杜威似乎不是有意告诉戴维森说这份报纸仅仅是"我闲暇时用以打发时间的一项工程"。他内心上对于《思想新闻》将统一他所有任性的兴趣点感到非常自豪。他告诉记者："我们应该将科学、文学、国家、学校和教堂的问题看作是一个人生命中的一部分。"这种融合在杜威的理想主义民主下变得完整。很快又有了再次出版的宣告。这个作者（很有可能就是福特本人）报道："杜威先生将这份报纸称之为'社会事实报道'，在此，社会事实是指社会体系……这里的社会体系是指记者与叙述者都变得更加科学的一种事实。"

然而泡沫破碎了。安娜堡一位《底特律论坛》（*Detroit Tribune*）的记者嘲笑了杜威关于灵感来袭时随机发行《思想新闻》的想法："大家都认为杜威先生计划在他每一次有新的想法时就发行一次'报纸'。"接着，《底特律论坛》也暗讽《思想新闻》关注的是当前知识分子最紧迫的难题：为什么芝加哥大学的男同学对伊普西兰蒂工厂的女孩有着强烈和持久的兴趣？这是杜威一生中首次成为新闻焦点，并且这令他感到厌恶。当记者来敲杜威家门时，他立即否认了福特4月8日所宣称的事情。他坚称那篇发表的新闻不是自己写的。他仅仅希望"让大家知道哲学是有用处的"。杜威的毫不含糊让记者相信了他自己不是革命者。

后来，福特和他的兄弟科里登（Corydon）来到杜威家中数落杜威的胆怯。他们本打算开始一场革命，然而他们这位教授却半途而废。在科里登的回忆录《民主之子》（*Child of Democracy*）一书中，他暗示他们兄弟俩现在都看不起杜威了，杜威没有能力将其政治信念转变为实践。他拒绝与芝加哥最高法院对抗，甚至都不愿去批评"底特律政府的杂乱无章"；他胆子小到都不敢"把反对校园进步的天使总统钉在十字架上"；他也不愿去谴责篡改基督的公理牧师这样的叛徒。更糟糕的是，他就是一个趋炎附势的伪君子，"他的工资意味着他必须保持沉默"。据这对愤怒的兄弟俩所说，杜威本应该放弃"他的贿赂",然后成为"一个可能会发声的高速公路上的流浪汉",但是他却选择领取工薪。这种激烈的指责使杜威再次陷入了自我黑暗的飘摇不定中。自露西娜让杜威因信仰耶稣是否正确困扰后,他就没有像现在这么困惑过,即使在他最糟糕的时候,他也没有经受像这样的谩骂。《思想新闻》始终没有发行,尽管都到了 4 月 25 日,杜威还在尴尬地和朋友们解释说:"我们将《思想新闻》的发行延迟到规模更大以及金融机构更充足的时候。"但事实上杜威的工作已经结束了。当福特在时,杜威几乎不做什么技术哲学上的工作,他也渴望重新获得技术哲学和心理学上的振奋与安全感。对于和富兰克林、科里登共同制定宏伟计划的过去一小段时间,杜威感到很有趣;如今对于杜威来说,回归到"对时间反应、节奏、时间观念和注意力的研究"是一种释放。福特最后一次试图再用魔法迷惑杜威,但是那时杜威已经完全不受他咒语的控制了。所以福特不得不继续寻找那个"合适的人",但最终也石沉大海了。

尽管对杜威来说,福特的惨败是一种耻辱,但是也不能忘记它所带来的重要发展。杜威永远不会忘记《思想新闻》的几大原则和福特那迷人的想象力。四十多年以后,人们并不会对杜威成为哈佛会议上的主导者而感到惊讶。

这个会议集聚了 72 位来自各个研究领域的世界顶级科学家和学者,他们组成了关注人类和宇宙的最强大脑,并致力于将人类的智慧组织成统一的"世界思想",从而使整个世界受益于人类的共同智慧。

文章的副标题是"杜威等学者表示美国必须主导解放全人类的思想"。在此次哈佛会议时,福特的精神一定还根植于杜威的记忆之中。

更具体地说,福特曾大量灌输给杜威的东西打破了杜威曾经在"精神"和"事实"之间的平衡。他一直在转变自己的研究重点,从研究证明基督教方式和人类民主的右黑格尔主义的目标到研究左黑格尔主义对于改善社会的贡献。在杜威与福特合作的最后几个月中,杜威给他写的每一封信中都强调了一个新的主张:思想必须通过事实实现,语言必须通过行为表达,意义总与结果相联系,而目的总起源于意义。非常讽刺的是,杜威这些哲学发展上的转变是因为受到福特轻率计划的激励。

杜威写信给威廉·詹姆斯表示期待在戴维森营地看见他,并在心中总结了福特对于自己的意义所在:"我得到的,首先是对真正地或实际地支持理想主义的看法——哲学是对统一智慧与思想或主观上的外部世界的主张,当思想正确时,它最终一定会保证客观表达条件的实现。"当然,他一直在重新定义、改善、提高并最终削弱自己的黑格尔主义,以便无需承认就隐没至实用主义与工具主义。1891 年晚秋,杜威和詹姆斯一同回归到这个主题,他有理由认为自己将会收到詹姆斯表达赞同的回信。杜威仍然记得詹姆斯对自己《心理学》一书充满新黑格尔主义的抱怨。现在,杜威在阐述理想主义是如何或为什么被改造时,总提到詹姆斯在哈佛大学的同事约西亚·罗伊斯,他是一位理想主义哲学家的领军人物。杜威说,在智力的根本特征中,罗伊斯的信仰是每个个体都是"真理的工具而不是主人"。但杜威继而坚持认为,个体就是真理的主人,真理在它的实现。杜威并不认同罗伊斯的观点,即"哲学就像是匹克威克(Pickwick)俱乐部,在这里事物在某种意义上是真实的,在这里智力的有机性就如哲学一样也是真实的,但并不在于某个特定的行为"。恰恰相反,杜威则认为,思想是真实的,真理也只有在特定行为中才是有机的。他对据称从未"加入"到匹克威克俱乐部的詹姆斯的观点表示质疑:"如果智力的有机性理论是真的,而理论并不是多花点时间、多做一些事情就能让它成真,那么它和实践有区别吗?"

1892 年早期,杜威给约瑟夫·丹尼(Joseph Denny)写的另一封信中提到,他越来越多地看到有机智能进入早期教育实践。杜威认为在典型的有机体领域中,所有的思想都是统一的,但是他也很务实:"鉴于共同的客观事实,我们统一了语言——行为的语言。"伴随这一论断,还有另一种观点:动态思维只能在行动语言中表达。杜威说:"将智力精神财富四海分配,这就是民主。"简言之,他意指他对安格尔所称的与"政治运动和组织"相关联的"哲学思想活动"。1891 年末和 1892 年初,他就此主题分别在安娜堡的联合俱乐部,以及简·亚当斯的赫尔大厦发表演讲,演讲的主题是"心理学和历史",并总结认为哲学家们才刚刚认识到"观念与行动的关系,即观念在物质事物中的实际表现"。皮尔士通过康德,詹姆斯通过英国经验主义,杜威通过黑格尔,殊途但同归于实用主义哲学。他们三个都曾受到达尔文的人类进化论的影响。每个人都以某种不同的方式来设想科学调查,但都同样强调将探究作为一种工具。尽管杜威比皮尔士和詹姆斯都年轻,但是他比他们更进一步,创造出了最大和最多样化的"实用的"实用主义哲学。但是到了 19 世纪 80 年代,他在此方面的贡献仍然只能追溯到数十年以前,直至到他 80 多岁时才完成了全部贡献。

由于福特的乌托邦主义中的有远见的、古怪的想法,作为杜威众多老师中的最后一位,他也促进了杜威的发展。杜威一直以来做好了受人影响的准备,认真思考和努力感受促使他最终梳理顺畅别人的观点,并形成了自己的观点。他从未忘记任何曾让他感受强烈的智慧和个人激情,但是他也从不允许自己把这些不同影响彼此分立,从而将自身变为一面由碎片重组而成的镜子。他将自己所学全部储存起来并忘却它们的出处,继而转化成自己的东西。所以即使杜威忘记了福特,也忘记了他给自己带来的羞辱,自己仍然被改造了。杜威像对其他人的吸收一样,也吸收了福特对他的影响,并通过这些影响成为了现在的自己。

杜威将自己的经历看作是一个可以提取哲学知识的矿井。他穷尽一生在其中挖掘,并最终提出了真正原创的、可自我满足的哲学。但这绝非是一桩易事。

家庭生活

19 世纪 80 年代至 90 年代,杜威花了很大力气与自己的旧思想作斗争。他陷入了沉思,但是也同时在养家。他对于早期教育的兴趣就直接来自于与自己孩子相处的经历。一位杜威的老朋友就曾描述过这个家庭。托马斯・特鲁布拉德(Thomas Trueblood)曾在 1884 年秋天与爱丽丝、约翰住在同一座公寓,他描述了弗雷德和伊芙琳(Evelyn)出生后杜威一家的晚餐情景。特鲁布拉德告诉威琳达・萨维奇(Willinda Savage)说:"约翰和爱丽丝正在针对孩子的教育发明一些有趣的理论和实践。"小弗雷德明显非常调皮。当特鲁布拉德为了自我保护试图制止弗雷德攻击时,杜威夫人就摇摇头轻声说:"别管他,他爸爸正在研究他呢。"杜威还在文章《婴儿语言心理学》("The Psychology of Infant Language")中使用了弗雷德和伊芙琳早期词汇习得的资料。约翰明显是打算收集心理学研究材料,而爱丽丝明显在抚养孩子的正确方式上拥有先进的观点。她希望孩子们是"天然的",不受束缚的,因而是从容的,这也产生了一些奇妙的结果:杜威的孩子们即使到了冬天也经常不穿鞋袜出去。有一次杜威夫人被一位警察拦下了,警察提醒她天气有多冷却被她回应说:"这不关你的事情,因为我完全知道如何抚养我的孩子们。"儿童医生很快就拒绝治疗杜威的孩子们。爱丽丝又向前一步。住在杜威家隔壁的历史教授伯克・辛斯代尔(Burke Hinsdale)在得知杜威的第三个孩子莫里斯,以乔治・西尔维斯特・莫里斯命名,于 1892 年 10 月出生时,弗雷德和伊芙琳就站在一旁听妈妈爱丽丝解说生产的过程后,感到非常震惊。有一种"蓄意"的训练,在之后杜威写给霍金(W. E. Hocking)的信中间接提到,这要是当初安娜堡的邻居们知道的话一定会大吃一惊。他告诉这位有点文绉绉的哲学家说:"在孩子们性发展的关键几年,杜威和夫人会赤身裸体地在家中走动。"(约瑟夫・拉特纳认为这就是孩子们如此自然地讨论性问题的原因。)约翰和爱丽丝共同讨论如何培养孩子们:她认为孩子们与父母的经常分离是有益处的。对她来说,带上一两个小孩去旅游,把

132

133

最小的孩子托给约翰是一件非常正常的事情。1892年,杜威在他的"哲学导学"课程教学大纲中提到"我们的经验就是我们研究的东西"时,他也许想起了福特、政治学、实用主义哲学、教育学理论或者自己抚养孩子的经历。

19世纪90年代,杜威写书,在多个著名期刊上发表系列文章,与他人广泛通信,担任院系要职,指导博士论文,任职于大学委员会,教授多门课程,持续给学生和高校做数十次的讲座,以及在戴维森暑期学校教授哲学课程。他带的第一届博士中有两个女学生。一个名叫伯莎·沃尔夫·列维(Bertha Wolfe Levi)的女生曾在多年之后给他写过一封信,说道她"从未忘记过自己在1891—1892学年上杜威课时所获得的快乐与灵感"。1893年,杜威在哥伦比亚世界博览会的哲学会议上就"科学与哲学的一致性"发表了演讲。罗伊斯和哈里斯当时也在同一组中;亨利·乔治(Henry George)、哈姆林·加兰(Hamlin Garland)、爱德华·埃弗雷特·海尔(Edward Everett Hale),及弗雷特里克·杰克逊·特纳(Frederick Jackson Turner)和其他组一起讨论。杜威因在史密斯大学发表的开题演讲而越来越出名,那时他才仅仅30岁。

1892的8月发生了一件完全令人意想不到的事件。杜威自己怎么也没有预想到自己会去科罗拉多州的矿营,但是他月中确实去了,并在9月初的时候给爱丽丝写了一封信:"我觉得自己开始像一个矿工了。"事情以最不可思议的方式发生了。

那时爱丽丝的外祖父里格斯已将近90岁了,仍然精力充沛的他回忆起年轻时最远去到科罗拉多州西边采矿的那几年,在他回到芝加哥带孩子前占得了一个矿区。最近的1889年,他还回到科罗拉多州并建立了更多的矿区。现在他还想再去一次,以确保自己的矿区没有被移走,然后再卖掉矿区。计划是不错,但是他不能独自一个人去。爱丽丝显然也去不了,因为她将在10月中旬分娩第三个孩子(莫里斯)。那时她住在基恩的杜威小别墅中,和戴维森住得很近,并一直在看左拉(Zola)的书。约翰·杜威毫不犹豫地主动要求陪同外祖父同去。8月4日,杜威放下一直钻研的有机智力,第二天二人就坐上了去科罗拉多州的火车。他们于8月9日抵德尔蒙特(Del Monte)。约翰精疲力尽,并在一开始就觉得落基山脉"让人感到失望"。

里格斯明显曾经是一位出色的商人。当8月10日抵达山顶营地时,他发现矿井都很完整,尽管很明显至少有一个矿井曾被人动过。他一回到科罗拉多州就和年轻时一样兴奋,甚至打算开始勘察了。杜威写道:"在一个矿井的细泥中他发现了银子,他认为自己知道矿脉在哪里。"约翰就看着这个真正的拓荒者和勘探者自然地工作并充满了崇拜之情,他对爱丽丝说:"我相信他对此有着天生的敏感。"在一周之内,里格斯耗资 500 美元在自己的矿井下打通了一条隧道,随即发现了两条矿脉的银。

突然之间,约翰·杜威就变成了一个勘探者身边的小助手。

> 我不怀疑外祖父对这类事情的喜爱。除了对保持土地布局的科学兴趣外,你对森林和山脉、矿物质知识以及致富的渴望都感兴趣。我想不出有什么比与你和孩子们一同在这里度过夏天更美好的事情了。

这个哲学家产生了投机的热情,很快他就谈到了数字——银矿石的生产每吨 5 到 6 美元,矿山的销售价格为 2 万美元,有时可能高达 35 000 美元,25％的折扣,至少 5 000 美元的预付款。里格斯向他保证说这绝对有利可图,并且自己绝对不会出错。于是他们叫来测量师测量地线,并让分析人员来分析样本。一切都在有序进行,就等着出售了。

在繁忙之中,约翰阅读了莎士比亚的大多数戏剧以及雪莱(Shelley)的诗歌,他认为雪莱有一首鲜为人知的诗歌内含“我看过的书中对民主最为杰出的表达之一”。他认为自己正在等待一个时机迅速成为一名民主的企业家。但是这个时机并没有到来。矿井设备坏了,潜在购买者也没有意向;尽管谈了很多交易,但是没有一项成交。

尽管拥有老勘探者耐心的外祖父在默默承受,但是明显也很失落。杜威看到里格斯的身体越来越差。他告诉爱丽丝说:“这无疑是他最后一次来西边了,他还想去一些没有去过的地方。虽然他们没有因此致富,但是杜威对于人类行为有了新的理解。里格斯成了杜威的又一位老师,并将他的教育往企业家这一方向扩展,这恰恰与福特引导他的方向相反。在里格斯死于心脏病时,杜威已经完整学习到了如何做一名商人,也有能力为外祖父处理后事。

当福特和科里登给在科罗拉多州的杜威寄信时,杜威正在忙于商业事宜。他们打算再给杜威一次机会,但是杜威根本没空理会,并回复说他已经对“思想新闻”以及福特兄弟毫无兴趣。在多年之后当贺拉斯·卡伦(Horace Kallen)向杜威问起福特时,他只说了句:“福特就是个无耻的骗子。”

寻矿大约在同一时间结束了,有关矿井的出售或租赁将通过邮件来持续协商。1892 年 9 月 9 日,杜威和爱丽丝回到芬顿。一天都没有休息,他立即回复了所有的信件,并且打算开办一所学校。

杜威说:“我们的经验就是我们所做的事情。”他做了很多事情,继而变成了一个复杂的年轻人。然而他的生命因为这种多样化而得到升华。通过各种各样活动,他感到自己不是固定的,而是流动的,需要通过不断地发展进步才能维持内心的真理。他在

135

136

寻找自己身上的中心、自信和权威话语。

别人也看到了这一点。一位曾经在本科和研究生阶段听过杜威在芝加哥大学的政治哲学演讲的学生查尔斯·霍顿·库利大约在四十年后写道：

> 杜威的性格给我流下了深刻持久的印象。我觉得，比其他的演讲……在我所属的群体中（1893—1894），他的性格因简单而备受推崇……以及他的勇敢，他相信自己绝对不会违背鼓舞着自己的崇高目的。

很快就有很多欧洲的学生来到美国跟同杜威学习哲学。欧洲的教授们也在研究他的作品。早在 1899 年，就有一个教授在瑞士苏黎世办了一所学校，"用杜威推荐的办法"专门研究教育学问题。随着美国大学的迅速开办、发展和壮大，杜威受到邀请去其他大学是迟早的事。一个由大学校长、学术推广者以及拥有大量资金的企业家组成的群体正在美国成立。这是大学之间第一次争夺人才。高等教育界和广大公众都意识到信息和专业知识将对即将到来的"美国世纪"至关重要。大学校长们将成为全国性人物。

137　哈珀和芝加哥大学

学者中有一位风云人物叫威廉·雷尼·哈珀（William Rainey Harper），他曾是耶鲁大学的希伯来语和闪族语言学教授，但是现在是约翰·洛克菲勒（John D. Rockefeller）新出资成立的芝加哥大学的第一任校长。他聘用了从德国学习归来的、杜威曾经的助手詹姆斯·塔夫茨，还雇用了克拉克大学的一名年轻心理学哲学家查尔斯·斯特朗（Charles A. Strong）。

塔夫茨去芝加哥大学而没去密歇根大学完全是个人原因，而并不是对杜威去密歇根大学有何不满。他解释道：

> 我去芝加哥大学是因为我在耶鲁大学时与当时还是教授的哈珀校长相识。在去耶鲁大学前，我曾跟随希伯莱（Hebrew）教授一年，然后参加了在纽顿的暑期学校，哈珀曾在那授过一学期的课，我在耶鲁大学继续同他一起工作了一年。

当塔夫茨从德国回来后，他就成为哈珀最早聘用的那一批人。但是哈珀决心要将自己的哲学院系打造成在全国甚至全世界具有影响力的院系，而现在的高级教师并不能满足他的期望。他期望有一位"领军人物"来领导芝加哥大学"一举成名"。哈珀并没有和哲学系教职员商量，准备独自寻找这位"领军人物"。他首先考虑了哈佛大学并邀请帕尔默担任哲学系教授和研究生院院长。这听起来本是一个不错的选择,因为尽管帕尔默不是一个原创思想家,但是在他的带领下,哈佛大学哲学院成为了美国最好的哲学院。也许在芝加哥大学也行得通?但是帕尔默拒绝了。接着,哈珀又找上了雅各布·古尔德·舒尔曼(Jacob Gould Schurman),但是他即将成为康奈尔大学的校长,并将和同为学术推广者的哈珀相竞争。于是哈珀又找上了本杰明·安德鲁斯(F. Benjamin Andrews),但是他已经是布朗大学的校长,故也拒绝了哈珀的邀约。皮尔士本是哈珀的下一个考虑对象,但是 1892 年 6 月当哈珀和帕尔默聊起此事时,帕尔默强烈建议哈珀选择一个靠谱的人。这下哈珀本能地在东方寻找的所有可能的对象都已经穷尽了。

就在此时,哈珀的哲学院系也卷进来了。有一天斯特朗向塔夫茨推荐说:"我提议校长聘用约翰·杜威教授作为院长。"塔夫茨"完全同意"并对此建议感到高兴,因为就像他回复斯特朗时所说,他"完全相信杜威的能力"。塔夫茨马上坐下来并代表杜威给哈珀写了一封很长的、非正式的信。他首先提到杜威的声誉,因为哈珀对于名声头衔是很感兴趣的:"他在大西洋两岸都很有名声。尽管他还年轻,但是近十年来,已经成为各种哲学期刊最频繁的、精力旺盛的作者之一,并且已经写了三本书了。"他还说:"杜威的《心理学》一书立马使他成为著名的、原创性的观察者和思想家。这本书被广泛应用,几乎所有的东方院校都在用。"提到东方的大学也有利于对杜威的"推销"。塔夫茨接着谈及杜威的《莱布尼茨关于人性理解的新文章》一书,这本书"曾被耶鲁大学的拉德(Ladd)教授在《新英格兰人》(*New Englander*)上评价为系列丛书中最清晰和最有用的书"。塔夫茨认为这本书体现了"对哲学原则的精通"。塔夫茨知道哈珀想要的是一个愿意鼓励同事们做研究的组织者。塔夫茨还写道:"杜威是一个很好的工作伙伴,此外,他也是一个受人欢迎的老师。"最后塔夫茨又提到了杜威的道德:"他是一个有宗教信仰的人,是一个教友,并信任与教堂的合作。此外,他还积极关心实践活动、道德活动,是这赫尔馆中有价值的朋友。"

1890 年夏,哈珀在安娜堡的一个圣经学院教书时已经见过杜威。他很愿意接受塔夫茨的评价,如今作为管理者行动也非常果断。早在 1894 年,他曾请杜威考虑做芝加哥大学的哲学和心理学教授。听到了关于哈珀到处找人的信息,杜威知道哈珀想聘用一名杰出的哲学学者的愿望没有实现,并且还花了很多力气去交涉。很多条件都很诱人。杜威写道:"妻子想要搬家的想法,建立以做先进研究为中心的院校的好机会,以及住在芝加哥城市的机会等,这些对我来说都很诱人。"但是他很坚定地提到,哈珀

138

139

给的区区 4 000 美元的工资根本不能满足他在芝加哥这样的大城市的"基本生活需要"。

哈珀回复并提议杜威在 1895 年的春季学期离职并给他工资,这样第一年他们一家就无需搬到芝加哥了。杜威回复,如果保证第二年给他 5 000 美元的工资,那么他一定会"接受邀请,并竭尽全力振兴芝加哥大学"。但是,他仍然要求哈珀"就后续工资的增长作出明确的陈述"。

哈珀仅仅回复说理解杜威对于在芝加哥生活支出的担忧并等待杜威的回复。杜威则就事论事:"我很难想象大学要找的人……为了 4 000 美元离开目前自己所在的大学。"哈珀提议杜威在与密歇根大学的合同到期后的 1894 年教授暑期课程,再在秋季授课后休 9 个月的假,芝加哥大学将支付暑期和学年工资 4 000 美元。至于"第二年"的 5 000 美元,哈珀只字未提,但是杜威答应了,因为他知道自己已经尽力讨价还价了。他回复道:"我很遗憾不能得到未来工资增长的具体安排,我希望在适当的时候我能拿到我期待的全额工资。"(事实上他的期待已经实现了。)

杜威被录用后,就信守自己对哈珀的承诺并开始计划壮大院系。就哲学来说,杜威比起哈珀之前打算录用的人来说是最适合的。杜威急切渴望建立一个伟大的学院;他精力充沛;最重要的是,自从在霍普金斯大学受过训练后,他就一直全心投入科学以及科学研究。杜威很快发现"哈珀的理想"和吉尔曼是一样的,那就是"归纳方法和实验方法"。只要杜威付诸实践后,哈珀也会兑现自己的承诺。在时机成熟时,他就向杜威履行了承诺,并为杜威提供资源,以 2 000 美元的薪资录用其在密歇根大学的同事乔治·赫伯特·米德作为副教授。杜威向哈珀保证过,米德是"他近六年来见过的年轻人当中对哲学最有自己独创想法的人"。当斯特朗以"妻子生病了导致她不想住在芝加哥"的原因辞职后,杜威让自己从前的一个学生安格尔从明尼苏达大学过来做副教授,工资同样也是 2 000 美元。结果芝加哥大学的哲学院迅速集聚了四位曾同在密歇根大学的哲学教授。塔夫茨曾写道:"院里非常和谐,自它成立之日起,大家就没有过激烈的、相左的意见。"

杜威一直向哈珀抱怨金钱的问题。他需要给米德找一位薪资 1 000 美元的学院图书馆助手,还需要大约 2 500 至 3 000 美元购买图书馆器械。杜威甚至在入职之前就提醒过哈珀:"竞争是激烈的。比如说,除了教授普遍哲学的詹姆斯外,哈佛还有一位声望很高的全职教授明斯特堡(Münsterberg)。芝加哥大学的图书馆不能连好书都没有。"他还期待有"更大的发展",就像哈佛大学有五名全职教授,康奈尔大学有七名一样。显然，杜威感到在哈珀的支持以及芝加哥团队持续的研究发展下，他马上就能成为美国首座哲学院校的领头人。

《芝加哥大学周报》(*University of Chicago Weekly*)很快就洋洋得意了：

> 密歇根大学的约翰·杜威教授成为我校的哲学系教授并作为哲学系领头人，这是我校又一大杰出进步。杜威是伦理学和形而上学方面一流的思想家之一。141他也是一名作家，他的哲学书籍非常出名。他还是一位年轻人。哲学家随着年龄的增长会越来越有智慧。也许我们马上就能看到他最好的作品了。但是全世界早已知道他的大名，所以我们所说的为我们这位教师的声誉感到自豪，实际上是为这位大大提高我们声誉的学者而感到自豪。

杜威离开密歇根大学的原因不仅仅是芝加哥大学的薪水更高，以及一个能创建美国一流哲学家学院的可能性，而是因为他，更多因为爱丽丝，对于密歇根大学日益增长的卑劣争斗和官僚主义感到愤怒，一个好好的大学却沦落得如此老套。他和爱丽丝说："一想到离开这个充满争斗的泥潭就让人宽慰。"爱丽丝说她急切地渴望离开："我希望我们对于离开安娜堡都感到宽慰，当然也许我的感觉更强烈、更现实。"她承认一离开安娜堡后，她根本就不会想念这里。因为她不喜欢同事之间传流言，她和约翰都认为校长夫人应对此负主要责任。约翰甚至曾听到对校长表示不满的流言：阿尔弗雷德·劳埃德(Alfred Lloyd)夫人说"安格尔提醒她注意彼拉多(Pilate)总是洗手"。约翰还给爱丽丝说了几个关于争斗的流言。去芝加哥大学是一种解脱，约翰说："终于摆脱了人人对受欢迎的人和事吹毛求疵的地方。"教师开会就像"葬礼"一样，安娜堡的教师们都太谨慎了。他把自己在安娜堡所学到的东西告诉了爱丽丝："过于坚持自我保护的态度并不是世界上最'成功'的事情，更不是最慷慨的事情。"所以就不奇怪杜威可以这么"轻易"地就离开了。

芝加哥大学是新成立的大学，并且还未步入正轨；这里和安娜堡不同，并不需要宗教正统；杜威期待在此拓宽研究领域以及丰富自己的生活。他的家庭正在成长；他的哲学也在往各个方向发展，而且他的社会兴趣也在深化。当约翰和爱丽丝离开时，一142切就结束了。他们都承认他们对于那几年在安娜堡的记忆褪去得很快，约翰在搬去新家后仅仅几个月就说道："我从来就没见过有什么比安娜堡消失得更快的东西了。"对此连米德都表示同意，他曾对约翰说到"离开安娜堡并有机会重新开始，对于个人来说是一种巨大的宽慰"。当校长安格尔的儿子成为芝加哥大学的哲学系副教授时，他也似乎感到解脱了，并且被这个"亲密的学院"的"前景"所鼓舞。1894 年 10 月，约翰对上述做了一个总结：安娜堡就像是一块轻易就碎的贝壳。

密歇根大学无法达到哈珀提供的条件。在经济萧条的 1893 年，密歇根大学减招了而且还资金紧张。安格尔校长最多能做的就是，承诺杜威把办公室安排在新建的塔潘大厅一楼转角处。杜威离开之后，这里的哲学家似乎都认为密歇根大学已经无路可走了。院系几近空空如也，安格尔校长走遍全国，试图重建学院，但是正如爱丽丝所说的一样，大学"不是一个有众多追求者的少女"，所以安格尔为再次重建学院过得十分艰难。

杜威急切地接受了哈珀的邀约部分是因为他和爱丽丝想去欧洲的计划。这对糊涂的父母认为，这样他们的三个孩子就能很快学会外语了，而且爱丽丝也可以实现学习欧洲文化的梦想了。约翰的动机则更为复杂。最重要的是，作为一名好父亲，他希望自己的孩子们能获得他自己没有的经历与教育。他也知道爱丽丝变得有多焦躁，所以希望她有机会去欧洲待一段时间。对于他自己来说，作为一个哲学家，他想获得一个国际视角。几乎他知晓的所有哲学家都曾去欧洲学校学习过；他的同事像塔夫茨、米德和安格尔去过德国，并学习到了德国的哲学思维，而他却在收到吉尔曼校长邀请时拒绝了。他并没有去欧洲学习哲学；在他的美式思维中，塔夫茨、米德和安格尔已经将欧洲最好的思想带回来了，现在他在芝加哥大学的办公室就是哲学世界的中心。当杜威从自己的办公桌看到哥伦比亚世界博览会上的剩余建筑物的顶部时，他沉思道："对于一个来到芝加哥大学的人来说，去德国学习哲学的想法从客观来讲是一个最可笑的笑话。"他很了解德国人，也很想学习法语和意大利语，但是学习语言不是驱使他去欧洲的原因。毕竟他可以流畅地泛读都德的《萨福》(Sappho) 和左拉的小说。他还会拉丁语，这对于他来说学习意大利语就非常简单。相反地，他特别像詹姆斯当时正在写的一部小说中的一个美国人物：一个真正有想象力，准备取欧洲为美国所用的跨大西洋旅行者。

杜威在密歇根大学的第一次公开活动是为学生基督教协会上了一次圣经课，最后一次公开的活动是关于"重建"这一组织的演讲。但他没有要求安娜堡公理会教堂写信给芝加哥教会。后来他再也没有加入教会。

143

第二卷
历经沧桑

当杜威抵达芝加哥时,他虽不再在聚会型宗教团体中扮演一个活跃者,但仍保持着宗教活动的兴趣。与此同时,他也从未找到理由去放弃"上帝"这个词,因为它是精神生活符号系统中重要的标志。杜威对于不同宗教态度的表现,以及他坚信"上帝"意味着"理想与现实的结合"这一信念,成为他多年之后写出的一部短篇作品的主要内容。《共同信仰》(*A Common Faith*,1934)即为杜威对该课题进行的唯一一次进一步的研究。这本书精确表达了杜威在 1894 年左右对宗教所达到的理解程度,在此期间,无论内心也好,外在也罢,杜威感受到了宗教活动都是人生不可或缺的一部分。他进一步阐明,精神活动是一种自然而然的东西。此时,杜威已熟练地创造了一种灵活的哲学方式,从宏观层面去解释多样的精神活动。哲学是通过逻辑的方法进行探究的;艺术是对想象及其表现的探究,这种探究是非实用的。因为宗教活动适用于所有探究,杜威发问:我们的哪部分经验是可以从宗教层面进行逻辑且科学认知的? 我们经验的哪种部分是可以试图用宗教想象去表达的? 此时杜威所认知的宗教经验,既是认知模式,也是表现模式;既是科学的,亦是艺术的。如上所述,但宗教又以它特殊和综合的方式将人与人联系在一起,并且因此使人虽足不出户,却亦如处于天地之间。于弗洛伊德(Freud)而言,宗教活动是一种防御性的幻觉;但在杜威那儿,自打宗教信念在行动中实现起,宗教信念便同其他活动一样真实,绝对远非幻想了。宗教活动不仅引导人们去追求价值,而且进一步追求在社会生活中去实现这种价值。杜威在《共同信仰》结尾处提到:"(它们)优雅地存在于以我们为纽带连接着的持续发展的人类社会的行为和苦难之中,我们有责任去继承、发扬、完善并传播我们所接受的价值遗产。"这句话也铭刻在杜威的墓碑之上。

从他与制度化教会分道扬镳,到可以开始去解释他自己 1894 年的宗教观念,杜威足足等了四十年。最终,《共同信仰》使得杜威在关于柏格森(Bergson)的意识进化的主题方面造诣更加深刻,且令他进一步发展研究这个主题。但是从 1934 年书的销量来看,看这本书的人的数量远低于预期,至于非常欣赏这本书的人就更少了。杜威对信仰的深入研究远甚于曾经,以期望通过此研究去探索其他问题,比如逻辑学、社会活动、政治学以及艺术。即便他仍坚定自己关于信仰的理解，在公开场所，他也不再继续谈论这个主题了。在私底下，当普通学校学生写信问杜威，他老师所说的"实用主义者否认上帝存在"一事是否是真的时，杜威毫不迟疑地回复："这句话是完全荒谬的。"他开始说道，实用主义"关注验证陈述和信念"，而并非关注存在与否的证据。"事实上，我知道一个天主教徒，"他继续补充道，"他写了一篇文章声称实用主义者的试验证明了上帝的存在，因为宇宙运转得很好。"

149　　　于杜威而言，他坚称自己的哲学发展观并非宗教性的，当然他的宗教观也不是经由哲学调查来修正的。杜威认为，宗教不是哲学问题，哲学也不是宗教问题。哲学也好，宗教也罢，它们都融汇于他的观点之中，即"感觉任何真实完善的宗教经历应该且必须使人们适应自己在理性中有权持有的任何信仰"。他认为："我当时并未特别注意宗教是一个哲学问题。"但在《共同信仰》中，杜威把宗教作为一种人类对他者的需要加以重视，这种需要类似于艺术和哲学所满足的需要，但又超越了两者，它触碰到了人类社会、友谊活动、手足情谊，以及杜威所认为的重要情感——爱。

财富与贫困

19 世纪 90 年代是美国社会的转折点，历经十载平静之后，一切似乎都要冲破牢笼。虽表面看似平淡无奇，实则大量不确定性暗潮汹涌。19 世纪 80 年代，如此明显的进步使得一些社会改革者拍胸脯保证说自己可以解决贫困问题，除此之外，他们认为自己至少能够提供一些条件，去建设像评论家贝拉米和豪厄尔斯所设想的那种充满希望的乌托邦。

人们的希望膨胀得很高，这一点在芝加哥尤甚。这座城市繁荣昌盛。路易斯·沙利文(Louis Sullivan)在他的作品《自传想法》(*Autobiography of an Idea*，1924)中描绘了这段时期的景象。在芝加哥，他与弗兰克·劳埃德·赖特(Frank Lloyd Wright)、勒巴伦·詹尼(LeBaron Jenny)、丹尼尔·伯纳姆(Daniel Burnham)、约翰·韦尔伯恩·鲁特(John Wellborn Root)一起创立了新的美国美学，沙利文以他著名的话语描绘了这种美学的特征，即"形式追随职能"。他们使用新型材料、钢铁框架以及一些创新科技(比如电梯)设计芝加哥高楼大厦，从而使其拥有一种全新的空间感，由此在芝加哥名声远扬。

沉浸在时代的喜悦之中，市政府高级官员一致决定，为了迎接即将到来的哥伦布发现美洲日,芝加哥应当举办有史以来最伟大的世界博览会。一个全国联盟形成,这个联盟由建筑师、艺术家和建筑工人组成,同时受到商人、企业家、银行家和支持者们的慷慨资助。他们创造了一个巨大的博览会,这个博览会很快因其纯白色的建筑而被人们称为"白色之城",并被正式称为哥伦比亚世界博览会。人们一直不清楚这次博览会究竟是庆祝哥伦布航海发现400周年,还是一场庆祝芝加哥顺利成为商业中心的饕餮盛宴。

但在这些表象之下,19世纪90年代的危机逐渐显露。宏伟的建筑大多是由工作人员用一种灰泥制造的,需要经常整修。一切全是幻象,许多批评家意识到所谓的富丽堂皇不过是表面现象,实则是金玉其外,败絮其中。托斯丹·凡勃伦在集会中发现关于他理论的完美解说,即,用金钱支配而非审美考虑去描绘(和创造)中产阶级的品位。就在博览会刚刚关闭之后,1893年11月,斯坦德(W. T. Stead)宣布了一个主题会议:"倘若耶稣来到芝加哥",他会看到什么? ——腐败的市政府、贪婪的资本主义、流浪和卖淫——这些是斯坦德在白色之城面具之下看到的污浊之城。

博览会的参与创建者路易斯·沙利文看到了这里"庞大的、有组织的、获授权且集中的商业主义与在工业领域内迅速兴起的并购、联合和委托并行"。因此,这并非是弊病的开始,而是美国"封建思想"的扩大。沃德·麦克阿利斯特(Ward McAlliste)纽约富有的"名流绅士",宣称博览会的成功举办证明芝加哥社会"走向了正确的轨道"。他无意中证实了凡勃伦和沙利文对博览会意义的分析。

就在白色之城旁边,另一个系列的建筑兴起,约翰·D.洛克菲勒最近创办的芝加哥大学,其哥特式风格的建筑明显具有封建色彩。这便是对凡勃伦和沙利文分析的又一次证明。很快,杜威在芝加哥大学有了自己的办公室,在这里,他可以看到博览会的建筑迅速衰败。当商人查尔斯·T.耶克斯(Charles T. Yerkes)向大学捐赠了世界上最大的望远镜时,斯坦德表态:"对于像耶克斯这样的人来说,公众仔细观察的目光应当转向天堂,而非要看到像他这种规避对人民义务的可耻行为,这样会好很多。"

与这座宏伟的白色之城形成鲜明对比的是1893年的大萧条。这种对比在老练的社会学家托马斯·摩尔根(Thomas Morgan)笔下描绘了出来。他说,每天失业人员"在湖滨旁安静地聚集,乞求着工作,而后政府武装人员将他们赶回各自狭小的公寓之中,因为这样的话,来参观白色之城的游客或许就不会看见所建造的花园之城的痛苦了"。哥伦布雕像周围是失业者们最喜欢聚集的场所,而雕像就在广场边上。所以,资本主义猖獗导致的贫困和绝望就是哥伦布航海大发现所创造的意义吗?当博览会关闭后,它那被毁了的废弃建筑很快就被贫穷的波西米亚艺术家和作家占领了,这是新的财富让艺术处于低地位的象征吗?新芝加哥建筑的代表是什么?是理查德·莫里斯·亨特(Richard Morris Hunt)仿照圣保罗大教堂(St. Paul's Cathedral)建造的大理石博览会行政大楼?还是可以使穷人免受饥饿的简·亚当斯所建立的赫尔馆呢?

1893年的恐慌带来了经济萧条,其持续时间远远超过博览会,过度扩张的铁路公司的破产,几家大公司的倒闭,股票的抛售,银行倒闭的浪潮,一切的一切都导致了虚拟信用的消失不见,从而催生了大规模的破产及大面积的失业。由于农民们也是过度扩大生产,他们在欧洲采购下降后寻求信贷,故而农业方面亦受毁坏。然后,当贷款被收回时,抵押品赎回权也随之丧失。在农业地区,一些抗议性团体逐渐涌现,随着农业萧条的加剧(主要表现在农庄、美钞、工农联盟、人民党(也被称为民粹主义者)等方面),抗议人数与激烈程度不断增加。伊格内修斯·唐纳里(Ignatius Donnelly)在政党第一个国内平台上讲话的著名开头是:"一场针对人类的大规模阴谋"正在扩大,并且"如果不是一次又一次地被推翻,它就预示着可怕的社会动荡,文明的毁灭,抑或是专制独裁的建立。"在乡村地区,威廉·詹宁斯·布赖恩(William Jennings Bryan)关于"黄金十字架"(Cross of Gold)的演讲和他的总统竞选活动正如火如荼地开展,在这一阶段,商人与工人还激烈竞争,最终商人获胜。情况已经够糟了,但当外国投资者撤资时,美国经济几乎全线崩溃。数以百万的工人在1892年还有一份工作,而如今已然失业。许多人参加了博览会,因为他们是失业或未充分就业的人,他们正在寻找一种逃避的理由,以为繁荣就在眼前。然而,大萧条在1896年之前未都有过缓解,且持续时间长达两年之久。

那些没有被博览会欺骗的美国公民绝望了,他们的绝望表现在一些可笑的计划中。举个例子,雅各布·科西(Jacob Coxey)通过支持大规模的联邦公共工程以及政府预期通货膨胀这样一些让人疑惑不解的计划,让"便宜的"货币流通,使偿还债务变得更容易。总统无视科西,并且没有任何兴趣去通过他提出的关于"良好道路和无息债券"的法案,于是科西组建了一支失业大军,并在华盛顿举行游行示威活动。杰克·伦敦(Jack London)参加了科西失业军队的大游行。拿着印着耶稣基督像及写着"世界和平,祝福人类,他已复活,但死亡却看向邦德(Bonds)"的座右铭,科西带领"和平大军"前进着。最后到达华盛顿的少数人漫无目的地游荡,很快因在草地上行走而被捕。尽管如此,意见还是被采纳了,很快,弗莱(Fry)与凯利(Kelley)的军队就开始行动了,这群流浪者组成了一个日益壮大的不满的失业大军。

19世纪90年代的大萧条展示出来了一个简单的算术公式：金融恐慌加上失业加上工资减少再加上工作条件的下降等于工会的崛起与罢工的爆发。事实上，麦考密克收割机公司（McCormick Harvester Company）在芝加哥的一次罢工为19世纪90年代经常出现的罢工的导火索。为了抗议警察对麦考密克罢工者的镇压，工会领导人呼吁在芝加哥的干草市场广场举行示威游行。当警察试图驱散人群时，抗议者发动了暴乱。一枚炸弹造成七名警察死亡，数十人受伤。警察对暴徒开枪，击毙四人。受惊吓的市政当局要求司法公正，而司法部门则对七名示威者处以死刑。

其他工会陆续兴起，其他罢工也随之而来。安德鲁·卡内基（Andrew Carnegie）和亨利·克雷·弗里克（Henry Clay Frick）决定在宾夕法尼亚州的霍姆斯特德工厂（Homestead plant）打破钢铁工人的联合。警察逮捕了八名嫌疑犯。弗里克雇用平克顿侦探社（Pinkerton Detective Agency），让工厂对非工会工人开放。这使得侦探社工作人员与罢工者之间爆发了激烈的冲突，双方均有死伤。最后，宾夕法尼亚州州长派了整个州的军事力量去霍姆斯特德支援，才控制了罢工的事态。

资本家与工人之间的战争宣告开始。下一场战斗发生在伊利诺伊州的普尔曼镇（Pullman），这个小镇是乔治·M. 普尔曼（George M. Pullman）所建立的，其创建目的是用于生产铁路卧铺和乘用车。尽管普尔曼自认为自己是镇上的仁慈之主，但他将自建的工人新村的房租和镇上的物价定得很高，这使得工人们确信普尔曼想成为他们的主人而不是管家。在1893年，大萧条的第一年，当铁路公司倒闭，普尔曼的利润下降时，他在大幅削减了工资的同时，还是维持了同样高的租金和物价，故而其结果是不可避免的。普尔曼公司的员工罢工，拒绝再为普尔曼公司服务，此举得到了美国铁路工会及其总裁尤金·V. 德布斯（Eugene V. Debs）的支持。德布斯表示同意。铁路工人立即在27个州和地区罢工。普尔曼请求伊利诺斯州州长阿尔特格尔德（J. P. Altgeld），希望他效仿宾夕法尼亚的做法，派遣军队来阻止罢工事件，但遭到了拒绝。令人惊讶的是，（但没有被阻挠）铁路大亨说服总统格罗弗·克利夫兰（Grover Cleveland）派遣联邦军队对罢工工人进行镇压，从而恢复州际商业。德布斯被逮捕，罢工运动被粉碎，工人们又回到了他们的工作岗位上，回到了普尔曼的公司里，热情的火焰被慢慢熄灭。

美国为了这位年轻的理想主义哲学家——约翰·杜威的诞生，可谓是付出了巨大的代价。杜威在罢工开始的时候，赶上了从安娜堡开往芝加哥的最后一班车，跋涉了好几个星期。因为他阅读了报纸，知道了恐慌、大萧条、城市贫困、农业动乱、剥削工人、滥用童工、社会混乱、阶级冲突和随处可见的工人罢工。但是普尔曼的罢工显然向他展示了：这些问题是他的教育理论所应当解决的，同时这也是他身份的延伸。19 世纪 80 年代，有理论而无行动，19 世纪 90 年代，只有行动却无思想。应当出现像杜威这样的人，将其思想加之于行动之上，由此便能从他们所遭遇的混乱之中创造出一些坚实的东西来。

伊芙琳·杜威

杜威的教育理论有很多渊源。他和爱丽丝生了六个孩子，每个人都以不同的方式学到了一些东西。以爱丽丝的外祖母之名命名的伊芙琳·里格斯（Evelyn Riggs），1889 年出生于明尼阿波利斯。约翰拜访弗雷德的学校，观察到的结论是，弗雷德在这里的学习可以如此快乐和平静，而随后所去的五岁伊芙琳所在的学校却让他大失所望。"可怜的伊芙琳"，他写信给爱丽丝，她的课是："玩立方体，找出边缘和表面"，他可以看到她的表达"完全厌倦"，有种"内心的困惑——为什么他们要做这些不真实的事情来发现她已经知道的东西"。

但当他们搬家时，伊芙琳并没有弗雷德所经历的痛苦。尽管爱丽丝把她和她的兄弟姐妹带到欧洲多次，她还是轻松地通过了学校考试。1904 年，当这家人从芝加哥搬到纽约时，她开始在纽约的霍勒斯·曼高中（Horace Mann High School）就读，并于1906 年毕业。18 岁时，她考入史密斯学院（Smith College），并于 1911 年毕业。

起初，在史密斯学院所受的训练和杜威家庭氛围的影响，使得伊芙琳成为纽约市的一名社会工作者，在那里，大规模的移民和贫困现象非常普遍，对社会工作者的需求也很大。她是一个独立的人，从 1918 年到 1919 年住在布鲁克林的蒙塔古街 66 号，然后在 1920 年搬到了曼哈顿东 56 街 135 号。20 世纪 20 年代早期，她在与哥伦比亚师范学院有合作的林肯学校（Lincoln School）任教。她是教育实验局的理事会成员。有一段时间，她在最著名的广告公司 J. 沃尔特·汤普森（J. Walter Thompson）担任广告文案撰稿人。她做的每一件事都成功了。马克斯·伊士曼在谈到伊芙琳的时候指出，在她生命的早期，她发展出了一种"泰然自若、睿智幽默的完美之感"。在这段时间里，她帮助父亲进行了几次教育调查，然后自己开始写关于教育的文章和书籍。1914 年，杜威把她送到了印第安纳州的加里市学校，"为我搜集一些关于现代教育原则的资料"。

她和她的父亲于 1915 年合作编写了《明日之学校》（*Schools of To-Morrow*）。伊芙琳做了所有的实地调研,访问学校,采访家长、教师、行政人员和学生;她在书中的大部分章节都是基于观察的。她访问并观察了全国最好的,也可以说是最著名的实验学校,看到了他们是如何在教学中运用诸如卢梭、赫尔巴特、福禄贝尔、裴斯泰洛齐及杜威提出的各种教育理论的。这些学校其中包括阿拉巴马州约翰逊夫人的费尔霍普学校,印第安纳波利斯的公立学校45号,芝加哥的帕克学校,还有威廉·沃特的葛雷制——印第安纳州的一种学校系统。伊芙琳和她的父亲考察了实验学校,并用所得的数据来考虑如何重建公共教育。"我们试着去展示,"这两个人在书的"序言"中写道,"当学校开始实施时,实际发生了什么……一些理论被认为是自柏拉图以来最健全和最好的理论。"伊芙琳选择访问并纳入书中的大多数学校都有可能被认为是"以儿童为中心"的学校,也就是说,学校通过自由的方式来让孩子们在其中意的地方学习和发展。

伊芙琳接着她的《明日之学校》的部分内容开始写起,写出了《相比旧学校而言的新学校》(*New Schools for Old*, 1919),伊芙琳调查了哈维的波特学校(Mrs. Harvey's Porter School),这次调查是以农村为背景展开的。她得出同她父亲一样的结论,"学校是唯一可以让每个人平等的地方……是社会和民主意识的必要基础"。也就是说,学校是进行民主进化实验的实验室,因此教育的进步必须"与政府的进步同步"。E. P. 达顿(E. P. Dutton)不仅出版了伊芙琳的《相比旧学校而言的新学校》,还出版了其接下来的一部著作《道尔顿实验室计划》(*The Dalton Laboratory Plan*, 1922)。道尔顿实验室计划是"在一个允许性格发展的环境中进行实验"。她在《国家》(*Nation*)、《进步教育》(*Progressive Education*)和其他有关儿童教育和测试的期刊上发表了一些文章。伊芙琳确确实实成为美国教育实验的权威,她的研究主题为"人类发展不息,教育不息"。

当她5岁的时候,在和爱丽丝一起去欧洲的路上,杜威写信给她说:"我爱你,我亲爱的小女孩,小宝贝。"伊芙琳和杜威的感情一直都很好。她的母亲在1927年去世后,他们便一直生活在一起,1928年,他们接收了关于苏联的相似教育任务。

就像她的母亲一样,伊芙琳也时不时地遭受抑郁症的折磨,同时她也经历了所有杜威所经历过的心理上的问题。但是,她没有像她的父亲和兄弟姐妹那样,通过以生理为导向的"亚历山大法"(Alexander method)进行治疗,而是选择了20世纪20年代晚期爱丽丝死后才出现的精神分析学家的方法。这是一次完全的成功。她认为自己是"直面你的困难,并做一点事情,使人摆脱苦恼"的"最佳实例"。

杜威很多孩子结婚都很早,但伊芙琳在45岁之前都保持着单身。之后她与格兰维尔·史密斯(Granville Smith)迅速坠入爱河。史密斯在密苏里州的斯普林克里克牧场(Spring Creek Ranch)拥有着三千英亩的财产。1934年5月26日上午,他们匆匆结婚,因为杜威和简(Jane)计划当天下午去南非。伊芙琳以她一贯的善意、幽默的方式,迅速安排了她父亲的朋友——道德文化协会的约翰·艾略特(John Elliott)主持仪式。伊芙琳认为:"艾略特以极简短的话语阐明了许多令人振奋的家庭真理。"但她补充说道:"结婚这件事让人分心。"仪式一结束,"简和爸爸就在一片混乱中离开了,因为船在中午就开始起航了,需要从街道的57号赶到街道的18号,所以时间十分紧张"。整个婚礼派对都在曼哈顿举行,以便使杜威他们准时到达码头。然后,在杜威乘船走后,伊芙琳带大家回到了东72d街320号(320 East 72d Street)公寓,吃了一顿"非常棒"的自助午餐。

在宾客离开之后,开始蜜月之旅之前,伊芙琳校对了她最后一本书《新时代的孩子》(*Children of the New Day*,1934)的编辑手稿,这本书是她与凯瑟琳·格洛弗(Katherine Glover)共同撰写的。《新时代的孩子》这本书提出了非常先进的理念,其收集并扩展了由赫伯特·胡佛(Herbert Hoover)总统在白宫主持的关于儿童健康与保护(Child Health and Protection)会议的报告。在书中,伊芙琳描绘了一个"新"孩子的图画,提出"通常是以父母双方共同工作取代一个人的劳作",在一个尺寸更小的房子里,用"机器代替人工"。她说,"这样的孩子,几乎和家庭一样属于社区"。现代儿童是"变化、变化、变化"的产物。未来会发生什么? 她预言:"价值观的澄清,生活精神动力的回归";科学与宗教的和解;教育领域内的继续实验;以及对秩序与美的"意识"的深化。

此后多年,约翰·杜威每年至少去密苏里州看望伊芙琳一次。只要他乘火车经过圣·路易斯(St. Louis),他就会去柯克斯维尔(Kirksville)那里旅行一次。伊芙琳和格兰维尔拥有一个大的牛羊牧场,以至杜威的"年度笑话"是,每当他到达时,他就带着他们"需要"的东西——一只羊腿和一些烤肉。当杜威开始在基韦斯特(Key West)过冬时,伊芙琳经常开车到那里与他团聚。1965年,伊芙琳过完76岁生日之后,在牧场去世。但这是遥远的未来。对约翰·杜威来说,现在仍然是1894年。

另一种教育

在到达芝加哥大学后不久,杜威得出这样一个结论:"利益和骚动是相当大的……

就像芝加哥的一切一样。这个地方是地球上最伟大的炖房(stew house)。"就像他在石油城度过的非凡且令人宽慰的时光,或者就像他爱上爱丽丝的那些日子一样,1894年的夏天,他的生活又发生了变化。杜威改变了自己的人生轨迹。他离开密歇根前往芝加哥;5月份,爱丽丝把两个大点的孩子带到欧洲;他对有组织的宗教失去了兴趣;他那理想主义的哲学思想已经枯萎,并逐渐被功能主义取代。对他来说,神圣的东西消失了,留给他的是空虚的内部空间,新的忧虑与承诺在其中流淌。他是一个有家庭和职业声誉的成年人;他仍保持孝顺儿子的形象;他已经完成他早期生活、时代、天赋所承诺完成的一切。而现在,在短短几个月里,尽管他表面看起来无丝毫变化,却又经历了一次蜕变。

当杜威满怀热情,且将旅行的幻想变成了真正的计划时,他立即接受了哈珀的提议。爱丽丝带着弗雷德和伊芙琳去了欧洲,而他在密歇根大学完成了考试,然后又上了暑期班,接着是芝加哥的秋季学期。最后,在12月,他将在欧洲与他的家人相聚。那时弗雷德已经7岁了,伊芙琳5岁了,但生于1892年的莫里斯要到10月18日才两岁。杜威坚持说,爱丽丝除了照顾孩子之外不用做任何事,他还坚定不移地认为:他和自己的母亲可以很好地照顾莫里斯,直到有新成员的加入。

后来,爱丽丝和他们的两个大孩子在5月19日离开了。在爱丽丝他们乘船离开之前,杜威就感受到了自己对他们强烈的感情。在她离开之前,他给了她最后一封信:"我爱你,我爱你,送给你我的心。亲爱的,航行顺利……我希望我能去……和你在一起……我爱你,亲爱的,我爱你。"爱丽丝也对他说:"我爱你,爱你,爱你。"之后的七个月里,他们平均每周写三次信,表达爱意是他们想要反复告诉对方的重点内容。杜威还定期向孩子们表达感情:"我亲爱的弗雷德"和"亲爱的小女孩"——"亲爱的男孩,我爱你,在一周内给你数不清的吻";"我爱你,我的小甜心"——孩子们也热情地给予回应。

一开始,露西娜留在安娜堡照顾莫里斯,后来她搬到芝加哥去和儿子团聚。偶尔,她会把小家伙带回拉皮尔,有时还会把他带到爱丽丝外祖父母居住的地方。杜威花了大量时间和莫里斯在一起,由此使得他对儿童发展和早期教育的心理学研究越来越多。1894年初,他的著作《幼儿语言心理学》(*The Psychology of child Language*)出版,这本书主要是基于他对弗雷德和伊芙琳的观察(当然莫里斯也有份)而写成的。现在,家庭里的其他成员在国外,杜威将其无限的关爱和所有的关注都毫无保留地倾注到莫里斯身上,并在每周三次给弗雷德和伊芙琳写信,说明莫里斯的情况。他详细地描述了莫里斯的一点一滴,并确信弗雷德和伊芙琳会对弟弟的成长感兴趣。

在爱丽丝离开之前,当她还在为离开她一岁半的儿子而担忧时,杜威对她说:"别想带莫里斯……为了莫里斯而太过恋家也是不行的。与此同时,也不要太担心他会给我带来麻烦。在我看来,他是这里唯一的光点,让我不觉得自己完全是一个漂泊在地球表面的人。只要他和我在一起,我就觉得自己还有一个家,还有一个栖身之地,还有一个归属。"他溺爱这个男孩。杜威会选择夏天的某个时间,带着莫里斯乘火车去拉皮尔和露西娜住在一起。即使莫里斯有时也会吵闹,杜威也觉得这些行为是令人愉快的,甘之如饴。他在车厢里来回跑着("在后面追着他让我很头疼"),抓住乘客的帽子。"我认为莫里斯几乎能飞。当他挥舞双臂跑过来时,会明显踮起脚尖,我想他认为自己是一只鸟。"很快,不知所措的父亲低声哼唱着:

> 我想我会爱他直到永远。他真是太可爱了……我不相信……他这个年纪的任何一个人像他一样如此惹人喜爱。传统爱人眼中的亮光……每当我进来的时候,首先映入眼帘的是他的面庞。然后他的小手指紧接着出现了,"我是爸爸,是爸爸",我用会最温和最满足的语气对他说。

杜威是如此深沉地爱着莫里斯,以至于在给弗雷德和伊芙琳的信中也用莫里斯的口吻:

> 亲爱的弗雷德哥哥,伊芙琳姐姐——我是爸爸的孩子,妈妈的快乐,奶奶的宝贝,萨迪斯的男人,埃拉的甜心,莉莲的爱,弗雷德的最爱和伊芙琳的小跟班……每次爸爸想哄我睡觉的时候,我总是愚弄他;我可以快速把瓶子倒空,然后站起来,试着跑一圈或做点其他事情以告诉爸爸,我可以捉弄他,一点也不用午休。

这样的狂想曲在整个秋天都在继续。莫里斯一定是"最完美的艺术作品"。"他有语言方面的天赋。"莫里斯"很明显是自己",杜威了解爱丽丝关于儿童发展的那一套说法,他向她保证说自己不会对莫里斯进行说教或规训。在发完脾气之后,莫里斯"看起来像天使一般。我走过来对他说,'小甜心'。是的,我对他没有提出任何道德上的问题,涌现而出的是一种情绪波动和自我感激之情"。杜威特别高兴地报告说,露西娜从抚养杜威开始,就显然采用了一种新的自然育儿理论,而且她似乎也不关心莫里斯的道德天性。她高高兴兴地和莫里斯玩,把对他灵魂归宿的关心放在一边。她甚至不再问杜威关于他与耶稣的关系,而现在仅仅是催促杜威每天认真锻炼。

如果可能的话,杜威对芝加哥的生活也会同样充满热情,尤其表现在普尔曼的罢工以及他与简·亚当斯的赫尔馆关系的发展上。到 19 世纪 90 年代,在新英格兰发展了几十年的赫尔馆已经发展成为"定居点",它脱离了宗教组织,致力于救济和照顾有需要的人,并发展普及教育。赫尔馆是美国所有大城市中很快建立起来的无数定居点中最为著名的那一个。

当爱丽丝在欧洲安顿下来,约翰从安娜堡搬到芝加哥时,工会的铁路工人和他们的支持者进行了普尔曼罢工。罢工引起了轰动,引发了全国的关注,并引出了公众对即将出现的劳资冲突的意识。这次事件还使普尔曼汽车工人工会(Pullman Car Workers Union)的负责人尤金·德布斯成为全国知名的社会正义代言人。这次罢工使杜威陷入了同样的救世主式的平民主义热情之中,这种热情使他沉醉于与富兰克林·福特和科里登·福特的交往。在和一位年轻的铁路部门管理者聊了 15 分钟后,他告诉爱丽丝,他的神经比以前更振奋了:

> 我觉得在开始自己的生活之前,最好辞去工作追随着他。一个人完全丧失了对事物的正确或错误的认识时,几乎充满了狂热的真诚和认真。我不相信这个世界已经出现过像这次罢工事件这样壮观的、让广泛的人联合起来的场面。

在 1894 年 7 月 4 日,杜威在拜访罢工者的同时,与他们分享了他的乌托邦式的希望和信念:如果普尔曼不让步或不接受调停,工会大罢工将持续发展。当然,他们都意识到罢工可能会被残酷地镇压下去。潜在的殉道者眼花缭乱,杜威与他们同在。然而,保守派人士却说,"德布斯应该被判叛国罪",并且工党"丧失了所有公众的同情"。商业利益集团促使总统对罢工者采取强有力的措施。包括杜威在内的自由主义者满怀希望,但也预测到"政府显然会插手干预,而这些人将会被打败,但这是一件伟大的事情,是一次更大的开始"。到 7 月 10 日,所有城市的工会都投票赞成罢工,而芝加哥则陷入一片混乱。联邦士兵被派往城市(制止混乱),杜威担心克利夫兰总统准备宣布戒严令。有传闻说罢工者烧毁了数千辆火车。"当然",杜威说,

> 政府不能忍受真正的暴乱,但却可用一种富有同情心的态度,一种在罢工者与抢劫者和暴乱流浪群体间的歧视以及一种视图对普尔曼而不是对罢工者施加的轻微压力来产生巨大的不同,所有错误不可能都归结到一处。

到现在为止,杜威觉得自己是"一个很好的无政府主义者"。

到了本月中旬,罢工被打断了,德布斯被逮捕了,资本主义在残破的工会旁得意地笑了。但杜威并没有被说服:"如果我是先知,工党真的赢了⋯⋯如果有组织和合作,工会可能完成的工作绝对令人印象深刻。"甚至逮捕德布斯"也是一件很好的事情",因为它暴露了商业阶级的恐惧、法院的无能,以及两个政党的贫穷和混乱。杜威谴责了

共和党和民主党。他仍然坚持"新思想"的基本原则,试图在事件和问题的表象下寻找答案。他总结道,"白银问题、关税问题以及其他所有问题",只是象征着"在黑暗中胡乱摔跤的孩子";政客们正在和公众玩"欺骗游戏"。考虑到"上层阶级"的态度,他说,这是一个"奇迹","没有比这更彻底的社会主义者了"。他自己也成了社会主义者。

与他早期的"新思想"相比,杜威从普尔曼的罢工中得到了实际政治的教训。随着全国大萧条的全面爆发,"成千上万的人失业",以及德布斯在早些时候对大北线(the Great Northern line)的抗击中取得的成功,他暂时超越了自己,但杜威相信"罢工的影响"最终将是"巨大的"。然而,他也意识到了短期的损失:他预测,即将到来的冬天"甚至比末日的冬天还要艰难",因此,许多富人都抱怨说,"要得到'慈善'将会更加困难"。

在洛克菲勒的捐赠和浸礼会(Baptist)原则的熏陶下,芝加哥大学的杜威明白了,他不太可能欢迎工人们的斗争。他说:"我担心芝加哥大学是一个资本主义的机构。"他后来补充说:"这所大学显然在'劳动'方面名声不好。"教师是保守的。其中一位历史学家评论说,"德布斯的暴政比俄国沙皇更糟",杜威听到"基督福音牧师"在大学里表达了这样一种想法,"在某些人得到一些教训之前",罢工不会得到解决。那些简单的日子已经结束,那时候,露西娜可以组织伯灵顿的基督教牧师们通过赫尔馆为改善基本的社会问题作出贡献。在内战之后,资本主义经济空前且完全出乎意料地增长,掩盖了教堂处理社会弊病的能力。成千上万的人失业,金融计划变得疯狂,经济萧条和贫困远远超过了进步。杜威总结道,有组织的宗教更倾向于支持资本主义而不是改革它。

8月初,当被要求主持礼拜仪式时,杜威以"不能祈祷"为由拒绝,这只是一点"小惊喜"。不到三个月后,他来到芝加哥,接受了一份参加大学基督教会"心理学和宗教"主题演讲的邀请。但他真正的目的是解释自己:"第一个和最后一个知道我的异端学说是一样的——如果还是不知道的话。"他本以为自己的决定会让读者们感到震惊,但他几乎没有引起轰动,甚至在浸礼会牧师中间,也只是对杜威的异端学说"感到自满"。杜威总结道,他在大学的"不敬和公然展示的虔诚"之下,摆出一副自由放任的态度,甚至对宗教信仰也漠不关心。只要他支持资本主义,就没有人关心他对耶稣的看法是否正确。他重新考虑了自己所经历过的悖论。在密歇根州一所州立大学,"在社会问题上有自由,但在宗教方面却有一些限制",而在私立的、受浸礼会支持的芝加哥大学,有着"完全的宗教自由",以及"社会方面的限制"。虽然杜威仍然认同左拉的社会批判,但他不能接受左拉的新小说《卢尔德》(Lourdes)的结论,因为科学并没有解决"人类福利的问题","回归神秘与超自然,以卢尔德为象征"是必要的。左拉写了一本"简单而伟大"的书,但杜威不再相信宗教会解决经济问题。那么,什么能解决呢?当杜威离开安娜堡时,他已经断绝了与公理教会的联系,而现在,普尔曼罢工事件是他最关心的事情,他违背了自己在芝加哥严格保守的法律和秩序。他与自己最初的思想阻断开来,甚至比当初被富兰克林·福特阻断得还要彻底。现在他意识到他的"思想,尤其是感情"是如何"无政府主义"的。但他不准备成为无政府主义者。他会去哪里?他有什么盟友呢?

赫尔馆成为他的新教堂,"正义"代替"法律和秩序"成为他的口号,简·亚当斯成为他的牧师,工具主义成为他的信条。政治经济学融入他的哲学思想。工人和学生一样引起了他的关注。杜威在密歇根大学任教期间参观了赫尔馆,并对其有了深刻的印象。在 1894 年,从夏天到秋天,他在信中反复提及赫尔馆。"我想,赫尔馆是一个自然存在的地方",这位逻辑学教授语无伦次地说。简·亚当斯关于赫尔馆的社会功能理论完全符合杜威不断变化的思想和情感需求,填补了他对旧忠诚的摒弃所留下的空白。事实上,亚当斯一直坚持认为"社会意识的伟大觉醒是现代社会最深刻的宗教信仰之一"。因此证明了普尔曼坚信的"工资竞争和租金垄断"。杜威认可并赞同这种说法。亚当斯宣称赫尔馆的"特殊目的"是"城市生活的统一或城市统一的实现"。于约翰而言,这比黑格尔的有机主义更重要。根据亚当斯的说法,"赫尔馆唯一能做的就是……向任何人学习都是通过将其转化为行动,使之可被察觉——人们已经与死亡对话,并且书写死亡"。杜威自己已经开始了行动哲学,亚当斯为此提供了助力。亚当斯的同事,艾伦·盖茨·斯塔尔(Ellen Gates Starr)称赞道:"全国各地的人们都在扔掉他们的面包和黄油,以便他们的同伴们能得到他们应得的权利。"杜威的仰慕之情高涨。他是赫尔馆的皈依者。

杜威的思想得到了喘息。最终,在 1894 年 10 月 9 日,在赫尔馆杜威发表了一系列关于社会心理学的演讲,之后他与简·亚当斯进行了一次谈话。他们讨论普尔曼的攻击,并强调了它里面对立的辩证法,在亚当斯小姐把他拉上来之前,他已不知不觉地陷入黑格尔的进步主义视野之中。

"对抗",她坚持说,"不仅无用而且有害,而且完全没有必要"。

他问她到底想表达什么。

她回答说:"对立从来都不在于客观的差异,如果一个人被孤立,它就会永远发展成统一,但是当一个人把自己的个人反应融入到现实中时就会出现。"

165

她到底在说什么？

"当一个人特别强调一部分真相时，当一个人喜欢做令其他人不快的事情时，或者当一个人觉得他必须证明自己不是一个道德懦夫，抑或做其他一些事情时，这时是情感而非现实在产生冲突。"

她停顿了一下，然后又继续说道："更重要的是，历史上唯一的邪恶来自对抗。你怎么认为？难道不是这样吗？"

他同意了，但接着又说"以愚蠢的方式对待过去的历史会产生分歧"。

她用一个圣经的例子向他施压。"如果耶稣真的把货币兑换商赶出了圣殿，那就解释了他的神职早期与晚期的差别，这是后来基督教的错误。如果他这么做了，那么他一定是失去了信仰，反应是如此矛盾。"

她接着说："我们在内战中解放了奴隶，但这场冲突带来了什么好处呢？即使我们知道南方人的痛苦也增加了。现在我们必须把他们全部解放出来，再一次为战争付出代价。"

"但是"，杜威回答说，"难道你不认为除了个人的对立之外，思想和制度中还有真正的对立吗？例如，基督教与犹太教，或劳动与资本，或教会与民主？这种对抗的实现对于真理的应用和成长的意识来说是必要的吗？"

"并不必要。"简·亚当斯回答说。

可怜的杜威。他没有得到任何答案来证实他的信仰。

但亚当斯女士继续说道："机构的对立总是不真实的。这种对立可能仅仅是由于个人的态度和个人的反应，而不是增加了对统一意义的认识，这种对立会延迟扭曲。"

杜威试图用他喜欢的理想主义思想来反驳她的论点。"张力本身是生命的中心：它存在于所有的自然力量和生长中。"

"当然"，她也认同这个观点，但后来她做出了一个漂亮的哲学上的区别，这种区别连哲学家本人也会忽略。"行动中却有压力，但仅仅是选择完全不同于现实统一中的东西。"她主导着他们的谈话。她和斯塔尔小姐（Miss Starr）告诉杜威关于她在赫尔馆的对抗问题——石头扔向建筑，窗户粉碎，强行闯入——她说，"她会在警察到来且冲突增加之前把所有事情都处理好"。她甚至告诉杜威，"有一天，一个黑人在大街上往她脸上吐了一口唾沫，她只是擦了擦，毫不在意地继续交谈"。

杜威在独自一人的时候想到了这个话题，并试图将它的含义传达给爱丽丝。"如果我能告诉你，她是以绝对平常和毫无感情的方式说出这一切，那将会使我对我所见过的最伟大的知识和道德信仰的想法发生改变。"

当他写信给爱丽丝时,只是茫然不知所措。"当我把谈话重复给你听时,"他对她说,"现在看来是那么自然和平常的地方……并没有给我留下什么美好印象,但却给了我一个从未有过的感觉。第二天,我开始明白了。"

他思考着这次谈话对他的哲学观点的影响。一方面,他很抗拒,但他意识到他的反应就是对抗。作为进步,"如果这些完全没有意义,我看不出这些冲突和消逝的历史意味着什么;我的才智,我的骄傲,我认为这一切都是消极的,没有任何功能上的价值观点本身是一种反抗"。历史不应该仅仅是这样的,而是应该有其意义所在。

另一方面,他说从某种意义上说,他是在一瞬间被"转变"了。(对杜威来说,这个词还有很多意义。)因此,他反思自己的哲学立场:"我想我必须放弃原有的一切,重新开始。我想……唯一的现实"——他开始写《理想》(ideal),但却发现自己——"是团结,倘若我们假定有对抗,那么一切都是错误的。我可以看到,我一直在理解黑格尔的'被划掉的'——'辩证错误的结局'——统一是对立的调和,而非对立是增长中的统一,从而将身体的紧张转化为一种道德的东西。"他以充满希望的口吻说:"我可以……看见,或者更确切地说是梦想,也许……这只是一种幻觉,因为我们把自己置于一个错误的位置,从而陷入了对抗……这全都是一个东西,这个东西唯一的作用就是警告我们不要去想分裂。"他惊讶地说:"但是,当你想到亚当斯小姐不把这当作一种哲学,而是相信它处在自己的所有感官和力量之中——伟大的上帝!"这是杜威的一个特点,他总是乐于接受其他的想法。作为一个专业的哲学家,他通常坚持自己的立场,但在聪明的女人,非哲学家,古怪的思想家,抑或是普通民众之中,他又成了一个学生。1894年10月那个晚上的谈话,使杜威深深震撼。

168

在这段时间里,亚当斯讲的内容并不是杜威唯一学到的东西。他学到的另一件事情来自一个完全意想不到的来源:他自己的儿子弗雷德。杜威在他写给爱丽丝的信中,甚至在他写给孩子们的附言中描述了普尔曼的罢工和赫尔馆。虽然他从来没有问过他们是否正确理解耶稣,但他却认为他们会正确地持有社会正义,这就有了一个惊人的影响。在给爸爸的回信中,7岁的弗雷德对他在美国看到,而如今也在法国出现的穷人的困境非常感兴趣,爱丽丝写信给杜威:

> 他坚持说我们将住在城市的贫困地区。他受到了我们在这里看到的乞丐和悲惨者的影响。昨天在圣克芬德(St. Cloud),他看到一个可怜的盲人乞讨。今天下午,他突然大哭起来,责备我没有给这个人任何东西。我试着向他解释我为什

么不这样做,这引发了我们关于社会罪恶相关话题的一般性讨论。我告诉他亚当斯小姐想在芝加哥做什么,当我们到达那里时,我们会尽力帮助她。"不,先生!你只要自己去,在贫穷的地方买一套房子。我们将和穷人住在一起。你看,在妈妈跟我说之前我都不知道这件事。我认为最好给他们钱,但现在我知道了。我认为最好给他们一些事情做。"现在爱丽丝说,我要他亲自给你写信。他说话的速度非常快,嘴唇颤抖着,拼命抑制住泪水,他不断提出要回到盲人身边。

无法再保持平静,弗雷德拿起信接着写道:

亲爱的爸爸。我以前从来不知道给人钱是件坏事。我看到一个盲人在街上乞讨之后,紧接着就哭了。我相信有人告诉他这件事,因为我认为他是一个会讲真话的人。我想住在芝加哥最穷的地方,和那里最穷的人住在一起。在妈妈告诉我之前,我从来不知道亚当斯小姐住的地方是最贫穷的地方。如果你愿意,我们也会做同样的事情。我认为亚当斯小姐很好。我将会非常富有,倘若那里的穷人想要吃东西,却没有足够的钱,我将给他们工作去做,而不是直接给他们钱。但是对于那些不能工作的盲人,我会给他们一些吃的和一点钱。我打算在我的木匠店附近给莫里斯建一所法国小学校,我要……让伊芙琳教……莫里斯,任何一个穷孩子都可以来学习,他们不用付任何费用,当然如果他们愿意,倒也可以支付一些费用。

说到这里时,伊芙琳告诉弗雷德,她还没有做好当老师的准备,而且,"我不像你那样为穷人感到难过"。"那么,"弗雷德回答,"我不会给你建学校的。"这时,伊芙琳放声大哭起来!

回到芝加哥,杜威深受感动,他想为弗雷德的理想主义喝彩,但同时也要让他注意现实的问题:"亲爱的弗雷德,去那里生活有一个麻烦。"斯塔尔小姐去年春天说,她不认为这是一个适合孩子的地方。他解释道,街上发生会"坏事",会有小莫里斯不应该听到的"坏话","并且你和伊芙琳还很小"。但是,杜威自己的理想主义出现了,他这个最古老的个人理想主义,是由简·亚当斯引发的,他给弗雷德写信说:

但我们会尝试做一些事情:记住,我们属于普通人。你必须在你的身体和头脑中变得强壮,这样你才能对别人有所帮助。很多很多事情都混合在一起,很难知道该怎么做。这就像在黑暗的房间里径直走着,一切都是分散的。

杜威把理想主义哲学变成了一个充满希望的社会理想。但与此同时他也意识到社会的繁复性和复杂性;他了解局势紧张,但希望团结起来。私下里,他向爱丽丝表示了对当下现状的恐惧："我可能会无限期地谈论社会问题的困难,但这对年轻人来说,似乎并不公平。"弗雷德身上所激发的绝对主义热情使他有点害怕。他继续说:

> 他们说,下一个冬天的苦难,事实上已经是可怕的了。他们正在给赫尔馆的许多人提供食物——这些人是"可敬的"——也就是说,一年前在银行有存款的人,小商人和熟练工人……去年冬天,有一股慈善热情的浪潮帮助了人们,但事情越来越糟,这股浪潮渐渐平息了。

对于在法国的爱丽丝来说,这里充满了美国的民主激进主义。"在凡尔赛的正面",她告诉杜威,她第一次去那里时,"上面写的是在法国的荣耀(à toutes les gloires de la France),这个应该被在法国的疯狂(à toutes les folies de la France)取代"。

杜威主要关心的是孩子们。"我很感动……弗雷德对穷人的描述。可怜的弗雷德和可怜的穷人。"但是,一个有着如此敏感情感的男孩会变成什么样呢?就像杜威自己的情感反应一样吗?"也许,他会成为一名社会鼓动者——也许他会成为上流社会的一员,在法律和秩序方面很强大,在正义和自由方面非常软弱。"

杜威所学的东西来自四面八方。下一个课程来自他的哥哥戴维斯。多年来,戴维斯作为一名有名的评论家,在美国的社会和经济问题上赢得了良好声誉。杜威把戴维斯所有的书和报告都读了一遍,并与他定期通信。杜威在戴维斯那里学到了他没有在简·亚当斯、爱丽丝或他孩子那里学到的当代问题。

在佛蒙特大学毕业后,戴维斯还没有决定他该做些什么。他很难缩小自己的兴趣范围。他擅长语言。相较杜威而言,他更喜欢且擅长于数学。与此同时,他也被科学实验所吸引。"我度过了自己奇怪的时刻。"他在 1883 年写信给杜威,"摆弄仪器和实验,我在电力方面做了大量的尝试,并且做了一些非常令人满意的实验,从而显示出了比我之前预想得更多的独创性"。到了夏天,1883 年秋他决定和弟弟一起在约翰·霍普金斯大学学习。他选修了政治经济学和历史。与杜威相反,吉尔曼校长欣然授予戴维斯奖学金,他和赫伯特·巴克斯特·亚当斯(Herbert Baxter Adams)、理查德·T. 埃利一起学习。他用了整个夏天曾在《布拉德斯特里金融评论》(*Bradstreet's Financial Review*)中担任记者。在杜威完成关于康德的论文两年后,戴维斯取得了博士学位,他的论文为《亨利·凯里之前的经济学文献史》("History of the Economics Literature Previous to the Time of Henry Carey")。

就在毕业前夕,戴维斯被推荐到位于布卢明顿的印第安纳州立大学处于发展之中的校区工作。密歇根的安格尔校长"写信给戴维斯……他很有可能在这个地方得到很

171

好的机会……工资在1 600到1 800美元之间"。但是，戴维斯正在努力寻找一所新学校——麻省理工学院（Massachusetts Institute of Technology），在那里，一个政治经济部门正在被建立。"他们想要使用约翰·霍普金斯大学的方法"，约翰对爱丽丝说——弗朗西丝·韦兰（Frances Wayland）的新英格兰学校的旧政治经济学是不需要的。我们想要的是戴维斯在科学、定量研究方面的实验，这种实验强调方法。年薪只有1 200美元——但赫伯特·巴克斯特·亚当斯向戴维斯承诺，如果他接受了这份工作，他就会安排他在"波士顿最漂亮的年轻女子学校"做教历史的兼职，每年400美元。关于麻省理工学院，杜威写信给爱丽丝，"这个机构纯粹是科学的……如果戴维斯过去的话，那将是一流的地方"。他得到了这份工作，成为了经济学、政治学、历史学和统计学的讲师，并于1886年6月29日在威斯康星州的麦迪逊与玛丽·科妮莉亚·霍普金斯（Mary Cornelia Hopkins）结婚。他和玛丽勉强将杜威和爱丽丝打败了。

这两兄弟终其一生都很亲密。戴维斯从来没有杜威那种发表文章的速度——除了W. T. 哈里斯之外，谁还能做到如此呢？尽管如此，他的第一批文章，比如《街道铁路的市政收入》（"Municipal Revenue from Street Railways"）和《1815年以来的政治历史教学大纲》（"A Syllabus on Political History Since 1815"）早在1887年就发表了。戴维斯1903年的著作《美国金融史》（*The Financial History of the United*）使他获得了约翰·马歇尔奖（John Marshall Prize），并确立了他作为美国经济历史学家的地位。这本书由朗曼斯格林（Longmans Green）出版，印刷了许多版本，直到1968年之前还在出版。他的《国家问题（1885—1897）》（*National Problems, 1885—1897*）作为由阿尔伯特·布什内尔·哈特（Albert Bushnell Hart）编辑的多卷美国系列丛书的一部分，在1907年由哈珀兄弟（Harper & Brothers）出版，得到了广泛好评，并成为那个时期历史作品的标准。第一次世界大战期间，戴维斯在华盛顿特区为联邦政府工作。他如此迅速获得认可的证据就是，在1909年被选为美国经济协会（American Economics Association）主席，并担任美国统计协会（American Statistical Association）秘书长达二十年。戴维斯在经济实践和理论方面，也有作为一名定量历史学家所拥有的重要地位。他的《雇员和工资（1902—1908）》（*Employees and Wages, 1902—1908*）是对美国劳工工作条件的开拓性调查，其基础是对1900年人口普查的详尽研究。他认为这是他最好的书。也许戴维斯·杜威对美国经济讨论的最大影响来自于他从1911年到1940年对《美国经济评论》（*American Economic Review*）的编辑。

除了严格的统计学和历史学研究之外，戴维斯还借鉴了杜威对社会改革的关注。

他积极为波士顿儿童局（Boston Children's Bureau）和波士顿公立学校协会（Boston Public School Association）工作。在 1893 年到 1896 年的大萧条期间，戴维斯走访了东北部和中西部，"研究了缓解或解决失业的方法"。"戴维斯去过六个或者八个城市……戴维斯说，这是与慈善机构的人常见的对话：你不相信不用工作就能很舒心吗？不相信。你认为有足够的机器存在就可以缓解压力吗？哦，是的……去年你能找到多少工作？哦，非常少。"杜威告诉爱丽丝，戴维斯"在我看来，智力一直在增长，因为他的同情心是如此开放"。杜威和戴维斯在他们的一生中，都想尽办法来做他们可以做的事情。他是几个调查委员会的主要成员，从雇主—雇员关系到慈善和改革机构。他被柯立芝总统和胡佛总统任命于调解委员会成员来解决铁路工资纠纷。他过着充实的、富有成效的生活。

约翰从新英格兰搬到中西部，然后又搬到纽约，走着知识分子在 1880 年到 1920 173年所走的两大地理路径，戴维斯留在了新英格兰，在他的整个职业生涯之中，都留在麻省理工学院任教。戴维斯·里奇·杜威于 1942 年去世，他是一位优秀的经济学家和一位慈爱的哥哥。

戴维斯在 1894 年对经济萧条和就业问题的调查给杜威带来了些许的困难。在欧洲，爱丽丝、弗雷德和伊芙琳在一起，而杜威、莫里斯一直和米德待在一起，直到他的母亲来到芝加哥，在他们和其他人在欧洲团聚之前，在那里找了临时住所。海伦·米德写信给杜威的孩子们，告诉他们关于他们父亲的一件趣事：

> 有一天晚上，你爸爸去贫民窟了，正在回家途中，他说，大约十一点到家。夜里我听到一个孩子在哭……过了很长时间，我对自己说："听起来像莫里斯，我来看看杜威先生是否需要帮忙。"于是我走进他的房间，瞧！——不是杜威先生！——莫里斯哭哭啼啼地说："爸爸来找莫里斯，爸爸来找莫里斯！"然后我哄他继续睡觉，告诉他我是米德夫人……莫里斯随后又进入了梦乡。你爸爸错过了最后一班车，在城里待了一整夜。

那只是故事的一半。杜威已经忘却了时间，因为他参观了芝加哥一些著名的妓院，并与最具启发性的职业女性展开了讨论。

杜威详尽地地向爱丽丝汇报了他的"贫民窟"之旅。首先，他和戴维斯去了一个户外福音聚会，然后去了公园剧院，然后去了"一个十美分的寓所"，"两个赌博场所……三家妓院"。一个是著名的芝加哥妓院，这所妓院属于嘉莉·沃森（Carrie Watson）。在这里，他看到了"舞台上的礼仪模仿"；女孩们"浓妆艳抹……随意地邀请你和她们一起上楼"。另一个"是一个高挑的地方,一间装饰得很雅致的房子……达到了百万富翁的房子四分之三的程度"。在这里,女孩们"甚至连粉都没有涂,也没有发出任何邀请"。他被迷住了:"我想专家可能会将她们挑出来,但是我不应该了解可能在任何一个晚会上遇见的女人。"一个女孩告诉他,对她来说,这是"一种职业","她经常用自己的收入来做善事"。他现在同意了爱丽丝的观点,认为卖淫"和其他任何事情一样,都是一种社会制度",因此,就像爱丽丝一直坚持的那样,这是女性解放问题的一个组成部分。但是,他补充道:"对于这些女孩来说,只能坐下来哭泣。"他承认,"爱丽丝比我知道的更多"。

很少有丈夫会写信给远在千里之外的妻子去说明他们在调查妓院。很少有人会把这样的访问与妇女解放问题联系起来。但是,19世纪90年代是一个特殊的时期,当时需要严肃考虑的是那时社会条件的有序。杜威和爱丽丝是一对了不起的夫妻,相互信任着彼此。两人都知道他们是谁,相互都知道他们在彼此的关系中扮演什么样的角色。

另一位教师启发了杜威,把他带进了新的思考领域。这位教师是威廉·雷尼·哈珀。与此同时,杜威深受穷人、失业者和工会工人困境的影响,他也被哈珀反复的宣传活动所吸引,与新大学中富有的理事会成员联系在一起的目的是为部门运作筹集资金。因此,杜威不得不从他所称的"高级阶层"中寻求帮助,他和他赫尔馆的朋友们谴责过相似的团体。他给爱丽丝寄了一捆报纸文章,还有《哈珀周刊》(*Harper's Weekly*)的社论,谴责罢工者,维护保守的商业利益。这些人表达了他所征求意见之人的态度:

> 我不知道自己什么时候遇到过如此绝望和沮丧的事情。很难保持平衡;唯一的奇迹是,当"高级阶层"——该死的他们——以这样的观点来看,就不会有更彻底的社会主义者了……我知道事实是什么,也不会有什么区别;那是一份有代表性的上层阶级刊物——该死的——对于《哈珀周刊》或者所有其他期刊可以采取的态度,是认为德布斯是一个简单的疯子或是其他,做这一切来显示他对于犯罪的控制……犯罪的"下层阶级"——嗯,它显示了成为一个高级阶层的意义。

就在几天后,哈珀带他去见了富有的理事会成员查尔斯·瑞尔森(Charles Ryerson),他已经捐赠了物理实验室。说不准还会支持创建一个最先进的心理学实验室。杜威在那里要求另一份捐赠,虽然他的信念坚定,却还是觉得不舒服,尽管如此,他对瑞尔森的财富有深刻的印象。他说,瑞尔森的房子和"院子"都是"看不见的"。

"我只看到了大约250种颜色最好的东方地毯的微光。"瑞尔森,他补充道,既表现出嫉妒,又表示轻蔑,"在巴黎学习法律或是什么都不'做'"。

尽管他的雄心是建立一个强大的部门,这推动他走向和解,赫尔馆还是使他倾向于激进主义。他在给爱丽丝的信中写道:"在某种程度上,这是一种安慰,因为它可以筹集到足够的资金来发展它的子公司和处理外部事务。你觉得,如果你花了50或100美元做这件事……这笔钱将增加。"当哈珀告诉他,会为他的"劳动"寻求基金资助的时候,他感到一阵胜利的喜悦,因为让他负责心理学实验室,理事会额外给他200多美元。杜威的成功促使他自己要求立即"为图书馆增加一千本哲学书"。他想要在这个国家建立一个总理部门,使得他卷入了金钱游戏之中。这是一种理想主义的学术版本,在社会层面和政治层面助长了他日益增长的激进主义。随着资金的流入,他总结道:"你对哈珀提越多设备和书的要求,他就越喜欢你——他认为这是你活着,充满活力的标志。活力是世界上最好的东西。"他情不自禁地承认自己对"哈珀如此富有精力且成功,尤其是还获得了百万美元"的赞赏。大学里到处都是抑郁、失业的人,充斥着住在居民楼外的饥饿人群。但在大宅子里,那些光线柔和的房间里闪烁着东方的地毯,闪烁着光亮的草木。杜威只是其中的一小部分。他甚至违背自己的意愿,也屈服了。"我要加入繁荣",他告诉爱丽丝,

176

> 在混乱中得到我所能得到的;逐步引导学生;我自己的工作。这些应该有一笔很大的补偿,我认为最大的问题该是至少有空间来建立你自己的部门,并且没有任何疑义……一个团结的部队,在这里应该快速前进;在我看来,完美的水泥是混合着红葡萄酒和完美雪茄的。

就杜威在大学的工作而言,哈珀要求他做一系列"大学讲座",主题关于:"哲学——她在哪里,我们在这里做什么?"他对爱丽丝说:"好像……我想抓住这个机会,让这个部门兴旺起来。"于是,尽管他同意这是一个"该死的傻瓜"般的决定,他还是来讲课。他秋季班有二十名学生,这在课程表上是最大的班。除了他"相当无情"地拒绝了好几个学生外,始终保持着较大规模。尽管他们恳求"明确地干你该干的事情,杜威教授,你也不会在今年余下的时间都在这里"。杜威试图挤出时间恢复写作。他甚至让哈珀给他找一个速记员秘书。但很多事情都影响了哲学研究。在他日常科技工作留下的空白中,新的社会态度正在形成。他定期在赫尔馆讲授教育心理学和社会问题,听众多达二百人。

杜威对教育理论和实践的兴趣在他搬到芝加哥的时候就开始萌芽了。他和哈珀

校长谈到了他的实验学校的设想,在这所学校里,可以进行早期教育的实验研究,但他不可能预料到,在大学的官僚机构中的哈珀,对杜威的科学思想有多快多深入的领悟。1894 年 11 月,哈珀邀请杜威共进晚餐,并一举"在两小时内组织了教育学整个部门,这个部门将在明年开始运转"。杜威在同一时间创建了幼儿园和语法学校的教师培训部门,为研究和创新教学理论与教育实验创造了机会。在秋季学期结束之前,他已经看到他的哲学和心理学系发展为拥有五名教员。但他在教育学讲座上的新扩张意味着,他还必须在实验学校进行训练和实验;他需要找到空间,雇用新教师;他还必须召集一批可靠的工作人员。这只是哈珀计划的开始。这一切都是在一个与哲学分离的"教育学"系中组织起来的,杜威是负责人。甚至他也不知所措。他告诉爱丽丝,一开始他很犹豫,并去"请求幼儿园和语法部"。哈珀没有被阻止,他继续展示他的宏伟愿景,当甜点结束的时候,杜威发现自己同意"大学,高中和初级教育,将于明年展开"。哈珀充满敬畏地说:"看他处理行政事务和看一件艺术品是一回事!"哈珀是富兰克林·福特的另一个版本,尽管他们的哲学角度不同。"所以,"杜威告诉爱丽丝,"我们要有一个独立的教育系,而我会是领头人。"

很快,除了他的其他工作,杜威还去了附近的恩格尔伍德,弗朗西斯·帕克上校有着训练学校。帕克多年来一直是中西部地区教育发展的中心发言人。杜威在白天与他探讨,晚上给两百多名教师演讲。不久,他甚至帮助帕克的老师们将他的《心理学》(*Psychology*)融入到幼儿园教学中。

不久,杜威就完全堕落到一个大学管理员的状态,从事写"备忘录"的工作。1894 年 12 月,他概述了自己的基本理论和新的行政管理计划。这是他现在所做的一种工作,而不是哲学,但他以和过去同样的动力投入其中,模仿哈珀,勾勒出宏大的教育愿景。"在心理学和伦理学上的计划",他开始了一个提议:"必须与教育学的工作密切相关,这是最……现在,任何一个学科都可以组成一所大学,特别是在西方,这是一种现实的需要,以便为心理学和伦理学的工作提供实用的例证。"他对自己的新工作充满热情,他指出:"迄今为止,在这个国家的教育学中所做的工作相对来说是无用的:它是机械的和模糊的,因为它与心理学和社会伦理相分离。"甚至在欧洲,只有耶拿的学者才开始意识到"教育工作的可能性。在这个国家,这个会走得更远,比在耶拿走得还要远"。虽然杜威拒绝了哈珀的计划,但现在杜威成为他的拥护者,因为他看到了公共服务和个人名誉的机会:

> 我的诚实和坚定的信念是,美国大学首先需要正确地看待教育的现状,并对

所涉及的可能性采取行动,这一事实将指挥整个大学的形势。我也坚信,芝加哥是美国最成熟的从事这项工作的地方。

为了实现这一目标,杜威所需要的是"教育博物馆",这里设备齐全,拥有专业的工作人员,有对公立学校开设何种课程的掌控,也有先进的学生,还有一所实验学校,"比如现在在耶拿大学和哥伦比亚大学,从幼儿园开始延伸到最后"。他向哈珀保证,这份备忘录设计的目的是在有限的代价内完成一份规划文件。它可以以小的起点展开,但最终会成为一个大计划。杜威断言,"整个计划"的"终极之花"是,教师的培训将被整合进大学,而不是单独完成,因此它可能是真正的科学。

校长总是高兴地倾听他的部门主管的宏伟计划。他立刻接受了杜威的想法。倘若哲学家愿意接收这个艰巨的任务,哈珀就已准备好支持他了。哈珀向杜威保证说,他可以"在我们的控制下组织一所完整的学校"。他提了其他的好处。如果爱丽丝愿意的话,可以去当校长,薪水是 500 美元。哈珀说"如果我想的话,学校明年就可以办起来",杜威补充说:"如果我不走远,我就会做得很快。"也许"反正我也会这么做"。在某种程度上,杜威设法为学校设想了一项计划,将他对早期教育的双重兴趣和工人阶级的社会进步结合起来。"哈珀认为学校应该离大学很近,这样才能方便入学;我告诉他我想将其设在西部,我不想有贵族学校,也不想帮助教育上层阶级的孩子。"(最终,哈珀轻松引入的论点占了上风。)

杜威有充沛的精力、昂扬的雄心、良好的职业道德和坚强的意志,但这项活动将所有的压力都展示出来了。他在童年时期就一直很容易因受到压力而产生心理和生理上的转变。1894 年,这一现象引起了人们的关注,最终变得如此严重,以至于他"不得不放弃一年的阅读"和"每天休息和锻炼"。这是他犯下错误的第一个坏兆头。

在爱丽丝在欧洲之时,杜威离开了他在密歇根定居的生活,离开了他的家庭,在一所新的大学教书,住在芝加哥的旅馆或公寓中;面对着一个大城市,相比于在安娜堡市所见到的,在这里穷人的痛苦更加明显,阅读爱丽丝关于欧洲剩余贵族的怀疑性评估,寻求与富人的接触,结交有新的社会思想的朋友——尤其是那些与赫尔馆有关的——毫无疑问,杜威很容易改变,尤其是于他已经尝试过的那种社会意识而言。

莫里斯·杜威

内心充满着压力,工作过度,眼睛疲劳,且渴望与爱丽丝和孩子们在一起,这些事情在整个 1894 年的夏天和秋天一直困扰着杜威。早在 8 月 5 日他就写信给爱丽丝：
"我想昨天是我度过的最悲伤的一天。"爱丽丝回答说她也很沮丧，她甚至想最早在 9
月就回家了。爱丽丝很难找到合适的住处，更不确定她和孩子们应该去哪里。更糟的
是，她与酒店经理和女房东发生了意想不到的冲突，他们都经常反对他们所认为的杜
威的孩子不守规矩的行为。

　　莫里斯的出现减轻了杜威的抑郁，莫里斯似乎证实了约翰关于婴儿心理学和婴儿
语言的所有最新结论的重要性。"从心理学角度看，我和莫里斯度过了一段美好的时
光。"他写道。"对儿童的训练，"他断言，"是一门精确的科学。"他太激动了，真希望能
再回去把弗雷德和伊芙琳重新养大。他说道："我希望我永远不会忘记我从莫里斯身
上学到的东西。"他试图向爱丽丝保证，莫里斯不会忘记她，与莫里斯在一起，杜威也很
快恢复了。"莫里斯表现出了很想你的样子，"他说，"顺便说一下，他紧紧地抱着
我……当我进来的时候，他十分开心，像个蛤蜊一样紧紧地搂着我，这样他和我就能够
彼此感受到对方。"

　　杜威在每封信中都提到了莫里斯，部分原因是他相信弗雷德和伊芙琳会对他们的
小弟弟感兴趣，部分原因是他对孩子们没什么其他可说的话，但主要是因为他被莫里
斯迷住了，无法自救。他写道："莫里斯头脑的发展已经赶上了身体的发展，对标志和
符号的领悟，以及开始的记忆和期待，都展现在他身上。"一天早晨，他详细地描述了莫
里斯的活动："莫里斯今天早上起得很早，和我玩了一会儿之后，他爬到外面去玩。"在
莫里斯离开后，杜威睡着了，当他醒来时，发现莫里斯正在擦窗户。"莫里斯"，他说，就
像一个埋头于学术研究的好学者，"几乎把一个人变成了模仿约西亚·罗伊斯的理
论——而他就是他自己"。莫里斯的模仿是"纯可塑的"。

　　最后，学期快结束了。杜威向爱丽丝抱怨道："在我开始之前，我要考虑我必须做
些什么，这让我很抓狂。"他被小细节困扰着："我一点也不干该死的事情。""当我想到
我要做的演讲和写作时，我必须完成……我的头发一夜之间变白了。"更糟的是，他的
母亲病了。曾帮助杜威照顾莫里斯的露西娜原计划陪他们去欧洲，但在 12 月初，她病
倒了，所以决定和她的妹妹一起留在洛杉矶。这使约翰沮丧，甚至准备离开，以鼓舞他
的精神。12 月 13 日，他和莫里斯离开芝加哥前往纽约，在 15 日，他们启航了。他带着
一份两页的带注释的旅游景点清单，特别是瑞士和德国的。此外，他还收到了一封来
自哈里斯的推荐信，他现在是美国教育委员会主任和教育局的主管，该部门仍然是内
阁级部门的一部分。哈里斯在信中写道："杜威教授在提供调查早教的机会方面表现

出的礼貌,将得到他的感激,并在必要时得到教育局的报答。"杜威想做一切事情——遇见欧洲的哲学博士,去看风景,提高他的语言水平,参观欧洲的新实验学校,看着他的孩子在一个复杂的社会的文明影响下绽放。或许,从美国如此明显的社会冲突中解放出来是一种解脱。他的想象力很吸引人。

他在法国与家人团聚了。一开始,他们还留在巴黎,在那里爱丽丝和孩子们已经定居了一段时间。杜威参加了索邦大学的哲学讲座,发现了有秩序阐述的奇迹。然后他们决定动身去意大利,结果这是一个糟糕的决定。穿过瑞士和弗莱堡,爱丽丝、伊芙琳和莫里斯感染了"什么东西"。当他们到达米兰的时候,都病得很重。三个人都住进了医院,爱丽丝和伊芙琳很快就康复了。但突然之间,在 3 月 12 日,小莫里斯去世了。"白喉"是死亡证明上陈述的原因。两天后,莫里斯在米兰的一个公墓里被火化并埋葬。他那时已经快两岁半了。

父母双方都被压得喘不过气。杜威已经离那孩子很近了,爱丽丝也盼望着能见到他。但几乎没有任何警告,莫里斯被抢走了。爱丽丝能想到的就是尽快回家。与此同时,她得知她的外祖父受了重伤,摔断了髋骨。在给外祖母的信中,她只能提供一件不充满忧郁的东西:在莫里斯去世的医院里,"慈善机构的护士长和仁爱会的修女,每个人都表现出一种人性和单纯,这总是让我们看起来像是意大利人的朋友和亲戚"。但除了那封积极的信,正如杜威的女儿多年后所写的那样,"莫里斯的死,是对她没有完全康复的父母的一个打击"。在密歇根的家中,露西娜收到了一个令人心碎的消息,她的孙子去世了。没有人能安慰得了她。她到格林蒙特公墓去看阿奇博尔德的坟墓,并对所有人都表示安慰,建议说:"莫里斯的墓碑放在你父亲旁边……我无法渴望更多了。"

直到两个月过去之后,杜威才恢复与哈珀校长的通信。

我猜你一定听说我们在这里遇到了麻烦。我们在意大利因为白喉失去了最小的孩子,从那以后就一直在尝试……回家,但是除了我,家庭成员一个接一个都生病了——现在这一切似乎都已经结束了,我们正在努力休息……在这个小镇上(吉维尼)。我早就应该给你写信了,好像没有什么能阻止这件事了。

他现在预计将在 6 月初起航,并表达了希望,之后至少哈珀的那一年是"愉快而成功的一年"。

对杜威来说,这一年简直就是在地狱中。6 月 10 日,全家开始回家,但他们去了密歇根州,10 月中旬才开始在芝加哥料理家务。直到那时约翰才刚刚开始能够告诉朋友和记者关于莫里斯的死。杜威在写给哈利·诺曼·嘉丁纳（Harry Norman Gardiner）的一封非常有趣的信中，先是提到了莫里斯死的经过，然后转而向嘉丁纳提出了另一个主题：悲剧的情感。如果当时有任何人，基于个人经验对这个问题有过想法，那个人非杜威莫属。"有一些经历是如此强烈，以至于完全痛苦，"他继续说道，"我相信痛苦是最高道德体验中最重要的元素……我的意思并不是说要去领导某件事，而是真正参与去做某件事。"这是杜威从他的孩子死亡中领悟到一个情感、伦理和美学理论的开始，这将为他后来的心理哲学思索开辟新的道路。莫里斯的死无疑给他的内心留下了一个空洞，他最终会试图填补这一空缺，但现在他又回到了生命的洪流中，让自己向前走向未来。以他最基本的功用方式，他已经开始发现如何将痛苦转化为知识和新生活，一种关乎心灵的生活。

在芝加哥大学过于劳累的工作

芝加哥大学发展迅速。哈珀校长经常拜访最杰出的教授。部门负责人的负担尤其沉重。与任何一所新大学一样，必须制定规则和程序（然后加以修改）；行政工作必须正规化；各种各样非预期的学术违规行为都必须得到解决。必须雇用新的教员。必须创建新的程序。简而言之，必须设计并接受一种新的官僚机构。作为一位哲学学者，杜威现在是一名行政管理人员，他很快就被落在他头上的堆积如山的备忘录所轰炸。

杜威参与了这一切，甚至更多。他是三个最有权力的部门之一的负责人。他还负责管理新的教学部门。他主要致力于为新大学附属小学设计一种新的课程。他必须为这三个单位征聘与雇用教师和工作人员。他很快就得向教育学院院长、教务长、注册主任等汇报工作。他受邀去做演讲、参加会议、参观学校，并与公立学校校长协商。

杜威沮丧地从欧洲回来。莫里斯去世几个月后，伊芙琳还在生病，爱丽丝自己也没有完全恢复过来，弗雷德一反常态地无精打采。全家人的情况都很糟糕。事情是如此地绝望，以至于在7月，约翰带弗雷德和伊芙琳去了凯洛格斯（Kelloggs）经营的著名的巴特克里克疗养院（Battle Creek Sanitarium）。伊芙琳在那里按医嘱沐浴，似乎"越来越好"。爱丽丝心烦意乱，没有和他们一起去，而是一个人去旅行了。这并没有阻止她感受到经常困扰她的那种令人沮丧的矛盾心理。她在给孩子们的信中写道："有时候我确实觉得自己没必要进行这样的旅行，而且这种奢侈在很多方面都太贵了。"

里格斯爷爷需要照顾，包括帮助他继续就出售采矿权进行谈判，以及在他摔倒后帮助他使用拐杖。杜威一家不得不在芝加哥寻找合适的住所。夏天的时候，他们搬到了芬顿，与斯托纳和里格斯待在一起。但这只是把他们的搬迁推迟到了秋天。这一切似乎还不够，露西娜开始患上了阿尔兹海默症（Alzheimer's disease），病情严重到有人说要把她限制在一个机构内。

在这期间，约翰试图回到写作上来。在密歇根大学时，他曾经是非常多产的，在四年时间里出版了三本书。但是，自从 1891 年他的《伦理学批判理论概述》出版以来，已经过去了四年。乔治·赫伯特·帕尔默说，《伦理学批判理论概述》使他成为"美国第一个从事伦理学研究的人"。与此同时，杜威还在写短篇文章和评论，这些文章往往是先在课堂上想出来，然后再写成论文。他被困在一种错综复杂的生活中，莫里斯去世的阴影笼罩着他的内心生活，使他的生活更加复杂。

行政工作的泛滥使杜威的生活更加复杂。不过，也许他现在已经接受了，因为这减轻了他个人的悲痛。杜威除了负责几个学术部门，被要求向理事和捐助者献殷勤，邀请来自各方的演讲外，他在这所新大学里还承担着巨大的任务：建立程序、固定沟通渠道、学习权力关系规则、参与大学政治活动。起初，杜威在密歇根大学的经历使他没有意识到，在芝加哥大学，一个商业型的行政官僚机构会统治一切，所以他对自己的行政职责相当随意。很快他就陷入了麻烦，各方都指责他没有做好充分的记录，在做决定前没有进行咨询，财务账目也不够完善。他的理由是时间限制："在这种压力下，事情可能没做完或没有做，但如果有更多空闲时间，事情就会得到不同的处理，也许别奢望太多。"这句话的晦涩显示出他内心的困惑。他继续尴尬地说："在这种压力下，不犯任何错误是奢望，尽管我希望这不是什么要紧的事。"接着，他开始感到难堪，试图安抚他的批评者。1896 年，他向他的朋友弗兰克·曼尼（Frank Manny）坦白道："去年我犯了一些错误，因此……今年在采取任何行动之前，我都试图征询校长办公室（President's Office）的意见……我们可能不得不承受我去年的疏忽造成的后果；然而，没有人给我任何指示，我必须从我的错误中学习。"教育学院（School of Education）院长给杜威写的一份备忘录中，谈到了杜威的所有负担："我认为最好在进一步行动之前把整件事情交给你，因为我们没有这样做的先例。"这份备忘录写于杜威抵达芝加哥大学几年后的 1902 年，这是一个完美的例子，说明杜威到达时需要解决多少问题。南伊利诺斯大学和芝加哥大学杜威研究中心（Center for Dewey Studies）的杜威资料收藏中包含了数千页的备忘录，这些是从杜威书桌上数千页的备忘录中保存下来的。

185

有时,杜威的愤怒溢于言表,尤其是对大学之外的人,他可以向他们表达自己困扰的情绪,就像他在给老朋友 W. T. 哈里斯的信中说,他不但不能立刻满足哈里斯的要求,而且"恐怕我在接下来的两三年内都找不到时间这样做"。有时,他会变得不耐烦,比如,当他在一次大学家长协会会议的公告上看到自己的名字时,感到很惊讶,于是他写信给院长:

> 请问谁负责发布公告,谁授权使用我的名字?我不习惯别人在没有我授权的情况下使用我的名字。如果这样的事情再次发生,我将亲自向所有相关人员发送一份声明,说明你们未经授权使用了我的名字。如果这对你或者对使用它的人来说是一个小问题,我认为反思将使你从另一个角度看待这个问题。

有时,杜威不堪重负的情感流露了出来,甚至对哈珀也是如此:"我认为,让我加入与小学工作有关的七人委员会(Committee of Seven)几乎是不明智的。我手头有那么多事情要做,现在讨论小学的问题,大家的兴趣有很大的分歧。"

不久,杜威就开始拒绝写书和文章的邀请,也拒绝他本来乐于接受的演讲邀请。当他在霍普金斯大学认识的经济学家理查德·T. 埃利开始编辑"社会问题图书馆"(Library of Social Issues)系列丛书时,他写信请杜威撰写一本关于教育的著作。杜威回答说:"也许将来有一天,我将有空闲的时间和能力去承担这个任务。现在我太忙了。"他制定了一个暑期教学计划,以便有一两个固定的学期可以休息,但他发现自己忙于管理而没有时间。难怪 1897 年和 1900 年他再次经历了视疲劳,不得不拒绝书评或写文章的邀请。

更多的出版物

然而,在他成年后的任何时刻,从他把第一篇文章发表在《思辨哲学杂志》起,杜威从未完全停止写作出版。谈到他在芝加哥大学的头几年的作品,W. R. 麦肯齐(W. R. McKenzie)评论道:

> 乍一看,甚至再看一眼,杜威这些年来的著作似乎呈现出一种令人担忧的扩散,一种向太多方向分散的努力。它们对以如此多的形式表现如此多的主题受到的如此多的影响,表现出如此多的反应,以至于人们几乎绝望地寻找某种将它们联系在一起的元素。

这是事实,但并非完全如此。作为一个专业的哲学家,无论他多样的兴趣是什么,杜威总是把他对任何话题的阐述都集中在一种理论探究的逻辑概念上。无论他研究的是一个严格的哲学主题,如伦理学,还是一个应用领域,如教育,还是一个心理学问题,如心理过程的机制或数字心理学,或一个社会问题,如政治公正,杜威总是把这些主要作为一个逻辑过程来研究。与主题或技术相比,他总是对基本观点更感兴趣。他最早的关于洛采逻辑理论的著作,以及他对洛采的反对意见,试图用黑格尔的方式预示一种新的逻辑,将他的著作置于这种对逻辑方法的关注之中,并使他的所有作品具有基本的统一性。教育家们看到了他的工作对于其所建议的教育创新的重要性;那些关注社会的读者接受了他关于社会正义的进步思想;心理学家受到他的思维概念的指导和激励;哲学家们对他最新著作中出现的彻底经验主义的张力感到兴奋。但在这一切的背后,他在逻辑探究方面的主要努力,体现了他所有不同的兴趣。他到达芝加哥大学后写的许多作品中,有四部作品以其卓越的表现和对杜威思维方式的例证而引人注目。

1896 年发表的《心理学中的反射弧概念》("The Reflex Arc Concept in Psychology")进一步扩展了杜威作为美国思维的统一概念的主要倡导者的声誉。杜威和他在霍普金斯大学的朋友、现任职于哥伦比亚大学的詹姆斯·麦肯·卡特尔共同撰写了这篇文章,杜威由此成为美国行为心理学之父。这篇文章写于杜威所说的"心理学中所有的概括和分类都最可疑和可以质疑"的时代,受到了机械论伪科学心理学的刺激——反应理论和实验的审视。与当时流行的机械心理学形成对比,他断言,动态的"反射弧概念"比任何其他理论都更接近于提供一个能够经得起逻辑检验的统一概念。同时,他对"新"旧科学心理学中隐藏的二元论进行了审视和揭示:"心理学中感觉与思想之间的旧二元论在当前的外围和中心的结构与功能二元论中得到了重复;旧的肉体和灵魂二元论在当前的刺激和反应二元论中找到了明显的共鸣。"他总结道,机械心理学"是形而上学二元论的一种存在方式,最早由柏拉图(Plato)提出"。其结果是"零散部分的拼凑",而不是"有机统一"。但当功能与过程取代结构时,思维的"心理统一性"就出现在行动的逻辑结果中。他总结道,刺激和反应不是"存在的区别",而是目的论的区别。简而言之,无论从生理学、生物学还是心理学的角度来看,思维都是像相互关联的活动组成的回路一样运作,而不是一系列的呼唤和反应。杜威因此将他的"反射弧"概念扩展为一个更动态的"调节弧"概念,持续地主动、自我调节,并统一为一个正在进行的回路。活动的动态逻辑必须取代二元论的机械逻辑。杜威是从牛顿(Newton)的机械论到达尔文的动态性——在他发展的最长远的前瞻性方面——再到爱因斯坦的相对论的思想的伟大运动的一部分。杜威关于调节弧的观点使他走上了这条道路，使他远远超越了威廉·詹姆斯从经验主义者那里得到的心理过程的概念。

《与意志训练有关的兴趣》("Interest in Relation to Training of the Will")之于教育者，正如《心理学中的反射弧概念》之于心理学家：一个统一的新概念。这篇文章于1896 年首次发表在《赫尔巴特学会年鉴》(*Herbart Society's Yearbook*)上，后来又大幅修改，于 1899 年单独发表，对美国教育产生了重大影响。杜威再次在注意或兴趣的概念中发现了一个统一的概念："一方面，兴趣与情感生活的关系最为密切；并且，另一方面，如果不具有同一性，通过注意、兴趣与精神生活密切联系。"逻辑探究提出的问题必须是作为整体有机体的一个单一的、统一的、有机的选择，情感和知识是如何与带着兴趣和注意力行动的意志活动相联系的呢？

杜威选择把他的探究定位在教育上，特别是竞争教育理论的主张，一种强调利益，另一种强调努力，仿佛他的探究是原告和被告之间的一场法律较量，一场杜威最初认为根源于他现实主义的父亲和他理想主义的母亲之间的分歧的争论。他暂时得出结论，每个参赛者都是对对方的有效批评。但是，这两种人生态度的目标——以及孩子的目标，他们作为这些不同的人生态度相互竞争的场所——都是为了成长。杜威的逻辑是以探究的形式存在的，它推动着教育竞争理论，强调孩子内在的发展需要，在课堂的外在舞台上实现其内在的潜能。杜威从黑格尔那里吸收了这一思想，现在他把它付诸实践。他强调，教育与孩子有关，而不是老师。为了表明儿童是教育必不可少的主要焦点，杜威把教育的注意力从应该教什么转向了孩子需要学什么：

> 孩子自发的力量，他对实现自己冲动的要求，是不可能被抑制的。如果外部条件使孩子不能把他的自发活动投入到要做的工作中，如果他发现他不能用这种方式表达自己，他就会以一种最神奇的方式了解必须给予这种外部材料一定的注意力，以满足老师的要求，同时把他剩下的精神力量积蓄起来，去跟随那些吸引他的图像和线条。

杜威把注意力集中在发展中的有机体的基本成长需要上，他呼吁教育工作者注意与道德训练和服从的习惯有关的内在成长；他把"儿童的更深层智力和道德本质"训练放在了至少与传统教育强调的"外在行为习惯"同等的水平上。尽管不否认工作习惯的重要性，他敦促对内在抱负和"自我表达"能力进行同等重要的训练。对他的论点至关重要的是目的和手段的伦理问题，杜威一生都在关注这个问题。如果教育的目的是向自我表达的方向发展，那么自我表达而不仅仅是习惯必须影响和引导教育手段。当手段和目的分离时，结果是焦虑而不是成长。

杜威在1896年首次向赫尔巴特学会（Herbart Society）提交了这篇论文，引发了激烈的讨论，主要由 W. T. 哈里斯牵头，他宣称："这是一部非常出色的作品……值得一读，杜威博士的所有作品都值得一读。"除了杜威本人之外，哈里斯比任何人都更清楚地看到，杜威在文中以"自由与进化的宇宙"为中心，将"兴趣"分解为"自我表达"，从逻辑上发展了黑格尔的权利哲学（Philosophy of Right）的观点。杜威抛弃了黑格尔对"纯粹存在"的强调，把自我活动本身作为发展规律。哈里斯仍然是传统的黑格尔派哲学家，讨论"人的意志与上帝的意志的关系，有限意志在多大程度上是无限意志的一种形式或表达"，而杜威现在则从黑格尔的心理学角度运用暗示为工具逻辑服务。

哈里斯在这场辩论中的出现，让人想起杜威创建哲学共同体的努力。他从未完全抛弃过任何一位导师，也从未与任何一位同事分开。作为一名思想家，他的性情与进化有关，而不是反叛。在他的周围，聚集着托里、哈里斯、乔治·莫里斯、皮尔士、威廉·詹姆斯和弗朗西斯·帕克上校等老导师，还有塔夫茨（Tufts）、艾迪森·W. 摩尔（Addison W. Moore）、米德、詹姆斯·罗兰·安格尔和劳埃德（Lloyd）等新同事和工作伙伴。他继续从阅读中获得新的影响，他仍然是一名教师，但总是寻找新的教学资源。

杜威和詹姆斯·A. 麦克莱伦合著的一本书确实如此。当他还在密歇根大学的时候，他与麦克莱伦合作出版了第二版的《应用心理学》（Applied Psychology）。然后他们一起撰写了1897年由 D. 阿普尔顿（D. Appleton）出版的《数字心理学及其在算术教学方法中的应用》（The Psychology of Number and Its Applications to Methods of Teaching Arithmetic）。这本书是三年合作的成果，用杜威的话说就是以"我一贯的螃蟹般的速度"完成。他认为这是一本适合高中教学的书，他希望从中赚很多钱。

杜威认为，数字是一种衡量的艺术，人们通过它征服了自然，而语言是一种次要的保存行为，防止数字知识的消亡。数字加上语言让人类控制了自然。1894年，他向爱丽丝解释了这本书中的方法："我尝试把黑格尔的量的逻辑转换成心理学，然后再把它转换成一种教算术的方法。"令他惊讶的是，他发现这项调查"相当有吸引力"。在这次合作中，杜威为心理学提供了"素材"，麦克莱伦提供了方法："老师把五分镍币扔进槽里，其余的由学生照例去做。"然而，研究计数、减法和除法的心理学是一件令人着迷的事情。"出版他和麦克莱伦的《数字心理学及其在算术教学方法中的应用》的"阿普尔顿国际教育系列丛书"（Appleton International Education Series）的总编辑是 W. T. 哈里斯，他在序言中称赞杜威和麦克莱伦提出"数字的心理学观点"是"令人钦佩的行为"。

杜威在这本书中首次提出了估值的概念，在接下来的五十年里，他一直在思考这个问题。"数字，"他写道，"代表……估值；数字是现代社会在其庞大而复杂的交换过程中把系统、平衡和经济引入我们日常生活所依赖的关系的工具。"因此，数字心理学是所有文明形式赖以建立的网络：

> 适当地构思和呈现，无论地理还是历史都不能比算术更有效地使学生了解他所生活的社会环境的现实。社会也有其形式，它存在于确定价值标准和估值方法的过程中，存在于权衡和计数的过程中……无论在空间还是时间上，存在于各种结果价值相互冲突的平衡中。

第一章由杜威撰写，题目是"心理学能为教师做什么"（"What Psychology Can Do for the Teacher"）。杜威对这本书的贡献是整体的，他的哲学论点贯穿全书。他认为文明心理学与测量心理学是等同的，两者对教育组织和每个学生思维的发展都是至关重要的。在这里，一个不太可能的地方——一本教算术的教科书——杜威发现了另一个解释文明如何发展的场合和媒介。

同样的努力在《逻辑理论研究》（*Studies in Logical Theory*，1903）中也很明显。这本书由杜威的四篇论文组成，其次是由芝加哥大学杜威所在系获得研究生奖学金的学者撰写的七章——这些学者是杜威的追随者，而不是他的信徒——伴随着杜威散漫的补充。杜威对这些学者的影响随处可见。杜威的学生、后来成为蒙特霍利约克学院（Mount Holyoke College）心理实验室主任的海伦·布拉德福德·汤普森（Helen Bradford Thompson）在她那一章的第一页指出，她对博桑奎特的判断理论的批评"受到了杜威的'逻辑理论'课程的影响"。穆勒、洛采、博桑奎特和布拉德利（Bradley）的观点——所有这些思想家都曾对杜威很重要——在书中只是作为对立的焦点。杜威和他的学校决心把这些逻辑学家抛在身后。杜威在密歇根大学的助手阿尔弗雷德·劳埃德，以及他在芝加哥大学的助手乔治·赫伯特·米德和詹姆斯·罗兰·安格尔的影响显而易见。为了表彰"作者的创作灵感和创作工具的锻造"，杜威把这本书献给了威廉·詹姆斯，象征着一个与他有关的哲学团体的聚会。

所有的文章都隐含着这样的观点："判断是认知的中心功能，因此提供了逻辑的中心问题。"文章断言并试图表明，认知——而不是知识——是由情感、欣赏和习惯构成的，并由心理学阐明。杜威和他的同事得出结论，逻辑必须对变化开放，吸收经验，关注过程，因此是"重建的"和"转型的"。由于认知功能没有终点，所以认知聚焦于判断的重新调整和扩展。杜威说，他和他的同事们"都赞同这个概念提供了唯一有希望的基础,在此基础上,科学的工作方法和道德生活的适当要求可以合作"。艾迪森·W.摩尔,他在杜威门下获得了博士学位,并留在芝加哥大学担任助理教授,结束了论文的收集,强调认知和逻辑,一种过程的分词的逻辑:现实是由"……爱与希望、欲望和意愿、相信和工作"活动组成的,过程的逻辑和语言必须反映出不可分解的、变化着的事实和思想世界的特征。

在该书的开篇,杜威的四篇文章用"衍生和次要"的思想来描述逻辑理论的一般问题:它是关于某物的,"在某物之后,来自某物,为了某物"。杜威指出,日常实践思想和科学思想都是如此。杜威马上提出了自然主义的经验主义。当然,最主要的是思想与其实证先例的关系,思想的对象,即寻求真理与现实的关系。他说起思想时,带着新探险家的兴奋:

> 我们思考任何事和一切事:地上的雪;从下面发出的、交替出现的叮当声和砰砰声;门罗主义(Monroe Doctrine)与委内瑞拉(Venezuela)内战的关系;艺术与工业的关系;波提切利(Botticelli)绘画的诗意;马拉松之战;历史的经济解释;原因的正确定义;减少开支的最佳方法;是否以及如何恢复一段破裂的友谊;流体动力学公式的解释等。

与弗洛伊德差不多在同一时期,杜威发现了自由联想,他称其为"这种混杂引用的疯狂"。思想的内容是我们过去的总和,因为它的所有元素都流进此时此地的思想之弧,并以认识未来为目的。逻辑是这个过程的方法。这样杜威就为詹姆斯的经验论提供了一种动力和方法。杜威的逻辑理论成为对思想与现实关系的思考,必然涉及"大量的心理材料",同时也考虑到调查和验证科学方法。"它可能忙于区分各种类型和形式"的思想和判断,但总是涉及连接经验,思想和认知的对象。杜威宣称:"逻辑应该从认识论的探究中发芽,并引出它的答案。"杜威发现了他自己哲学的非纯逻辑。

威廉·詹姆斯不仅接受了这本书对他的赞扬;他也热情地进行了回应。甚至在这本书出版之前,詹姆斯就一直在赞扬杜威在形成本土哲学运动方面所取得的成就。多年来,詹姆斯被杜威心理学中的黑格尔学说所误导,对杜威的理解一直偏离轨道,对杜威从黑格尔主义到经验主义和实验主义的发展始终没有充分把握。当杜威把《逻辑理论研究》的校样寄给他,并请求他写献词时,他承认,在阅读深受杜威影响的艾迪森·摩尔的文章时,他最终以新的眼光看待杜威:

> 让我感到羞耻的是,我不得不等到读了摩尔的文章,才发现你在我自己的文章中发挥了多大的作用。我当然欢迎你,因为你离我越来越近了,但我错过了整

件事的核心根源,现在我要重读一遍……再试一试米德和劳埃德,我一向认为他们很有独创性,但到目前为止,我发现他们难以理解。我想,这在很大程度上取决于一个人从何处开始——你们都来自黑格尔,你们的术语都是重新提出的,我来自经验主义,尽管我们达到了几乎相同的目标,但从表面上看,它们却截然不同。

"我非常高兴,你们在加州大学的学校(我的意思是你们的哲学学校)在经过这么长时间的酝酿之后,终于结出了它的果实,这将显示出它巨大的团结和活力。"詹姆斯补充说。作为回应,杜威亲切地写道,他和其他贡献者"只是在用逻辑词汇归还你已经拥有的东西"。詹姆斯已经写信给英国实用主义者席勒(F. C. S. Schiller)说,《逻辑理论研究》"是一件了不起的作品,杜威是一位英雄"。"一个真正的学校和真正的思想。"詹姆斯有句名言:"在哈佛,我们有很多思想,但没有学校;在耶鲁和康奈尔,情况正好相反。"

然后评论开始出现。杜威的老师查尔斯·桑德斯·皮尔士在《国家报》(The Nation)上写道,这本书展示了"令人印象深刻的十年作品",提供了"确凿的证据",证明杜威试图用经验与思维相结合,从而得出了一个富有成果的结论:逻辑可以成为"思想的自然史"。从那时起,皮尔士开始宣称杜威是"我的学生,是当今哲学的一盏明灯——正如我的大多数学生所证明的那样,他具有高度的独创性"。他补充说:"我总是致力于培养学生的创新能力。当他们威胁到我的位置时,我感到最高兴。"对杜威而言,他在这个时候开始阅读皮尔士的著作,并很快建议卡内基研究所(Carnegie Institution)帮助出版《皮尔士……对科学逻辑的贡献》。这使他开始了对皮尔士长达四十年的研究,对他的发展产生了很大的影响。当他在约翰·霍普金斯大学上课时,他根本不懂皮尔士的话。然后他真正理解了他,并在 1893 年他的文章《必然性的迷信》("The Superstition of Necessity")中开始看到皮尔士发展"客观唯心主义"的缺陷

和不足。后来,杜威重新开始对皮尔士的研究,在避免对皮尔士的综合论证提出任何批评的同时,他开始发展皮尔士的"使用逻辑"。1893 年至 1903 年之间,杜威向世人展示了他自己已经是一位多么能干的逻辑学家——而且将来可能会多能干。

除了皮尔士,其他评论家也对杜威的《逻辑理论研究》表示赞赏。来自英国的席勒将这些研究称为"对当前逻辑争论的重大贡献"。席勒注意到詹姆斯提醒了他什么,他发现杜威已经发展出一种逻辑理论,与詹姆斯的实用主义相平行,并支持他的实用主义,他将这种巧合与达尔文和华莱士(Wallace)同时发现的自然选择进行了比较。席勒,在某种程度上和杜威走的是同一条路——通过达尔文从黑格尔到经验主义——他

宣称杜威的逻辑已经超越了绝对的唯心主义,通过"他令人钦佩的证据,证明了过多的可以被复制的绝对真理,与我们的努力发现的人类真理并存"。詹姆斯本人通过自己的公告"芝加哥学派"("The Chicago School")进行了一系列正面的评价:

> 约翰·杜威教授和……他的学生们把一种简单、广泛和积极的世界观,包括理论的世界观和实践的世界观,集体地放进了表述的世界里,尽管有那么多合作的思维,这种表述却是同质的……它值得被称为一种新的哲学体系。

詹姆斯一直在寻找一种独特的美国文化,他总结道,杜威的芝加哥学派"无疑是美国人引以为傲的"。

杜威被詹姆斯的评论所感动,但并不感到惊讶,詹姆斯将杜威看作是他发展美国本土哲学的同事和合作者,在12月初,詹姆斯在给杜威的一封信中就提前通知了他:

> 你猜不出这些工作给我带来了多大的乐趣。对于你和学校来说,能够产生这样一个具有独到见解的真正的学派,是一件光荣的事情。我不得不相信你说的是事实,我们的系统有一个非常伟大的未来。然而,在宇宙学、心理学和认识论的方向上,迫切需要建立起新的理论。道德建设已经是顶尖的。

他还说,他的唯心主义同事罗伊斯"被你的解救深深打动了"。

然而,并不是所有对杜威的书的评论都是正面的。F. H. 布拉德利(F. H. Bradley)表示反对意见。杜威在他自己的文章中,大体上对布拉德利的《逻辑的原理》(*Principles of Logic*)表示了尊重,同时指出了布拉德利在分析思想和思想内容时,对心理学和心理现实的重要性认识不足的困难。但是杜威的追随者们更有批判性,布拉德利被刺伤了。他扭转了局面,指出他的批评者在把逻辑分解成心理过程时所造成的困难,并宣称,如果"不存在独立思考这种东西,也就是说,独立思考在实际运用中不考虑心理状况",我们就必须对逻辑的运用本身持怀疑态度。"在这一点上,我至今未能从杜威教授那里得到任何保证。"尽管如此,布拉德利后来还是告诉艾略特(T. S. Eliot)他对杜威的钦佩。

无论杜威写的或讲的是逻辑、教育、心理学、伦理学、劳资冲突,还是社会变革,支撑这些以及他所有的思想和行为的都是一些统一的概念——整体性、成长和经验。当他考虑社会问题时,这意味着寻求正义;如果他对教育进行反思,其形式就是对认知的兴趣;在心理学中,口号是不断扩展的回路;在逻辑上,理念与现实有不可分割的联系;总之,探究是首要的。在密歇根大学为这一切做了准备之后,在芝加哥大学的早期岁月里,杜威在经历和自我的统一中获得了一种平静的哲学视角,这给了他一种轻松的气氛,尽管经历了无数的沧桑,但这种气氛始终伴随着他。在一段时间内,他仍然会为学术上的繁忙工作所困扰,但他的哲学发展开始顺利地向前推进。

198 　　杜威在到达芝加哥后的十年里,通过对自己的基本信念保持专注和自信,才做到了这一切。他在任何一个领域完成的工作都足够大多数人做十年,而且他在很多领域都很忙碌。他把哲学和心理学应用于教育,为他的活动增加了一个全新的方面。杜威在教育实验中最大的实际参与是在 1894 年至 1904 年之间在芝加哥的那些年。他刚到芝加哥大学,就被要求在一个研究儿童天性的大会上发言,主题是父母需要研究儿童心理学。他成了教育学教授和实验学校的主任。他成为国家赫尔巴特协会和伊利诺伊州儿童研究协会(Illinois Society for Child Study)的成员,并一直受邀在全国各地担任演讲者。1896 年 7 月 23 日,《肖托夸大会先驱报》(*Chautauqua Assembly Herald*)刊登了一篇采访杜威的文章,这篇文章体现了杜威在谈论自己最喜欢的话题时的轻松自如:

　　　　约翰·杜威教授昨天告诉我很多他在芝加哥大学教育学方面工作的有趣的事情。"我们有一个设备齐全的心理实验室,"他说,"因为应用于研究儿童运动的心理学实验和观察方法的发展,这些主要用于我们的教学部门,我们的目标不是对个别教师进行培训。为此,有大约 50 名 6 至 8 岁的儿童在我们的管理之下。""你怎么安排孩子们的学习?"他说:"我们总是把实践论证和他们的脑力劳动结合起来,这样我们就能观察到精神知觉和身体活动之间的关系。""我们还做了一些实验来测试孩子的感官和运动能力。""这些方法能否成功应用于确定儿童从事不同行业的能力?""我们目前的实验知识并不表明这种可能性,除非在有限的范围

199 　　　　内。"杜威博士很喜欢肖托夸(Chautauqua)的儿童俱乐部。"在我看来,你在这里进行儿童研究的机会是无限的,"他说,"我对肖托夸运动的这一阶段特别感兴趣。"

进步教育

　　所有这些活动的结果是一本书,《学校与社会》(*The School and Society*,1899),成为杜威最为被广泛阅读的作品。他讲课的时候,脑子里反复思考这个问题,所以这本书实际上是自成一体的。

　　《学校与社会》是建立在"与意志训练有关的兴趣"的心理学理论基础上的,但是儿

童能力及其发展的理论几乎没有突破杜威的扩展论证的表面，即教育包含三个基本要素：学校；一个充满活力、不断发展的社会；孩子，他们可以通过合适的学校成为社区的一部分，以自己内在的发展促进社会的发展（作为社区的成员）和政治的进步（作为公民）。许多人——包括许多教育工作者——误解了杜威的意思，认为教育应该成为以儿童为中心的，而不是传统的以机构为中心。虽然这种解释为民主社会教师的目标服务，但杜威坚持教育应以社会为中心，因为儿童注定不是孤立的个体，而是社会的成员和公民。他看到并明确指出，儿童的内在本性或思维由内发展，但必须通过关系来完成。孩子们在学校里接触大量的关系，如果学校能培养孩子们的内在能力，这些能力就能在爱情关系、家庭活动、社会公正和政治歧视中成长为社会可能性。在这里，起作用的是杜威的逻辑，而不是一个浪漫的概念——儿童的冲动是自然的，改变社会需要这种冲动。相反，杜威总是关注进步，不是革命，而是改进，所以他的进步主义在哲学上基本上是保守的，在活动上是自由的。杜威的读者必须认识到，他的自由主义是他自己创造的，而不是试图模仿一些抽象的"自由主义传统"。

200

他所谓的实验学校——正式命名为大学附属小学（University Elementary School）——本身就是一个微型社会，致力于统一推动生活向前发展的个人和团体的兴趣。杜威选择把学校组织成生活的反映而不是课程，这就是为什么学校最早的活动是以职业为中心的。种植、生长、收获和烹饪生产的东西，用编织来创造有用的家居用品，用针线来缝和修理服装，用木工来创造对社会有用的产品，写作是为了沟通而不是书法，用素描或绘画来传达情感，用数数来记账，用看星星来学习方向，休息是为了恢复——这些活动旨在开发孩子们与社会用途相关的才能。"我们必须把木工、金工、编织、缝纫和烹饪视为生活和学习的方法，而不是作为不同的研究。"

杜威学校的一个孩子很快就成为合作联邦的一员。学习和创造知识只是认知的两种形式，杜威称之为"生活的方法"。在杜威的学校里，学生们很自然地从职业通往他们所谓的学科的近亲：从生产到经济学；从合作到政治学；从实验到科学；从团体活动到通过历史、社会研究、地理和文化了解其他更大的团体；从文明的活动到伦理、道德和礼仪。无论杜威的学生在哪里从事一份职业，他们都会在兴趣浓厚的反思中从另一边走出来。杜威写道："你可以把全人类的历史浓缩到亚麻、棉花和羊毛纤维演变成服装的过程中。""积极的职业"是通往生活的道路，是"儿童的栖息地"的基础，在那里，他通过在"一个初期社会"中定向的生活来学习。当他准备好进入这个社会时，这个社会将引导他进入一个更大的世界，在这个世界里，他必须学会生活，即使他试图改善这个社会。尽管哲学家们——塔夫茨、米德、安格尔、摩尔，当然还有杜威本人——总是在学校里转来转去，那里却没有教授哲学。相反，学校是一种哲学的表达，哲学本身就在发挥作用。那里的学生不学逻辑，他们过着逻辑的生活。

在这部著作中——实际上在他未来所有关于教育的著作中——杜威假定儿童的发展需要与美国这样的民主文化相一致。在这一点上，他与马克思主义理论的分歧是显而易见的：变革不是通过无产阶级（或任何其他社会阶层），而是通过最广泛意义上的学校课程和教育。随着美国的学校成为越来越多的生活实验室，社会将朝着越来越民主的方向迈进，从而在社会正义中成长。这种儿童本性与民主并行的假设，将杜威与他之前或同时代的教育理论家区分开来。例如，裴斯泰洛齐(Pestalozzi)关心工人的教育。与此相反，杜威没有从阶级的角度来考虑教育。他独特的视角始终聚焦于一个民主社会中所有儿童成长的统一，以及通过儿童教育实现民主的发展。

杜威在芝加哥大学的那些年里，"杜威实验学校"(Dewey's Lab School)成了教育界的一个著名词语，"进步教育"也成了一个家喻户晓的词语。欧洲教育家来到芝加哥大学，与杜威一起教学和研究，并学习他的方法。编辑们急切地征求杜威写的和有关杜威的文章。他的演讲吸引了大批听众，并经常见报。简而言之，他成为美国最著名的教育家。

甚至在夏威夷(Hawaii)杜威也很有名。1894年，这些岛屿成为共和国，四年后，共和国投票决定成为美国领土的一部分。但是，自从1840年教会传教士建立了教育体系以来，夏威夷的学校体系一直是按照美国的原则组织和实施的。夏威夷的教育系统实际上领先于大陆上的某些州。

到19世纪90年代中期，夏威夷已经开始进行杜威、帕克上校(Colonel Parker)和其他人教育理论和实践方面实验。事实上，1896年帕克受邀到那里演讲。夏威夷的一个委员会宣称："学校体系及其方法特别美国化。"这是旨在并入美国的决议的一部分。1899年，公共教育主管亨利·S. 汤森德(Henry S. Townsend)赞成杜威的一条原则，即所有的教育都必须与"受教育者的经历"相联系。汤森德后来创办了一本明确反映杜威思想的期刊，名为《进步教育家》(*The Progressive Educator*)，其中收录了杜威最早的教育思想。他通过杜威的同事乔治·赫伯特·米德直接参与杜威的实验，而米德的妻子海伦·卡斯尔(Helen Castle)是夏威夷最著名的商业家族之一的女儿。1898年，为了纪念亨利·卡斯尔(Henry Castle)和他的女儿，这个家族请求杜威帮助建立一所幼儿园，并为其寻找合适的老师。老师最好在芝加哥师范学校(Chicago Normal

School)接受培训,这样幼儿园就会成为一所纯粹的"帕克—杜威学校"。杜威说,这所学校不会是"普遍接受的",而只是"为孩子们做他们认为最好的事情"。他推荐了学校里最好的老师之一弗洛拉·J.库克(Flora J. Cooke),提醒她说:"这是一个为岛上的教育做点什么的好机会。"此后不久,1899年汤森德邀请杜威在其1896年创办的夏威夷教师暑期学校中直接向老师们传授他的原理。

1899年春季学期休假,杜威和他的家人在4月去了加利福尼亚(California)。在加州大学伯克利分校(University of California At Berkeley),约翰为哲学联盟(Philosophy Union)做了一场"心理学与哲学方法"("Psychology and the philosophy Method")的演讲。约翰和爱丽丝把年纪较小的孩子戈登和露西带在身边,弗雷德和伊芙琳则与爱丽丝的朋友露西·摩尔(Lucy Moore)住在圣巴巴拉(Santa Barbara)。7月底,露西·摩尔和另一位朋友安妮·史蒂文斯(Annie Stevens)把杜威的四个孩子都带去圣巴巴拉照顾,让他们的父母能在8月1日去檀香山(Honolulu)。

杜威正式受聘于夏威夷大学的推广部门(University of Hawaii's Extension Division)。他给一个125名教师注册的班级授课10次,每周二和周五各一次。他的主题包括"童年早期"("Early Childhood")、"游戏与想象"("Play and Imagination")、"童年后期与兴趣"("Later Childhood and Interest")、"青春期与情感"("Adolescence and Emotions")以及"成长的一般原则"("General Principles of Growth")。除了他的官方职责,他还与学校管理者、个别教师和城市教育官员协调。他甚至参观并观察了一所夏威夷土著女孩的学校。约翰总是对古代文化着迷,他利用业余时间收集当地的传说和神话。但他大部分时间都在教书、咨询、与每一个想听他教育观点的人交谈,特别是檀香山进一步发展进步教育的时机似乎已经成熟。9月19日,当杜威和爱丽丝离开檀香山时,亨利·汤森德总结了这次访问的意义:"在这个(1899年)会议上,我们有幸见到杜威博士本人,不仅在演讲台上,而且在我们的日常讨论中。他是我们伟大的领袖。"

203

实验学校

在这几年里,杜威忙得不可开交。当他还是发展相对缓慢的密歇根大学(University of Michigan)一个系的系主任时,他的行政职责并不重。但与杜威哲学系不同,他在密歇根大学的大多数同事都跟随他进入了哲学系,为了他和同事们想要尝试的新教育事业,教育系的教员必须接受培训或再培训。实验学校很快就有 23 名教师和 140 名学生。此外,必须说服哲学系的教员和芝加哥大学其他系的教员参加实验。突然,杜威负责了三个单位。另外两个因素使本已沉重的负担几乎难以应付。首先,他现在直接对另一位行政官员,教育学院院长威尔伯·S. 杰克曼(Wilbur S. Jackman)负责。杰克曼对细节有着无限的关注,他本人也是一位著名的教育家,他很快就开始管理杜威的一举一动。虽然两人都很有能力,但他们的关注点并不匹配,杰克曼强调细节,杜威强调目标。

204

其次,杜威担任教育学系主任和实验学校校长的行政职务,意味着他很快就必须在教育理论方面取得学术上的领先地位。作为一名哲学家,他的工作效率没有降低,作为一名哲学研究生课程的教师和论文导师,他必须在教育领域变得同样有名和有影响力。他做到了这一点。

经济上的需要和雄心壮志促使杜威承担了越来越多的责任。1901 年,为了在 5 000 美元的工资基础上再增加 2 000 美元的津贴(这是芝加哥大学的工资上限),杜威同意担任南区学院(South Side Academy)和芝加哥手工培训学校(Chicago Manual Training School)的主管。同样在 1901 年,在芝加哥大学建立之前,弗朗西斯·W. 帕克上校在芝加哥大学附近创建了一所著名的培训学校,在富有而有影响力的赞助人安妮塔·麦考米克·布莱恩(Anita McCormick Blaine)夫人的敦促下,哈珀把这所学校带入了芝加哥大学。尽管身体不太好,帕克仍然担任校长直到 1902 年 2 月去世。

1902 年 4 月,哈珀校长会见了布莱恩夫人和芝加哥学院的其他三位董事。有人提议由两个人来填补帕克上校留下的空缺:约翰·杜威和威尔伯·S. 杰克曼,杜威要向杰克曼报告,他是更自然的选择。但是布莱恩夫人是杜威的坚定支持者。她被委派与教育学院的教员进行协商,以确定哪位男士会更好。五天后,她回来报告——在杰克曼在场时——说"一致的意见"是"杰克曼先生不可能成为学校的领导者,学校非常希望杜威博士成为这项工作的领导者"。两天后,杜威被叫去开会。他会接受帕克学校的校长职位吗?杜威告诉校董们,他和他们一样"对学校有责任感"。有人提出关于保持学校的连续性的问题。杜威回答说:"他在学校里做出改变会很慢。"他能给出什么样的保证呢?杜威回答说,他自己就是保证。他能投入多少时间?他说:"他不能放弃他在哲学方面的工作,但他会把所有花在教育事务上的时间都花在学校。"他说,他

205

不会"仅仅在名义上承担起学校的责任,在现实中也会这样",并希望给予学校所需要的一切。特别是他最后的诺言,使他陷入了困境,哈珀准备把他所有的时间都消磨掉,

而杰克曼,这个被忽视的人,仍然是他的上司。杜威对帕克上校的崇高敬意和继续工作的愿望,是他承担这一新重任的最强烈的已阐明的动机;他未说明的动机是管理者职位带来的 2 500 美元的额外津贴。

杜威得到了那份工作,但到 8 月他就改变主意了。但这份任命已经签字盖章。1902 年,杜威担任哲学和教育学系主任,大学附属小学校长,一所学院和一所手工培训学校的主管,弗朗西斯·W. 帕克学院(Frances W. Parker Institute)的院长,以及教师培训项目的负责人。

现在,杜威先前在哈珀膨胀的管理风格中所看到的问题对他产生了巨大的冲击。1894 年 7 月,杜威刚到芝加哥大学时,就预言了他最终会遇到的问题。他早前就对爱丽丝说过:"有人认为,教职工讨论的建议都是骗人的。校长只做他喜欢做的事情,没有协商等。对我来说,这一切都无关紧要,直到它击中我。"1901 年,这样的情况发生了。杜威在难以想象的行政和职业负担下挣扎。主要的问题似乎是,哈珀"手头有这么多计划",而且沉迷于"向公众宣传计划"——尤其是向那些可能成为大学赞助者的人——以至于他做出了自己无法兑现也从未打算兑现的承诺。随着杜威的行政负担开始加重,他开始把自己无法履行所有职责的挫败感转移到哈珀身上。哈珀做出无法履行的承诺,让杜威开始从事无法完成的工作,"故意让他的工作陷入尴尬和阻碍",这使得杜威对哈珀感到越来越恼火。

在这段时间里,杜威一直在尽力满足哈珀强加给他的每一个期望。《逻辑理论研究》实现了哈珀的学术目标,使美国哲学学派出现在芝加哥大学。他为这一成就和自己的明星哲学家杜威在国际上日益增加的声誉感到自豪。许多哲学家认为杜威将很快取代威廉·詹姆斯,成为激进经验主义、实用主义或工具主义的杰出代表——不管这个新运动叫什么。同样,心理学家将杜威视作心理学理论的伟大领袖之一;很多人认为他的反射弧概念是整个心理学运动的核心。杜威还把自己置于美国教育改革运动的中心。他最活跃的时期正是美国教育开始创造一种文化的时候,这种文化很快就能像以前生产商品一样容易地生产知识。

哈珀很高兴杜威的名气越来越大,但他开始觉得杜威忽略了芝加哥大学;因此,当杜威在哥伦比亚大学和布鲁克林学院发表演讲时,哈珀建议他增加在自己受聘的城市露面的次数。"我想知道,"他在给杜威的信中写道,"我们是否能说服你明年在芝加哥大学的一个中心做六到十二场讲座。布鲁克林的人们能有幸听到你的演讲,而芝加哥的人们却没有这种荣幸,这似乎太糟糕了。"杜威不耐烦地回复说:"毫无疑问,其他情

206

况无疑将决定我是否要做推广讲座。但是，我不得不说，布鲁克林三个讲座的费用是200美元，而推广部门六个讲座的费用是100美元。"尽管如此，哈珀还是继续向杜威施压，要求他作出更多的贡献。

杜威到达芝加哥大学后不久，就惊奇地发现，在浸礼会影响下建立的芝加哥大学，对宗教一致性的要求比公立的密歇根大学要少。但很快他就发现了哈珀身上的狭隘的原教旨主义倾向。他告诉爱丽丝：

> 哈珀校长参加了东部的浸礼会；他的演讲……足以让你不寒而栗；说"世俗主义"是对大学的非基督教化；不应该允许任何教授是不可知论者。而且……如果你想要获得带有专属的基督教附属关系的真正事物，并且保证并非是不可知论者，你最好来芝加哥大学。

随着时间的推移，杜威从遍布学校的哈珀的态度中觉察到一种强调不懈努力的原教旨主义，杜威开始憎恨这种要求个人做出牺牲的不成文要求。

杜威作了一次大胆的尝试来履行他所作的所有承诺。1901年，他任命爱丽丝为实验学校的校长。杜威现在被指控"未经协商"就做出了这项任命。他立即写了"关于杜威夫人的校长任命"给哈珀：

> 也许是我太急于在离开之前把一切都安排妥当了；我们还没有找到校长。杜威夫人在很晚的时候才得到建议——是我，而不是杨夫人（Mrs Young）——实际上是在最后一刻杜威夫人才完全同意了。我意识到，尽管这离预算提交只有几个小时的时间，但我仍然可能而且应该抽出时间就预算问题咨询你——我相信你会认识到我并非有意失礼——因为提交的是杜威夫人的名字，我本来会比平常更急于把一切都说清楚——但这是由于我屈服于时间上的压力……

> 我应该补充一句，杜威夫人并不知道没有人征求过你的意见，她对这个疏忽也很自然地感到恼火——她只是在提出异议之后才极不情愿地接受了这个职位，并希望我表达一下她的愿望，如果你在这件事上有什么反对意见的话，她愿意重新调整。

哈珀现在支持杜威，并要求他"向杜威夫人保证，我没有重新调整的愿望"。到这时，哈珀可能已经完全忘记了1894年11月，是他建议开办一所实验学校，由爱丽丝来管理，后来又批准给她1 250美元的薪水。于是爱丽丝以一年的合同成为实验学校的校长。杜威向校董建议把她的合同延长到三年，虽然这个建议没有被接受，但这似乎并不意味着她的任命只能是一年。

爱丽丝以极大的热情和与职位相称的成就接受了这份工作。她甚至开始发表文章,她的文章《幼儿园的地方》("The Place of the Kindergarten")出现在1903年1月的《小学教师》上(*The Elementary School Teacher*)。在文章中,她赞许地提到了福禄贝尔(Froebel)的"内在发展和连续性的伟大原则"。她也开始帮助约翰承担他在教育学院的职责。虽然他的行政任务还很重,但这使他松了一口气,而且,他和爱丽丝可以一起工作,爱丽丝也可以发挥她的才能。华盛顿大学(University of Washington)校长弗兰克·皮尔庞特·格雷夫斯(Frank Pierrepont Graves)对她的成功进行了评估。格雷夫斯曾请假到芝加哥大学学习教育哲学。他热情地谈到了他从约翰·杜威那里学来的课程,然后补充道:

> 就我个人而言,我希望,我对杜威先生的感激之深,相当于未来一场彻底的知识革命,这几乎不亚于我对杜威夫人的感激之情。比如,在她的课堂上,我们学习了自我控制、公正判断和对儿童权利的智力研究。

爱丽丝的学生很热情。但是教员们已经开始议论纷纷了,他们一直吵到哈珀决定处理这件事为止。1904年2月的最后一天,他写信给杜威,讲述了"校长任期的问题",并巧妙地把他的新政策粉饰为旧政策。他对杜威说,校董们认为,"现任小学校长的任命"是不合适的,当然,不是从当事人的角度来看,而是因为"聘用教授的妻子担任大学行政的或明确的职位涉及一项基本原则"。他表示希望"对你和杜威太太来说,今年的安排似乎已经满足了去年春天的所有要求"。

杜威被弄糊涂了。他和爱丽丝都不相信她的任命只是暂时的解决办法。事实上,它取得了比任何一项预期更大的成功。不幸的是,他们的困惑不能立即得到解决,因为杜威一直在旅行。但是爱丽丝在家,决定解决这个问题。约翰不在时,她安排了3月27日与哈珀的面谈。校长一定是间接地表达自己的想法,因为他们两人对谈话产生了不同的理解。在为哈珀总结他们的谈话时,爱丽丝记得,哈珀:

> 在那次面谈中对我(爱丽丝)说的是你(哈珀)……理解,你以为杜威先生明白我的任期只有一年。在面谈的任何时候,我都没有说过我的荣幸,也没有说过我应该"退出"。另一方面,当我在其他问题中问你,你希望我做什么时,你的回答是你在这一点上不清楚。

然而,哈珀认为他告诉过爱丽丝"她将要被辞退了",但她没有回应他的说法。甚至哈珀也有点被她吓到了。他在约翰回来后说"杜威太太是一个非常有尊严的女人"。

结果是各方都感到失望。杜威一家觉得哈珀在干涉他们极其成功的安排。但是

209

当约翰回来和哈珀见面后，杜威就下定了决心。就像经常发生的那样，他行事鲁莽，然后又坚持自己的决定。他将辞去教育学院的管理职务。令他吃惊的是，他意识到，他一做出决定，就如释重负，而不是对哈珀感到愤怒。4月6日，杜威非常庄重地对哈珀说："由于我所从事的工作的行政或外部方面……已经完成，而且正如你所概述的条件对教育方面的发展不利，我在此提出辞呈……1904年7月1日起生效。"第二天，他接着给哈珀写了一张亲切的便条，表示他希望休一年的年假，到国外去。

辞 职

如果哈珀友好地回应，接受了杜威从教育学院辞职，并且最后还能安排给他离开的经费，杜威或许会离开前往欧洲；塔夫茨也将填补哲学系主任的职位一年；而且杜威也将会在1905年秋回到芝加哥继续他在哲学系富有成效的职业生涯。但是哈珀，在他长时间离开，不了解状况的情况下，急于解决所有的问题，现在迫使杜威对所有问题都要有明确的解决方案。董事会将在4月12日举行会议。在他向董事会提交杜威辞去教育学院董事的辞呈，及其休假请求之前，杜威要做怎样的保证才能使他在明年结束后仍可以继续待在芝加哥？

看到了这件事会带来更多的冲突。他当然觉得被推逼到了墙角，他感到很生气。在董事会会议的前一天，他匆匆写了份简短的说明给哈珀："我附上辞去哲学系教授和主任的辞呈。"他向哈珀同时提出辞去两份职务，这意味着他将不会与这所大学有任何进一步的联系了，除了——出于一贯在财务上的谨慎——他提醒哈珀说他希望在有效期内可以获得他之前积攒下来的假期补偿。（事实上，他没有得到他应有的全部钱款直到近十年后。）

从哈珀的角度来看，他仅仅理清了行政管理上的细节，并对这个结果感到震惊。杜威会辞去教育学院的董事，而爱丽丝在小学的职位也会很容易地被取代。但哈珀没想到的是，他会以这种方式失去他的明星哲学家、心理学家和教育学教授。他没有在4月12日递出杜威的辞呈，而是在18日试图将功补过。他邀请杜威与他会面，以做到"对整个事件进行从未有过的更全面的考虑"。他请杜威理智些，提醒他"作为科研工作者"，他们不应该在将所有资料"了然于胸"之前做出结论。他提到了最近才有的新信息，作"进一步的阐明"，而且他暗示杜威误解了他的"观点"。

哈珀拒绝接受杜威辞去全部职务改变了一切。即使哈珀拒绝让他辞职又会怎样？

唯一肯定的是,爱丽丝不会在 1904 年 5 月成为校长。爱丽丝自己被迫向公众承认,由于 W. T. 哈里斯——仍是美国教育委员会委员——曾要求她做他教育委员会的成员之一,她觉得有必要通知他:"杜威先生和我已经断绝了与教育学院的联系。"她补充道,他们现在打算从 7 月开始"出国几个月"。杜威夫妇与哈里斯长期友好的关系开始将芝加哥窘困局面公开化。哈里斯以关心并令人鼓舞的方式回复了爱丽丝,这促使了约翰更全面地解释道:

> 我不仅从教育学院辞职,还辞去了大学的其他职务。这是一个漫长的故事,我不会来打扰你。但是其中的要点简单来说是,我发现我无法在校长创建并推行的事务处理机制下很好地工作。

通过将他保密至今的辞职消息公开,杜威将自己置身于一个无法后退的境地。

但是,哈珀仍然在试图找到一些能令人满意的解决方案。在 23 日与杜威的会面无果而终后,哈珀提出与杜威夫妇尽快会面。他甚至提出在教育学院约翰的办公室会面。没等到约翰答复,他就试图向爱丽丝道歉,说他"非常抱歉"。然后哈珀请求布莱恩夫人解释这件事,杜威夫妇有充分的理由对她感到友好,因为她一直是他们所有工作的强有力支持者。

布莱恩夫人未能平息事态,因为在澄清问题时,她不得不承认向约翰隐瞒了起初教职工反对任命爱丽丝为校长这一事件。这只会让事情变得更糟。她给了哈珀一份她与杜威对话的报告:

> 我对他说(杜威),站在教师们的立场上,董事会认为没有权利告诉他否决该方案(任命杜威夫人为校长)的事实……杜威先生对佐尼亚·贝博(Zonia Baber)小姐和艾米丽·赖斯(Emily Rice)小姐(分别是地理,历史与文学教师)的反对感到非常惊讶。在这次交谈中他觉得这样对他不公平,因为在有关校长任命问题之前,没有人将他们的立场告知他……他觉得他被安排在一个非常错误的职位上,必须得到教育学院的领导批准后才能向大学校长提出方案或向董事会发表意见。我告诉他,在赖斯小姐和贝博小姐向他发表意见之前,这一特别提名还没有被提出,并且我提请他注意围绕这一提名的许多情况,这将使她们很难向他表达完整的意见——一种自然的犹豫(也许是错误的)——一种提出问题的责任感,这也许会带来很大的麻烦。并且,对贝博小姐来说,因为她目前自己处于校长的位置,她在谈论这件事时也会产生犹豫,等等。

> 杜威先生不觉得这个可以解释或者作为他们没有向他表达对提名这一事情

全部感受的借口。他说杨夫人已经把问题告诉过他们,他们并没有对她的这一任命提出任何反对。

布莱恩夫人试图讨论怎样才能处理这一事件,但是谈话无果而终。

杜威越来越不耐烦了。在与布莱恩夫人谈话之后,也就是在收到哈珀来信的第十天,他立即给哈珀回了信,信中提到,"我(杜威)应该知道这些是你(哈珀)认为重要的事实或者决定",他没有收到任何回复,也不会再承担哈珀扣押他向董事会所提交的辞呈的责任。杜威如今是如此沮丧,他甚至开始告诉别人他的不满。在回复一封来自于伯克利加州盲人学院(California Institute for the Blind)主任的信件中,他解释了他辞职的原因:

> 哈珀先生看起来与我不怎么合得来,并且似乎存在越来越多的困境。因为我不喜欢在一个还不具备足够相互理解能力的机构中工作,所以我想最好还是辞职。

现在,当然,杜威夫妇的辞职在大学里是人人皆知。在4月底,小学的老师开始辞职;三位最好的老师也已经决定离开。杜威按他以往的方式,尝试为他们寻找新的职位。最终,在4月的最后一天,哈珀承认别无选择只能提交杜威夫妇的辞呈,正如他在5月2日的会议上所做的那样。

在宣布接受他们的辞呈时,哈珀暗示这是由爱丽丝的校长任期结束导致的。许多人认可了这一观点,其中包括杜威的秘书珀尔·亨特(Pearl Hunter),他曾写道"杜威先生由于(校长)……对杜威夫人不公正的待遇而离开芝加哥"。但是对当时的情况进行全面考虑,这种观点是不准确的。杜威愤恨哈珀将他描述成一个心怀不满、脾气暴躁的丈夫,他写了最后一封信给哈珀:

> 你知道的,你在4月30日的信件中提到的内容,是在我的辞呈中的添加陈述和引申,不能代表我个人的辞职理由——我可能要更好地了解这一点。

> 在向董事会提交我的辞呈,并说服他们接受时,我要求你向董事会清楚地说明所谓的未能继续任命杜威夫人作为小学校长的问题与我的辞职无关,并且我们之间从未讨论过这一问题直到我们的辞呈交到你的手中之后。你利用杜威夫人是校长这一事实想让我难堪并妨碍我作为主任的工作,但这只是这么多年来其中的一个事件。

从此,哈珀对杜威夫妇厌恶,并怨恨了很多年。在杜威与哈珀的大学最终结束关系后,有一回,一个负责为杜威找到另一份工作的人,杜威的老同学詹姆斯·麦肯·卡特尔,见到哈珀说"希望你能原谅我将杜威带走"。哈珀绷着脸反驳道:"我有很大的义务为你这样做。"

1904年,对于约翰和爱丽丝来说,在他们的辞呈被接受后仍然有很多事情要做。他俩都必须完成他们的行政工作,准备他们的出国旅行,向大家辞行,并在6月份参加由他们学生准备的最后的宴会。他们不得不开始计划他们大都还不确定的未来了。只有一件事是确定的,那就是芝加哥的篇章结束了。

露西·杜威

莫里斯去世后,爱丽丝生下了三个孩子。最年长的,戈登·奇普曼(Gordon Chipman),以爱丽丝父亲的名字命名,出生于1896的夏末,大约是莫里斯去世后的18个月。他的到来抚平了爱丽丝和约翰失去莫里斯的伤痛;他"代替"了他,这让他的父母亲都对他宠爱有加。差不多从出生开始,戈登就看起来平和、冷静、早熟和独立。另外两个年幼的孩子都是女孩,分别是露西·爱丽丝(Lucy Alice)和简·玛丽(Jane Mary)。

露西·爱丽丝·杜威于1897年12月28日出生于芝加哥。尽管爱丽丝在她生命最初的六个月里病魔缠身,但她还是茁壮成长了起来。在她六个月大的时候,她的母亲这样形容她:"宝宝是一个天使般的生灵。她昨晚在夜里醒来但却没有拼命哭闹,我们直到早晨才去喂她。她一直在成长。"小时候的她是所有孩子中性情最为柔和的。有关她活动事迹的信件中总是说她"满心欢喜",并且形容她是边跳边笑。

露西的教育开始于公立幼儿园,后来上了一年级,并在1906年接着到道德文化学校(Ethical Culture School)学习了三年。在1913年的夏末,爱丽丝带着露西和简在欧洲不停歇地旅行,而伊芙琳在热那亚与她们会合。两个年轻的女孩被瑞士洛桑的一所学校录取,而伊芙琳和爱丽丝去了阿尔卑斯山并最终回到了意大利。在1914年春天,露西和简去佛罗伦萨与爱丽丝会合。她们在4月旅行到了罗马,并在月底乘船回到了家。到了秋天,露西被巴纳德学院(Barnard College)录取,主修历史和人类学,并于1919年1月毕业。

当露西即将获得她的学位时,约翰和爱丽丝正在为他们访问日本和中国的计划做准备,而爱丽丝也关心着露西。"我很担心露西",她写信给伊芙琳说:

　　相比于她自己的事情,我认为她更担心关于我的事……你知道的她需要一个

215

216

家和妈妈，这样的环境可以让她比别人做得更好。我认为她有时会因为过分重视未来几年内或许是将来的很多事情而感到迷茫。在我看来，她现在表现得很有压力，比她自认为的幸福感要少。

爱丽丝叮嘱伊芙琳要像一个母亲那样对待她的妹妹。其实，爱丽丝没必要担心露西。但到目前为止，焦虑一直是爱丽丝的固有习惯。她开始试图说服露西加入他们的亚洲之行。直到 1919 年 7 月，在杜威夫妇离开日本去到中国的两个月之后，露西才同意与她的父母同行。露西刚到北京就染上伤寒而病倒了，但是她在北京洛克菲勒基金会联合医院（Rockefeller Foundation's Union Medical Hospital in Beijing）接受了良好的治疗，并完全康复了。

同样是在北京，露西一生中最重要的事情发生了：她遇到并爱上了一个奥地利人，沃尔夫冈·布兰道尔（Wolfgang Brandauer），他全家在天津工作，他的表兄是奥地利领事。1921 年他们相遇，那时沃尔夫（Wolf）30 岁，露西 24 岁，在很短的时间内他们就决定结婚。爱丽丝坚持他们需要分开一段时间，以确定他们的决定是否正确。露西回到了美国，并很快在华盛顿的移民问题科学委员会（Committee on the Scientific Problems of Human Migration）找到了一份工作。沃尔夫从遥远的内蒙古（Inner Mongolia）南面的卡尔根（Kalgan）、咸海（Aral Sea）附近的乌尔加（Urga）给露西写信，这一偏僻、原始的区域给他带来了财富。在 1923 年 8 月爱丽丝同意了这桩婚事。露西在 8 月 20 日左右独自从西海岸出发，先在波特兰停留看望她的叔叔查尔斯，并在 8 月 30 日从西雅图航行到中国。爱丽丝向她的朋友安妮·爱德华兹（Anne Edwards）形容这次离别：

> 她兴高采烈地离开……她要嫁的人是来自维也纳的沃尔夫冈·布兰道尔。他打了四年仗，在俄罗斯当了囚犯。因为他曾试图逃跑，他在西伯利亚待了很长时间，停战后他与其他人一起流落到中国，那里有他的亲戚。他现在卡尔根和乌尔加之间的一家美国贸易公司工作。你是否愿意去想象她期盼去居住的乌尔加，外蒙古的首都，是什么样子的？在哪里？如果可能的话，他们的车要开四百英里……战争之前，他经营着他父亲在英格兰的工厂。现在全家失去了从前工厂里可观的收入。他的经历表明他很有勇气，而且露西认为她很喜欢野外的生活。

9 月 25 日，露西和沃尔夫在北京结婚，参加婚礼的有杜威夫妇在那里的朋友，包括美国领事。尽管如此，爱丽丝还是担忧露西的未来。在短暂的蜜月之后，这对夫妇将要"北上……如果可能的话。（乌尔加）气温下降到了零下 40 度，那段时间他们想住在卡尔根,那里是穿过长城通往满洲的大门。这是一条古老的商路,仍然依靠骆驼……这就是古老蛮荒之地的生活"。

任何读过爱丽丝信的人都能感受到她的沮丧:在日本和中国待了差不多三年之后,她回到了纽约;而露西离开了,这让她感到无所适从。然而爱丽丝的抑郁对她自己来说已经习以为常了,她认为这种感受:"这就像是没有了工作和责任的行尸走肉。"

一年后,在 1924 年 10 月 23 日,露西在北京洛克菲勒基金会联合医院生下了一个男孩,几个月后,她、沃尔夫和小宝宝卡尔·马丁·布兰道尔(Carl Martin Brandauer)搬到了维也纳,在那里沃尔夫有了一份工作。到维也纳被证明是一个糟糕的选择。那里经济非常低迷,这让他们勉强为生,沃尔夫不得不"玩命努力"。约翰尝试着能够让他们顺利移民到美国,那里经济仍在蓬勃发展;但是奥地利的移民配额"六七年前"就已经满了。国务院没道理地声称露西在中国嫁给了一个奥地利公民,她已经放弃了她的公民身份,尽管她曾在 1925 年用她的美国护照到美国探亲。这件事就一而再,再而三地被耽搁了。杜威在 1928 年和 1931 年到访过维也纳两次。第二次去的原因是露西两岁大的女儿伊芙琳·简(Evelyn Jane)夭折了。"我认为我必须去与(露西)在一起……待几周。"在这次旅行中,他与他 7 岁的外孙,卡尔·马丁成为了朋友。用他还凑合的德语加上卡尔有限的英语,他们相处得很好,约翰很快能与他的外孙商量他们要去哪些玩具店,在那里能买些什么。卡尔挑了"一艘用发条驱动的船",他和他的外祖父很快能在池塘里航行了。

在希特勒上台并进军奥地利后,纳粹开始镇压露西所住工人区的社会主义者。到了 1936 年,露西一家的经济状况十分窘迫,不得不寻求约翰的帮助,而他正设法让她恢复美国公民身份。到了 1938 年,很显然他们必须要离开了,在那个秋天,露西和卡尔·马丁一起离开去到了密苏里州,待在伊芙琳的牧场。而沃尔夫则被征召加入了奥地利军队,被迫留在了维也纳。但在 1939 年 7 月,在杜威的请求帮助下,他通过弗朗西斯·帕金斯(Fances Perkins)的帮助获得了美国签证。沃尔夫在底特律的克莱斯勒公司得到了一份工作,并在 1940 年成为在纽约州宾厄姆顿的克莱斯勒修理工厂的区域经理。他们再一次开始了新生活。露西在 1983 年 5 月 18 日去世。

简·杜威

简·玛丽·杜威(Jane Mary Dewey)在 1900 年 7 月 11 日出生于芝加哥,大约是露

218

西出生的两年半以后。她像是杜威家的一个"丢失的"孩子。

在简出生后的几天，约翰带着其他孩子们一起去了纽约的肖托夸夏季教育会（Chautauque），他答应了要在那里做一场演讲，把爱丽丝和这个"新生的女孩"留在了芝加哥。从这次分别开始，相对于她的兄弟姐妹们而言，简经历了更频繁的、在更小时候的别离。她在断奶之前就与她的母亲分开了。约翰告诉塔夫茨夫人简"愿意喝奶瓶"，他在爱丽丝回来前一直给她喂奶。"简比从前更粘我了，"爱丽丝在简两岁的时候写道，"她认得我，一个下午不断地在说'你好，妈妈'。"不久，在 1902 年 9 月，爱丽丝离开了，约翰开始照顾两岁的她。"简不自觉地会想念你"，他告诉了爱丽丝一句一语双关的话："然而她……对我（过度）的感情似乎暴露了一种空虚"。难怪在做游戏时，简会让东西消失，然后再找回来。她着迷于把手帕藏在某个地方然后再让它出现。

简在 1906 年至 1909 年，与露西一起进入道德文化学校。当 1914 年爱丽丝带着露西和简到瑞士，并将孩子们留在学校而与伊芙琳去意大利的时候，简感到极其地孤独。她恳求爱丽丝把她带上。"我不在乎我们再去哪，只要我们在你的身边。"她恳求道。那还只是 2 月份，但她已经抱怨道："我希望现在已经是 6 月份了，我们就可以回家了。"她给她的父母写了封毫不掩饰其抱怨的信道："讨厌的老东西！他们为什么要教育那些不想被教育的人，比如我。我一点也不想被教育，而且如果我有其他事情要去做，那我就不应该上大学，可惜我没有。"

麻烦的是，她是杜威家所有孩子里最聪明的。所以她似乎注定要在她自己所说的她最不关心的那个舞台上成功，即便未能达到她期望的那种真正持久的热爱。当她从意大利回来，她跳过了高中一年级，并作为二年级学生被斯宾塞学校（Spence school）录取，主修的课程有乔叟（Chaucer）、物理、拉丁语（凯撒）、五年制法语和独立阅读。这些没有她不擅长的，她在数学科目上表现尤其突出。在她的毕业年鉴中，她用一首诗来纪念：

> 数学是我们的克星，
>
> 对我们的简仅仅是娱乐。
>
> 什么是三角和分析，
>
> 是智者的女仆？

1918 年，约翰和爱丽丝来到加州，因为约翰要去做一场关于雷蒙德·F. 西（Raymond F. West）的纪念演讲，这后来成为《人性与行为》（*Human Nature and Conduct*）一书的基础。简一再坚持要跟他们一起去。爱丽丝说道："简比我想象的更要想家。"在那年夏天,爱丽丝读到一本令人感到忧郁的书,阿瑟·格里森(Arthur Gleason)的《黄金之地》(Golden Lands),她把它藏了起来,因为她相信这本书"对简来说太悲伤了,不适合她"。在一封爱丽丝给伊芙琳的信中这样写道,简才18岁的时候,她就表现出孤立的防御姿态,使她免于感到过于失落。爱丽丝把简这种冷漠的态度称为"尊严"。

> 那需要时间去想清楚她内心的那份尊严……当然,我需要她,就像她需要我那样,但是我越来越感到她的那种焦虑不安给我带来的伤痛。她看起来没有过去那样期待快乐和那种欢笑……想家真是一个悲剧。

爱丽丝继续与伊芙琳讨论其他的事,但是话题又回到了简的身上,因为她通过观察越来越确信:"当我看到她抑郁的样子,我感到很不快乐……我无法忍受简在这不断的抑郁中迷失自我。"爱丽丝承认她咎由自取,因为她现在意识到简那显而易见的脆弱心灵都是由于分离造成的,"但我现在什么也改变不了"。她不知道该对简怎么做。露西应该去加州吗?她应该送简回家吗?或许简能去旧金山的艺校。但是简不会想去艺校的,那对她来说太简单了;她一点也不想去什么学校。她断然拒绝了约翰让她向旧金山的本尼·布法诺(Benny Bufano)或者纽约的斯塔蒂亚·埃伯勒(Statia Eberle)学习雕塑的建议。她想要去工作,去赚钱,去资助家里。爱丽丝不明白简想要的是被需要,尤其是让她觉得自己是家里必要的一部分。爱丽丝说能想到的只是谁能照顾简。如果简回家了,伊芙琳会让她和她一起住吗?在信的结尾,爱丽丝才意识到她把所有的爱都倾注给了伊芙琳,在那个简短但决定性的时候她宣称,"我不会放任简不管"。但是爱丽丝很快又感到无助,她想到了另一个方案,她可以把简安排给在纽约的马提亚斯·亚历山大(F. Matthias Alexander)照顾。

简拒绝了任何可以施展她那卓越科学天赋的建议。当她的父亲开始在伯克利(Berkeley)执教的时候,她上了他的一门课,评价它"相当令人紧张,但是它恰好给了我急需的三个学分"。学期结束后,她最终做了一个决定。她在智力上的天赋和决心最终战胜了她对分离的抑郁感,她决定回到纽约与伊芙琳和露西一起到巴纳德学院注册入学。她获得了免修一年学分的机会,并在1922年无间断地完成了大学学业。她立即申请了麻省理工学院的研究生,并在物理化学、物理学和数学等多个领域表现出色。在麻省理工学院,她也遇到了她情感问卷的答案,一位年轻、英俊、令人心动的南方人,阿尔斯通·克拉克(Alston Clark)。他在1920年从麻省理工学院毕业,并在那年秋天成为一名研究生,在1921年当了物理课的助教。他休学了一年时间去管理他父亲在克拉克斯代尔(Clarksdale)(一个以他家族命名的小镇)的密西西比种植园,然后在1922 年回到麻省理工学院。简与他一见钟情。阿尔斯通的确是一个有魅力的人,从他的信中能感受到:温暖、聪明、活泼和友善。他的个性中也确实继承了他的家族及其他的家乡的特点,尤其是关于需要继续维持那些经营不正规的企业;这与约翰和爱丽丝的观念差异很大,当阿尔斯通站在简旁边并随口将他的观点表达出来时,他们非常震惊。就在约翰和爱丽丝要离开去土耳其完成一个教学任务的几天前,简突然宣布她要和阿尔斯通结婚了。他们确实这么做了,"悄悄地",在 1924 年 5 月 24 日,也就是她父母航行去土耳其的五天前。

克拉克博士和他的夫人回到了剑桥。简完成了她物理化学博士学位的期末考试,并在 1925 年被授予博士学位。约翰·杜威告诉米德,她的研究是"寻找一些原子的碎片"。1925 年,简和阿尔斯通成为这个世界上物理学领域最聪明的一对夫妻。他们都向美国斯堪的纳维亚基金会(American Scandinavian Foundation)申请奖学金去哥本哈根研究数学。任何形式的认可总是至少能给简带来短暂的快乐;当她告诉她的家人,她被任命为国家研究委员会的研究员(National Research Council Fellow),与尼尔斯·玻尔(Niels Bohr)在特奥雷提斯克·费西克大学研究所(Universitets Institut for Teoretisk Fysik)一起工作时,她觉得自己:"太高兴了。一年 1800 美元,可续约三年。"在快完成学位时她开始发表文章。第一篇是一项关于"氢原子斯塔克效应的强度"的研究,发表在 1926 年的《物理学评论》(*Physical Review*)。在 1927 年,她递交了一份她的理论论文给玻尔。在 1925 年到 1930 年之间,她在专业期刊上发表了八篇论文,她的研究集中在将光谱应用于原子理论。1927 年 10 月,她给玻尔的研究团队做了一系列关于波动力学的专题讲座。用她习惯性的尖刻语气提到:"没人理解这一该死的事。"1929 年她回到美国,在 K. T. 康普顿(K. T. Compton)的普林斯顿大学帕尔默物理学实验室(Palmer Physical Laboratory)中继续她国家研究委员会研究员的工作。1929 年,为了与在康奈尔大学的阿尔斯通离得更近点,她成了罗彻斯特大学的地质学研究员。

1931 年,简在布林莫尔学院的物理系获得了一份教职,她和阿尔斯通搬到了宾夕法尼亚州的哈佛福德。她教的课程很广泛,例如理论力学、光学以及光谱和原子理论。她在第二年成为了助理教授和系主任。在这期间,她和阿尔斯通分开了,此后她的健康恶化了。她"因病"向布林莫尔学院请了两年假,其间她和父亲于 1934 年去了南非旅游,并在第二年去了海地。1936 年,她回到麻省理工学院当上了化学系的研究助理。然后她放下工作三年,和她的父亲住在一起。在 1937 年和 1938 年,她和父亲在佛罗里达州的基韦斯特岛待了好几个月,她经常生病。到 1939 年,她已经三年没有工作了,在 12 月她感到疲惫不堪,她写信给詹姆斯·麦肯·卡特尔请他帮忙找一份秘书或者文字编辑的工作。他建议她继续从事科研工作,她也尝试这样做。1940 年,手术之后,她"在长岛做了一些半科学性的工作"。她后来去了大西洋城参加一场学术会议以寻求工作机会,并在纽约的亨特学院(Hunter College)找了一份讲师的工作,从 1940 年 9 月到 1942 年间,她偶尔在那里从事教学的工作。在 1941 年的一段时间里,她曾在华盛顿特区工作,但是又病了,而后回到了基韦斯特岛。1942 年,她在那里得到了一份美国海军的战时"技术"工作邀请,但她拒绝了。

简的磨难让她的父亲感到困惑和不安。1939 年,他写道:"医生都不知道问题出在哪里……我们聊了一下——她几乎不谈论她自己——她对自己的优点太含蓄了,而且她说她可能没办法找到一份工作了,没有合适的机会,因为工作三个小时已经是她的极限了。"没有人能理解是什么在折磨简,甚至简她自己。约翰谈到了她的"特殊性",并为她对伊芙琳说的那些"刻薄"的话感到震惊。但伊芙琳最后还是给予了她最肯定的敬意:"作为一名科学家,她活在一个属于她自己的竞争激烈而遥远的世界里。"

然而突然间,在 1942 年简发现自己不再受病痛的折磨了。此时美国正在经历战争,她一经申请就被美国橡胶公司聘为了物理研究员。她继续在诸如《应用物理学》杂志等专业期刊上发表论文(例如,《非刚性填充材料的弹性系数》)。五年后,她找到了一份在马里兰州阿伯丁试验场的弹道研究实验室的工作,并一直工作到 1970 年。1975 年,简搬回了基韦斯特岛,直至她过世。就像约翰的大多数孩子一样,她实践了她父亲兴趣领域的一部分。作为一名教授和科学家,她出色地做到了父亲向往在哲学上做到的那样。最重要的是,她拥有父亲也有的——勇气。

哥伦比亚的救济

约翰·杜威在芝加哥的几年里做了那么多的工作和演讲的原因之一,是他思想和性格里的那份"经验主义"倾向。在思想上,他总是向无人涉足的领域进军,但他参与这些活动的另一个原因是他需要更多的钱,以维持他的规模不断扩大的家庭。1900 年,随着简的出生,杜威发现自己有五个孩子要养,他想要尽自己最大能力把他们抚养长大,带他们去欧洲,给他们学习语言的机会,让他们接触各种文化。

在 1904 年 4 月 11 日,当约翰·杜威从芝加哥大学辞去他所有职务的时候,他已经 44 岁了,是五个孩子的父亲,是世界著名的哲学家,同时也是一名无业者。脱离那令人乏味的行政职责以及以最不令人愉快的方式给威廉·雷尼·哈珀一个下马威的喜悦感很快便消退了,他开始考虑他的现实经济情况。的确,他可以指望芝加哥大学的工资再过几个月。但然后呢? 没有什么比开始新的工作更重要了。

杜威给三个熟悉他,并对他的研究感兴趣的人写信,哈佛的威廉·詹姆斯、哥伦比亚的詹姆斯·麦肯·卡特尔和华盛顿的哈里斯。卡特尔已经是美国著名的心理学家之一,是杜威在约翰·霍普金斯大学的同学。由于卡特尔是《心理学评论》的编辑,因而杜威与他接触频繁。杜威还在 1903 年与詹姆斯·马克·鲍德温(James Mark Baldwin)的激烈争论中支持过卡特尔。当杜威在哥伦比亚做了六场关于"知识的问题"的演讲时,他们重拾了他们之间的个人友谊。哈里斯早就鼓励杜威将哲学作为他的事业。他们每个人对杜威的认识都不一样。詹姆斯称他是一名新时代的经验主义哲学家;卡特尔认为他是一名心理学家;而哈里斯把他称作美国教育改革的领军人物。在给哈里斯的信中,杜威概述说自己"不是来打扰你,请求你给我关于未来的意见和建议的",但是"如果你的心灵驱使你给我一些忠告,我会很乐于接受"。杜威告诉哈里斯,他想要找个地方,如果有的话,那应该是一个"民主教育"杰出的地方,他心里清楚没有人比哈里斯更了解美国哪里有教育的机会。杜威甚至在考虑去做,对他自己来说最糟糕的职位——大学校长,这涉及"大量的行政职责",尽管在芝加哥时,行政负担过重的问题已经使他筋疲力尽。

杜威在哥伦比亚的讲座获得了巨大的成功,还没结束时,卡特尔就邀请他明年来做一系列心理学方面的校外讲座。"我感觉我在哥伦比亚的经历实在是太美妙了",杜威告诉伍德布里奇(F. J. E. Woodbridge),他是哥伦比亚的另一位哲学家、《哲学杂志》(*Journal of Philosophy*)的编辑。很自然地,在杜威从芝加哥辞职的五天后,他给哥伦比亚大学哲学系主任卡特尔捎去了一封信。杜威说,从芝加哥辞职他已经考虑了"两三年"。他知道卡特尔不会十分惊讶,"与大学之外的其他人相比,我曾和你更随意地谈起过我在这里的处境"。除此之外,他接着说道:"我现在什么都不了解,不得不依靠我的朋友来让我知道一些事情。"

收到杜威的来信,卡特尔立即行动了起来。他马上预约与哥伦比亚大学校长尼古拉斯·默里·巴特勒(Nicholas Murray Butler)会面,他肯定想知道杜威想要来的消息,卡特尔对于杜威的意愿很确信。巴特勒立即告诉他,他将试图筹集支付杜威薪水的资金。卡特尔问杜威，他是否愿意接受哥伦比亚大学的教授职位，并补充道，"请务必'同意'"。

但是邀请来得太突然了，杜威没有像兴奋的卡特尔要求的那样用电报回复，而是写了封信来拖延。"我现在不适合做任何决定——我需要休息。"他回答道。"过去的两周太紧张了，"他补充道，"让我无法在心里彻底地考虑你的提议。"杜威意识到在这个"窘迫的时候"，卡特尔的邀请打动了他。大约一周后，资源丰富的巴特勒筹到了钱，并向杜威提供了一份5000美元薪水的教授职位。

杜威现在从疲倦中清醒过来了，因为他的犹豫不决，所以他把收到的邀请告知了哈里斯。哈里斯及时回了信说，哥伦比亚大学的职位让他产生了一个确切的想法，他觉得这"对哥伦比亚大学和你都是一次巨大的机会"。如果约翰想要谋求校长职位，哈里斯说，会"尽我最大的能力"给予帮助，但他认为哥伦比亚大学是最好的选择。

在哈里斯的信到来之前，杜威自己就已经得出了同样的结论。在接到巴特勒电报的时候，他就暂时决定接受邀请。巴特勒催促卡特尔保证杜威能尽快接受邀请，因为杜威正在考虑申请伊利诺伊大学的校长职位，甚至"脱离体制"。意识到杜威正在考虑当校长，卡特尔劝说杜威重拾哲学研究：

> 我认为你有责任继续哲学研究工作。对我来说，你和詹姆斯是哲学界最伟大的两个人，哲学上的天才实在是太罕见了，相比于行政工作对这个世界是太重要了，我认为你应该认识到自己的那份公信力。

在他辞职的两周以后，杜威的专注力就转向了在纽约他如何才能养得起孩子，他认为，那里比芝加哥生活的成本更高。他向卡特尔表达了他的担忧，而卡特尔再一次把这些告诉了巴特勒。巴特勒给予了他可能的帮助：在暑期班上课将多给他500美元，再加上一个为期一年的心理学年度讲座项目的400美元津贴。1905年学院老师已经提名杜威负责这个讲座项目，以接替哈佛的雨果·孟斯特伯格（Hugo Münsterberg）。此外，巴特勒说杜威可以在大学里的拓展部门授课，给教师们做讲座，这将给他带来每年1000美元的收入。或者，如果爱丽丝愿意的话，她可以在哥伦比亚大学师范学院的斯派尔学校（Speyer School）教书，大致相当于芝加哥大学的附属小学。简而言之，巴特勒给了杜威在他自己权力以内最大的福利，因为他相信有了杜威的加入，哥伦比亚大学的哲学系在任何地方都将是最强的。巴特勒催促杜威尽快做决定，在4月28日，杜威给校长写信说他接受了哥伦比亚的邀请。巴特勒从来不是杜威的支持者，他总是以各种方式试图控制杜威，正如哈珀以前经常做的那样。尽管杜威

226

227

在接受教职的同一天向卡特尔承认了，他未来仍然有可能"考虑去做行政工作"，但这种可能不在"当下"。应杜威要求，在5月5日的哥伦比亚大学董事会上批准他的任命将从1905年2月1日开始，届时他还将担任心理学系的讲师。

这个消息很快传开了，华盛顿大学的校长，自己也是哥伦比亚大学的毕业生，预测杜威一家将在那里受到热情地欢迎，但也感叹道他们不会再找到比在1903—1904年与约翰和爱丽丝一同学习的学生"还要忠诚、能奉献且令人赏识的学生了"。另一个杜威的博士生和弟子，摩尔从旧金山来信写道："我们听说您被哥伦比亚大学任用了，感到悲喜交加……对于我个人来说，如果您永远离开了在学校的工作，我会一辈子都感到遗憾的。"他希望关于杜威要去当"一些非官方的师范学院的主任"的传闻是真的。（那不是真的。）

同时，杜威开始为他的新生活着手准备起来。在6月的最后一周和7月的第一周，他在田纳西州诺克斯维尔的一个暑期项目给教师们演讲，为挑选过的参与者做小型座谈会，并给所有与会者做讲座。在演讲时，他感觉到"明显的苍老感和喘息声"。他与芝加哥决裂带来的紧张情绪仍让他感到疲惫不堪，可能也是在这时候导致了古怪的"胆病或者一些类似于这种毛病的疾病发作"。但在诺克斯维尔，他是独自一人，像往常那样独自一人。为了一学年心理学讲座的额外400美元津贴，他同意给做9或10场"行为心理学"讲座。师范学院的主任詹姆斯·罗素（James E. Russell），让他1905年春季学期在拓展部门工作，"提供15或30场讲座……相应的酬金为350或600美元"。这比较容易，因为这些课程可以作为他常规教学任务的一部分，只是额外加了一些未注册而入学的学生。罗素称赞杜威对教育理论和实践的贡献，并希望他能定期地"开设至少一门所有学生都感兴趣的关于普遍教育问题的课程"。"你做的任何决定都将受到衷心地欢迎"，他亲切地说道。杜威已经开始考虑接下来在大学的课程了，就这些课程他向卡特尔写了封信，一反常态地不够明确。随后他完善了他的意见，提出了新的课程，包括"英国逻辑理论的发展——从洛克到米尔"、"伦理的逻辑"、"教学中的逻辑应用"以及"文艺复兴以来教育理念的演绎"。显然，他专注于他的哲学工作，把心理学放一边而把重点放在教育哲学上。结果，他将余生的研究都放在了这一方向上。

回到欧洲

终于有一项计划完成了。一家人乘船去了欧洲。十年前，正当杜威离开了密歇根,还未去往芝加哥的时候,其间他们一家人去了欧洲旅行,而莫里斯却中途去世。从那以后他们很少谈起欧洲旅行的事情。但现在过去的事再次重演。他从芝加哥到了哥伦比亚,并再一次计划去欧洲旅行。由于爱丽丝没有工作,无法把她的心绪和感情投入其中,因而她对莫里斯的死尤为感到悲伤。但是约翰期望将分离视为一种新的开始。由于有他在芝加哥期间积累的休假工资的支持,他可以六个月不用教书,让他可以从压力中解脱,再一次回到欧洲。他们认为这次旅行将会使"弗雷德和伊芙琳的法语和德语比在国内进步得更快",但他们寻找的是真正的自由。229

带着他们的五个孩子,约翰和爱丽丝在 7 月 9 日航行去了欧洲,放松而又谨慎地期盼这次国外长途旅行。约翰期待在 8 月去剑桥参加科学协会的会议,在那里他会遇到那些他通过阅读他们发表的刊物而知晓的欧洲哲学家。或许更重要的是,他希望能从日常的教学、演讲以及大学执行项目中解放出来。爱丽丝计划去调查欧洲的妇女教育。她向哈里斯询问他是否"需要任何与妇女教育有关的报告",她谈道:"要去国外长期地彻底调查学校对孩子们的培训情况……有关女孩和妇女的教育。"她还致力于写一本与心理学家詹姆斯·马克·鲍德温所编辑的系列书籍同一主题的书。当他们第一次在密歇根大学相遇时,爱丽丝请约翰写过一些关于妇女教育的文章。她自己也已经读过了一些有关妇女心理学的书,但对那些男人写的东西不感兴趣。例如,在读了雨果·孟斯特伯格的《女性》(Women)之后,她对约翰说:"我开始以为他很清楚,但发现……男人的习惯是,当事情的真相比他认为的要深刻时而不去思考。有点深奥的佛教徒可能会更了解灵魂深处的东西。"

爱丽丝和约翰希望他们稍大一点的孩子,伊芙琳和弗雷德,能从这次旅行中得到最大的收获。早早开窍的戈登,也将会从这次旅行中受益许多。所有在芝加哥认识戈登的人都认为 6 岁的他是一个了不起的孩子,就像莫里斯,"一个个性成熟但不早熟的孩子"。但是这位小弟弟也受到和悲剧的莫里斯一样的病痛折磨。在抵达欧洲之前,戈登就在路上病倒了。杜威一家到达利物浦时,他已经病得很重了。在爱丽丝称之为"肮脏"的船上,船上医生确诊戈登是"食物中毒"。7 月末船一到岸,杜威一家就立刻带着戈登去了最近的医院。约翰陪在他身边,而爱丽丝带着更年幼的孩子们离开了这个危险之地,到达了切斯特市,在那里他们遇到了一些朋友,孩子们被带到了爱尔兰。然后爱丽丝回到了利物浦与约翰待在一起。戈登的病情不断恶化,爱丽丝写了一份报告给孩子的护士玛丽·布拉德肖(Mary Bradshaw):"戈登……病得不轻。我也很担心我的其他孩子。他们在船上表现出来的不断发烧以及其他症状,都足以说明是伤寒病230

的开始。"她提醒玛丽观察下其他孩子的症状。当戈登被确诊为伤寒时,她害怕其他孩子在路上也感染上了;戈登毕竟在一家好医院接受治疗,而其他"出门在外"的孩子风险更大。

在一周内,他们相信戈登已经"转危为安"。一位儿童疾病专家劝告他们道,戈登患上的是"温和"的伤寒,但他的体重仍在不断下降。他的父亲买来了《格列佛游记》(*Gulliver's Travels*)和《海华沙》(*Hiawatha*),整天读给他听。约翰和爱丽丝还开始用图片和故事做成剪贴本逗他开心,甚至还为剪贴本取了一个充满期望的名字:"戈登的爱尔兰之旅"。同时,从爱尔兰也传来了好消息,其他孩子都没有得病的症状。最终在三个多星期后,戈登出院了,一行三人出发去了爱尔兰。戈登给已经和玛丽去了英国的弗雷德和伊芙琳写了封关于他多想再好起来的信。"我想我能很快……和你们一起去都柏林,然后去意大利,抓蜥蜴,还要——去树下捡落下的桔子。"尽管他这么写道,但在巴利纳斯洛(Ballinsloe)他的病情还是复发了——开始还是"温和的",后来,病情开始变得严重起来。9月9日,杜威表现得极度害怕,戈登"比任何时候都病得更重"。两天后,在其他孩子赶来之前,戈登死于伤寒肠热病。"妈妈的精神压力实在是太大了",杜威——他自己也伤心地给孩子们写道。几年后,简写道:"(对爱丽丝的)打击……太大了,她再也没能完全恢复到她原来的精神状态。"甚至就在几个月之后,约翰还在对戈登的病逝悲痛地感叹道"灯熄灭了,所有的时间将变得多么难熬和空虚啊"。

重新开始

爱丽丝勇敢地继续让他们的孩子们在欧洲大陆学习语言的计划,而约翰回到纽约开始在哥伦比亚大学执教。他伤心欲绝。在履行他的新职位时,他告诉爱丽丝:"我一直专注于自己的工作……不想再尝试去改善任何人或者任何事——我做的已经够了。"戈登的死讯很快传到了杜威在芝加哥的朋友那,他们在赫尔馆举行了纪念仪式,在那里简·亚当斯给杜威一家的70位亲朋好友做了主要讲话。亚当斯回忆起当戈登被送到车上去见海军上将杜威(Dewey),并与他握手的时候,"他无法抑制他那满腔的崇敬之情,因为他也有着同样伟大的名字"。当被问到他对将军说了什么时,戈登回答道:"我说不出太多话,因为我也叫杜威。"杜威的前同事,哲学家詹姆斯·塔夫茨写道,戈登"是那么古朴和本分,当我们与他说话时,总觉得我们进入到了一个全新的纯净的人格中去"。在访问剑桥时,亚当斯告诉了威廉·詹姆斯这件事,在10月9日詹姆斯给约翰写信道："你和杜威夫人新生活的开始是多么地令人悲痛。祈祷你能收到我和我妻子最真挚的慰问——在这个悲伤的时刻没有什么再说的了。"杜威回信时表达了他最后也是最好的对去世男孩的悼念："戈登是我所知道的我们失去的唯一一个——我不是说孩子——对生活总是充满了认真和乐趣的人。我永远也不明白为什么他要离开这个世界。"

在欧洲，爱丽丝放弃了她调查欧洲妇女教育的计划，约翰通知鲍德温她不会再出书了："戈登的死……理所当然地打断了一切事。"当约翰离开家一个多月的时候，他乞求露西和简"经常写些美好的信件"给他："告诉我你们在做什么，在玩什么，你们到哪里去了，你们都看到了些什么……还有哪些其他的事情。"1905 年 3 月 1 日，他写信给在罗马的爱丽丝：

> 我到这里已经四个星期了。因为有工作的压力，我感到前两个星期过得很快，我想我可能对多变的环境感到兴奋。如今日子一天天地过去，我首要想到是 6 月份越来越近了，打算是让我们所有人去阿迪朗达克（Adirondack）爬山或我自己去那边。

一直待在哥伦比亚大学的宿舍，他感到很无聊，会经常和朋友们或者新同事一起去吃饭，如历史学家詹姆斯·哈维·罗宾逊（James Harvey Robinson）及其家人。但他也很忙。除了教学，他还要准备十场关于"行为心理学"的系列讲座，他说他在开始前的一星期才开始准备它们，"准备这些东西占据了我的业余时间让我做不了别的事"。

在 1905 年的春季学期，杜威总是无精打采的，只对拜访有孩子的同事感兴趣。他在悼念戈登，他也想念他那些幸存的孩子们。他对待生活的态度发生了微妙但永久的变化：他转向了内省。他的教育实践工作消失在了他的哲学研究中，正如他的心理学工作，远离了实验室，被吸纳到了哲学反思思想中。他不再对行政工作感兴趣，他似乎决定要在哥伦比亚大学永久安定下来。他把行政职位留给了卡特尔和伍德布里奇。事实上，他两次当上哲学系主任，但这次他只是管理；他不再想去创建学校。从他到哥伦比亚之后，他再也没有谈起过想要去当大学校长或担任其他形式的行政职务。他对教育学的兴趣下降得更严重。他不再投身于基础教育的研究中了，尽管他后来撰写的著作把他之前的研究说得更加清楚，并加以扩展，却并没有超越它。师范学院的学生急切地期盼他的到来，但他不再像在大学附属小学的时候那样亲身参与到教师教育中去了。虽然师范学院的学生和毕业生声称他是他们的导师和灵感来源，但这更多的只是对他存在的形象和过去的工作而言，而不是对他的实际参与。大多数情况下，他们走进了哲学殿堂,并就读他的常规课程。最终他们和其他人一样受到"约翰·杜威"教育实践和创新的权威影响,这让杜威看起来像是"进步主义教育"之父,但其实他既不实行也不提倡。心理学也是如此:尽管他的调节弧概念始终很有用,但他在这个领域越来越少有新的研究工作,而他的研究兴趣和关注点使他看起来在心理学上的研究工作一直持续到了现在。显然,随着专业化的不断加强,以及美国在教育和心理学领域的研究迅猛增长,他不得不在各学科之间做出选择。

他选择了哲学。当然,所有这些放弃都有令人悲伤的前提,一定程度上是由于他在芝加哥时的许多工作崩溃导致的,特别是戈登的去世和他在 1905 年春季学期的孤独。"对我来说事情太多了",他对爱丽丝说。在 2 月,他说道"似乎更想去欧洲工作",而不是待在美国,除此之外,"山里的村庄对我来说像是个清闲平和的天堂"。但他仍然犹豫不决,"动静太大了",他还不能面对这种"选择"。

杜威的抑郁使他放弃、停下、巩固他的兴趣,随后他开始拒绝受邀去做那些曾让他热情地立刻就答应的讲座。最终,他构建了一种再一次让他心满意足的全新的生活。他拓展了哲学领域,将研究范围转向至大学以外的世界,以他自己的方式为社会多样化的生活作出贡献。在此时,他写信给独自在耶拿学习德语的弗雷德,并给了弗雷德一条他曾告诫过自己的建议:"我希望你可以定居下来并过上有规律的日子——在大喜大悲面前都要保持警惕。"这正是他自己尝试找到一条从萎靡不振到自力更生的道路过程中体会到的。他向爱丽丝描述了他每天独自沿着哈德孙河(Hudson River)散步的情境,"日落时分……水面上的光影、河对岸的礁石、浮冰、渡船……新泽西的工厂飘来的煤烟",他看到的忧郁景色就像是埃德温·阿灵顿·罗宾逊(Edwin Arlington Robinson)的诗作《天边人影》(*Man Against the Sky*)。但是他现在决定要走自己的路,不依靠旁人。

一封爱丽丝的信件让杜威想起来了他在过去对许多事和许多人的未经考虑的应对方式,他慢慢地意识到自己生活行为的改变。他以不同以往的庄重口吻给她回信:"我意识到你提出的两点的重要性……我在你来信之前就已经认识到这些了……我也考虑了很多。我不认为我会被卷入那些事和人当中……我还会不断地去尝试的。"他看起来是一个"靠智慧生活",而不是瞎忙的人。通过这条看似压抑、内省的道路,他成为了美国头脑最清楚、最明智的独立思考者。他在这条路上独自而行,通过这样做,他得到了一大群读者的支持,即使不同意他的观点他们也信任他。

春季学期即将结束之时,约翰终于决定不把家人带回来,而是去欧洲与他们团聚。

他向巴特勒校长申请允许他在毕业典礼之前离开,并很容易获得了许可。在他上完最后一堂课的第二天,他乘船到了意大利,见到了他的家人。爱丽丝已经在罗马待了一个春天,现在他们直接去了威尼斯。在那里,发生了最奇怪但又是最不出所料的事情。

杜威全家仍在悼念戈登。由于他们回到了意大利,因而约翰和爱丽丝不禁也想到了莫里斯。全家在威尼斯的糕点店吃午餐的时候,窗外一个英俊的意大利小男孩进入了约翰的眼帘。他看起来8岁的样子,和戈登一样大,充满了生机和活力。但他一瘸一拐的。显然他是个穷人。他的一举一动重新燃起了这位哲学家对戈登的思念。杜威像往常那样冲动行事了,尽管他声称他从未这么做过。他和爱丽丝向男孩示意,邀请他加入他们,给他吃的,并问他话。下午结束之前,他们步行去了男孩的家。就在几天之内,杜威一家与男孩的母亲和男孩讨论决定让他加入杜威的大家庭,把他带回到美国抚养。因此,这个男孩——萨比诺·皮罗·莱维斯(Sabino Piro Levis)很快改名叫"比诺"(Bino)——成为了杜威家的一员。他与戈登差不多年纪;他在乡村长大,莫里斯的骨灰同样埋在那里;他同时代替了这两个孩子。约翰又有了五个孩子。杜威从来没有后悔过这个突如其来的决定。三个月后,他和爱丽丝说,"我很庆幸我这一回跟着感觉走了":当然这是一个不想承认自己的一生都被冲动所控制的人所做出的错误自我评价。

很显然,是他的悲痛和他不愿去面对现实的心情促使他收养了一个八九岁大的意大利男孩。这使他匆匆做出决定,而没有经过深思熟虑,就像是他在很久以前替代了一个去世的男孩约翰·阿奇博尔德以减轻他父母的悲伤,又像是戈登通过替代莫里斯来安慰他的父母,用一个孩子来代替莫里斯和戈登就可以让爱丽丝和他自己得到安慰了。杜威从来没有合法收养萨比诺,但他实际上做得更好:他把他带入到了这个家庭,就仿佛萨比诺一出生就是8岁的样子。

显而易见,替代孩子的心理学理论给杜威带了一个全新的孩子。不仅如此,在他的工作中,这也给他带了一份内心体验,给予了他在哲学上的独特视角,尤其是在他构建对社会问题和社会需求的成熟批判时。杜威的读者不应该混淆他那原始的冲动——总是对他思考的结果带有强烈的感情色彩,这是他通过逻辑思维和综合学识建立起来的最好的情感。杜威哲学的独特之处在于逻辑和哲学思考是工具,也就是说,它们被用来创造并驱使思想不断地向前;思想应该付诸行动;所有的思想和行动都是偶然的,因此生活充满了持续的冒险,而非是确定的;思想向行动转变的过程自然地付诸社会生活、经验和充满机会的活动中去;教育是对哲学最好的检验;而社会的变革则

235

236

是它的结果。在杜威来到哥伦比亚之后，他越来越多地将关注点转向了社会问题。他的经历让他对社会上的次优人群、弱势群体和失败者表现出特别的同情。

那些在哥伦比亚受到杜威影响的人们被他的品格——热情、高度的智慧和良好的学识所吸引。沃尔特·皮特金（Walter Pitkin）是杜威刚改名的哲学心理学和人类学系的新成员，他回忆道："我对杜威最深的印象是他在那段日子（1905年的秋季）像一个思想家一样始终保持着卓越的表现。人不能停止思考。"他是"有史以来最不严格、最容易相处的哲学家……就像苏格拉底，从不摆架子"。他的另一个年轻的同事，温德尔·布什（Wendell Bush）告诉他的学生"杜威给了我人生新的方向"。他的学生与他的同事们一样受到他的熏陶。

许多学生从中国和日本来向他学习，迫切地想要把他的关于民主教育的思想带回他们自己的国家。许多人成为他们祖国重要的领军人物。其中一个中国学生差不多与杜威同时来到哥伦比亚大学，他叫郭秉文（P. W. Guo），后来成为南京师范学院的创立者和校长。几年后，蒋梦麟（Menglin Jiang）也来到了哥伦比亚的师范学院向杜威学习，后来成为北京大学的校长。第三个学生是胡适（Hu Shi），他是中国知识和教育改革的领导者，在19世纪20年代旁听了杜威"道德和政治哲学"的课程。

十年里，杜威也吸引了诸多日本学生来到美国向他学习。其中一个日本毕业生感
237　动得用一首诗来描绘他在哥伦比亚与杜威在一起的经历：

> 爬上三层楼梯，上气不接下气，
>
> 穿过黑漆漆的走廊，
>
> 教室的门开着，闪烁着耀眼的烛光，
>
> 一张张紧张的脸上洋溢着流动的思想带来的喜悦。

杜威还急于帮助欧洲来的移民。其中一个年轻犹太妇女尼玛·赫申森（Nima Hirschensohn）是在1904年从巴黎移居到美国的，她在1905年秋季进入哥伦比亚大学学习。她几乎不会说英语。哲学系的主任和顾问弗里德里克·伍德布里奇听说她想要去上杜威的"心理学伦理"课，表示很惊讶：

> 课程的选择必须经过伍德布里奇（她记得）的批准。（并且他告诉她）："你缺乏哲学的基本训练，而你却选了最难的一门课，这门课只适合能力强和精挑细选的学生。你都不会说英语……"他纵情大笑。明知道杜威不可能接受我，他笑道："去问他吧。"杜威对我说："来听几次讲座，如果你喜欢它们就留下来。"

注定要成为师范学院校长和杜威弟子的威廉·赫德·克伯屈（William Heard

Kilpatric)，在 1905 年从芝加哥跟随杜威而来，并和尼玛成了同学。他借给她笔记并告诉她，杜威是"美国最伟大的哲学家和教育家"。许多人来向他寻求帮助。尼玛描述到"接待室挨着杜威小小的办公室……在指定的（工作）时间之前就人满为患了"。当她告诉伍德布里奇杜威对她很和善时，他回答道："你很荣幸第一次来美国就不仅遇到了238最伟大的哲学家，还有伟大的美国精神，这就是'美国'。"

　　杜威在哥伦比亚的各项活动表明他从芝加哥的遭遇中学到了很多。他从一所大学换到另一所大学的不安定的时光结束了。1906 年 3 月，当斯坦福大学的校长大卫·斯塔·乔登（David Starr Jordan）恳请他接受他所在大学的教授职位时，杜威礼貌地明确回绝了乔登眼中的这一"好差事"。杜威一再拒绝源源不断的类似邀请。不曾改变的是他对投身于社会公平问题研究的激情。对他来说，思考和写作是首要任务，而他的家庭位居其次。但他对事业那种富有激情的投入也始终都没有被他对家庭持续投入的感情所耗尽，他有足够的精力来应付这三样似乎填满了他生活的事。

高尔基事件

　　约翰·杜威在 1905 年 1 月到了哥伦比亚大学，那时正值他的中年，开始了他人生最后的漫长时光。戈登的去世给他带来的沮丧以及对新生活的憧憬和期望交织在一起。杜威爱上了纽约这座城市，他告诉爱丽丝，"相比之下芝加哥只是座村庄"。随着他因失去戈登产生的悲痛之情渐渐消退，他逐步开始专注于生活——他的家庭内外的事情。在爱丽丝的鼓励和支持下，他很快意识到自己要致力于通过国家公共大事来检验公正和道义。

　　1906 年 4 月，俄国作家马克西姆·高尔基（Maxim Gorky）访问美国，为那些对抗俄国沙皇和女沙皇不公正统治的革命者寻求支持和募集资金。那时美国人正全力支持俄国在民主化上的行动。进步主义的思潮正在蓬勃高涨。几天后，西奥多·罗斯福（Theodore Roosevelt）总统发表了他揭露垄断黑幕的著名演说，揭露了美国自身的公共腐败。直到那时候，美国商界的评论者还被称为是"吹毛求疵的人"，因而不受欢迎。239如今他们将成为"揭露黑幕的人"，是在为清除腐败做好事，他们获得了应有的尊重。正如高尔基所想，纽约和芝加哥一样是美国社会主义的中心。在学界，"社会主义"和"民主主义"经常互换使用，所以高尔基在这赞同自由的浪潮中来到了纽约，并受到大批记者的欢迎。《纽约时报》（New York Times）的记者写道，"成千上万的同胞"为了迎接他，在雨中等待了"四个小时"。"小说家由他的妻子陪同而来"，报道还写道，"她是一位知名的俄国女演员，在舞台上以安德烈耶娃夫人（Mme. Andreieva）而被人们熟知"。高尔基对汇集的人群说，他会"待在这个国家至少两个月……主要为俄国革命者寻求支持和募集资金，还有一部分原因是为了他个人的健康"。他自称难以克制抵达美国的激动之情，说"哥伦布也没有比我更期待发现美洲"。他的接待团队已经在他抵达的当天晚上为他在第五大道的一个俱乐部安排了一场隆重的欢迎会，纽约的名流们，如马克·吐温、威廉·迪恩·豪厄尔斯和芬利·彼得·邓恩（Finley Peter Dunne）都将与他会面。

　　这在美国的确是一种盛大的开始，但随后就归于平静。美国人可以接受，甚至赞赏高尔基的革命热情；他们可以捐钱给武装革命者；他们甚至可以支持社会主义——尤其是为了俄国人。但他们不能接受公然违反传统的伦理道德。四天后，报纸揭露安德烈耶娃不是高尔基的妻子。高尔基的妻子和两个孩子仍然在俄国。他们所住的贝尔克莱尔酒店（Hotel Belleclaire）的管理层被揭露的事实所触怒。酒店的经理出现在他们的门前要求他们离开。他们搬到了拉斐特布瑞沃特酒店（Lafayette-Breevort Hotel），但他们还没来得及打开他们的行李，经理就过来让他们离开了。同样的情形再一次出现在他们搬往的下一家酒店。

240　　高尔基感到震惊。就在两天前，马克·吐温还热情洋溢地说起要为他举办一场筹款活动，并告诉记者们美国的革命获得了法国的援助，现在美国人也应该帮助俄国人。"革命的进行伴随着鲜血与勇气"，吐温告诉他们。筹款之前开展得很顺利；高尔基已经筹集了 8 000 美元。但是关于高尔基"伴侣"的传闻迅速流传开来。那些起初支持他的人开始离他而去。威廉·迪恩·豪厄尔斯以及其他许多人请求不要发表任何评论，避免与高尔基在同一场合露面。当消息传开，吐温也开始重新考虑他对俄国煽动活动的支持，他不再与高尔基会面。高尔基愤愤不平地申辩说"没有比男人和女人之间的结合更神圣的事了"，但没有说服任何人。他在波士顿的支持者立即宣布"对他在国内违反伦理的事情感到不满"，他们已经放弃邀请他来他们城市的计划。罗斯福总统的发言人宣布高尔基不会受到他以及美国政府的其他任何官方的邀请进行白宫访问。移民局官员宣布，这一对"无疑会被送往埃利斯岛"，并被禁止污染美国的土地。

　　突然发现被所有人遗弃，所有的安排也都被取消，高尔基在纽约只剩下一件重要活动了，那就是在卡内基音乐厅（Carnegie Hall）的演说。随后，他计划离开这里去芝加哥，在那儿简·亚当斯接纳了他。她立刻被城市的报纸刻上"红色分子"的烙印。当高尔基在 5 月初回到纽约时,显然有个问题就是,没有酒店愿意接纳他。从一开始,约翰·杜威就是组织高尔基来访的委员会成员之一。现在,约翰和爱丽丝·杜威做出了一个决定。既然列夫·托尔斯泰(Count Leo Tolstoy)已经邀请高尔基和安德烈耶娃夫人到他的寓所,并热情地欢迎了他们。难道没有一个美国人能表现出同样的礼貌吗?

爱丽丝和约翰·杜威邀请高尔基和安德烈耶娃搬到了他们那里。这种带有丑闻性质的邀请不会对杜威在哥伦比亚的新工作造成影响吗? 爱丽丝一脸的坚定,她告诉马克斯·伊士曼(Max Eastman)和其他人:"就算我和我的孩子们挨饿,我也不愿意约翰牺牲他的原则。"高尔基和他的情人很快住到了杜威一家的公寓。大众以约翰和爱丽丝把这个女人带到一个住满了孩子的房子里为耻,伊士曼写道:"杜威因为这一慷慨的举动而受到了恶毒的攻击。"5 月 4 日,在约翰的帮助下,爱丽丝邀请巴纳德学院的学生们与那对夫妇一同聚会,把安德烈耶娃当作是重要的客人。 241

> 安德烈耶娃夫人,马克西姆·高尔基带来的女演员,并介绍说是他的妻子……她是昨晚在河滨大道 431 号约翰·杜威教授的家庭私人聚会的焦点……(杜威一家)安排了这次对安德烈耶娃夫人的秘密接待,并非常谨慎地挑选了(与会者)……名单。(约翰·杜威)知道一些在哥伦比亚大学上他课的巴纳德学院女生对高尔基感兴趣,他认为让她们到他家来见安德烈耶娃夫人是一个好主意。

大约"二十五位最热情的俄国同情者"发誓对下一次的聚会保密,而其他大约六位女士"很想知道俄国人的困境"。这次聚会上,在约翰的支持下,爱丽丝的身影随处可见。当一名记者出现在门外,他被"这位坚定的年轻女士"——非常像伊芙琳——郑重地告知"这里不欢迎外来者",她告知他,"安德烈耶娃夫人是否在给整个巴纳德学院做演讲,这不关任何人的事"。

这位说着法语的女演员,告诉聚会中的女士们,在俄国"女人们与男人们一样为独立而战斗",同时她还表达了她对"美国女性的魅力"的欣赏。尽管这次聚会很成功,但这对杜威庇护所外的美国人没有任何影响。第二天,在罗得岛州普罗维登斯的基督教青年会(Y. M. C. A)大厅,高尔基的预约被取消了并退还了租金。 242

约翰·杜威没有失去他的工作;他甚至没有受到威胁。哥伦比亚大学的尼古拉斯·默里·巴特勒相比哈珀是那么有人性的一名校长,从来没有动摇过对杜威的支持。在来到哥伦比亚的许多年后,当被问到当局是如何限制他的学术自由时,杜威表示:"这无疑会让你感到惊讶,但是……在哥伦比亚大学没有人曾经试图直接或间接地影响或者以任何方式干涉我的教学和写作。"他补充道："这不是对我的恭维。"但正因为他从没受到过限制，他在哥伦比亚的事业一直蓬勃发展。

活动的五条轨迹

高尔基的这段插曲之后，约翰·杜威在纽约安定了下来。与他早些年繁忙的工作不同，杜威的活动开始形成了接下来几十年的主要轨迹。他与以往一样努力，他的工作也和往常一样丰富。纽约的生活给了他全新的机遇，而他自己内心与日俱增的和谐心态也使他形成了长久的社交网，并促使他许诺要长期致力于一些事项中。

杜威第一件致力于投入的事项是志愿者组织，这是他工作的核心。杜威认为市、州和联邦政府的援助是需要的，有时也是必要的。尽管他坚信个人主义，但他知道面对 20 世纪美国的复杂生活，一个人无法独自完成想要的改变，并按要求获得进步。将公民群体组织起来是必须的。杜威一直相信美国民主最基本的，也是一直被保留下来的机构就是志愿者组织，他认为这是行动中的民主社会。他自己参与的志愿者组织在纽约得到不断发展。"通过志愿者协会，"他写信给胡适道，"我只是试图去描绘民主运作国家机器的方法。"通过志愿者组织，杜威成为社会改革的主要推手。志愿者组织的概念是典型的美国理想，一群不计报酬的公民汇集到一起来改善一些社会问题或者产生一种社会效益，这些往往是政府或者立法机构无法做到的。从 20 世纪的第一个十年到 20 世纪 50 年代，杜威建立了许多志愿者组织或在其中发挥主导作用。

杜威的第二条活动轨迹，是关于他作为一名教育工作者和教育理论家在世界范围内的影响力。从 1919 年到 1934 年，他经常出国去往日本、中国、土耳其、墨西哥、苏联和南非，为政府官员、国家级组织和当地的教育工作者提供建议，以为了民主发展而改革他们的学校制度。

第三条轨迹是杜威积极参与政治、公共事务和公共政策。他创立、激励、领导或加入那些致力于创建第三党派或是其他代表美国人民政治利益的政治团体。他领导了一个关于移民社会学研究的科研团队，为政府的最高层提供政策上的建议。他是一个国际法庭的负责人；他被迫去竞选公职；他反对并经常公开抨击从 1919 年到 1952 年的多个总统的政策。杜威在来到纽约不久后就开始参与国家和地方政治，直至他去世。

第四条轨迹，与他到哥伦比亚之前的著作不同，杜威在纽约主要涉及多个有争议

243

的领域,包括教育政策、言论自由,以及其他主要的社会和知识界议题。因此,他的许多著作会引起讨论和争议。他受到过攻击,他也反击。他的这些活动让他在几十年里一直备受争议。最后,是他最宽广和最长的人生轨迹,即他在哲学上的投入,他的相关论文和著书作品不断地涌现。杜威生活中的这五条轨迹是平行的。偶尔,它们的边界会打破、相遇及重合,并相互影响。

杜威最重要的长久的许诺,是他对志愿精神的不断弘扬。与其他的事件相比,高尔基的政治活动受到压迫的经历,更让他相信美国到了 20 世纪的一个关键时刻:"我们到了——已经到了——一个转折点,一个关键的时刻",他在 1916 年宣称:"不管过去我们为了让所有事情顺其自然,并让它们按照自己的方式和意愿发展而去说了些什么,我们现在已经到了一个关键的时候,我们必须对这些问题做出更加深思熟虑的思考了。"然而受自己参与的"思想新闻"的影响,他明白作为一名有思想的公民,他有义务促进知识分子组织起来,主要是通过志愿者组织的形式。

志愿者组织的理念,当然,部分是他沿袭自露西娜及其所继承的美国文化。在美国有许多具有影响力的志愿者组织,比如基督教妇女戒酒联盟(Women's Christian Temperance Union)或是露西娜的亚当斯任务屋(Adams Mission House)和简·亚当斯的赫尔馆,这些组织在南北战争之前或结束后不久就在美国兴盛了。美国式的志愿者组织是私人的非政府组织,通常是无关的人们察觉到了社会问题而团结到一起以纠正它而形成的。通常就像露西娜和伯灵顿的牧师做的那样,这些组织利用公开宣传或游说来募集资金,并受到利益相关团体或个人的道义上的支持。他们的成员是典型的理想主义者,接受过教育并有革新思想。同样地,他们将他们在无阶级社会的活动替代在欧洲建立的等级制福利组织。例如,他们可以帮助穷人,但他们视他们为不幸的个体,而不是永远处于下层社会的群体。当他们的目标实现时,就好比戒酒或者废奴组织的例子那样,这些组织通常会消失。他们的基本目标是通过积极地改善社会弊病,或是逐步填补美国散漫的、个人主义的和民主社会的结构性缺陷来重建社会。

在早期的美国,学校是志愿者组织开展活动的最好例子。杜威亲切地说起过那种冲动,激励个人来创建基于志愿者组织的本地学校,杜威自己执教的佛蒙特湖畔神学院(Vermont Lakeside Seminary)就是其中的一个例子。杜威写道:"这些小小的学校校舍点缀在我们的大地上,表明家长们在自发行动的事实:他们不用再等待任何地方政府、州政府,更不用说联邦政府,要求它们给予教育。"在他早期的教育著作中,他把学校视为美国民主化最基本的机构。他相信教育作为有组织的知识,将会对年轻人产生革命性的作用,以重塑社会秩序。杜威设想如果学校能够有效地组织起现代化的知识,民主将是不可阻挡的结果。一旦民主的公民开始出现,他们将会组织教育,反过来,教育将变得更加民主化。这就是杜威调节弧理论中最重要的自我推进的观点。杜威相信在 1890 年人口普查宣布关闭边境后,教育有责任去弥补历史未能完成的。他宣称:"这些学校现在必须通过有意识的指导,发展个人力量、技能、能力和主动性来弥补无传承的群众,以免在开创性时代发展中失去外部机遇。"杜威哲学常常用到的一个比喻是教育的民主将代替领土上的民主化进程:移民和工人将开始通过教育机构学到民主,而几十年前美国化是通过提供免费的土地、乡村的工作,以及一定的历史机遇形成的。杜威早年读到的亨利·乔治的著作是这一理念的来源和支柱。当然,早期教育自然地从父母私下组织发展到需要地方和国家的支持,因此是志愿性向制度化的演进;但是杜威梦想把这些志愿性的火苗留存其中。他认为,在很长的一段时间内,美国教育不可能在不造成损害的情况下拥有高度集中的权威。他的基本理念是制度化的教育是或者应该是一种思想、一种心态,是本土且志愿化的。

随着他的志愿教育组织理论逐渐成熟,杜威开始关注教师组织以及学生组织。1913 年 2 月,杜威与夏洛特·珀金斯·吉尔曼(Charlotte Perkins Gilman)以及其他人一起,宣布了一项关于教师的计划,并"为那些认为他们自己也能做一些建设性事情的教师"发起了呼吁。就如他的性格,在 1913 年访问了纽约市的教师后,他就在当地开启了这一计划。他说,通过建立一个志愿者组织,教师可以改善工作条件,并为孩子们带来更好的教育结果。他的"呼吁"有两个主要原则:教师应该在教育政策的制定中发声,并且他们应该被纳入教育委员会,拥有投票权。这些变化"必然将促进其强烈职业精神的发展,并为了公众的利益去合理使用他们的经验……还没有比这更实际的方法,可以让教师自己有能力将孩子们教育成为民主社会中的公民"。

杜威对教师们的建议可以被看作是从自愿的组织教育转向 20 世纪的全民教育意识的开始,教育不再是家长们个人的事了。现代教育必须要涉及国家和当地政府,它们"掌握当地最专业的教育资源,并将它们分配到每个想要和需要的社区"。杜威设想"一批咨询专家实实在在地走进社区",以此来说服当地政府为了民主的发展去组织现代的教育。他相信,通过说服而不是立法或者法律强制将更适用于美国的传统。

杜威关于重建志愿者组织重要性的观点促使了 1913 年另一个志愿团体的成立,这一次是为了高等教育的利益。1913 年,杜威和阿瑟·洛夫乔伊(Arthur O. Lovejoy)开始计划成立一个全国性的大学教授组织。再一次,杜威发起了一个"呼吁"。他说,需要建立一种组织,"它可以促进美国高等教育和研究的利益,守护专家在履行他们自己的专业职责时,能更有效地合作",并且在保持和改进"职业的标准和典范"时,能够有集体行为的参与。一些人写信给杜威对这种组织表示怀疑,而他们收到了一份生动的回复。杜威立刻写信给保守的哈佛大学英语教授巴雷特·温德尔(Barrett Wendell):"如果我认为一个组织会减少独立学者的自由,我会由衷地反对它。"但相反,美国大学教授协会(AAUP)将会"有助于形成一种更具代表性和更加理性的公众舆论,促进更多的美国民众能够理解把高等教育中的知识分子组织起来这件事"。"所以,"他总结道,"我希望你能加入。"像往常一样,杜威在推动这一事业上非常积极。他在1914年4月就开始积极地行动。成立了该协会;他被选为第一届主席;并且他很快写信给他所有的朋友,强烈希望他们能够加入成为其中一员。1915年12月31日,杜威作为主席发表了第一次年度讲话,他阐明他相信该协会在第一年度已经取得了成就。"我们在一年前相遇,希望和恐惧的心情交织在一起。我们今天带着许多成绩和确定将要进行的目标,再一次见面——恐惧已经消退,而希望尤其坚定。"第二年年初,杜威写信对《国家报》预测美国大学教授协会即将完结的消息进行了回应。他预见了它将"长盛不衰,永葆活力与生机"。事实上,美国大学教授协会正在轰轰烈烈发展中,并准备发起行动;美国大学教授协会即将着手调查犹他大学(University of Utah)八名教授被解雇的事件。最终,该协会授予了杜威终身会员的荣誉。

杜威创建以及经常领导教育领域组织的工作,只是他在志愿主义上所作努力的一小部分。1909年,当志愿者组织运用法律手段使得种族对抗和种族歧视有效减少时,杜威觉得时机已经成熟。《纽约时报》在一篇名为《白人和黑人应该是平等的/公民平权计划/记录下这一令人欣喜的改变》("Whites and Blacks Confer as Equals/Plan Civil Equality/Go on Record as Favoring Such a Change")的文章中,报道了社会主义者威廉·英格里西·沃林(William English Walling)已经号召两个种族的代表进行会面来讨论实现美国"公民权利和政治平等"的方式。这发生在1909年5月最后一天和6月第一天的纽约市联合慈善大厦的大会堂。纽约市长赛斯·洛(Seth Low)、安德鲁·卡内基和布克·华盛顿(Booker T. Washington)拒绝了邀请。三百位男女老少参加了这一会议。在这次会议上,成立了全国有色人种协进会(the National Association for the Advancement of Colored People, NAACP)。约翰·杜威非常支持其发展。奥斯瓦尔德·加里森·维拉德(Oswald Garrison Villard)通过告诉潜在拥护者"杜威教授对此很感兴趣"、"他站在追求弱势族群正义的这一边",来快速招募成员。当约翰在社会正

247

248

义方面表现出极大热情的时候,爱丽丝似乎更加地热情。全国有色人种协进会才建立不久,爱丽丝就在她家为非洲裔美国妇女组织了一场大聚会,并试图加入她们,加入到妇女争取选举权的运动当中。听闻此事,公寓的主人通过信件告诫,禁止在杜威的公寓再进行集会,这才促使全国有色人种协进会在伦理文化会议厅组织了一次大型群众集会,以抗议公民权利被侵犯。该组织的力量不断壮大。W. E. B. 杜波依斯(W. E. B. DuBois)教授辞去了他的学术职位,并成为全国有色人种协进会研究和公共事务处的主管。很长一段时间里,全国有色人种协进会的全国办公室一直设在纽约市,而杜威一直与它和其他促进非洲裔美国人公民权的组织保持着密切的联系。

这不是杜威为了促进种族平等唯一加入的组织。一直到 20 世纪 40 年代,他还帮助创建了美国黑人大学生联盟(American Federation of Negro College Students),并说服埃莉诺·罗斯福(Eleanor Roosevelt)主持其顾问委员会。1949 年,在杜威 90 岁生日时,全国有色人种协进会仍记着杜威早期的支持。当时的代理秘书罗伊·威尔金斯(Roy Wilkins),回忆起了杜威"作为四十年前标志着全国有色人种协进会诞生的'林肯纪念日号召'的签署人,在顽强抗争种族歧视上作出的不可估量的贡献"。威尔金斯称杜威"自始至终都把(他)的热心投入在公民自由和人权上"。

1916 年,由五十名自由派知识分子领袖建立起来的美国反战联盟(AUAM)调查并抗议对发表反对战争以及美国卷入其中的言论的人们的普遍镇压。杜威通过简·亚当斯的关系加入进来,与社会主义政治领袖诺曼·托马斯(Norman Thomas)、费利克斯·弗兰克福特(Felix Frankfurter)、罗杰·鲍德温(Roger Baldwin),甚至海伦·凯勒(Helen Keller)一起参与建立该组织。当战争结束时,美国反战联盟转变成了一个控制范围更大的组织:美国公民自由联盟(ACLU),致力于反抗任何领域的侵犯公民自由。杜威成为国家委员会(National Committee)的长期会员,并到 20 世纪 30 年代早期一直保持着活跃。1931 年,他成为"ACLU 劳动禁令国家委员会"这一新组织的会员,该委员会抗议法院关于禁止工人罢工的命令,他们支持参议员乔治·W. 诺里斯(George W. Norris)有利于罢工者的自由国会立法。杜威并没有忘记普尔曼罢工,他仍然是志愿者组织的坚定拥护者。他还帮助组织了纽约市教师联盟(New York City Teachers Union),并一直活跃到 20 世纪 30 年代中期,那时共产党员开始渗透其中,就像在美国公民自由联盟一样。那以后,杜威辞去了这两个组织的职务。因杜威在组织纽约市教师联盟所做的工作,发行了记念他的邮票,这是仅有的第二张邮票被用于纪念"工会主义者"对美国文明作出的贡献。(塞缪尔·龚帕斯(Samuel Gompers)是被指定的第一张。)

　　杜威参加的自由主义组织(通常是作为创始人)的名单实在是太长了。他帮助建立了独立政治行动同盟(League for Independent Political Action);他是美国科学促进会(American Association for the Advancement of Science)的副主席;他创立了国际友好教育委员会(Committee on Education for International Goodwill);他是国家教育援助组委会(Organizing Committee for National Aid to Education)的主席;他是美国救济俄国儿童委员会(American Committee for the Relief of Russian Children)的成员;他是中美委员会(Chinese-American Commission)的成员——名单数不胜数。然而他不是不经思索参与的。他的参与是志愿的,而不是为了意识形态或是无意识的。当他加入组织时,他给予了全力的支持。但他不再会被那些虚伪的、花言巧语的发起人所迷惑了,像他在富兰克林·福特那所遭遇的那样。1923 年,当亚瑟·邓恩(Arthur Dunn)邀请他加入千人公民委员会(People's Committee of One Thousand)来支持国际联盟(League of Nations)时,杜威拒绝了。"我想聪明的人应该会对美国加入国际联盟持有不同的意见。我不认为你的信件与他们的那些花言巧语有什么区别……我拒绝你的邀请。"他尤其反对国际联盟排斥俄国,"俄国就应该被你所谓的国际人道主义排除在外吗?"

更多的专著

　　1904 年,杜威来到哥伦比亚大学,1914 年,欧洲走向"一战"。十年间,杜威的思想融合与革新集中体现在他的著作中。1908 年,与詹姆斯·塔夫茨合著的《伦理学》(*Ethics*)出版。该书是杜威对 1891 年著作《伦理学文化理论大纲》(*Outlines of a Cultural Theory of Ethics*)中部分思想的完善与总结。1909 年,《教育上的道德原理》(*Moral Principles in Education*)问世。他在此前的教育、民主类文章以及后来的《明日之学校》(*School of To-Mrrow*,1915)、《民主主义与教育》(*Democracy and Education*,1916)等书中均表达过相似的伦理道德观。可以看出,这些著作可视为杜威将教育作为应用哲学和实践民主思想的阶段总结。1910 年出版的《我们如何思维》从他的第一本专著《心理学》演变而来,但摈弃了早期黑格尔思想框架。1916 年出版的《实验逻辑论文集》(*Essays in Experimental Logic*)为 1903 年出版的《逻辑理论研究》(*Studies in Logical Theory*)一书补充了新的视角,同时该书也为后来不少著作,如

《经验与自然》(*Experience and Nature*)等提供了基本论点。早在与托里和莫里斯共同研究德国哲学期间，杜威已计划创作一本有关德国政治与哲学的著作。一战爆发后，《德国哲学与政治》(*German Philosophy and Politics*)应运而生。

《伦理学》(1908)是杜威与塔夫茨合著的重要著作。他们分工协作，各自负责撰写章节，也向对方提出建议和补充。在杜威对"行动世界"(World of Action)的理论介绍和道德分析后，塔夫茨用大量篇幅介绍了"道德产生与发展"的历史背景。杜威主张：只有结合社会组织、公民社会和政治国家的背景才能正确理解道德行为。杜威与塔夫茨坚称，他们的目标"不在于灌输学校教条，也不在于倡导现行体制，而是主张从日常行为的经验与困境中发展道德理论，并在现实需要时充分应用这些理论"。

杜威在整个职业生涯，持续关注伦理学。1932年，年逾七旬的他重新修订了《伦理学》。始终萦绕他的问题有：我们如何相信？如何思考？如何行动？自《伦理学批判理论概述》出版以来，杜威的观点发生了很大改变。然而即使在他最早的专著中，也有笃定不变的一点，那就是他集中关注的并非是那些强加于个体的约定俗成的道德体系，而是道德方式与判断——"如何决定该做什么"。受心理学研究影响，杜威强调心理学意义上的"如何做"，而不是道德意义上的"做什么"。可能的想象会导致可能的道德行为。当然，他强调的是从传统或习惯的道德观念到被其称之为"反思道德"(reflective morals)之间的转变。与这些基本原则相一致，杜威将之前的道德假设简单看成是"如何思考"背后的理论，最终促使个体作出行动决定的是这些思考，而不是那些假设本身。显然，杜威尽力将道德研究与科学研究相结合，允许任何个体"自我判断复杂的行为问题"。他的"最终观点"是倡导个体判断，判断的方法包括：推断、反思、重建假设、预测结果，以及临时行动实验等。

在芝加哥，尤其是纽约，杜威本人卷入了真正的社会和政治行动。因此，《伦理学》第三部分前几章便更引人注目。这几个章节关注的是社会中的个体道德观和道德观的当代困境。杜威的基本信念是：不是个体欲望，而是与他人的关系创造并推动了道德进化。就自身而言，人可以"像野蛮的动物般生活"，人生而充满欲望。但是在社会中，人们会发现和发展他们真正的"需求和才能"。

> 个体越广泛和深入地拥有社会关系，就越可以充分施展他的个人能力，也越能发现更多可能的才华。高贵的建筑和和谐的音乐令个体了解自己，让自己变得富有建设性和节奏感，否则便是盲目的、原始的。个体、国家和家庭生活的成就令个体意识到自己的能力、忠诚和情感。

通常,杜威的思想相互关联。哲学需要心理学,心理学在生理学之外发展为社会心理学,伦理学与社会和社会行为密切相关,教育是应用哲学。当自由成为超越个体的最高水准时,就能诞生更进步的民主。杜威所有著作和文章都采用多学科的写作视角。1909 年出版的《教育上的道德原理》,伦理学贯穿其中,同时也应用心理学、社会学、道德观、成长观的视角重新审视教育。杜威的所有著作中,都有一个不断重复的核心词汇:自由(freedom)。与此同时他也不断强调:逐步推进更广泛的自由。

毫无疑问,《我们如何思维》一书运用了同样的写作方法,以心理学为中心,同时关注道德、社会、民主以及哲学。为更好地融合知识,杜威分别于 1932 年和 1933 年修订了《伦理学》与《我们如何思维》两部著作。杜威的典型写作风格是:每本书、每篇文章都是日后创作的知识积累。正如文明进程中用较老的结构材料来建造新的建筑一样,杜威在他旧有知识结构的基础上重新创建新的里程碑。

253

1910 年版的《我们如何思维》是本教师指南,旨在指导教师如何培养年轻人,从而引领他们了解社会伦理教化和自然科学研究。杜威写道,孩子天性喜欢"探究实验",而这是发展"科学思维习惯"的基础。书名本身已传递其核心主张:我们可以思考一切,但如何思考才是最重要的。在杜威看来,思考意味着反思、不断思索、重构思维、调查、实验,对最终结论的进一步探究,或许思考的过程永无终点。反思性思维是"乐于忍受精神活跃与干扰",是接受"探究"的痛苦。杜威总结道:"思考的本质在于保持怀疑精神,进行系统而持续的探究。"

"系统而持续的探究"(Systematic and protracted inquiry)是杜威对思考过程的理解,也是他进行哲学研究的方法,这些都受到达尔文的著作及其追随者、门徒、同事传播的广泛进化论的影响。杜威最好的文章之一——《达尔文学说对哲学的影响》("The Influence of Darwinism on Philosophy",1909)就受到无处不在的进化论思想的影响。对他来说,思想的进化意味着持续的研究、试验、开放解释、逻辑探究、阶段性结论以及社会进步。"进化"本身意味着哲学,哲学也意味着进化。进化与哲学都可视为工具主义词汇。对观察实验和评价的长久兴趣,令杜威写作了一本有关美国实验学校和他们为民主发展所作贡献的书,即《明日之学校》。

杜威创作《明日之学校》的动力源于达顿(E. P. Dutton)出版社的教育编辑约伯吉斯·约翰逊(Burgess Johnson)。约翰逊征得达顿出版社社长约翰·麦克雷(John Macrae)的同意,力图将该社打造为教育书籍出版阵地。他极力劝说杜威为"进步学校"创作先锋著作。自 1899 年《学校与社会》、1902 年《儿童与课程》(*The Child and*

254

the Curriculum)出版以来,杜威已很久没有写教育专著,尽管有若干教育主题的文章。当时的美国已出现一些新的实验学校,到 1913 年,出版行业对这类学校十分感兴趣。

在哥伦比亚拜访杜威时,约翰逊已想好书名:《明日之学校》。杜威觉得书名和主题都不错,但他曾发誓停笔休息一段时间,因为已写太多。杜威还在不断思考教育,他不想过早写下未成熟的观点。

不得已之下,约翰逊问杜威能否帮他思考几个新教育实验的主题。"写下十到十二个主题后,我问他手头是否有相关的现成文章。"他微笑回答:"是的,我想这本书差不多已经完成一半了。"

彼时,杜威正忙于辩护他的哲学观点并回应相关批评,他请自己的女儿伊芙琳协助来完成《明日之学校》。这本书很快便完稿。然而刚开始,约翰逊却对手稿很失望。在他看来,第一章"只会吸引教职人员"。令人意想不到的是,第二章介绍了丰富的学校教育改革信息,一定会受到广泛的家长读者欢迎。

约翰逊返回杜威办公室,告诉他自己已被书稿震撼,询问能否将第二章提至开篇。"杜威安静地听我说完,然后轻轻地告诉我:'你说的真有意思,第一章是我写的,第二章却是伊芙琳写的。'"杜威重新修订了第一章,将内容改为卢梭《爱弥儿》的教育理念研究。随后,伊芙琳进一步介绍了卢梭理论在美国亚拉巴马州费尔霍普的约翰逊夫人学校的实践情况。全书思路为:首先讨论知名教育理论,然后以一所学校为例,审视这些理论的教育实践。按此方法,杜威叙述了印第安纳波利斯、芝加哥、匹兹堡、纽约、加里等十几个地区的新教育实验。《明日之学校》告诉我们,只有抓住并深化新教育实验,才能拥有教育的美好未来。

在杜威看来,1916 年出版的《民主主义与教育》是他早期哲学观的最好总结。在《经验与教育》(Experience and Education,1938)出版以前,《民主主义与教育》是杜威对教育在美国进步社会中作用的最成熟思考,也是他过去二十年来最成熟的心理学反思。杜威将教育看作生长的过程,过去和现在的经历能够让学生未来的行动更加理性。这样说来,杜威也是他自己的学生,回望过去能更好地前行。《民主主义与教育》出版十五年后,杜威写道:"我的哲学观得到充分阐释。"他在教育主题中诠释了人类最关心的哲学、道德、逻辑等问题。

杜威将《民主主义与教育》分为两大部分:首先,分析民主社会中的进步思想,其次,将这些思想应用于教育。当然"思想"转化成行动或应用则需要心理学化和工具化。什么样的思想能转化为行动? 我们如何构想"教育"的"民主化"? 所有经验都能经心理转化而具有教育意义吗？在个体和社会群体的观念和实践中,是否将"民主"视为明确而单一的存在？以上任何一个简单的问题都可能随着思考的深入变得复杂,从而衍生更多的问题,而非得到答案。正如其他优秀著作一样,《民主主义与教育》本身就是一种教育,引领读者进入杜威的思想,引发共同思考。杜威说:"这里的一些问题很可能让你想到自身。或许我们不能马上得到答案,或许只有共同思考才会发现,首先需要找到如何思考问题的方法。让我们将此过程看作一种工具,促使我们尽可能地去深入思考这些简单而重要问题的答案的工具。"随即,杜威提出了他的调查方法,并邀请大家参与。杜威的态度是,如果我们接受他的邀请,他会带我们同行。如果我们选择了其他方法,他也会期待我们得出的结果。正如惠特曼所言:"我会停在某处等你。"

杜威随即宣称:教育是"生命之必需"。自然界的生命在循环更新中得到永生。人类生命是经验的更新传递,包括个体与社会的信仰、理想、希望、幸福、苦难以及实践的更迭。教育是个体和群体经验更新的专门活动。用惠特曼的话说,无数个体的教育使得"集体民主"蓬勃发展,与此同时,"简单独立的个体"也接受教育的滋养。个体消亡,社会仍继续前进,生命得以传承与进化。

所有社会皆如此。野蛮时代后,正规教育开始对社会产生重要影响。文明日益复杂,人们便日益迫切需要道德、知识和技能的传播,教育也更为必要。人们不仅要了解必学内容,也要了解如何去学习。当文明发展到民主时代,情况变得更加复杂。在一个平等的社会中,阶层并非固化,教育问题很快显现。秉持平等、自由理念,运用民主的方式,才会达到民主的最终目的。从这点出发,《民主主义与教育》围绕课程中涉及的教育经验、对象、方法而展开。

《民主主义与教育》与《明日之学校》不同,它并不是对实验学校的调查,而是杜威关心的教育哲学,是一本论述有关民主教育的知识与道德理论的书。本书的末尾是对道德的思考,更确切地说是对道德教育的思考。杜威的讨论反映了他在对抗黑格尔二元论上取得的成功。黑格尔的二元论认为心理与身体、物质与精神、思维与行动、智慧与个性是二元对立的。杜威一直希望整合这样的二元对立学说,《民主主义与教育》即是他思想成熟的果实。杜威的整合思想表述为:没有个性就没有智慧,没有物质就不存在精神等。二者相辅相成,缺一不可。布莱克(Blake)曾说,"没有矛盾就没有前进",杜威将之更好地表述为"没有统一就没有进步"。奋斗是学习的要素,努力也必不可少。

然而除非它们指向内在和外在的统一,否则便只会产生冲突。目的与手段也是这样,它们并不是两元对立的,而是不可分割的整体。

　　纪律、文化、社会效率、个体修养、品行提升都是个体成长的方面,适用于同样的平衡法则。教育不仅是达到这种生活的手段,它本身就是这样一种生活。维持这样的教育是道德的本质要求。有意识的生活是不断地重新开始。

　　1916 年,《民主主义与教育》出版。全球正值第一次世界大战,躁动不安。混乱中的人们很想知道,对未来一贯乐观的杜威到底会说些什么。战争带来贫困、苦难、痛苦和死亡,同时也威胁着教育。教育的众多功能散失,仅仅传授技艺。然而杜威始终相信:教育创造未来。

杜威的教学风格

　　杜威拥有多重身份,丈夫、父亲、哲学家、社会变革推动者、活动家、政治评论员,此外,他还是一名教师。1879 年,杜威在宾夕法尼亚州的石油城中学开启教学生涯。1949 年,已从哥伦比亚大学退休多年的杜威仍参加哲学聚会,与研究生辩论。七十年间,杜威写了很多文章和书,做过上百场讲座,然而比起这些活动,他更多的时间和精力都用于教学。他的教学风格随时间推移而变化,但一贯强调系统、长期的探究式教学。杜威并未给大家提供一种固定教学模式,他只是教。与其哲学思想一致,他认为教学是师生思想共同体的探究活动。这种教学没有单一的教条模式。在他看来,课堂的意义在于转化生成。首先是教师生成、学生接受,再反过来学生生成、教师接受,以此往复,循环上升,直到课堂或整个课程结束。

　　为达到这种交互探究,杜威在课堂上运用了多种教学方法。在密歇根大学,他制定了详细的教学大纲,并为每个班级设置了"主题",以便自己和学生们在课堂上自由思考。这样,他可以在任何地方、任何课堂以"主题"的方式和方法进行教学。一位密歇根大学的学生回忆了这种特别课堂的第一天,杜威带来一只闹钟,将它放在桌上,然后问:

　　"假设这只闹钟就是宇宙,里面有些东西是错误的,如何纠正这些错误?"该问题就是学期讨论的主题。每次见面他都会提一些常规问题让我们思考,再下一次见面时,他会试图总结大家的观点。我不记得他有过正式的授课。

　　著名律师 I. B. 利普森(I. B. Lipson)记得,有一次,杜威上课至黄昏时分,还在沉思。最终,爱丽丝将弗雷德和伊芙琳带到教室,"敲门并大声叫喊:'约翰,你不准备回家了吗?'"通常,他思考结束后,会在讲台的椅子上坐下。

一位芝加哥大学学生这样描述杜威的教学风格:

> 杜威在做讲座时,从来不像大演说家那样站着,他表现得像一位普通人:他转向右边,靠在身后的墙上,似乎在看着远方……没有手势,没有讲稿。直到他凭直觉感到有学生想要提问,然后他注视着那位学生。我记得有一次我想问一个问题,他表现出迫不及待想要听到的样子。

她指出:与其他大学课程不同,在杜威的课堂,学生从来不用举手,他们都在全神贯注地交流。

几十年后,很多学生描述的杜威教学风格都差不多。布朗德·布兰沙德(Brand Blanshard)这样描述 1917 年杜威在课堂上的举止:

> 他拖着步子走进教室,透过眼镜看上去有点心不在焉。他坐在讲台的椅子上,望着窗外,从笔记本上撕下一张纸,通常用来做笔记,然后开始讲话……他望 260
> 向窗外,开始讲课。以我接触国外哲学家的经验来判断,杜威的讲课乏善可陈。然而当回家整理笔记后,我发现,那些听上去连续杂乱的课程,却经深思熟虑,有着内在的紧密逻辑。

从经常上课的窗外望去,映入杜威眼帘的是坐落于哲学大厅的罗丹雕塑"思想者"。这正是他自己的真实写照。

不少学生都对杜威留有同样的印象:一张小纸头(他说话的时候折了又折),富有吸引力的举止,看似无序实则理性的交谈。回忆中,大家反复感受到:杜威的教学方式极易受到攻击,因为他展示了思考的过程。他不是在教学,而是在揭示自己的思考。欧内斯特·内格尔(Ernest Nagel)告诉我们可能出现的情形。

> 班级里有人举手提问,杜威停下思考说道:"我不知道答案,我们不妨先下课,直到我思考出答案。"他不愿意简单地给出一个敷衍的回答,在思考的基本问题得到合理解答之前,他觉得没有必要继续上课了。

詹姆斯·古特曼(James Gutmann)是杜威的第一个学生,后来成为他的同事。他回忆道:

> 我从未遇到像他那样的老师,你会花上 50 分钟来观察像他那样的一个人的思考。他随时记笔记,常常在黄色的纸上(有时在一个棕色袋子上)。然后折起它 261
> 们,好像是说:"现在来讲,我已经思考过这个问题,下次还会继续深入思考。"

马克斯·伊士曼同样说道:"杜威望向窗外或盯着天花板,然后开始说话,语速很慢,强调重点,并有长时间的停顿……他更多的是思考而不是上课。

然而正如珀尔·亨特·韦伯(Pearl Hunter Weber)所说,当学生提出问题或作出评论时,杜威精力特别集中。学生凭借"天真的问题和对真理的渴求来吸引杜威的注意"……然而这种吸引并非一直管用,因为杜威的行为与众不同,他不会一直只关注任何一个学生。布朗德·布兰沙德谈论杜威道:"他是一个很好的人,十分慷慨……平易近人。"他还谈到,自己在办公室与学生们的交流风格就深受杜威影响。托马斯·门罗(Thomas Munro)是杜威在第一次世界大战前教的学生,后来成为他的同事。"他是个伟大人物。"托马斯·门罗说。

> 我犹豫着是否去打扰他(但是)……我发现他总是停下手中的事,甚至在打字时也会停下。我为经常打扰他感到抱歉,但他总是招手让我坐下,然后让我解释头脑中的想法。他会有一些很好的、实用的建议……他一直很友好。他从不浮夸……他会用沉默来鼓励学生交谈……他想要帮助学生自行解答问题。

对杜威而言,交谈是思考的另一种方式,"共同谈论"或"共同倾听"都是"共同思考"。

临时观察者可能会得出这样的结论:杜威"思考即教学"的思维方式是其温和与富有吸引力的个性使然。但我们有证据表明:他在通过揭示如何思考的过程来有意识地控制教学,或者更确切地说,揭示他和学生如何思考的过程。有一条可以证明杜威教学行为背后意图的证据是他的讲课笔记。这些笔记通常被揉皱扔弃,只有少部分被保存下来。笔记上详细明确地列出了一个小时课堂需要思考的问题,解释有问题的地方及其原因,随后列出研究方法,然后指出这种方法的不足之处。新的问题不断出现,直到下节课才会尝试得出"结论"。下次课之前,杜威会给学生列出阅读清单以鼓励他们深入思考。

第二条有力证据可以证明杜威的教学行为是经过深思熟虑的,该证据来自一位个体的经历。教师布鲁斯·劳普(Bruce Raup)既听过杜威作为教授讲课也听过他作为政治演说家的演讲,他说:"杜威处在思考的世界。"布鲁斯·劳普聆听了1924年杜威代表罗伯特·拉·福莱特(Robert La Follette)在参议院竞选总统时的讲话。

> 我的一生中从未对任何人感到如此惊讶,除了那次会议中的杜威。轮到他时(他是那次会议的主讲),他站在发言席,展示出了完全不同的一面。我领略到了他与课堂中表现完全不同的行为……他的表达快速流畅且富有机智,并不像课堂中那样缓慢和审慎。他热情地谈论着主题,很快便吸引住了观众。那是我此前从

未见过的杜威。

教学即思考,需持反思态度。政治演说家善于表演以获得支持,需持积极态度,这种变化是为了便于听众理解。凡事都有度,杜威在他的哲学文章和专著、政治新闻、社会争议、文学与艺术文章中都运用了不同的恰当表达。正如那句沙利文名言:内容决定形式。与写作一样,教学是杜威生活的核心,更给杜威带来了倾听经历,这些经历反过来又会被他应用到写作上。交谈或教学也日益成为杜威的创作源泉。

美国社会发生的变化令杜威始料未及。1895 年至 1917 年,美国注定要成为世界霸主,这意味着它开始加入一战。

第一次世界大战

1890 年,美国结束"西部拓荒"。19 世纪 90 年代,内陆扩张压力导致美国社会、经济和政治动荡。此后,很多政治家和社会思想家开始放眼全球,他们相信美国注定要扩张至全世界,而且这种扩张可以缓解国内紧张局势。弗雷德里克·杰克逊·特纳(Frederick Jackson Turner)宣布"西部拓荒"结束的同一年,阿尔弗雷德·赛耶·马汉(Alfred Thayer Mahan)出版《海权对历史的影响》(*The Influence of Sea Power Upon History*)。马汉宣称:所有国家都需依靠海上力量。美国被太平洋和大西洋限制,却没有被束缚。两大洋是美国人必须跨越和征服的新荒野。拓荒并未终止,接下来要打通两大洋。美国的命运取决于地理开拓。美国人已完成对大陆的征服,接下来,海军力量将开始征服海洋。

美国人超越国界的利益扩张由来已久。19 世纪 80 年代末,他们将夏威夷和萨摩亚沦为殖民地,在珍珠港建立海军基地。1893 年,美国海军陆战队废除利留卡拉尼(Liliuokalani)女王,利用政治阴谋兼并夏威夷,以此作为美国领土扩张的开端。

1895 年,委内瑞拉和英国在委内瑞拉和英属圭亚那之间产生领土争端,这标志着美国开启向外扩张并重新定义世界霸权。支持委内瑞拉的国家和地区成立泛美联盟。美国国务卿理查德·奥尔尼(Richard Olney)称必须调解争端,同时他也暗示,英国将继续违背"门罗主义"实施野蛮统治。英国被告知:美国准备用军事和海事手段解决争端。

扩张进程中最令人记忆犹新和最具爆炸性的事件是美西战争。美西战争始于古巴人民和西班牙殖民者的长期斗争。当时,美国总统格罗弗·克利夫兰(Grover

Cleveland)无力重启"门罗主义"。主流媒体文章的舆论诱导和美国政府支持的"自由古巴"组织煽动,令斗争持续了很久。克利夫兰的下一任威廉·麦金莱(William McKinley)总统在美国人民的抗议和施压下,令军舰"缅因"号驻扎哈瓦那港,名义上是保护在古巴的美国居民的人身安全和商业利益,实际更像是警告。1898年,"缅因"号爆炸,致260人死亡。媒体和亲古巴派立刻火上浇油,高声呐喊:"铭记缅因!"他们要求美国军队和海军舰队介入事件。麦金莱却一直按兵不动,直到政府中大多数人都支持战争,包括时任海军副部长西奥多·罗斯福。1898年4月25日,美西战争爆发。毫无意外,全美欢欣鼓舞,这标志着美国开启了注定崛起为全球霸主的进程。古巴正式宣布独立,其利益与美国密切捆绑。波多黎各和菲律宾被美国占领。关岛和一些太平洋岛屿落入美国领土范围。美西战争仅持续了三个月,但它抹去了内战带给美国人民的伤亡和可怕记忆。或许会有反帝主义者,但整个民族开始热衷战争,并欣然接受新的土地财富。1900年大选中,美国人民支持西奥多·罗斯福任副总统。

在远东地区,美国对亚洲的兴趣越来越浓。国务卿约翰·海(John Hay)宣布在中国实施"门户开放"政策。这意味着,美国将与日本及一些欧洲国家通过划定的"势力范围"打开中国的贸易市场。美国军队加入欧洲帝国主义侵略镇压中国的义和团运动,协助他们将中国变成外国租界。美国有近二十年的战争经验,现在已准备好进行一次最大的探险。和平主义在美国从未盛行,1915年亦如此。杜威宣称自己是和平主义者,但同时他也很矛盾。内战结束后,没人能忘记失去生命的巨大损失和国家持续的哀悼期。然而在佛蒙特州,人们普遍愉快地接受了战争,特别是解放黑人奴隶的战争。杜威承认战争是罪恶的,但如果战争的目的是向海外传播民主和美国价值观念,他就会支持战争,即使他仍对此表示遗憾。

杜威认为,战争是一种道德伦理渗透战略。到1915年,从哲学角度来看,冲突已不再是社会前进的车轮,但却是推动和保护理想的必要行动。他在《德国哲学与政治》结尾写道:"和平是被动的,是维护治安需要的理念。世界上存在比完整的身体和财富更重要的东西。"杜威的和平主义观点中,反对战争的言论常常占上风,因为战争扰乱了"共同生活中的合作进程"。如何在毁灭性的暴力中实现和平?如何在受限的自由中实现民主?如何在已经越过民主边界的美国人中扩大民主?如果美国加入剥削者行列并深深植入殖民心理,如何才能结束帝国主义?

乔治·S.富尔顿(George S. Fullerton)是杜威在哥伦比亚大学心理系的同事。他曾在同事中调查,征询美国公众的战争观念。杜威也表达了自己对欧洲战争的看法。

他谴责德国武力入侵中立国比利时，也谴责这些国家不愿发展外交谈判。"或许德国会取得胜利"，杜威写道，但"无论胜利还是失败，它都遭受了无法弥补的智慧和道德损失"。德国曾在科学、工业、贸易以及致力于改善贫穷和苦难的民政管理上取得过胜利，然而现在"战争的悲剧"在于取得胜利的唯一手段是"战场上堆积如山的死亡"。杜威为德国道德哲学的损失而惋惜，他还没有做好准备走近战争。

刚开始，杜威对美国加入战争持怀疑态度。他以为欧洲爆发战争和实现美国梦之间并无逻辑联系。对于杜威和其他许多进步人士而言，美国民主面临的危险在于，如果美国卷入对德战争，就必须像德国政府那样——高效、专制、团结、工业化、等级分明。简而言之，美国政府必须要进入战争状态。杜威知道，在 1914 年，任何一个卷入战争的国家，要想打败德国，就不得不采取与其同样的战争机制，并形成自己的战争模式。他也认识到，即使这种战争机制还处于初步发展阶段，反民主的特征就已十分明显。他相信，战争会让民主荡然无存。如果美国必须加入战争，其可怕的未来就是成为德国现在这样。

起初，美国似乎还不太可能卷入战争。杜威决心以哲学为工具来提醒美国人关注德国人的道德观念、天赋特征与当代困惑。他潜心研究德国哲学，努力使自己摆脱将德国哲学、政治、文化与战争相关联的立场。他在《德国哲学与政治》一书中分析了这些联系。

在对待德国哲学与政治的关系上，杜威有着自己的立场。在与乔治·西尔维斯特·莫里斯讨论政体时，杜威赞成黑格尔，批判康德。基于此，他开始争辩德国政治与哲学之间的重要文化联系。在《德国哲学与政治》一书中，杜威认为，康德将自然与自然科学分开使得德国人思想分裂。二元论将德国人责任意识一分为二，一方面，要求民众服从国家，另一方面，又允许他们在遵守道德的前提下享有自由。因此，康德思想表面上是理想主义和道德主义，实际上却将德国人的政治责任和道德责任分开，允许国家通过政治统治道德行为。当然，杜威定义的国家分裂心理的根源并不在于康德本人，而是渗透进德国人个性中的康德主义。杜威认为，没有任何东西是纯粹的，甚至真理。他还认为，康德无意间成了德国国家机器的理论家，他的纯粹观念是一种逃避性的心理隔离。尽管如此，"康德仍然是德国伟大的哲学家"，杜威写道。

杜威的批评对欧洲战局毫无影响，也几乎没有影响美国人准备开始战争。随着爆发战争的可能性越来越大，美国转移了经济发展重心。美国开始为战争投入机械化生产，产业化进程的加速急需扩大工业教育。这令杜威很不赞同，他反对的首要理由是，在工业教育模式下,很多美国人将被迫滑向战争。对他而言,教育应鼓励民主,而不是支持工业发展。但是其他的变化还在不断涌现,直到战争的准备涉及越来越多的方面。杜威刚把他的哲学批评对准一面,另外更多的方面又出现了。在准备战争时,为了维持战争需要的日常劳动力,国家开始限制工人权利。对杜威这样一个热心的工人支持者来说,这是民主遭受的第二次打击。即将到来的战争将资本和管理权利作为工具,用以压制抗议、镇压罢工和限制工资。现代战争从来都不是个体或群体的斗争,全体大众都卷入其中。因此,当需要壮大战争"机器"时,美国人的个体价值观和生存意义都消失殆尽。杜威清醒而理智地分析了这些加速转变的原因。他预言,打赢对德战争意味着失去民主、平等和自由。更令人难以接受的是,美国在打败德国后将变得更加"德国化"。

按杜威的习惯做法,他要在这些预言中加入两大希望。他相信自己和一些进步人士会从另一方面拖住美国插手他国战争。如果劝说未能阻止战争,杜威和志同道合的思想家们也会尽可能地警告美国人切勿仿效德国。他们提出让美国公民接受民主教育、扩大工人权利。他们还强调民主社会中个人的价值,即使处于斗争中。如果战争是为了保护和传播美国基本的价值观,即使失利也可以增强美国民主。但如果战争是为了美国的霸权,无论结果如何,我们的国家都注定失败。

1917 年初,欧洲战争和美国的战争准备对杜威造成很大的冲击,特别是哥伦比亚大学事件。时任哥伦比亚大学校长的巴特勒认为,哥伦比亚大学代表着最纯洁的美国爱国主义理想。实际上,这意味着支持美国盟友,反对德国,包括反对加入蔓延的冲突。巴特勒第一个在请愿书上签字,请求伍德罗·威尔逊(Woodrow Wilson)总统令德国停止驱逐比利时人。随后,包括杜威在内的四百名哥伦比亚教职员工均在请愿书上签了名。1920 年大选之际巴特勒开始转变,他意识到自己很可能获得反对伍德罗的共和党的支持,从而成为副总统甚至是总统候选人(他曾在 1916 年竞选副总统的选举中获得八票支持),而当时威尔逊政府仍将美国置身战争之外。巴特勒要想在竞选中获胜,必须建立牢固的统一战线,支持战争,反对威尔逊政府及民主党的犹豫不决。作为校长的他和教职员工间的关系迅速变得紧张。

新的限制

1917 年 2 月,发生了一起事件,导致哥伦比亚大学开始限制言论自由。学生会邀请伊利亚·托尔斯泰(Count Ilya Tolstoy)做讲座。他曾反对俄国持续参加战争,支持其退出协约国。斯拉夫语系主任作为巴特勒校长的坚定支持者,极力阻止伊利亚·托尔斯泰做讲座,不许他使用大学讲堂,并解释称,"这么做完全出于我的个人信仰,在此美国历史的关键时刻,灌输爱国主义精神尤为重要……任何贬低民族主义重要性和指责爱国主义的行为都不应与大学联系在一起"。记者就此事征询杜威的意见,因为他曾领导教工反对战争。杜威请求巴特勒撤销禁令,他说:"哥伦比亚大学一直拥有意见和言论自由。"但巴特勒并未接受。学生们站在杜威领导的教工一边,他们在校园贴满海报,宣称:"哥伦比亚的言论自由受到严重威胁!"一个学生杂志的编辑被停职,学生们成立了学生抗议会,杜威是主要发言人。

哥伦比亚大学很多教工私下都反对美国加入战争,只有少数人敢公开站出来。3月,德裔美国人类学家弗朗茨·博厄斯(Franz Boas)写了封反对美国加入战争的信,私下请教杜威是否可以公开信函。杜威回信建议,"内容温和……其中包含很多一般性原则,我个人认为提出的建议有些含糊,它不应该公开"。杜威承认,博厄斯反对美国参战的愿望是强烈的,但他担心博厄斯这一德国名字会令这封信成为"同情德国的一种自然表达"。博厄斯动摇了,三天后他给杜威回信道:"我感觉任何一个支持和平的人都需要坚强的后盾。"他还补充道:"作为知识分子,我们需要证明我们是不可威胁的。"尽管如此,博厄斯仍摇摆不定,事实上,杜威也是如此。 270

在杜威关于战争的文章中,最著名的一篇是 1917 年的《在举国上下犹豫不决时》("In a Time of National Hesitation")。杜威声称,美国民众及其代表者对是否加入战争的犹豫标志着这个国家深深陷入"感觉世界"(possession of its senses)。美国人有权犹豫。杜威称,在本土争取民主才是我们的首要斗争,美国尚未实现民主的承诺。杜威是美国右翼对抗进步左派的很大绊脚石,进步左派热衷于巩固美国本土民主,而右翼则希望将空缺的民主传播至全球。"直到最不可能的事情发生,"杜威写道,"直到同盟国攻击我们的民主和文明,才要发动战争。"他总结说,美国已经最终脱离欧洲宣布独立,它不再是殖民地,而是"世界上新的国土与精神的存在"。

威尔逊总统似乎也很摇摆。1916 年,他高喊"让我们远离战争"的口号,意图击败支持美国加入战争的进步共和党候选人查尔斯·埃文斯·休斯(Charles Evans Hughes),而其竞选稿中又反映了国内政治对战争的需要。威尔逊本人也毫不犹豫地承诺将美国军队派到国土之外。1917 年 4 月 2 日,威尔逊第二次就任总统,他立即请 271 求国会通过发动战争议案。和平主义者、不干涉主义者和反帝主义者的脆弱联盟在国会和报刊上进行了短暂的对抗，四天后，国会通过威尔逊的请求。自此他开始"毫无限制"地追随战争。

在哥伦比亚大学，一些人以另外一种方式反对战争。1917年秋季学期伊始，英语教授亨利·沃兹沃斯·朗费罗·达纳（Henry Wadsworth Longfellow Dana）公开反战，巴特勒校长立即以传播不忠学说为由将其解聘。达纳教授离职后不久，爆发了一个更为复杂的解聘事件。1904年，杜威从芝加哥大学辞职，时任哥伦比亚大学哲学与心理学系主任的詹姆斯·麦肯·卡特尔将他聘请至哥伦比亚大学。如今卡特尔正面临解雇的威胁。四年间，卡特尔一直与大学管理层作对，被视为麻烦制造者。学校董事会已有意向给他一笔退休金让其退休。鉴于杜威和其他老师的抗议，卡特尔暂时被留下。大家共同达成的协议是：日后卡特尔会表现出"良好的行为"。1917年初，卡特尔给三百名教工发出秘密信，内容是反对学校董事会对教工俱乐部的决定，并建议将校长楼作为教工俱乐部的活动场地。媒体获知了这封信的内容，引发社会轰动。这件事情最后由教工委员会出面解决，该委员会的负责人包括研究生院执行院长、经济学教授塞利格曼（E. R. A. Seligman）以及杜威。他们说服卡特尔道歉，卡特尔也同意签署他们起草的所有文件。自此，此事件差不多宣布告终。然而，塞利格曼却将卡特尔的道歉信转发给了当初收到他秘密信的所有三百名教工。

卡特尔被激怒了，他匆匆写信指责塞利格曼言而无信，并将这封信见诸报端。卡特尔威胁说他要起诉教工委员会和学校董事会成员。卡特尔告诉记者："经济学家塞利格曼与银行利益关系密切，他自然与校董会沆瀣一气。"这时，美国已加入一战。威尔逊总统宣称：美国的职责是通过民主维护世界安全。美国国会颁布了一项史无前例的法案，包括强制服兵役。杜威曾经设想，如果美国确要加入战争，他仍希望保有理想主义的目标。现在他开始怀疑自己的和平主义，转而支持美国参与作战。

卡特尔却走向相反的方向，他给众多国会议员写信，坚持他所谓的"美国传统信条……只有出于自愿的士兵才能被派往海外"。卡特尔在校园演讲，宣称自己的言论自由被侵犯。这无疑扇了巴特勒一记耳光。校董会立即投票决定解聘卡特尔，并剥夺其退休金，理由是，卡特尔反对已通过的强制服兵役法案是不爱国的表现。杜威公开表示，整个事件被抹上了爱国主义色彩。

哲学家罗伯特·马克·文利（Robert Mark Wenley）是密歇根大学教授，受美国大学教授协会的邀请，负责调查卡特尔解聘事件。杜威告诉他，整个事件充满"悲剧色彩"。杜威同查尔斯·比尔德（Charles Beard）、历史学家詹姆斯·哈维·罗宾逊曾一起抗议解聘卡特尔,但上面无视他们的请求。杜威觉得剩下唯一一可做的事,就是帮助他的老朋友卡特尔向洛克菲勒研究所总裁雅克·洛布(Jacques Loeb)写信。他在信中强调了"卡特尔对组织的奉献以及对推动科学的贡献",恳求洛布将卡特尔推荐给卡内基基金会(Carnegie Foundation)。该基金会一直关注教师的退休金问题,应该会给卡特尔提供一份退休金。杜威意识到,这么做可能让学校董事会认为这是外界干预学校内部事务,于是他私下组织了一批像洛布这样在校外有社会影响力的"代表人物",写信给校董会敦促其解决问题。杜威的努力最终取得了成功,卡内基基金会为詹姆斯提供了退休金。

此事还未完全解决,又爆发了另外一场争论。美国著名的政治历史学家比尔德突然于 1917 年 10 月 8 日宣布辞职,抗议哥伦比亚大学解聘达纳(Dana)与卡特尔。据沃尔特·李普曼(Walter Lippmann)日记记载,杜威曾在此之前组织聚会讨论比尔德的离职。10 月 7 日,杜威、比尔德以及李普曼在城市俱乐部会面,商讨对外公布计划。李普曼和杜威计划利用以前的"思想新闻"形成"公众意见",他们提出让比尔德离职后去俄国待三到四个月,开始在那里建立学术组织的分支。"他很喜欢这个主意",李普曼写道。10 月 8 日,比尔德在采访中告诉记者,哥伦比亚大学已在校董会小众群体的控制中,他们没有教育立场,政治上玩反动,信仰上保守狭隘,扼杀教育者的言论自由。自比尔德做了关于言论自由的演讲后,他与校董会的冲突持续了数月。该演讲宣称,如果一个国家不能忍受一些不满者说"与星条旗同下地狱",那么这个国家的民主就是失败的。比尔德首先在他的政治课上宣布了辞职的消息。"他的行动获得了持续五分钟的热烈掌声……离开教室时他已泪流满面。"同日,比尔德向巴特勒校长表明理由。他说:"我们正在战争中,我们所处的时代呼吁思想解放。"他提醒巴特勒不要将此立场视为亲德。"如你所知,一开始我就坚信,德意志帝国的胜利将使我们所有人都陷入野蛮军国主义的黑暗。"比尔德坚信,言论自由至关重要,任何一个不同意战争计划的意见都不应被"恐吓和打击"。美国宁愿输掉战争也不能失去宪法第一修正案。

当然,杜威在面对媒体时毫不避讳地宣布:"我认为比尔德教授的行动是校董会可耻的所作所为的后果。"在发布的新闻稿中,他补充说:"比尔德明智且勇敢的辞职行为表明学术自由与爱国主义是可以分开的。"春季学期结束后,詹姆斯·哈维·罗宾逊追随比尔德辞职。根据罗宾逊记录,他私下曾告知巴勒特校长辞职一事,"校长很难掩饰他的不悦"。罗宾逊和比尔德敦促杜威加入,他们要建一所新的学校,重点关注社会科学,田野调查将是课程的重要部分。7 月末,比尔德告诉杜威,新学校已筹集了十年的办学资金，将于 1919 年秋季开学。他"被授权……问我是否愿意参与他们"。爱丽丝坚决反对杜威离开哥伦比亚大学。比尔德和罗宾逊的新学校于她而言是个不稳定的计划，况且杜威是如此喜欢追逐新事物。于是杜威拒绝了这次邀约。但最终在所有人预料之外，这所学校兴旺起来，成为社会研究新院，后来杜威经常去那里授课。

杜威和比尔德继续共同努力，反对遏制言论自由。1917 年 12 月中旬，纽约市三名高中教师因不忠之名被解雇，杜威随后在德维特·克林顿（DeWitt Clinton）高中发表了"学校中的民主与忠诚"（Democracy and Loyalty in the Schools）主题演说。杜威曾是纽约市教师联盟的创始者之一，捍卫学校中的言论自由是他的自然选择。杜威以他常用的方式研究了审问教师的时间，总结道："我不知道 1917 年如何定义这种行为，我知道的是，过去常常将此定性为审讯。"比尔德对此十分赞同，他在呈交给议会的信中写道："审问"表明此事件中有很大的反犹情绪。随后比尔德写信给杜威，称赞他勇敢而持续的进步活动。杜威谦虚地回复："没有人像你这般给予我如此高的表扬，你已做出了牺牲，而我不能说自己做了些什么。"杜威建议，针对纽约市教师的持续解雇威胁，或许可以在政治上寻求有效的说法。"相比战争，更有害于这个国家的是将不忠作为迫害个人的斗篷。"

杜威仍然活跃在公众舞台，私下他却为战争带来的日益高涨的反民主倾向感到十分沮丧。他一边支持美国参与冲突，一边继续反对限制自由。比如，他签署了一份刊印在《新共和》（New Republic）上的请愿书，抗议逮捕国际工人激进联盟的一百一十名负责人，逮捕他们的理由是"阴谋阻止战争"。

巧合的是在同一时期，杜威获得离开哥伦比亚大学的机会，来到政治风潮相对平静的哈佛大学任教。

劫后余波

杜威到哈佛的过程比较漫长。长期以来，杜威一直与哈佛大学哲学系保持联系。1914 年，哈佛哲学俱乐部秘书，自称为托马斯·S. 艾略特（Thomas S. Eliot）的年轻博士候选人邀请杜威参加俱乐部活动。杜威选择了"思想是什么？"作为发言主题。讲座结束后，杜威与年轻的托马斯还有英国哲学家伯特兰·罗素（Bertrand Russell）共进午餐。罗素当时在哈佛大学进行系列讲座，介绍天文学家洛厄尔（Lowell）有关"外部世界的知识"（Our Knowledge of the External World）的思想。饭后罗素与杜威一同散步。后来罗素在给奥特林·莫瑞尔夫人(Ottoline Morrell)的信中写道:"出乎意料我非常喜欢他。他的大脑缓缓运转,坦率而富有经验,自然地拥有平静与公正。"罗素指出,当他从哲学角度考察"自我"概念时,杜威迅速抓住了重点,而拉尔夫·巴顿·佩里却未能把握住。讲座后,杜威会留下继续倾听罗素的观点。"最有效的批评来自杜威,他再次给我留下深刻印象,他是一位哲学家同时也是一个可爱的人。"罗素在总结他的美国之行时说:"除了杜威和另外一个人,我几乎没有发现任何有质量的灵魂。"

此后,杜威一直与哈佛哲学系教师,尤其是霍金保持了友好联系。1917年初,霍金致信杜威,催促他去哈佛访学一学期。"威廉教授去世后,我们还没有找到能出色地代表其实用主义哲学思想的人……我们的需求十分迫切。除了你没有人能提供帮助。"这对于杜威来说是个好机会,他理应选择接受,借此离开混乱的哥伦比亚。但此刻杜威的内心已归于平静,他立刻真诚地、怀着感激之心写了回信。在信中他列出了接受邀请可能遇到的阻碍,特别是他已计划明年休假。哈佛并没有轻易接受他的拒绝。秋季,纽约的哥伦比亚大学进步斗争最激烈的时候,哈佛哲学系主任重新调整了计划,提出向杜威提供永久教席。杜威十分感激哈佛哲学系让他接替威廉,"这无比荣耀,"他回复,"在威廉原先所在的哲学系传承他的思想。"然而他又提到:"我在哥伦比亚大学十分开心,因为有同事和学生的关心。"随后他又补充说:"我能原谅校董会的一点是,哥伦比亚拥有一些伟大的、思想自由的系所,而且它们成功地发展壮大。"杜威承认,考虑到哥伦比亚混乱的言论自由,作为抗议的一部分,他要结束在那里的工作。含糊其辞并不是杜威的风格,但至少表明他如何试着离开政治漩涡,转而来到哈佛。

杜威最终接受了美国参加战争的事实。他相信,威尔逊总统让美国加入战争的目的不在于加强国家力量和支持资本扩张,而是追求保留民主的理想。1918年5月,受哥伦比亚大学《校友新闻》(Alumni News)邀请,杜威解释了他的立场。

> 战争意味着美国要建立一个基于其社会和政治理想的世界……如果不能确保德国专制的必然失败,那么这些理想的未来将变得不确定……这不仅会发生在欧洲也会发生在美国。

不到一周后,杜威在帕罗奥图市(Palo Alto)做了"人类行为的影响因素"(Factors in Human Conduct)系列讲座。5月29日,他又随即做了"战争的根本问题"(The Fundamental Issues of the War)系列讲座。上午十一点,所有学生都会离开课堂去听讲座。杜威在讲座中再次强调捍卫民主理想,他认为美国正为此战斗。

杜威宣布支持战争后,他的学生——众多年轻政治知识分子的领导人伦道夫·伯恩（Randolph Bourne）随即在《七艺术》（Seven Arts）上发表了题为《暮光偶像》(Twilight of Idols)的文章，矛头直指杜威。伯恩之所以称杜威为暮光的原因在于，他认为杜威支持战争的决定是失败的。"一名哲学家竟然对战争的凶险知之甚少……他只向年轻的知识分子传达了战争的另一面。"文章激烈的批判令杜威十分惊讶，但他并未回应。一战结束，威尔逊的和平计划彻底崩溃，杜威对美国参战的正义辩解也宣告终结。杜威承认了自己的错误，支持和平主义者才正确。这等于间接回应了伯恩的批评。

杜威继续为战争发言和写作，尤其极力主张保护言论自由。他指出，没有"赞成在纽约建立普鲁士主义"，美国将可能成为"新盟友"的国家。1917年至1918年，他写了十几篇围绕突出战争问题的文章，如《世界中的美国（1918）》（"America in the World (1918)"）。在这篇文章中，杜威相信，美国和世界其他地区的分歧仍然存在。这场战争标志着美国孤立时代的结束。在孤立时代，美国是"从世界其他地区分离出来进行未来社会实验的实验室"。而如今，美国卷入全球的危险可能是实验所取得的自由利益的丧失。杜威称，我们必须坚定地认为"其他国家要接受美国思想并受其影响，而不是我们自己受欧洲观念摆布"。

在约翰·霍普金斯大学，杜威曾认为威尔逊总统在政治上"走了很远"，然而事实上，威尔逊比杜威所希望的走得更远。美国人很快挤入战壕，与欧洲君主国公民共存亡。杜威关注的是国内民主自由度的下降。他写了几篇关于战争心理及其战争对美国社会民主影响的文章。美国参战不久，杜威写了一篇文章《我们的失误（1917）》（"In Explanation of Our Lapse (1917)"）。他称自己看到的是，美国正在出现"征兵思想"，即在美国人中已形成为战争而努力的思想，而且越来越热情与偏执。

杜威对美国全球军事行动的反思并没有随着美国参战而停止，也没有随着战争结束而结束。1918年，他被战争以外的一些事务困扰，这些事务与战争和政治无关，主要是杜威人生中的个人危机。

波兰项目

1917年秋，杜威开设了社会与政治哲学研究生研讨会和本科进入研究生的预备课程，几位最出色的研究生参与学习，他们是欧文·埃德曼、布朗德·布兰沙德、弗朗西斯·布莱特肖（Frances Bradshaw），后来他们都成为杰出的哲学家。保罗·布兰沙德(Paul Blanshard)是布朗德的双胞胎兄弟，他也时常参加研讨。还有一位参加者不是学生,而是一位富有的、复杂的、古怪的、充满激情的商人,名叫艾伯特·C.巴恩斯(Albert C. Barnes)。布朗德形容他"粗糙而敏捷,有着暴躁的脾气和强烈的偏见"。巴恩斯曾在几所德国大学做过化学研究生,曾发明了一种名叫"弱蛋白银"(Argyrol)的制剂。该制剂可以防止伤口感染,因而被战争双方使用。战争开始前,巴恩斯就赚了很多钱,并收藏了大量法国印象派大师的艺术作品。他的另一个偶像是杜威。尽管没有像对待法国著名画家雷诺阿(Renior)那样收集杜威的一切,但巴恩斯给予了杜威充分的支持与热爱。他是唯一一个称呼杜威"杰克"的人,杜威也是唯一一个被允许喊他"阿尔(Al.)"的人。巴恩斯特别欣赏杜威的著作,他将《民主主义与教育》的复印本分发到宾夕法尼亚工厂的每一个工人手里,甚至给工人们时间去研读它。早在1916年,巴恩斯就参加了杜威的一次有关英国思想家穆勒的研讨会。1918年春季学期,巴恩斯对杜威的"伦理道德和教育问题"(Ethics and Educational Problems)进行了分析,杜威的思想给他留下了深刻的印象。在1918年的一次研讨会总结上,他这样对杜威说:"我想告诉你,你的研讨会对我来说是多么难得的盛宴。"

> 这是令人喜悦的时刻,我感到自己的生命得到了永恒的丰富。多年来,我已养成参加研讨会的习惯,然而此前留下如此愉悦记忆的只有一次,即1900年在海德尔堡与德国哲学家菲舍尔(Fischer)一起。

巴恩斯研读《民主主义与教育》并参加杜威研讨会的行为启发了一批富于创造性的企业家们。他们想对近来被美国吸收与同化的移民者做一项实验,重点是实践杜威的民主教育思想。巴恩斯告诉杜威:"研讨会的经历令我希望看到您的哲学在民主化过程中成为实践动态,而不是像现在这样停留在思考的静态层面。"正如罗素所说:杜威是"经验主义者",总是受到"哲学可以转化为社会改良"的想法诱惑。当这种可能被一个富于力量、说服力,甚至还有点轻率的人包装之后,杜威倾向同意了。然而什么样的项目适合民主主义教育的实验呢?巴恩斯将着眼点放在杜威的四大关注上,即民主、教育、政治和同化移民者。其中前三点已老生常谈,只有同化移民者才是杜威最新的研究焦点。巴恩斯将自己的理想主义加入社会改良。

1918年,美国正处于危机时刻①,杜威无法抗拒将理论与实践结合。巴恩斯告诉杜威,他计划做一个项目,给杜威提供"实践《民主主义与教育》中实用主义信条的机会,以确定它们是否是我想的那样、可行或确定它们是否也是少数大学教授的思考"。

280

---

① 指1918年美国的大流感事件。——译者注

布朗德很快领悟了巴恩斯的目的。"这很简单,费城有大量波兰人聚居,他们维护祖国的传统观念与习俗,在一定程度上抵制新社会的同化,这是为何?"巴恩斯相信可以用杜威的观点解答此问题,并在这群人中发展民主,可以通过行动加速和促进社会同化。巴恩斯兴奋地对杜威说:"当我们踏出第一步,就会有很多更重要的类似工作值得我们去忙碌,我觉得不需要等太久,咱们就能实实在在地做些推动文明进程的工作。"巴恩斯已经准备好啦! 他的热情(还有酬劳)吸引了杜威的研究生加入该项目。1918 年夏,他们在费城进行首次实验。费城有一个"小波兰",这是一个与外界隔绝的群体,他们大部分是波兰天主教移民,说波兰语,保留着波兰风格,打扮得像在旧世界一样。他们在天主教堂和当地的神职人员的带领下过组织生活。这里是一个完美的实验室,通过审视移民被美国民主化的过程来检验杜威的思想。该项目还直接关系杜威长期关心的住房问题。该项目最开始与赫尔馆合作,后来又与哥伦比亚大学的安置房住宅区、玛丽·辛克霍维奇(Mary Simkhovitch)的格林威治(Greenwich)之家以及莉莲·沃尔德(Lillian Wald)著名的亨利街市中心安置房等合作。他一直在赫尔馆与其他的这些组织合作,他希望费城的波兰人住得舒适。杜威的研究生每月能获得 100 美元的酬劳,他们的日常工作是仔细观察这些波兰人。弗朗西斯·布莱特肖负责研究居民的教育观念,布朗德·布兰沙德负责研究宗教信仰,他的哥哥保罗·布兰沙德负责研究社会习俗,欧文·埃德曼负责研究日常知识、审美和邻里活动,杜威则可以就自己感兴趣的主题进行研究。计划要求每个研究者独立工作,同时共同关注教育和外国元素的同化作用。研究还雇用了两名当地居民担任翻译员。巴恩斯很忙,刚开始租不到房子,他就买了一幢六间卧室的房子做办公室,还租了家具,雇了厨师。

　　年轻女性阿诺德·莱维塔斯夫人(Mrs. Arnold Levitas)被雇为项目顾问。她不是研究生,但时常参加杜威在哥伦比亚大学的研讨会。作为研究组的最后一名成员,她主要负责关注"影响家庭生活和女性的条件"。莱维塔斯自己是个新移民,会说波兰语,能够协助翻译工作。事实上,莱维塔斯参与项目完全出于偶然。1917 年 12 月,她突然来到杜威的办公室寻求帮助。她希望杜威帮她在纽约市学校系统中获得一个永久的专职教学岗位,并解释说她曾在纽约克拉拉之家(Clara de Hirsch Home)获得烹饪教师的资格,还在哥伦比亚教师学院获得大学文凭。三年前,莱维塔斯教过家政学,但因对教学失望,突然辞职。或许因为她突然离职,当局认为此人不太可靠,又或许因为她以前经常以生病为由留下不少旷工记录,所以现在她常常被拒绝,只能获得一份低报酬的代课教职。莱维塔斯抱怨教育局对她有偏见。当时的杜威因几名犹太教师

1. 杜威的父母：阿奇博尔德·斯普拉格·杜威和露西娜·阿特米西亚·里奇·杜威，约 1889—1990 年在美国密歇根州安娜堡

2. 从左到右：约翰·里奇(表兄)，约翰·杜威，戴维斯·里奇·杜威，查尔斯·米纳·杜威 (1865 年)

3. 19 世纪 90 年代中,戴维斯·里奇·杜威   4. 约 1900 年,查尔斯·米纳·杜威

5. 爱丽丝·奇普曼(前排右二),1884—1885 年在密歇根大学女子俱乐部(1886—1906 年)

6. 1885 年在密歇根大学，约翰·杜威（前排左二）与《内陆人》(The Inlander) 编辑部合影

7. 1893 年，在纽约基恩谷的格林莫尔哲学院合影。从左到右：坐在地上：乔西亚·罗伊、托马斯·戴维森，坐在椅子上：克拉克·默里，站立：约翰·杜威、拉比·马克斯·马戈利斯、哈里斯、伊本·阿比·苏莱曼

8. 1901 年,露西·杜威、简·杜威和弗雷德里克·杜威

9. 1902 年,约翰·杜威在芝
加哥大学,伊娃·舒茨摄

10. 1919 年,约翰·杜威和爱丽丝·奇普曼·杜威在中国

11. 1922 年,约翰·杜威与
伊芙琳·杜威、露西·杜威
翻阅中国之行材料

12. 1922 年,萨比诺·杜威

13. 1923 年,萨比诺与弗雷德里克·杜威的长女伊丽莎白·安妮·杜威

14. 1930 年,简·杜威,罗伯特·诺伍德摄

15. 1937 年 4 月，参加指控列昂·托洛茨基的咨询预备委员会。委员：苏珊尼·拉·福莱特、本·斯滕伯格、奥托·吕勒、杜威

16. 约 1939 年，罗伯塔·洛维茨与杜威在佛罗里达

17. 约 1941 年，杜威在哥伦比亚大学

18. 1944 年,杜威在加拿大新斯科舍埃德温斯托的木屋外工作

19. 1949 年,在纽约的杜威九十岁生日宴会上,
    杜威和尼赫鲁合影,亚历山大·阿切摄

被解雇而怀疑教育局的"反犹主义"。一周前，杜威发表演讲支持三名被解雇的教师，他说："应该起诉的并非教师，而是纽约公立学校中的教师管理体系。"莱维塔斯听完演讲后相信杜威能够回应她的恳求，事实的确如此。莱维塔斯需要一份体面的工作以维持她一边生存一边写小说。她给杜威看了自己写的一篇刚发表的故事——《自由度假屋》(*The Free Vocation House*)，还有一篇正准备发表的故事——《情人梦》(*While Lovers Dream*)。显然，她将杜威看成引领自己进入新世界的向导，在她后来的小说中展示了他们初次相遇的情景。

> 他敏捷的大脑、灰色的眼睛与马虎的外表形成了鲜明对比。他穿着破旧的衣服，口袋里塞满了文件，领带也是歪的……他看起来像个小城镇的律师或商人，然而我的狂热理想主义将他看成一切。他没有生计的束缚，代表着文化、休闲、自由和迷人的"高品质生活"。

莱维塔斯请求杜威去市中心观看她的教学，并向教育局证明她能胜任课堂。她知道，杜威的意见会有相当的分量。

杜威同意了。在莱维塔斯代课的一所市中心小学，她给匆忙聚集起来的女孩们上了一堂烹饪课。课后，杜威称她无疑能够胜任正式教师的工作，但他拒绝帮她获取教职。"我希望你好，"杜威说，"然而我不希望你成为教师。你应做一些创造性的工作，但不是教师。"他承诺改善她的近况，于是他将她的一篇故事给了一位朋友——《新共和》编辑赫伯特·克罗利(Herbert Croly)，帮助她开启新的职业生涯。他甚至给了她一台打字机，督促她将全部精力用来写小说。这是她的第一台打字机。最后，杜威还让她在春季学期参加了几次"伦理与教育问题"的研究生研讨会。

杜威给了她力所能及的帮助。克罗利发表了她的故事——《肥皂、水和移民者》(*Soap and Water and the Immigrant*)，令她崭露头角，用玛丽·蒂尔博(Mary Dearborn)的话说："一位真正脱离纽约下东区贫民窟的移民者。"有了这个良好开端，其他编辑开始接受她的故事。当巴恩斯提出费城项目时，杜威自然想到了莱维塔斯。她似乎很合适，参与研究不仅能给她提供收入，还能提供额外的小说素材。1918年4月，巴恩斯起初对她表示怀疑。杜威给巴恩斯看了《肥皂、水和移民者》的故事原稿，但他很为难。"我要见见这位波兰女人，"巴恩斯写信给杜威，"看看这位文章中表现异常的女人是否适合成为费城工作中的一员。""请告诉杜威"，巴恩斯在1918年4月末给爱丽丝的信中写道，"对于他写信介绍的那位波兰犹太女人，我们很想她在费城工作，我希望能在他的哥伦比亚办公室见见她"。显然，巴恩斯对两天后与莱维塔斯在杜威办公室的见面很满意。1918 年夏,莱维塔斯住进了他们位于里士满街(Richmond Street)的办公室,获得和其他人一样每月 100 美元的酬劳。事实上,早在 5 月,巴恩斯就雇用了莱维塔斯做些准备工作,将她安置在靠近项目房子的临时住处,直到 6 月 1 日。

总体来说,波兰研究并未证实或否定民主教育的务实性。该组织结构松散,每个成员各自为政。项目伊始,杜威正在斯坦福大学进行系列讲座,同时帮助爱丽丝在旧金山找房子,以便他秋季学期去伯克利任教。斯坦福讲座结束后,杜威于 6 月 23 日离开加利福尼亚前往波特兰去看望弟弟查尔斯·米纳。在英属哥伦比亚冰屋酒店休息了一段时间后,杜威前往底特律参观了萨比诺峡谷(Sabino Canyon)。7 月初,杜威到达费城后,曾尝试加强调查合作或制定研究团队计划。该团队的运作方式类似于研究生的研讨会而非真正的调查研究,没有一位研究者受过基本的田野调查训练。事实上,保罗发布的调查问卷十分差劲,造成了很大的矛盾。学生研究者中,只有布朗德编了一本手册,名叫《波兰移民者与教堂》(*The Church and the Polish Immigrant*)。这本册子直到战争结束才出版,并未在其他工人中引起反响。在杜威的帮助下,巴恩斯自己出版了一本手册——《波兰人在美国的处境》(*Conditions Among the Poles in the United States*, 1918)。

6 月下旬,巴恩斯对项目的管理十分松散,他向旧金山的杜威发了一份报告。其中写道:已经让研究者们"自由运用各自的方法",两周进行一次"常规交谈",他们"太年轻而且完全没有经验"。巴恩斯深深质疑项目所谓的"学术性",研究生们的想法不切实际,他们是"自我封闭的"(autistic)。巴恩斯说:尽管埃德曼对我们想要做的缺乏清晰和全面的想法,但无疑他是最棒的,其次是布朗德,尽管他十分形而上学。保罗作为助理,全在"胡说八道"。弗朗西斯"能背诵所有读到的东西,但看不到事物之间的联系"。至于莱维塔斯,她"是一位艺术家,正如桑塔耶拿所说,批评她就像批评孩童眼睛的颜色那样不合理"。

7 月 8 日,杜威最终抵达费城,发现该研究项目十分混乱。他告诉在旧金山与简一起的爱丽丝:这些工作者、巴恩斯和我都有一些个人困难,我想现在巴恩斯已然明白这些研究与研究者个性之间的关系,他会变得更柔和一些。杜威平息混乱的方法是建立讨论组。布朗德记得,每到晚上杜威常常打印出一篇《新共和》或《国家报》的文章,然后在第二天早餐时读给研究者们听,再让他们参与评论。早餐后,每个人都可以用自己的方式接触波兰人。杜威通常将时间用于采访居民,关注波兰群体中的政治冲突。晚餐时，小组在一起讨论托马斯（W. I. Thomas）和弗洛里纳·兹纳尼茨基（Florina Znaniecki）对波兰移民的社会学研究。他们开始考察波兰人的群体心理学，杜威推荐了威尔弗雷德·特洛特（Wilfred Trotter）的著作《战争与和平中的从众本能》（*Instincts of the Herd in Peace and War*）。巴恩斯则更加青睐李曼·维尔斯（Lyman Wells）的《心理调适》（*Mental Adjustments*），其主要观点是："心理原则的最佳组合主导无意识。"关于他们的身体健康问题，杜威建议阅读亚历山大的《人类最高继承》（*Man's Supreme Inheritance*）。

亚历山大对杜威的影响

我们有必要在这里谈谈亚历山大在杜威人生中的重要作用。年轻时，杜威饱受视疲劳、背痛、脖子痛等身体疾病的困扰。每当压力大时，病痛就会爆发。1916 年，经友人詹姆斯·哈维·罗宾逊介绍，杜威结识了亚历山大，并在他那接受了治疗。与弗洛伊德（Freud）强调的无意识不同，亚历山大理解精神生理的痛苦。杜威无需无意识观，他有自己的心理学实验和心理调适观。杜威对弗洛伊德的观点无动于衷，倒是与亚历山大不谋而合。1918 年，杜威在《人类最高继承》重印版"序言"中说明了"亚历山大法"（Alexander method）："个体生理与心理健康方面的危机一方面来源于大脑与神经系统的功能冲突，另一方面则是消化、循环、呼吸、肌肉等系统之间的冲突。"亚历山大试图通过对病人呼吸和姿势的调整重新统一身体各大系统。1916 年至 1917 年间的治疗对杜威十分重要，不仅让他摆脱病痛，同时他也发现亚历山大法正是自己心理学说的客观验证。在简整理的杜威主要生平中，杜威写道："我的很多身心理论都在亚历山大的方法上得到验证，如积极协调自我、抑制思想、控制外在行动。"

1918 年 8 月，杜威与十年未见的老友艾拉·弗拉格·杨（Ella Flagg Young）重逢。刚见面艾拉当即表示，从外表上看杜威"完全变了一个人"。这让杜威再次肯定了亚历山大的巨大帮助。他还把自己的几个孩子都送到亚历山大那儿治疗，坚定不移地支持他。1917 年，伦道夫·伯恩曾严厉指责杜威的政治观点，然而这并没有过多困扰他。次年，当伯恩通过抨击亚历山大的著作来间接攻击杜威时，杜威立刻指责伯恩完全曲解了亚历山大的文章。在给伯恩的私信中，杜威写道：他对伯恩针对亚历山大"几乎不可置信的偏见"攻击感到困惑，并试图尽可能向他解释亚历山大方法与精神分析之间的差异。1918 年末，伯恩去世，杜威全家对他的短暂一生感到悲哀。爱丽丝对伊芙

286

琳说：伯恩"是一个真正的天才"，不过她也相信，如果他活得更长，他的生命"将会经历更多的痛苦"。

费城故事

1918 年夏，杜威的情绪十分波动，令亚历山大的治疗成效大打折扣，但他表示自己的紧张源于诗歌而非身体姿势和眼睛问题。那一年，他是著名哲学家、教育家，年近 58 岁的已婚男性，还是四个孩子的父亲，然而他却发现自己爱上了同样已婚的同事安齐亚·莱维塔斯（Anzia Levitas）！为了自己的文学事业，莱维塔斯离开了丈夫与女儿，显然，她完全在幻想中爱上了杜威。事实上，杜威对她而言就是一个梦幻的存在，甚至没见过杜威时，她就爱上了他。莱维塔斯将他幻想成从未拥有和得到的一切，他特别慷慨的回应巩固了她的崇拜，尽管这种回应是他对待他人的一贯方式。杜威对自己强烈的情绪反应感到震惊，然而只要我们记起当年那位年轻的哲学教师对他未来妻子爱丽丝的狂热情感，这一切就不足为奇。1918 年春，杜威离开爱丽丝，更长时间与孩子们分开。他关心着弗雷德的服兵役，还得到一位年轻女性的爱慕，他的全部情感被点燃了。

"阿诺德·莱维塔斯夫人"用了娘家姓安齐亚·叶齐尔斯卡（Anzia Yezierska）来发表作品，她迅速出名了。1919 年，著名编辑爱德华（Edward O'Brien）将莱维塔斯的一篇故事选为年度最佳。在杜威的帮助下，她的早期故事编辑成册，取名为《饥饿的心》（Hungry Hearts），于 1920 年由霍顿·米夫林（Houghton Mifflin）出版社出版，后来格罗塞特·邓拉普（Grosset & Dunlap）出版社再版。山姆·古德温（Sam Goldwyn）购买了《饥饿的心》的版权，将之拍成一部非常成功的无声电影。莱维塔斯所有的著作都有一个共同的主题：贫穷移民妇女的贫瘠内心与教养良好且高冷的美国男人之间的冲突。与杜威初步接触时，莱维塔斯就在自己的早期故事中一遍又一遍地描写他们相遇的场景，当然同样的场景也出现在她后来的小说与回忆录中。莱维塔斯偶尔给该场景设置了幸福的结局，但大部分结局是，移民女孩与其理想之间的巨大差距导致了失望。1918 年夏，莱维塔斯在《奇迹》（The Miracle）中写了一个充满积极的结局，反映出她内心的强烈渴望。故事主人公萨拉·雷塞尔（Sara Reisel）刚从波兰移民到美国时内心充满希望，随后却经历了幻想的破灭，直到她参加了夜校班。她的老师"高高凌驾"于她之上，"对我而言他并不是一个男人，而是上帝"。萨拉渴望成为他一样的人：

冷静、沉着、理性，一个真正的美国佬。然而事实上，他却十分渴望成为萨拉那样的。他对萨拉说："你能将我从冷酷中拯救，你能让我摆脱长期的压抑重获自由，你是火焰，你是阳光，你是欲望。"这就是移民者与美国清教徒的相遇——彼此融合。

莱维塔斯在小说《我永远不会》（*All I Can Never Be*）中清晰地描述了杜威和巴恩斯 1918 年实施的波兰项目。小说中，男主角哲学家亨利·斯科特（Henry Scott）被设定为哲学著作《民主的含义》（*The Meaning of Democracy*）的作者，他给波兰女主角写了一封信，引人注目。毫无疑问，莱维塔斯真实而准确地转引了杜威对其所说的话，文中的措词与令人亢奋的语调恰恰正是当年杜威向爱丽丝求爱时的态度和语气。这些很可能引用自杜威给她写的信。杜威曾要求归还信件，而她私自保存和复制了一部分。斯科特向女主写道：

> 你的单纯存在就是美好的联系。你就是这样，但你却未能完全知晓。你努力奋斗，想要成为想成为的人，然而这一切都是没必要的，因为你已经是那样的存在。或许帮你成为梦想中的样子，我能从中得到很大的快乐，但你真的不必去努力，去实现或去完成什么，因为你已经是那样的存在。对此，亲爱的灵魂，我要千千万万次地重复告诉你。你只要去做你自己，所有的灵魂全都属于你。

斯科特还给波兰的翻译塔尼娅·伊万诺娃（Tanya Ivanowna）发了一首诗，名为《时代》（Generations）。

> 到如今，一代又一代悄无声息地更迭，
>
> 起初，我们无法表达，
>
> 然而，在你那儿，我看到新一代即将到来，
>
> 闪闪发光、缓缓旋转、踏着节奏而来。
>
> 你无需表达，你将成为这个时代的一部分，
>
> 从痛苦中解脱，
>
> 一首伟大的颂歌终将充满世界。

乔·安·博伊兹顿（Jo Ann Boydston）是《杜威全集》的主编，十分专业地整理了杜威的诗。在他死后，我们发现《时代》这首诗竟是杜威写给莱维塔斯的原作。杜威将自己置于她的故事场景中，而她也十分熟练地引用他的诗。显然，他们的关系十分热烈，充满了共同的幻想。莱维塔斯的幻想在遇见杜威后变得具体了。之前的经历让她认为美国人冷漠、压抑，直到杜威的出现，突然让她拥有了热情的拥抱。杜威与她之间的幻想相互交错。作为一名大学教师，他接受的是清教徒式的教育，面对女人时十分害

羞,还沉默寡言,但他一直在寻找情感突破的方式。这样一种充溢情感的生活似乎背离了他的身份,但迎合了欲望。他的激情曾被爱丽丝点燃;他因阅读工人工作时的艰苦条件的报告就开始思考如何对付资本家;他能让自己完全进入"思想新闻"这样奇怪的主题;他可以突然辞去著名教授一职;他还主动收养了一个意大利男孩;他也可以深深地卷入一个热情女人的崇拜中,他仍然是一名理性的哲学家,直到地平线上闪烁出一丝爱的星光。

莱维塔斯富有激情,从她精确描述女主角的样子中可以看出,她充满了激情的幻想。杜威尚未开始波兰项目之前,巴恩斯在加利福利亚给他的信中写道:

> 莱维塔斯,像真正的艺术家那样,远离令她厌恶的科学,花费大量的时间在屋内沉溺幻想,将它们写进故事和小说,也将它们讲给我听,其他人并不喜欢她。但是她坚持认为,你会欣赏她正在做的工作。

客观上说,布朗德认为莱维塔斯"有些轻浮,充满激情与排斥,缺乏定性和公允的判断"。莱维塔斯后来在小说《我永远不会》中写到:一位小组成员抱怨塔尼娅"没有分寸⋯⋯没有辨别力",显然,早在 1918 年,她就知晓布朗德对她的看法。事实上,这十分接近她的特点。即使在女儿的记忆中,她也是个"火山般光芒耀眼、振聋发聩式的人物⋯⋯她浪漫、不耐烦、孩子气、易兴奋和激动"。

莱维塔斯在不少故事、小说和自传中写到了与杜威的相遇。他们之间的激情是文学,不是性。她的故事和回忆录都清楚地表明,他们之间没有任何身体接触,哪怕一个吻都没有发生,但确信是杜威点燃了她幻想中的浪漫。几乎所有杜威的熟人都证实,他是出于同情。同情心让杜威易于陷入莱维塔斯的幻想,令他看到她的温情与活力,反照出自己的克制与圈囿。杜威的另一首诗《我从长夜醒来》("I Wake from the Long, Long Night")展现了他被莱维塔斯发现的另一面性格。他称自己"没有快乐,没有悲伤",被"盘根错节"的"责任"束缚。然而事实上,杜威既拥有过快乐也感受过悲伤,他之所以这样写,只因他知道她会懂。

当然,与莱维塔斯幻想中美国人的冷漠相比,杜威的克制有更多实际而直接的原因。他已与爱丽丝结婚,还有了喜爱的孩子们。他的个人道德不允许任何事情发生,只能用文学表达婚姻之外那不可想象的两性之爱。正如曾经所做的和将来要做的那样,他更需要幻想,通过诗歌来表达情感。后来他在《作为经验的艺术》(*Arts as Experience*)一书中明确赞同埃德蒙·斯宾塞(Edmund Spenser)对诗歌的描述:"诗歌的世界是痛苦和烦乱的甜蜜栖息地。"在杜威自己的诗中很容易看到这一点,但在写给莱维塔斯的诗中,他不断地明确一件事:他们的激情没有后果。在《双周》(*Two Weeks*)这首诗中,杜威明确回应了莱维塔斯,拒绝与她深入发展浪漫关系,因为他害怕一旦婚姻破裂,会遭受巨大损失。

> 是财富占有了我吗? 不然,
>
> 不像你猜测的那样,
>
> 阻挡其中的事情,
>
> 也不是渐渐深入的关系,
>
> 而是拥有的一切。

他补充说,"阻碍来自令我拥有现在的那些人"。即使在感情最浓时,杜威也恪守自己的道德底线。他重申:"在意他人眼中的自己,于我是个负担,这些人成就了我,也约束了我。"父母、导师、妻子、孩子、朋友、粉丝——所有这些人"成就"了杜威,令他无法展开剥夺旧有一切的新恋情。早期他爱的人们成就了他,如今他受到他们的约束。

莱维塔斯拥有的则是对杜威的美好回忆以及戏剧小说创作的角色原型。她是如此全身心地关注着杜威,以至多年后仍清楚地记得他谈话中的每一个字。莱维塔斯在创作的角色话语中,会引用杜威的演讲片段。再比如,作品《致星星》(*To the Stars*,1921)中总统欧文(Irving)评价苏菲·萨宾斯基(Sophie Sapinsky)的内容就引自杜威1916年在全美教育协会上发表的演讲。莱维塔斯在个性演讲中,会提到杜威演讲的几个段落。莱维塔斯还将杜威写给她的那首《我从长夜醒来》改编进了自己的回忆录——《白马上的红丝带》(*Red Ribbon on a White Horse*)。

8月底,波兰项目宣告结束。莱维塔斯回到纽约,在一家餐馆找了份临时工作,杜威则去了早年购买的位于长岛休斯敦的农场。9月中,他见到了莱维塔斯,明确要求她归还信件。莱维塔斯复制了其中一部分后,最终将它们全部归还。9月25日,杜威前往旧金山,从此再也没有见过她。1920年,《饥饿的心》出版,莱维塔斯要求将复本第一个送给杜威。莱维塔斯的满腔热情换来的却是杜威强烈的抵触,显然他们之间的浪漫关系已无法继续。1921年,莱维塔斯成功说服《书商》(*The Bookman*)杂志的评论编辑,由她来评论杜威五年前出版的《民主主义与教育》。她在评论中写道:"这位先驱的思想很伟大……哲学已经如此压抑了他的个人生活,他的书缺乏写人时应有的亲密与自我揭示。"鉴于此评论写于书出版后很久,因此它被看作是莱维塔斯对曾经确信深爱过的人的蓄意且无端的攻击。

20世纪70年代,当被问到杜威与莱维塔斯之间是否存在浪漫关系时,布朗德回答:"我从没看到过,也从没听其他小组成员说过。"这可能指的是 1917 年底至 1918 年春产生的浓烈情感。早在 1917 年 12 月,杜威或许就已经给莱维塔斯写诗。在写给肯塔基(Kentucky)诗人凯尔·杨·赖斯(Cale Young Rice)的信中,杜威赞赏他的十四行诗"富于抽象",并称自己"产生了一个疑问,即诗歌到底能在多大程度上成为思想表达的媒介? 这些思想往往被限于枯燥的散文"。1918 年夏,杜威没有表现出特别希望和莱维塔斯在一起,因为他并不急于加入费城团队。在他参与之前,莱维塔斯已在那儿工作了一个半月。事实上,他从加利福尼亚回来时,游览了冰川公园,看望了爱丽丝和孩子们。他去见了想见的人们,当中却没有等待他的莱维塔斯。杜威写道:"如果我们在一起,亲爱的家人,我不相信等我们回到家一切都已冻结,财富已不知去向。我希望不管到哪儿,我们都在一起。"杜威已经计划秋季学期从哥伦比亚大学休假一学期,赴加州大学伯克利分校做访问学者。

杜威对波兰的兴趣

加入费城项目不久,杜威更多关注了波兰社会的政治动荡。很快,他就深切聚焦"小波兰"的国际问题。

如果说此前大家还在怀疑杜威的研究热情,他在费城对波兰社会的研究将彻底打消这种疑虑。甚至在到达费城之前,巴恩斯的报告就已激发了他的研究兴趣。费城当地政治领导人已意识到一个事实:哥伦比亚哲学家们正在研究"热点"地区的权力和特权。莱维塔斯刚工作时,巴恩斯就警告杜威,她会遭到当地政客的反对。她是一位不会说波兰语的纽约犹太人,这个身份不利于她与天主教徒打交道,他们会将她视为反对派的代言人。巴恩斯窥见"政治寡头已形成,他用非哲学的语言告诉杜威,如果我们真的遭遇反对而没有立即停止行动的话,将在一周内入狱"。一旦爆发这种非外交冲突,研究组将会遭遇更强烈的阻挠。当这些"政治寡头"称没有房子可供出租时,巴恩斯直接买了一个。他直言不讳地告诉杜威,天主教在试图保持贫穷移民的无知,制造"思想和身体双重农奴地位的条件"。这里的确需要杜威的民主教育。巴恩斯希望看到杜威哲学在社会中很快得以运用的宏伟景象。研究完成后,他对杜威说:"我们可以告诉威尔逊总统:这是把您的演讲从理论落实到实践的工作计划。"此后不久,巴恩斯喜出望外地告诉杜威:本小组的研究"被事实证明更有趣,而且比我想象的更切合你的哲学"。

杜威初到费城时,感觉"一团混乱"。他首先解雇了保罗,一是因为他的想法很普通,二是因为他负责的当地调查似乎"将天主教问题的探讨置于其次"。杜威立即开始自己的调查,很快越来越有活力,比他年轻学生们的写作产出更多。杜威开始采访波兰地区的领袖,起初他很忐忑,没想到这位领袖突然就在他面前打开了话匣子。简而言之,杜威发现波兰移民分为共和党和民主党两大阵营,且势均力敌。共和党的一部分是罗马天主教保守派,其领导者(或至少可以说是它的首脑)是著名音乐家伊格纳西·帕德雷夫斯基(Ignacy Paderewski),他的妻子海伦具有同样的影响力,也许比他更为活跃。她穿梭在美国各大城市之间,尤其是费城、芝加哥、底特律,甚至是法国巴黎。该组织与这些城市的天主教徒有着强大的联盟。共和党的另一部分是波兰人中的自由人士,大部分还是犹太人,他们的权力中心在纽约和伦敦。民主党主张社会主义精神,支持一系列的进步运动,尤其是威尔逊的理想主义和俄国十月革命。杜威认为,两大阵营的政治霸权斗争将有助于确定战后波兰的政治方向。

最终,保守派赢得斗争,因为其获得了美国政府的认可。美国关心的是哪方阵营能够在战后代表波兰组建合法的政府。杜威很快得出结论:他们所研究的波兰社区隔离问题,实际上是亲帕德雷夫斯基派一手策划的。亲帕德雷夫斯基派由波兰国家联盟控制,目的是将波兰人从美国人中隔离,尤其是那些被杜威定义为进步的美国人。通过隔离,神父和少数领导者操控移民,从而让他们支持帕德雷夫斯基和其他参与权力斗争的保守派领导人。当地领导还让波兰选民将选票投向共和党。此后,杜威的研究兴趣从当地移民政治的细节转向了更宏观的波兰战后的政治命运。杜威与巴恩斯达成一致,共同反对已取得费城控制权的保守派。用巴恩斯的话说,巴恩斯—杜威联合希望通过批评来消除"外国势力的国际民主,按照威尔逊总统宣布的原则,来推动美国的理想主义"。

当地政客们越来越多疑,杜威认为这是他们"对学术调查的出现感到害怕"。造船厂附近的一所房子里传出呼哒呼哒的打字声,随后一份报告提交至美国司法部。报告称杜威这些陌生人可能是间谍。巴恩斯曾在德国求学,并与德国利益有关,他被指控为参与亲德活动。杜威早期对战争的反对增加了可疑度。两名特工和警察来到家中询问,拆开他们的私人信件,要求调查结束后才可将这些信件封存。杜威知道无法阻挡此次调查,因此提前做了艰苦的准备。

在回来的三星期前,杜威已完成了一篇关于波兰局势的文章,题为《掩盖下的专制》("Autocracy Under Cover")。8月24日,这篇文章在《新共和》上刊出。杜威写这篇文章的真正目的是想将战后的美国民主扩展到欧洲国家。他曾请求《新共和》编辑赫伯特·克罗利帮助约见豪斯上校（E. M. House），以向其汇报波兰局势。赫伯特致信豪斯上校：杜威的调查十分彻底（他是美国在世的最伟大的哲学家），他本人的能力足以让我们相信，他必须说出的话是经过最慎重考虑的。当时，豪斯上校正在马萨诸塞州曼彻斯特访问，巴恩斯计划让司机开车送他们去那里见上校。

事件迅速发酵。8月26日，波兰人即将在底特律召开全国会议。杜威想知道究竟是保守派还是激进派会控制局势。他认为，亲帕德雷夫斯基派会占上风，他们的目的在于让威尔逊承认自由独立的波兰，并"在巴黎组建波兰人民委员会，作为新政府的官方代表"。事实上，这个反动组织已经诱导一位参议员沿着这个方向立法。杜威认为，这将导致战后波兰民主不复存在。他搜集了尽可能多的材料，目的是为了告诫豪斯上校和威尔逊总统：帕德雷夫斯基及其组织派系十分危险。杜威想尽一切办法尽快收集数据。他说服了休斯敦的露西和纽约的伊芙琳一起研究波兰国际局势。他还写信给教育家埃拉·弗拉格·杨和简·亚当斯，索要芝加哥波兰团体的信息。在纽约，杜威采访了波兰激进分子的领导人。他安排欧文出席底特律会议。杜威通过欧文于8月14日约见了帕德雷夫斯基。忽然之间，在杜威那里，波兰民主的命运成为世界上最重要的事情。这也难怪他告诉爱丽丝："这项工作纷乱、单调，细节极其复杂和隐晦。"

8月9日，杜威向爱丽丝报告了与豪斯上校会面的情况："等待了整个下午后，我们与上校交流了20分钟。上校是一个友善且高效的听众，他会快速回应关键点。但是除了神秘莫测外，他没给人留下什么深刻的印象。"杜威告诉爱丽丝：这不算糟糕，因为他此前的个人期望很低，"我不认为能和他达成任何共识"。

然而杜威错了。美国众议院认真对待他的报告，并将其传给陆军情报局。8月16日，杜威收到来自军事情报局丘吉尔上校（M. Churchill）的一份电报，要求他"立刻"赶赴华盛顿。在华盛顿期间，星期六和星期天，杜威都在采访。星期一，他向速记员提供了一份"机密报告"。星期二，他分别采访了激进派和保守派的一位代表。杜威认为，这两位都是"诚实的人"，并且"说出了所有能说的话"。令杜威万分惊讶的是，他被邀请担任"情报局宣传部"的一个分队队长。显然，他的机密报告给情报局留下了深刻的印象。杜威推测：军队或许认为他有价值，因为"我……与国家所有可疑的社会主义者接触，并可能影响他们"。

当杜威回到费城的时候，哥伦比亚大学的研究人员正从研究中撤退。8月的最后一周，只有布莱特肖还留在那里，志愿处理屋内留下的材料。杜威则自行前往长岛农场，整理他的早期作品，形成针对当前波兰政局及其未来影响的长篇报告。底特律会议上，保守派赢得了胜利。然而杜威深信，只有他的报告才能反映真实的情况。伊芙琳向母亲和妹妹说："爸爸肯定处于兴奋期，而且似乎并没有感到厌倦。"

9月底，杜威完成并打印出了全部报告。他将六份复本呈给了情报局的亨特（H. T. Hunt）少校，并将其余的复本呈给了其他部门的官员，他们都曾参加过杜威在华盛顿的五天访问。几天后，杜威直接寄了一份报告给威尔逊总统，提醒他关注"该项目的目标，这份报告指出，美国针对波兰人的力量镇压与总统明确提出的美国原则背道而驰"。反过来，威尔逊总统要求看到杜威的最后总结。10月3日，他收到了这份总结。翌日，威尔逊写信给杜威，感谢他的报告。至此，巴恩斯的大胆预言被证明是正确的。在这一切活动结束之际，巴恩斯重申杜威报告的重要性，称之为"针对美国最紧迫的一大问题的最重要贡献之一"。

即使前往加利福尼亚，杜威还与军事情报局保持着联系。例如，11月6日，丘吉尔上校要求杜威评估波兰国防委员会于10月下旬在纽约召开的会议：我们不能完全信任报纸的报道，我给你提供最好的办公室，请你提供最可靠的信息。1919年1月22日，杜威全部的辛劳和激情换来了令人失望的结果——美国在法律上认可了帕德雷夫斯基政府。通过费城的地方派系推演波兰的国际局势，事实上，杜威已经犯了严重的错误。他绝不会明白还有第三股派系的存在，即所谓的大众帕德雷夫斯基组织。这是一个亲德组织，希望德国在一战中取得胜利，从而允许与德国同盟的波兰摆脱俄国的控制。只有帕德雷夫斯基天主教派，而非杜威支持的社会派，才能在美国有足够的力量调动波兰裔美国人的支持，并且让波兰战争的志愿者们站在同盟国一边对抗德国。波兰独立军队由帕德雷夫斯基领导的一万五千名波兰裔美国志愿者组成，是波兰独立运动的核心力量。因此，美国政府认可的波兰全国委员会是可以证明波兰人忠于美国的唯一机构，从而在这些波兰人中传递美国公民的价值观念。在战后复杂的政治漩涡中，杜威的角色被定义为理想主义，"不切实际"。

事到如今，杜威已渐渐不再关注欧洲和威尔逊的让步与妥协。他将视野从西方的伯克利、加利福尼亚移开，准备跨越太平洋，投向东方的日本。

第三卷

融入世界

杜威在日本进行一系列讲座的设想形成于 1917 年初,当时东京大学(University of Tokyo)的福崎(Fukusaki)教授提议,希望能在 1918 年至 1919 年的某个时候邀请他去那里演讲。杜威在回应霍金(W. E. Hocking)邀请他成为哈佛客座教授时,无意中透露了这个计划的可能性:"我已经制定了一些计划⋯⋯我希望⋯⋯能带我去日本。"过了不久,1919 年春天,他想到要在日本做一个学期的演讲,所以没有带着比尔德、罗宾逊和托斯丹·凡勃伦去社会研究新院(New School for Social Research),这影响了他在 1917 年和 1918 年上半年的许多决定。杜威询问加州大学伯克利分校(University of California at Berkeley)校长本杰明·埃德·惠勒(Benjamin Ide Wheeler)是否会延长他在该校一学期的客座教授任期。惠勒很高兴邀请杜威在 1918 年秋季到那里任教,这也使他在 1918 年 5 月和 6 月在斯坦福大学做了一系列讲座。杜威似乎对这些讲座不以为然,但事实证明它们很重要,因为它们最终成为他最好的著作之一《人性与行为》(Human Nature and Conduct)的基础。但在 1918 年春天,他太忙了,没能写完这本 书:他做了演讲,把它们归档,以备将来重新考虑,把钱存入银行,然后匆匆赶回费城。

事实上,杜威担心的是钱。他一直很担心钱的问题,因为杜威一家一直很穷。当每个中产阶级的职业人士都有一个女佣时,杜威一家负担不起,直到他们的第六个孩子出生,他们才不得不雇一个佣人。六个孩子不断地消耗着一位教授的薪水。很长一段时间,杜威一家甚至没有电话,只能借用邻居家的电话。为了买童鞋,他们在芬顿募捐。他们用省下的钱来买书或去欧洲旅行,旅行不是为了度假,而是作为知识的定期扩展。难怪约翰在密歇根大学和芝加哥大学努力争取高薪。1895 年,沃尔(Wahr)和菲利普斯(Phillips)出版了他的《伦理学》的纲要,他们欠他 73.6 美元,这一事实让他非常不安。虽然他是一位杰出的哲学家,但他几乎一贫如洗。搬到哥伦比亚大学对他来说是一个经济上的打击,即使有了额外的教学,他还是花了十年时间才达到与芝加哥的工资有相同购买力的工资水平。甚至在 1914 年,爱丽丝就约翰繁重的课程表向他抱怨道:"当然,钱总是需要的。这是最糟糕的,这就是驱使你这样做的原因。"

日本之旅吸引了他。他正在休假,工资只有一半。这次旅行要花多少钱? 钱从哪里来？巴恩斯一向慷慨大方，他了解到杜威的困境，并提议每月给杜威一笔津贴，让他"写一篇关于日本的报告作为分析未来国际形势的一部分"。除了《新共和》承诺每月为他撰写的有关日本文化和政治的文章提供一定的稿酬外，再加上现在定期收到的版税，他将有四五个月的经济保障。如果福崎教授或杜威在密歇根州的老朋友小野英次郎（Ono Eijiro）能够让杜威获得正式的赴日演讲邀请，这将进一步保障费用。这仅仅意味着他可以去日本。但是他为什么要去日本呢？

的确，孩子们在这个想法中起了一定作用，因为1919年是他和爱丽丝最早可以独自离开的时候，孩子不需要他们照顾了，并且这次日本之旅不需要花自己的钱。萨比诺有一份工作。弗雷德在军队里。伊芙琳在纽约找到了一份稳定的工作。露西将于12月从巴纳德学院毕业，1918年秋天，他最小的孩子简将成为伯克利大学的新生。在他在伯克利度过的那个学期里，他和爱丽丝住在简附近，简大概已经安顿下来了。第一次，杜威夫妇可以自由地离开很长一段时间。此外，他将离开哥伦比亚大学和纽约，那里有许多困难要处理。他也不会承受压力，每天都要对战后的政治混乱做出反应，尤其是预期中的对进步思想的限制。到1918年11月，杜威已经对威尔逊的领导感到失望，对战争的结果非常悲观。他在给塞缪尔·H. 高登森（Samuel H. Goldenson）的信中写道："形势令人不安，威尔逊的性格考验还没有到来；他是否已经在弱化和掩饰自己的目标，以获得胜利的假象，但当现实受到严重侵犯时，就很难说了。"但杜威倾向于相信，到最后，民主理想主义不会因为战争而得到强化。多年后，他对约翰·D. 格雷夫斯（John D. Graves）回忆说，1918年他自己也变得抑郁了，这也是事实："我陷入了一种枯燥乏味的状态。"所有这些都被视为次要动机，但没有人能解释杜威为何认为出国的前景如此诱人。

原因是爱丽丝。

杜威家的两个孩子在欧洲去世了，先是莫里斯，然后是在某种意义上代替莫里斯的戈登。虽然约翰仍然很伤心，但爱丽丝真的很沮丧，她的沮丧决定了杜威一生中的许多决定。因此，去亚洲的决定至少在一定程度上与爱丽丝那几乎永无休止的阴郁情绪有关。

爱丽丝的抑郁

爱丽丝的一生都很抑郁。在她4岁时，她的父亲由于哀悼爱丽丝母亲的离世一直郁郁寡欢。年幼的她和妹妹眼睁睁地看着父亲一天天地虚弱下去,直到他咽下最后一口气,离开人世。她们也因此成了孤儿。在爱丽丝的一生中,她一直保存着从父亲那得来的几封信,这几封信里叙述了一个忧伤的故事。在 1863 年的四五月份,爱丽丝的母亲,露西·里格斯·奇普曼(Lucy Riggs Chipman)在密歇根的芬顿维尔生下了她的第三个孩子。她在产后病了一个月,并于 6 月 5 日去世,将三个孩子丢给了极度伤心的戈登·奥伦·奇普曼。戈登在白天还能保持镇定,但当夜晚来临时,他就变成 18 世纪中叶的爱德华·杨(Edward Young)和其他"墓边诗人"笔下所描写的那种忧郁者。戈登雇了一位姑娘来照看奥古斯塔,哈丽特·爱丽丝(Augusta, Harriet Alice)和那个刚出生的小女婴。他自己却睡在办公室,在旅馆用餐。由于照顾不善,爱丽丝那刚出生的小妹妹没能活下来,于 1863 年 8 月 7 日夭折了。但几乎被遗弃的爱丽丝和她的妹妹却存活下来。戈登此时仍然沉浸在丧妻之痛中。在 1864 年初,他向爱丽丝的亡母呻吟道:"今天晚茶后,天气变得很好,我离开家门去了'死者之家'。拜访这个圣地对我而言是件好事,在那里我可以倾诉心声。"爱丽丝会求助于宗教,去教堂做礼拜并参加主日学校。她需要一些慰藉。"她在那里感到很高兴,并希望经常能够参加这些活动,"她的父亲说道,"我也希望她能这样。"但是如果她是为了父亲的身体而去教堂祷告,以及他自己不断地拜访'死者之家',对他来说都没有任何作用,他最终还是在爱丽丝不到 6 岁时就去世了。爱丽丝在他去世后就没再去过教堂,后来被她的外祖父母收养了。

爱丽丝的外祖母伊瓦琳成了她生活上的支柱,她的外祖父弗雷德里克·里格斯成为她精神上的榜样。弗雷德里克·里格斯的脾气喜怒无常,爱丽丝受他影响,也变成一个易怒、对周遭不满、吹毛求疵的人,她只有在这些情绪的宣泄中才能得到慰藉。

在遇到约翰·杜威以前,爱丽丝一直这样。表面上看来,她似乎很坚强,她卓越的智力水平似乎也可以证明她的坚强,但她身上存在的脆弱部分经常侵蚀着她,使她陷入抑郁之中。爱丽丝进入密歇根大学后,她发现一些脑力工作可以减轻她的抑郁情绪,但即便如此,她还是经常缺课,并花了六年时间才毕业。爱丽丝与杜威结婚后离开了芬顿维尔,婚后她有了人生伴侣和自己的孩子,这种喜悦掩盖了她内心深处的悲伤,但这并没有真正改变她。她曾试图抑制自己的消极情绪,但效果甚微。爱丽丝热爱旅行,但一旦她开始旅行,她内心那种自我谴责就会立即侵蚀她,例如 1894 年的欧洲行就是这样。杜威担心她这种负面情绪的出现,却更担心她内心的负罪感,并曾一度提出这样的建议:"永远都不要因为负面情绪的出现而责备自己。"

莫里斯的离世对爱丽丝的打击很大,彼时,她被任命为芝加哥大学附属实验小学的负责人,但这却无法使她走出莫里斯之死的阴影。之后爱丽丝和哈珀校长之间发生了一次激烈的争论,争论过后,爱丽丝被辞退。不久之后,戈登也去世了。杜威的学生马克斯·伊士曼在戈登去世后这样写道:

> 爱丽丝渐渐变得非常幽怨,以往的热心变成刻薄,谨慎变成挑剔。她的身体状况也开始变差……她自己能亲力亲为的事越是减少,她的完美主义就越严重,她坚持要求每个人做到最好,做得恰到好处,并逐渐发展成为一种病态的唠叨。

其他人见到爱丽丝的这种转变后,认为造成她这种变化的另有原因。阿道夫·E. 迈耶(Adolf E. Meyer)提到"由于她一直埋怨哈珀校长对她的不公正待遇,所以她昔日的智慧和魅力逐渐变成了尖酸与刻薄"。

到1896年,爱丽丝被临床诊断为抑郁症,她甚至希望自己已死。她这样写道:"我这一生中,每周都把自己拧紧以盼到下一周,但是这根本没用,因为当下一周来临,一切还是老样子。"这时的杜威已经很熟悉爱丽丝的种种消极情绪。1897年,为了帮助爱丽丝摆脱沮丧,他提醒她:"正如我们经常发现的那样,最差的打算就是在那些不值得的地方待太久。"也许,他建议来个从他们的居住地基恩到附近的普莱西德湖(Lake Placid)度假区的短途旅行对她会有所帮助。因为他知道旅行是为数不多的能使她高兴起来的活动之一,爱丽丝也赞成杜威的建议。但好景不长,一个月后,爱丽丝又开始变得沮丧,杜威照旧对她说:"好好休息,以后再慢慢改变。"

1900年3月,在爱丽丝怀上简后的一段时间中,她十分抑郁,于是她再次使用了"旅行疗法"。在爱丽丝带着伊芙琳出游乔治亚州、佛罗里达州、新奥尔良州期间,杜威照顾着弗雷德、戈登和露西。当她的自责情绪又出现时,杜威宽慰她说:"从婴孩时起,你该做的事就是彻底的休息与放松。"但爱丽丝在这次旅行途中却没有感到快乐。

从这时起,爱丽丝经常抱怨说感到精疲力竭。到纽约之后,爱丽丝打算继续教书,但直到1907年从欧洲回来之后,她才开始在一所为外国人而开设的自由艺术与科学学校准备一门叫做"小学教育……方法:它们的理论和实践"的课程。但这门课程爱丽丝只教过一次,之后她就由于疲倦陷入抑郁之中。1909年,爱丽丝向一位医生咨询了她的疲倦问题,但不论是医生还是其他人都无法理解她的疲倦感是由抑郁造成的。伊芙琳很关心母亲的病情,她从檀香山寄回的家书中写道:"我担心这对母亲来说是极度困难的,我很难理解她之前为何如此虚弱,这种问题是确定的吗? 或者说会一直存在?"杜威给出的最好的解释是,从芝加哥搬到纽约损毁了爱丽丝的意志:"从头再来的想法……对于你妈妈而言太难了。"

　　1910 年,爱丽丝又一次开始旅行,她把露西和简带到欧洲,并安排她们在瑞士的一所学校学习,之后便带着伊芙琳去意大利旅游了。但当她到达意大利后,她意识到自己在虚度时光,"我脱离有用的生活好像三个多月了",而且这种消极的想法毁了她的旅途并使她比出发前还要沮丧。爱丽丝在漂泊中生活,虽然依旧很关心她的孩子,但却失去了最初的激情。有时候,当她面临挑战,她会恢复往日的精神状态,就像在"高尔基事件"以及倡导女性选举权中表现的那样。她的一生可以用"虚度年华"来形容。她和她的外祖父一样,总是在不停地旅行。

　　1918 年夏天,爱丽丝的病情十分严重,她在给伊芙琳的信中写道:"我经历了人生中的一些困难时光,各种困苦都密集于此,这个夏天就这么过去了,没有什么让人印象深刻的事情。"爱丽丝去影院的初衷是放松娱乐自己,但当她离开影院时,却感到电影"就像其表面看上去的那样愚蠢……大部分愚蠢的事情都十分费力以至于让人感到不快"。在杜威带着她和简在旧金山定居后,还不到一个月时间,她就感到十分不满和烦躁,想搬迁到伯克利去。之后,她又想搬回纽约。她想知道"如果当前的生活失败了"应该怎么办。当杜威离开加利福尼亚去费城开展他的一个项目之后,爱丽丝"十分沮丧以至于丧失了行为能力"。她告诉杜威,她对未来的人道主义感到很绝望。战争对她的打击也很大,她深陷对男孩的大屠杀的阴影之中。这些想法使她"变得极度抑郁……以至于丧失了行为能力"。她害怕萨比诺也会遭此厄运,她甚至想象萨比诺也会被屠杀。爱丽丝告诉伊芙琳:"这几周以来,我的思维由于持续抑郁而变得麻木迟钝。"

　　戈登之死对爱丽丝的影响还是未能消退。杜威和爱丽丝拜访了旧金山的雕刻家本尼·卜凡诺(Benny Bufano),他们将戈登的照片以及死亡日期交给卜凡诺,请他为戈登的脸塑一尊浮雕。爱丽丝同时还很担忧其他孩子,她觉得简看上去也十分抑郁。弗雷德什么时候才能退役? 如果在长岛或纽约的伊芙琳有了室友后,妹妹露西落单怎么办? 伊芙琳可以独自完成她的著作吗? 萨比诺会住在哪里,他会被征军吗? 弗雷德和妻子伊丽莎白有了一个小宝宝,她很想去看看。在困惑与犹豫不决中,爱丽丝想回家,虽然杜威秋季需要在加利福尼亚授课。她告诉露西:"像死了一样,我能感受到、听到来自另一个世界的一些东西……"杜威也许有些忧郁,而爱丽丝则是深陷黑暗。不论她留下还是离开,对她而言似乎只是"又一次'愚蠢的冲动'"。露西和爱丽丝虽然相隔三千里,但她仍然可以从爱丽丝的信中觉察出她的思维已经脱节了。入秋后,爱丽

309

310

丝的病情已经十分严重,她自称自己"感觉崩溃",周围的人都知道这意味着什么。

这一切使爱丽丝认为杜威要去日本一学期的计划听起来就像她对弗雷德和伊丽莎白说的那样:"我开始想,我们一直都是在一起的,为什么现在要去一个陌生又昂贵的地方呢。"这个本来是想帮助她减轻她的不满感的计划现在却成了她痛苦的根源。但是杜威坚持要执行计划,最后,爱丽丝也只好妥协,并下决心要使这次旅行成为最棒的旅行。像以往一样,爱丽丝开始阅读有关日本的文化方面的书籍,特别是日本的艺术方面的书籍。这也正是杜威所希望的,希望这些可以分散她的注意力,使她不用总是哀悼死去的孩子又总是担心活着的孩子。爱丽丝需要拥有一些积极的东西来代替以前那种痛苦的生活,但不是那种在她遇见杜威以前所参加的示威游行。秋后,杜威带着谨慎乐观的态度发现爱丽丝逐渐变成了一位亚洲艺术鉴赏家。本尼·卜凡诺让她在旧金山收藏亚洲的古董,为此,她几乎读遍了所有能找到的相关书籍。有时,她的情绪会伴着清晨陷入忧郁,但是,她的工作很快又会把她带回来。

日本之行

圣诞节后几天,当一封电报传来证实了杜威接受了东京帝国大学学术报告的邀请时,他自己突然感到一阵后悔,担心孩子们没有父母的关心该如何打理好生活。"虽然我们才离开不久,但我却真心认为我离你们太远了,与我愿意给你们的爱相比,祝愿你们拥有美好的一年看上去太微不足道了。"杜威觉得自己还应该再多留点钱给孩子,他告诉巴恩斯,"如果突然发生通货膨胀……我的考虑就对了"。他格外担心萨比诺,在加利福尼亚,他已经与杜威一家一起生活,但对他的领养还没走法律程序。现在杜威想合法领养他,但按照加利福尼亚的法律,必须在加利福民亚居住时间超过一年以上才能领养儿童,即便如此,杜威还是决定去日本几个月,他们于1月23日前往檀香山。

早在1884年,当赫伯特·巴克斯特·亚当斯带了一名在中国生活了近四十年的演说家来到杜威的学校时,杜威就已经对亚洲的民主政治发展的可能性产生浓厚的兴趣了。事实上,亚当斯的这位演说家客人早就"关注民主思想在中国的近期发展"了。不论在芝加哥大学还是哥伦比亚大学,杜威都已经吸引了很多中国和日本学生,从一开始,他就对他们表现出了特别的兴趣,杜威能吸引这些学生,部分是因为他的世界性美誉,另一方面是因为他是亚洲学生的支持者并且是唯一一位对亚洲哲学感兴趣的美国主流哲学家。杜威在日本受到了热烈的欢迎。当他们到达日本时,他们在著名的帝

311

国酒店住了下来,五天后,他们搬到了伊纳戈·新渡户(Nitobe Inago)夫妇的家里,因为这对夫妇不久后就要前往法国。爱丽丝对于能省下这笔不菲的住房费用感到很高兴,当她得知大学会为杜威的演讲支付高额费用后,她给女儿们写信说:"你们不需要为我们的费用感到担心,比诺也不用把他攒的钱寄给我们。"此外,新渡户夫人是一位美国人,并且还是贵格派教徒,她为爱丽丝简要地描述了日本的"小型女权运动"。

爱丽丝处于一系列的惊喜之中,一切都深深地吸引着她。在她寄回家中的信中,她写道:"这比从前的一切游玩都新鲜刺激。"很显然,爱丽丝正从她一贯的沮丧之中解放出来。她对参加传统的茶仪式表现出难以抑制的兴奋之情,盼望着能在春天欣赏东京美丽的樱花和寺庙。她的想象力重新燃起,甚至开始盼望去中国旅行。她在信中写道"这甚至比我们预期的还要有趣"。从到日本后直到3月份,她都一直从书上学习并练习如何说日语。杜威的旅行疗法终于开始生效了,爱丽丝似乎已经抛开了她的忧心。

杜威开始发现他的东京行是如此繁忙,除了要在东京帝国大学做八次"正式的"演讲外,他还被四五所普通的私立大学、教师协会等邀请去做演讲。他在日本早稻田大学——他的好几位学生工作的地方——做了多次演讲。他的公众演说吸引了五百多名听众。为了方便他的翻译官,他把每一次演讲的纲要都事先准备好,事实证明在他后来把这些演讲整理成《哲学的改造》(*Reconstruction in Philosophy*)这本书的过程中,他所准备的这些纲要都派上了用场。在日本期间,杜威的来访者很多,他也经常亲自去拜见一些显要人物,成为各种社会阶层都欢迎的客人,例如康科迪亚协会(Concordia Society)以及日美协会。

3月,爱丽丝告诉孩子们他们将前往中国并要在中国待六个月或更久。他们曾一度考虑以游客的身份去中国,"但中国的两位绅士(杜威的两位博士生,胡适教授以及南京高等师范学校校长郭秉文)来电了……他们想知道我能否安排一下哥伦比亚大学的事宜以便我明年可以留在中国,并抽出时间到北京大学和其他一些政府机构做演讲"。他们提出,中国政府将会支付杜威在中国的薪水,因为哥伦比亚大学会停发杜威的薪水。杜威认为这次旅行对爱丽丝是有益的,最好的证据是,她立即接受了这个提议,于是杜威也同意了这个提议。现在,爱丽丝的热情反而比杜威还高涨,杜威反倒要抓紧赶上她了。私下里,杜威担心哥伦比亚大学不会同意他去别的地方授课。毕竟,杜威曾经向系主任伍德布里奇申请去社会研究新院教学,但伍德布里奇以好几个道德理由拒绝了杜威的申请,杜威遭到伍德布里奇的反对后感到很惊讶,于是又向巴特勒

312

313

校长申请,但同样又遭到严正的拒绝。杜威也知道之前那次遭到拒绝主要是政治原因,但他这次想去中国做教育应该不会再遭到反对。4月,杜威收到电报说:"如果你愿意的话,就接受那个提议。"如此一来,他们去中国的旅行就转变为正式的计划了,去教育一个新兴国家的年轻人。

杜威在东京帝国大学的演讲也在3月底结束了。他告诉哥伦比亚大学董事长温德尔·布什(Wendell Bush),做了这么多演讲,他想把这些演讲整理成书,这样的话就不至于浪费这些心血了。杜威十分珍爱这本书,认为这本书的"优点"是"无关乎哲学派别,不同于传统哲学书籍,它仅仅试图从大体上评估现代精神"。他把这本书作为过去思想的摘要,同时也作为"全新开始"的跳板。于是1920年底,《哲学的改造》一书得以出版。

在休息日里,杜威与爱丽丝去镰仓游览过很多次,大部分时间他们都被带到东京著名的景点观光,被邀请参加各式派对等。爱丽丝把他们的游玩见闻都详细地记下来寄给女儿们,伊芙琳把这些信件都保存下来,最后汇编成一本书《从中国和日本寄回的信》(*Letters from China and Japan*)。1919年3月底,杜威夫妇可以自由游玩日本,当然,他们在所到之处都受到了热情的接待。杜威被"像帝国教授那样对待"(相当于小贵族头衔),并且受到高级牧师、市长、僧侣的接待。

杜威夫妇从东京来到神户,杜威在神户一所学校的"美丽的"大厅里做了最后一次演讲。他相信这次演讲比以往任何一次都要精彩。最后,他们离开日本去了上海。他们打算7月份回日本见露西,他们对于去中国没有做任何打算,几乎就跟普通游客一样。他们乘船离开日本时,爱丽丝似乎又开始有点抑郁了,她有些后悔离开日本。日本的女人都很无私而且没有被人欣赏,男人都没有看到女人眼中的悲哀,但爱丽丝却看到了,当她回首日本时,仍然带着这样的想法。

中国和"新文化"

3月30日,杜威和爱丽丝到达上海,爱丽丝的情绪仍然很低落,她瞥了一眼上海,感觉这个地方很像底特律。但是杜威却很兴奋,立即被上海吸引住了。上海,这个中国最好的城市,由于美国国务卿约翰·海提出的门户开放政策而被欧洲、日本、美国瓜分。他亲眼看到了欧洲各国在上海的所作所为。杜威发现自己更加喜欢比日本人更随和可亲的中国老百姓,所到之处,他总是能发现惊喜。爱丽丝则更关注两国的女性所受到的不公正待遇：

> 东方国家是典型的男权国家。问题在于，争论的焦点局限于女性的服从，就好像这种服从只单单影响了女性一样。我确信造成中国妇女奴性的原因不仅仅只是国内教育的落后，还有政府腐败、公德心的缺失等。

315

爱丽丝关注两国的政治腐败的潜在原因，但杜威却看到了它的影响。第一次世界大战使日本有了不少百万富翁，也使中国涌现了一批革命分子，而且，当日本还在计划民主改革时，中国已经将其付诸实践。

杜威夫妇来到中国时，正值新文化运动爆发。新文化运动致力于废除传统儒家文化残余势力以及封建思想。正如后来爱丽丝指出的那样，杜威夫妇看到了"一个国家的诞生"。随着孙中山领导的民主社会主义革命在全国范围内展开，封建王朝于1911年覆灭，袁世凯的复辟企图也在1916年被粉碎，这就创造了一个文化空白期（为新文化运动创造了条件）。杜威夫妇来到中国时，文化变革已经势在必行，因为人们相信要想维持政治上的胜利，就必须依靠文化上的改革。这也是中国学生称他们自己为新文化运动一分子的原因。这些反对封建残余思想的雄辩家，谴责文言文并旨在用白话文进行文学创作的作家，努力发展——接近于发明——一种科学的、理性的、实证的、现代的、民族的、怀疑论人生哲学的知识分子，拒绝中国传统礼教而接受国际主义政治社会思想并向西方学习的先驱思想家，都是对当局不满的人，他们在一定程度上加剧了中国的动荡不安，正如杜威离开神户时，发生在神户的一切那样。他们正如革命刊物指出的那样，是"新青年"。几乎是杜威到中国的时候，他便立即发现自己正处在主流之中。

在中国，杜威非常出名，尤其是他通过教育上实现民主的现代主义变革思想更为人推崇。在他来中国前一个月，中国的许多报刊报道了他要来华的消息，他的照片出现在各大报刊上，他的文章也被热心研读，他的传记以及书摘都被大量出版发行。胡适、郭秉文、蒋梦麟曾是杜威的学生，他们写信邀请杜威来中国讲学。对于中国的知识分子来说，杜威的教育理论和实践可以立即投入到反抗传统价值观的运动中去，而且他可以引领人们创造现代、民主、经验性、进化的价值观。杜威的这些中国学生十分坚定地追随近代化运动，他们中的大多数人已经成为教育学家，并发展了他们自己的杜威门徒。但与此同时，很多其他思潮也竞相传入中国。俄国十月革命使马克思、列宁成为热议人物，孔德（Comte）以及他的追随者在社会学和实证主义方面已成一派。1919年，在现代主义思潮方面的前沿人物是杜威和伯特兰·罗素，由于不同原因，他

316

们两位填补了反孔运动后的文化空白。事实上，对于中国的近代化分子来说，杜威取代了占中国文化主流千年之久的儒家思想的地位。卓十堰（Shiyan Zhui）在1919年写道："杜威是哲学史上的一位卓越的改革家。"他解释说，杜威的思想基础是哲学应该成为"解决人类问题，使人们拥有创造性才智……基于现实需要而提供光明前景……能创造实现未来的新方法和新工具"。就在这篇文章出现后的同一周，杜威抵达上海。

杜威抵达上海三天后，北京爆发了轰动中外的"五四"运动，学生群体举行游行活动反抗政府。一开始，政府逮捕了学生代表以镇压学生运动，却引发了新一轮的大规模抗议活动。最后，政府不得不释放学生，与对抗者妥协。杜威在杭州写给孩子的一封信中，评论了"五四"运动并察觉了"五四"运动潜在的重要性：

317

> 北京前几天发生了一次看上去很典型同时也关系到我们个人的事件，北京大学的学生因为巴黎和会上将德国在中国的权益转交给日本而发动大规模示威游行。由于警察的干预，他们怒火中烧，他们殴打了去参加谈判的中国官员……在某种意义上，这次事件类似于万圣节前夕学生们带有某种严肃的政治目的的狂欢，但在另一种意义上，这也许很可能是某项政治运动的重要开端……二十多个学生被捕……没有人会猜到事态会如何发展，这会是昙花一现还是中国需要的新政治运动的发端将不得而知。

事实上，这正是中国革命的开端，在胡适的帮助下，杜威就更能理解时局的重要意义。他说，示威游行的更深层次的主旨是"教育变革的需要，反对家族势力，讨论社会主义、民主思想，还有各种乌托邦式理想"。杜威到中国的时候正是他的哲学学说在中国发光发热的时候，他的学说鼓舞了这一代中国人。杜威在中国的每场讲座都座无虚席，听众往往达千人以上。来中国几天后，杜威就受邀与孙中山先生用餐。历史学家将杜威来华的影响置于一个很高的地位："他的短暂来华是中国近代史上最有影响的事件之一……毫无疑问，中国是实现杜威影响力，尤其是教育领域的影响力的一个国家。"在他离开中国后的两年间，他的著作销量达十四万本之多，而且直到20世纪50年代，他的著作依然再版。

杜威原以为，他只是作为一个普通游客来到中国，但却受到了改革者的礼遇，成千上万的中国人渴望聆听他的真知灼见。虽然一开始他以为自己两个月后还要回日本，但最终他在中国待了26个月。他在日本只发表了3篇简文，第一篇是名为《日本与美国》（"Japan and America"）的比较评论。但当他刚到中国后不久，就开始着手写作，等他离开中国时，他已经开展了133次演说，在政治、文化、教育、心理学方面发表了40

318

篇文章。

几年后,他这样描述自己中国之行时的思维状态,以及中国行对他的意义:在纽约,我像是待在"赤道无风带"一样安逸,但是在中国,

> 我度过了非凡的两年半时间……去之前,我并没有仔细研究过中国,我来到的是一个在文化上没有开放的国度,人们知之甚少但是很幸福,这一切真的很美好……我做了多次关于教育的演讲,这当然会被"打断",所谓"打断"就是房间里有一些持枪士兵……我的大部分时间用在告诉他们利用好每一次机会去开拓真正民主的教育。

杜威在来中国一周后将中国和日本进行了对比,他写道:"日本是一个充满变幻、诱人的地方,而中国则让人无法抗拒。"他立即为那些来自四面八方的人们做了演讲。以前的学生们也从千里之外赶来拜见他,其中一位担任北京大学校长的学生蒋梦麟在他主编的杂志《新教育》(New Education)上经常刊登杜威的演讲内容,并将杜威的系列演讲"民主与教育之间的关系"翻译成中文。

爱丽丝也很受欢迎。在日本,她发现除了艺伎外,女性都不愿意成为知识分子。但在中国,至少是在大城市中,女性知识分子是非常受尊重的。这些女性知识分子也会参与到政治中,并担任一些职务,她们也往往会发表自己的意见。在日本,留过洋的女性往往很难嫁出去,但在中国,留过洋的媳妇却备受重视。随后,爱丽丝也频频受邀为女性做演讲。5月9日,当杜威在家中写演讲稿时,爱丽丝已辗转于各学校为女性学生做演讲。

能被找到的最大的大厅总是会被预定给杜威做演讲。杜威的每一场演讲都持续两小时,一小时用来给杜威做演讲,另一小时则用来翻译杜威的演讲。当杜威开始演讲后几分钟——通常是一句话——杜威的翻译员就会根据他的大纲进行翻译。胡适基本上亲自翻译了杜威在北京、山东、山西的演讲,他在杭州、苏州做的演讲则由为杜威夫妇做翻译的郑宗海(Zonghai Zheng)翻译。

杜威在做关于"教育哲学"(The Philosophy of Education)的每一次演讲之前,都会提前写好两页注释交给胡适。他告诉巴恩斯:"因为需要翻译的缘故,我现在要写大量的注释。"杜威每周都需要做多次讲话,为此,他告诉巴恩斯:"我对写作都开始产生厌倦了。"此外,杜威还要为《亚洲》(Asia)、《新共和》周刊撰写他所谓的"赶工活"(pot boilers),接受不计其数的访谈,并且还会像以往一样坚持给孩子写信。

爱丽丝也忙着自己的各项事宜。由于可以近距离观察中国女性,她很快发现虽然

319

表面上看来中国女性确实比日本女性自由，但事实上，中国并没有实现真正的民主，因为妇女在新文化运动中并没有实质上的参与。"毫无疑问，中国现在最需要的是让女性担任基础教育的教师，否则，教育只会复制传统的错误思想。"杜威在演讲中会定期提醒，男女享有同等的受教育权利对于实现民主来说是极大的帮助。但爱丽丝发现，男性领导者经常会忽略杜威的这种提议，于是她自己便大力宣传这一主张。杜威夫妇刚到中国，邀请方就力劝他们在中国待上一年，并给予他们薪资保障。但爱丽丝明确说明如果女性教育者得不到一席之地的话，她就拒绝留在中国，这一招立即起了作用。

320

于是爱丽丝便留了下来，并且一有机会就想办法提高中国年轻女性的思想觉悟，为此，她甚至再次执笔写作并在南京的某个学生杂志上发表了很多文章。

露西为了探望萨比诺在檀香山作了短暂的停留，并在日本待了一个月后，她来到中国，加入到父母的事业之中，并一直在中国待到1920年4月。爱丽丝在露西来后不久，就立即让她投入到自己的女性事业中，不久之后，露西也开始发表演说。杜威在给仍待在美国家中的孩子们写信说："你们无法想象这样的场景：一位未婚的年轻姑娘能在一校男生面前发表演讲。"爱丽丝、露西还有后来的伊芙琳，她们以自己的方式促进了中国的民主化进程。

到7月时，杜威的主要阵地转移到政治革命中心——北京。有时，杜威一周会同时做三个系列的演讲以及八次讲话，但他却乐在其中，认为这是"十分轻松的工作"。到1919年11月份时，杜威确定来年6月底之前不会回纽约，并拒绝了师范学院校长提出的夏季学期的提议。但到1920年1月时，他们已经没有确切归期了："在回去之前，我们或许还会再去印度、克什米尔。"伊芙琳到中国时，杜威决定在中国再待一年，并去北京的教育部门工作，而伊芙琳作为一位教育专家受邀去北京大学讲学，随后，露西也收到了一份工作邀请。但杜威的女性改革出现危机：伊芙琳决定夏末回美国，露西陪父母在中国的第二年也拒绝了一份正式工作。但爱丽丝仍然身先士卒地致力于解决中国妇女的教育问题。有一次，当她在山东的一所女校演讲完毕后，

她问这些女学生有什么愿景和计划，然后，三位女生针对女性教育问题发表了很有趣味的讲话，当他们在准备如何回答这个问题时，确实遇到了困难，当其中

321

一个女生谈到男性是如何反感女性读书时，忍不住哭了起来。另外一位女生谈到她和另一些同学打算等毕业后创办一所小学，因为政府办的学校自由度很低而且经常受到当局的干预。

到10月份时，杜威在写给家人的信里说"有些东西开始发生转变"，女性最终得以

"受邀参与公共事务",他们甚至还发现一个普通市镇的四位女性被美国的大学录取。爱丽丝的抑郁症也随着她不断参与的这些新鲜刺激而富有意义的活动而消失。

杜威也试图向哥伦比亚大学的现任校长解释为何他要在中国多待一年:他想"把握好今年着手开始的任何"有关帮助中国教育民主化改革的事情。1920年,北京大学为向杜威致谢授予他哲学博士名誉学位,他成为获此殊荣的第四位外国学者。

一天,杜威在美国领事馆突然接到德赖斯代尔(Drysdale)上校的电报,他从1918年处理完与波兰问题有关的事宜后就和美国军方没有联系了,但这次美国军方鉴于中国动荡不安的局势,想从杜威处了解可能在中国发生的共产主义革命。

杜威声明自己从1919年5月到现在一直在九个省内讲学。他强调了一些教师、学生、作家等确实在社会和经济思想方面比较激进,但却低估了布尔什维克主义对这些所谓的激进人士产生的影响。他说,这些学生能十分迅速地接受新思想以及社会经济变革……他们几乎都是社会学家,其中有部分人称自己为共产主义者。他们大多都认为俄国十月革命意义非凡,但是中国缺乏布尔什维克主义发展所需的社会经济背景。杜威认识不少中国共产党的领袖,但他并不认为布尔什维克在中国能够发展壮大。

中国共产党的早期组织成立于1920年,创始人是陈独秀和李大钊。他们都是新青年运动的倡导者,与胡适共事,同时也是杜威实用主义的拥护者。1919年,陈独秀与胡适共同签署了《新青年》(*New Youth Magazine*)宣言。在经济方面,杜威十分赞同社会主义分子的观点,他支持工人、劳工、职业工会和合作社争取其应得的权利。杜威早前在芝加哥曾目睹尤金·德布斯在普尔曼发动的暴动,这使他大为震撼。后来的总统大选中,他开始支持社会党候选人诺曼·托马斯。杜威的社会哲学类似于美国本土的基尔特社会主义,虽然他对苏维埃社会主义还保留兴趣。他对哲学的态度一直受乔治·西尔维斯特·莫里斯的影响,后者是教授杜威理想主义民主与黑格尔哲学的老师。杜威的进步主义哲学旨在完善美国的民主政体,他对威尔逊等人的全球进步主义的反感恰好反映了他对美国社会应如何进步的个人信条。

杜威知道,中国的年轻人非常推崇"革命",他们甚至会为了革命而革命,那些最激进的革命者往往最富有吸引力。正如他所看到的那样,中国的革命正沿着杜威式路线发展。1920年,他向巴恩斯简明扼要地分析道:

> 年轻人一心一意想革命,他们十分厌恶旧的制度体系,以至于为了改革不惜采取最彻底的方式。在我看来,他们不惧怕在改革过程中遇到任何困难……这是

322

323

学习改革主义心理学的绝佳机会……没有任何民主传统及背景……对自由主义者来说，只要是不同于以往的任何改革，都可能是正确的。

马克思主义宣传者认为走马列之道是解决中国所面临的问题的最彻底的方法，中国人的这种改革倾向正好提供了马克思主义在中国发展的土壤。杜威意识到苏维埃在中国十分活跃，而且"俄国十月革命在中国产生了巨大的影响"。

杜威在中国发现的这个现象其实也是动荡局势中的一个支点。虽然曾经被人尊敬的传统被推翻后使得一切新思想备受关注，但杜威建议不要完全摒弃传统。中国的年轻激进分子认为反抗封建家庭观念意味着"要彻底摒弃这种家庭观念"，但杜威主张建立平等的家庭观念。反抗传统家庭观念者认为男女平等是使家庭稳定的一个重要方面，应该建立多样的男女观念。杜威认为自由应当是适当、负责的。

324　　　　在杜威的帮助下，伯特兰·罗素在杜威在华期间来到中国。杜威相信罗素会对中国的知识分子产生更大影响，因为罗素的声望使他看上去更先进："在中国，他是具有激进思想的大英雄。"为了证明他确实是个激进分子，罗素甚至与他的情妇朵拉·布莱克(Dora Black)在公开场合露面，而这位情妇曾是他执教的剑桥大学的学生。湖南省学生中的激进分子十分崇信布尔什维克主义，这里就像是布尔什维克主义的温床。罗素虽然很受中国的激进分子欢迎，但他却错估了朵拉的出现对中国的上流社会以及在北京的美国人造成的影响，他们很欢迎罗素，却很讨厌朵拉。爱丽丝倒是挺同情朵拉的："既然我能接受罗素，却为何不能接受朵拉呢？"

在罗素生病住院期间，杜威大妇把朵拉接到家中。同时，杜威也去医院陪护罗素好几天。在罗素觉得自己即将去世时，他将自己的临终遗嘱口述给杜威，指定朵拉·布莱克为唯一合法继承人。当晚回家后，杜威想到如果罗素的妻子质疑这份遗嘱的话，他可能还需要去伦敦处理这件事，而这恰恰是他所不希望的。《日本广告人》(Japan Advertiser)和《纽约时报》(New York Times)都报道称罗素3月28日死于流感引发的肺炎。但罗素却出院并继续着他的演讲。六周后，罗素和朵拉离开了中国。爱丽丝永远都不会忘记在这六周时间内，罗素和朵拉从来没有向他们致谢，而朵拉只是给杜威夫妇留了一张短字条说她"由于太忙"而没时间联系杜威夫妇。但杜威对此似乎并不在意，即使到后来罗素大肆攻击实用主义和工具主义时，杜威都没有把这当作是对他个人的否定，正如他告诉哈罗德·弗里斯(Harold Fries)的那样，他认为这是
325　　罗素的反美情绪，他是在"污蔑美国"而不是对杜威的个人哲学立场的攻击。杜威提到罗素时说："客观地说，我认为罗素从来没有试图去认真思考过别人的观点"而是"醉心

于自己天才的创作"。但露西对此有不同的解释:"柏蒂发现……父亲比以前更睿智,他与罗素先生不一样。"但杜威却并不认同这个说法,当罗素在几年后需要帮助时,杜威立即向他伸出了援助之手。

最终,杜威夫妇于7月份离开中国回到日本,他在日本依然受到热烈的欢迎。杜威在华期间一直与日本的知识界保持联系,并给《奥特》(*Kaizô*)寄去好几篇文章,这些文章于1921年4月面世。在其中一篇文章中,杜威说,要想维持亚洲的和平,就必须使中国和日本真正合作起来。这基本上是杜威回美国后三年内发表的关于日本的最后言论。

杜威回国后将此次经历以最简短的摘录形式呈献给他在哥伦比亚大学的同事约翰·雅各布·科斯(John Jacob Coss):"东方也不是像以往一样了,而是这个世界所期待的新青年的崛起。"但这并不是杜威发表的关于中国的最后言论。即使在杜威离开中国前,沃尔特·李普曼曾力劝杜威写一本关于中国的专著,将他在《亚洲》、《新共和》上发表的文章作为政治报道方法的模板。杜威刚回到哥伦比亚大学,《哥伦比亚观众》(*Columbia Spectator*)的记者就立即采访了他。杜威在采访过程中说,中国的教育领袖人物很多毕业于哥伦比亚大学,并会教授"哥伦比亚方法"。接着,他谈到爱丽丝在中国的业绩:"中国的女性开始逐渐被教育当局认识……去年一年内,女性开始被国立大学、北京大学以及南京大学接受。"

杜威回国后仍然和中国的领袖保持联系。1924年,他被委任为庚子基金的董事会成员,并负责美国政府退还庚款事宜。在孙中山先生的追悼会上,杜威作为首席发言人说,孙中山先生是"一个自由、进步、独立、民主"的中国的国父。

326

1931年,杜威访问了工业化民主同盟,他力挺抵制日货,直到日本从中国撤军。1938年,国民党政府授予杜威翡翠勋章(the Blue Grand Cordon of the Order of the Jade),以感谢他对中国教育作出的贡献。即使是到了1942年,在美国对日宣战后,美国国务院依然相信杜威在中国的巨大影响力,请他为美国政府向中国人民传递消息。美国用飞机在中国各地派发用来鼓舞中国人民继续坚持抗日的传单,传单内容出自杜威之手:"你们的国家和我的祖国都热爱和平、不干涉他国,我们都在毫不知情的情况下被贪婪狡诈的敌人攻击……我们现在是同一战线的伙伴。"在结尾处,杜威预测"美国和中国将会取得胜利"。

抗日战争一胜利,杜威就收到蒋介石夫人宋美龄发自教育部的邀请函,邀请杜威"作为中国大学的客人……来对我们的问题做一个调查"。那时,杜威年事已高,去中国旅游比较困难,简对他说,任何去中国的想法都是十分"疯狂"的,但杜威还是决定去中国,正如他告诉爱德华·林德曼(Edward Lindeman)的那样:"我的内科医生似乎倾向于同意我去,我也很乐意尝试一下。"中国大使馆在 1946 年 3 月给杜威发来电报,建议他"立即开始接种天花、伤寒、霍乱、黄热病、破伤风、瘟疫等疫苗",这对于一位 86 岁的老人来说,无疑是相当大的剂量。4 月,美国空军飞机优先给予杜威和他的陪护人员乘坐飞机的权利,中国教育部也寄来 5 000 美金作为他的旅行开支,但是,这项行程却一再被推迟,直到年底,宋美龄告诉他中国目前的局势太"动荡",不能让他冒险来中国,因此,这次去中国的机会也就流逝了。

但对于爱丽丝而言,之前一趟中国行却非常成功。她曾被任命为南京师范学院的名誉校长,而且她还迎接了很多从南京、北京来到哥伦比亚大学的中国学生,这些学生称她为"慈爱的母亲"。她参加了在哥伦比亚大学举办的每一场关于中国的研讨会和讲座,并且她还经常表达了自己对列强入侵中国的愤慨。

1921 年 10 月,杜威回国后开始继续教学,回归哲学让他感到十分高兴。他告诉英国实用主义哲学家席勒:"在中国期间,我没阅读有关哲学的书籍。"在那期间,他用尽了自己所有的哲学积淀,现在,他已经准备好再次回归哲学了。

拒绝同盟,拒绝战争

随着战争的结束,以及左翼进步主义向欧洲扩展的失败,杜威将两个原因与战争紧密地联系起来,并为此撰写了好几篇文章。第一篇阐述了他反对美国加入二战国际联盟,第二篇写的是他对战争非法化运动的支持。

杜威反对国际联盟是基于一些简要的原则,这些原则他曾在《在举国上下犹豫不决时》("In a Time of National Hesitation")谈到过。杜威坚持认为这个联盟是欧洲国家为了自己的利益而创立的,如果美国加入这个联盟,就会失去民主。对于杜威而言,这个联盟不仅与国家的民主是对立的,而且也标志着民主的堕落。杜威写道:"事实是,如果我们不遵从欧洲各国定下的条款,这个联合同盟是不会存在的。"欧洲政客希望美国加入同盟"是因为他们想通过美国的加入增添他们的政治力量"。

此外,杜威通过杂志、报刊采访等形式致以自己对战争非法化运动的大力支持,这个运动最初是由萨尔蒙·O. 莱文森(Salmon O. Levinson)发起的。莱文森是芝加哥的一位杰出的律师,他的妻子内莉·B. 海尔(Nellie B. Haire)曾是杜威在密歇根的学生,也是爱丽丝的同学。在芝加哥,这两对夫妻建立了长达数十年的牢固友谊。杜威和萨尔蒙都很担心战争,他们共同反对国际联盟组织。最终,莱文森设计了一个美国式乌托邦,这个设想看似简单却是每个美国人早就怀念的。作为一名律师,莱文森突然意识到战争已经成了引发国际冲突的合法途径,但如果各国都承认战争是不合法的话,那么所有这些发动战争的人就都成了罪犯而且要接受制裁。于是,莱文森劝解那些反对战争的积极分子不要把精力用在和平主义和示威游行上,而是来支持他所提出的"战争非法化"。

1921 年,莱文森的著作《战争非法化》(*Outlawry of War*)出版后,杜威为此书作了序,在序中,他联系了反国际同盟的相关内容,同时也表达了他对莱文森思想的赞同。那些曾经支持国际同盟的人也转而反对它了,正如他所说的那样:"应该为支持这项计划联合起来,组成一个基于国际法而反对战争的国际法庭。"如果国际联盟认为战争是合法的话,就还会持继续保持现状,继续"保持对战争合法化的默许"。莱文森的计划事实上成为反对美国加入国际联盟者的抗争手段。

因为有杜威作序,《战争非法化》一书被参议院威廉姆·博拉(William Borah)列入《国会议事录》(*Congressional Record*),威廉姆本人也赞成这个计划,他提出一个帮助实现战争非法化的方法,同时,他还将莱文森的计划推荐给美国国务院,作为对外政策的基准。1922 年,杜威写信给博拉,感谢他在推动战争非法化运动上的帮助,并解释了自己对莱文森的计划如此感兴趣的原因。如杜威所见,非法化这一主张解决了国际主义者之间的矛盾。通过这项运动,美国能够表达出最高的民主理想——世界和平,同时也满足了对"国际合作的建设性领导的需要"。战争非法化相比建立同盟的优势就在于它能够使美国的思想不妥协于欧洲的非民主化实践,但博拉却没有为此进一步行动。

除了作序以外,杜威在 1923 年写了许多文章来捍卫战争非法化主张。其中,最重要也最有趣的是《战争非法化不是这样的》("What Outlawry of War Is Not"),这是对沃尔特·李普曼的一篇文章的评论。在这篇文章中,杜威扮演的是一个争论者的角色——这一角色成为他在 20 世纪 30 年代经常扮演的角色。李普曼认为莱文森的计划既困惑又无味,并且准确地攻击了杜威所捍卫的那部分——它很朴素并拒绝强调外交的作用。李普曼在一篇幻灭乌托邦的文章中总结说:"再一次,我们目睹了悲哀无用的高尚情操被混乱的思想所挫败。"当杜威处于争论模式时,就会变得十分犀利,他写道,李普曼的说法是"对常识的攻击"。因此,他认为李普曼的文章是无法摧毁战争非法化运动的，但是由于他误导了一些读者，这些文章"可能会毁了……和平"。杜威逐一驳斥了李普曼的论点，揭露了他完全只是个同盟组织护卫者。莱文森的一位支持者在读了杜威的文章后，写信给他说："这是我见过的写得最好的评论文章，而且这再次证明杜威的思想是……当代社会中无与伦比的。"

莱文森的计划以被立法而宣告彻底成功，成为 1928 年在巴黎由 15 国签署的《凯洛格—白里安公约》(Kellogg-Briand Pact)的基础，签约国包括美国、日本、法国、英国以及德国等。这项公约将战争视为合法手段的行为定性为犯罪，并为国际争端的和平解决提供了方法。杜威认为这项公约具有极大的历史意义，但随着二战的爆发，《凯洛格—白里安公约》以及莱文森所做出的一切努力都付诸一炬。

萨比诺·杜威

尽管杜威被"战争与和平"一类的问题分散了一些精力，但他并未真正完全将关注点从他的家庭中移开。就像他对待他自己的任何一个孩子那样，杜威对萨比诺的关心绵绵不断又充满热情。虽然萨比诺并非杜威亲生，养育的过程已使他俨如亲生。

杜威溺爱着这个男孩，并且总为他的健康和教育问题操心。萨比诺擅长体力、手工方面的任务，而杜威的其他孩子们则擅长学术方面的任务。因此，"发现他真正愿意做什么"便成了主要任务。当杜威夫妇买了一辆汽车时，萨比诺更喜欢去驾驶它，而不是骑他的摩托车或者四轮车。虽然那辆汽车经常坏，萨比诺总能想办法把它修好，使它正常运作。萨比诺说："我爸爸就自己开了一次车，还被一棵树挡住了路。"于是，还是一个青少年的萨比诺就当起了代驾司机。"我的父母理解我"，萨比诺说，"我擅长从事体力工作而不是智力工作。爸爸将我这种要靠双手去工作的能力称为'在生活中学

习'。"爱丽丝的父亲曾经有一个工具盒，这是一件木制品，后来被爱丽丝保存下来并把它送给萨比诺。

当杜威一家在亨廷顿(Huntington)的长岛(Long Island)买下一块庄园的时候，就走下坡路了。杜威和萨比诺在田里建设了灌溉系统，这个灌溉系统是以水泵间的汽油发动机为动力的，水泵间同时供应杜威一家饮用水。萨比诺为爱丽丝建造了一个带有砖砌过道的花园，那花园就是博盖斯城堡花园的缩小版。杜威写了很多关于手工训练的价值和必要性的文章，萨比诺就是实际生活中的一个例子。当他们夏天去位于阿迪朗达克的小木屋的时候，杜威给萨比诺买了一把枪，并教他如何射击。他成了一位射

击专家。1916 年,他们送萨比诺去坐落在蒙特利尔的麦吉尔(McGill)大学的麦克唐纳(MacDonald)学院去学习兽医学,于是萨比诺在那里待了两年。实际操作的工作对于萨比诺来说很顺利,但是大学设定的课程却不合他的胃口。于是他退学了,然后他在一所汽车学院待了两年。

当美国加入战争的时候,萨比诺符合应征入军的条件。他已经为他所称的"接二连三的失败"而感到精疲力尽,虽然上大学可以使他不被应征入军,但是他再也不愿意去上任何一所大学了。他变得沮丧绝望,在杜威看来他似乎顺从了命运。1918 年,萨比诺亲自告诉爱丽丝:"我现在知道迄今为止我最大的缺点是什么……是缺乏自信。"这种想法使他在 1919 年随父母一起去日本的时候,中途在夏威夷下船,并留在檀香山,在夏威夷学院工作了一年。但最终他回到了美国。

杜威现在真的确信萨比诺更热爱农场和乡村工作。他好像能够胜任有关拖拉机或者排水工程的工作。杜威鼓励他说:"也许你能从政府在加利福尼亚正在筹备的那些小农场里发现一些东西。"当杜威夫妇从日本返回的时候,萨比诺决定去意大利了解"关于自己出身的一些事情",并且"看一下兄弟姐妹们"。当他告诉他的父母时,爱丽丝马上说,"你知道,我渴望去欧洲很久了,如果你能带我去,我会负责你所有的花销。"然后他们就一同上路了。在他们去威尼斯的路上,爱丽丝告诉萨比诺他之前不知道的一件事。她和杜威曾资助萨比诺一个在意大利的兄弟去接受音乐教育,并且他日后成为威尼斯的一名乐队指挥。爱丽丝和萨比诺刚到不久,就发现那一个兄弟将要在一个国家乐队里担任第一小提琴手。萨比诺去与他的兄弟相认,但是他已经不会说意大利语,只好讲他在学校中学到的法语;他的兄弟一开始不敢相信这真的就是他。最后疑惑烟消云散。他们给另一个正在从事外交活动的兄弟打电话,然后那个兄弟就赶过来与他们团聚。后来,萨比诺赶去维罗那见他一个姐姐。令人啼笑皆非但确有其事的是,萨比诺去了威尼斯的一所贝立兹学校,然后在帕尔玛学习意大利语,在帕尔玛,他找到了他另外一个兄弟,这位兄弟已经是一名专业的木匠、雕工。

爱丽丝上一次离开意大利之后,意大利就发生了变化。黑衫党到处可见,反法西斯游行也是日常中见怪不怪的事了。爱丽丝和萨比诺去了罗马,然后又去了西西里。但是她担心萨比诺,因为他的护照显示他是出生在威尼斯的,有可能会被应征入军。一天,她告诉萨比诺,"我们必须要走了",然后他们立即坐火车赶往那不勒斯港口,从那里离开了欧洲。

萨比诺回国后去往芝加哥工作,在那里他结识了伊迪斯·桑顿(Edith Thornton)。

他们结婚了，并且于 1925 年 10 月生了一个儿子。他告诉他妈妈，如果出生的孩子是个女孩，他会给她起名叫"爱丽丝"。当他和伊迪斯有了第二个孩子，果真是一个女孩，于是萨比诺叫她"爱丽丝"。妈妈认为萨比诺应该做一名教师，1927 年，她告诉萨比诺："我认为你可以胜任。"并且事实上，萨比诺在印第安纳州的哥伦布职业学校找到了一份工作，在那里担任职业指导员一职，教授汽车机械。但是他发现他很难一直待在同一个地方。

最终，萨比诺回到了他一直渴望的地方。他搬回到亨廷顿的长岛，然后在绿草坪路的老田地农场，做起了管理员。他成为学校董事会的一员，并且做了美国纽约州萨福克郡（Suffolk County）的郡长。最终的建议是他的爸爸给他的，即让他当心这个党派中内奸的渗透，并且准备着脱离美国劳工会或者自由党党派。

333　　　萨比诺生活在杜威的关于职业教育的理论之外。他也是杜威孩子中唯一一个对政治激进主义感兴趣的人。但是萨比诺的女儿爱丽丝跳过他而继承了杜威的知识分子传统，成为夏威夷大学的一名人类学教授。

萨比诺终究是一个真正的杜威。

理想主义的破灭

20 世纪 20 年代，随着杜威从亚洲归来，美国精神看起来要走向分裂的十年进程开始了。伍德罗·威尔逊（Woodrow Wilson）总统的道德热情，目标的简化，以及传教士的忠心在公众场合以及私人行为上体现了民主梦想的价值。他支持这种作风。当威尔逊于 1914 年对一位听众说，"这个世界上有很多简单的东西，统一……是首要准则"时，许多美国人都认同。当他在 1915 年宣称，"美国……不会打仗……因为和平是这个世界上有愈合力而且鼓舞人心的影响力"，他表达了大多数美国人对欧洲小动乱的蔑视。甚至当他转变了他自己的意见，在 1917 年 4 月 2 日，要求国会宣战，他的理由是不切实际且充满幻想的：使这个世界"实现民主"并且实现"民主国家人民的自由"。这种目标假定充满活力的美国性格的存在。

但是美国人的这种道德热情伴随着加入一战而迅速地降温了。前总统威廉·霍华德·塔夫脱（William Howard Taft）宣布威尔逊是一个"独裁统治者"。许多年轻人给这场战争贴上了"骗局"的标签，普遍地对理想主义大失所望，这种现象促使孤立主义快速发展。约翰·杜威对于美国加入战争所带来的心理上的、政治上的负面影响的看法是正确的。到 1919 年,威尔逊在美国巡回演说为和平条约以及国际联盟辩护时,他就已经失去了国会的支持。大多数的市民,为经济衰退而担忧,为失业所困扰,并且厌烦了外国的纠缠,已经不再为威尔逊的乌托邦主义所动摇了。是时候选择一个新的目标并选举一个能为他们带来"正常的"利益的总统了。

1920 年,沃伦·哈定(Warren Harding)成为新一届的总统,明确声称他的计划项目:"首先让美国繁荣。"他宣称自己在信念和道德伦理方面是"过时的甚至是保守的",并且他大部分的竞选活动都是在自己的家乡,俄亥俄州的马里昂进行的。哈定的小城镇举动,迎合了政治上的怀旧主义,并且他的竞选伙伴,卡尔文·库利奇(Calvin Coolidge),也有相似的主张。这两位都承诺改善民众的物质生活。美国民众听信了他们的承诺,然后给了他们在共和党历史上最大的胜利。

但是,他们本可以更明智一些,听一下辛克莱·刘易斯(Sinclair Lewis)的看法,他在 1920 年出版的《大街》(*Main Street*)中展示了美国社会的缺陷——狭窄和贪婪。哈定任命赫伯特·胡佛(Herbert Hoover),安德鲁·梅隆(Andrew Mellon)和查尔斯·埃文·休斯(Charles Evan Hughes)为他的内阁,但是他也给他的密友和政治支持者以很高的职位。在历史学家弗雷德里克·刘易斯·艾伦(Frederick Lewis Allen)所称的"深陷丑闻的贵族"(茶壶山,Teapot Dome)丑闻中,这些被任命者留下了一个久远的滥用权力和财富的印象。战争阶段的理想主义几乎消失了。

1920 年政治上的腐败是基于一种流行的偏好之上的,即权力高于公正,占有高于道德感。对法律的蔑视无处不在,以至于斯梅德利·D. 巴特勒(Smedley D. Butler),一个从海军调过来去整顿费城的难对付的上将,两年之后也被当做麻烦人物给解雇了。"在费城努力试着执法,比我曾经参加的任何一次战役都更加糟糕。"他抱怨道。尤为明显的是对禁止销售酒精饮料的法律的漠视。禁酒令,正如赫伯特·胡佛称之为"目标崇高的实验"一样,是作为改革主义理想开始实施的。其他的美国理想,也滞后于这历史悠久的禁酒运动,这项运动变成了将勤奋、戒酒的价值观强加给盎格鲁-撒克逊的中产阶级的一种途径,并且对于新到的移民和工作一族,尤其是城市居民,更加强调节制。

禁酒令在社会上的代价是很高的。它使城市犯罪活动增加,并且上流社会和中产阶级嘲弄移民和工人阶级的克制节俭和强调秩序的价值观。没有人认为哈定会是一个绝对的禁酒者,并且,一些人了解到,作为财政部长并且有责任执行禁酒令的安德鲁·梅隆,也购买了奥利佛胡特(Overholt)产的威士忌。如果安德鲁·梅隆不是私人腐败的话,他的税率修订计划和政府开支政策应至少有一项和茶壶山丑闻的施害者的预料相同:对于下流社会和普通公众,他们认为掌握权力和财富有价值。梅隆的项目在 1926 年前完成,降低最高附加税率到百分之二十,降低了基本所得税,并且撤销了继承和赠与税,与此同时,通过将联邦的开支减少了一半,从而极大地减少了政府的活动。这些政策的效果是巩固财富和创造财富的活动。梅隆和大多数的美国民众都没有注意到,农民、矿工和建筑工人的年均收入在 1920 年间都出现了下跌,并且,上流社会和下层阶级之间的经济鸿沟正越拉越大。

整个 1920 年间,杜威坚持他自己的理想主义,并且写出了相当多的文章去保存一个正在努力忘却自由政策的民族的关于自由理想的记忆。

去土耳其

在杜威去中国和日本旅行之前,他已经对自我身份有了明确认识并获得多方面的公众声誉:首先,作为第一个与众不同的美国哲学——实用主义的杰出代言人;第二,作为美国教育改革领头的理论家和时事评说员;最后,作为美国民主的哲学家。到了 1921 年,杜威回国,一个微妙的变化在他的身上已经发生了。他继续在哲学方法和实用逻辑上文风犀利,言辞激烈。他仍旧致力于正在进行中的关于教育如何适应民主发展的辩论,并且一直在评论美国文化的条件和环境。但是他已经变了一个人,确切地说,变成一个革新的人。他的教育观和对政治的理解,已经跨越美国的边界,延伸到全世界。

中国和日本为杜威的国际兴趣提供了知识焦点,在 20 世纪 20 年代,他随教育代表团游历了几个国家。越来越清楚的是,他是一个世界的巨人,不会迷失在任何一件事上。在 1920 年至 1935 年间,在旅行的途中,他依然在写一些原创著作。《哲学的改造》(*Reconstruction in Philosophy*)一书出版,并且两年未读哲学著作,又使他有了新想法。他开始继续新的旅程,不仅仅是身体上的,更重要的是学术上的。现在,杜威已年逾 60 岁,他开始理解他一直想要说出来的是什么,并且,他有能力去表达清楚他最近已经澄清的,或者正在澄清的观点。

20 世纪 20 年代,在杜威走向世界的时候,他做了很多美国人都在做的事情。在一战期间,许多年轻的美国人第一次走出国门,而另一些待在了国内。美国正在经历从战争中获得的快速发展。美元对低迷的欧洲货币的换算汇率是可喜的,由于战后欧洲粮食的短缺,美国的农民也在短期内获得了丰厚的利润。美国的商业也在调节着全球经济和投资。外国争着要美国的商品、美国的帮助和建议。他们也欢迎杜威。

他的文章涉及日本和中国的一些情况,尤其有许多关于杜威在中国开展教育改革的报道,杜威准备好并且乐意在其他国家实施相似的活动的心愿与他源源不断写出的一些书和文章,都引导外国政府去审视它们的教育制度,并进行变革。首先实施的是土耳其,是在 1924 年,然后,1926 年夏天,杜威去了墨西哥城去教一个假期课程,由此,他了解了墨西哥的教育体系。两年之后,他被苏维埃共和国邀请去检查学校的项目以及参观社会主义取得的成就。最后,1934 年,他去了南非,这是他参加的最后一个国外的教育代表团。

土耳其的总统,穆斯塔法·基马尔(Mustafa Kemal),后被称为阿塔图尔克(Atatürk)。他为了促进土耳其的现代化并把他的国家带进西方民主国家的阵营之中,开始了一项长期的彻底的改革。1923 年他成为土耳其的第一位总统,这一年土耳其正式宣布为共和国政体。阿塔图尔克很快地引进了一系列的改革,立安卡拉(Ankara)为首都,并把土耳其的法律从伊斯兰教的僵死的条规律例中简化出来。他在大体上以民主主义的框架来构建社会。最重要的是,他消除了僵化的阶级地位和权力的差异,增加了中产阶级的流动性。他鼓励国家工业和国际关系的发展,以及文化之间的交流。为了实现上述的这些目标,他坚持以阿拉伯语为脚本的土耳其语言要转换成罗马文字。埃莉诺·必士必(Eleanor Bisbee)声称,他的决定是基于"倡导变革的"杜威的建议之上的。阿塔图尔克认识到,要完成许多的变革,并且要将此建立在持久的基础之上,教育是首要的一点。首先,他决定改革初级中学的核心——死记硬背可兰经的做法,用时下的欧洲—美国式的进步教育来取代。第二,他针对土耳其广泛存在的文盲问题,进行了立法,规定所有孩子必须接受到高中的义务教育。

然后,不可避免地,阿塔图尔克和他的辅助者们邀请约翰·杜威指导土耳其的教育重建工作。1924 年的春天,杜威收到了来自赛发·贝(Sefa Bey)的邀请函,然后,这位公众导师在哥伦比亚大学的学期教学一结束就去了土耳其。杜威和爱丽丝在纽约待了很长时间,直到参加完 5 月 24 日简和阿尔斯通·克拉克的婚礼,五天后,赶往欧洲。

土耳其出版社热情地欢迎杜威的到来。据一位观察员说,公众"似乎在他的身上期待一些奇迹"。像往常一样,杜威在由当地政府组织的一些机构,比如经济协会中进行了演讲。在君士坦丁堡,杜威咨询了罗伯特学院的美国管理人员和教师,并从土耳其的经济协会、土耳其教育局和美国大使馆的官员那里收集了一些数据资料。大半个7月，他们待在安卡拉（后来改称为安哥拉（Angora））。以前他们将此地作为到一些偏远地方旅行的基地。此后，他们开始在安哥拉和旧的首都君士坦丁堡之间，来来回回地旅行。在夏天，土耳其大多数的学校都停课了，这对于杜威来说是件好事，因为这可以避免他作为一位名人拜访学校时可能会有的欢迎典礼。杜威和爱丽丝可以检查一些设施，学校的教学楼、教室、功能性区域、器械以及在它们闲置时候是什么样子。同样的道理，他们可以对土耳其各地区的学校进行相对广泛的考察，去访谈教师和管理人员，并且咨询当地的教育组织。在7月末，杜威和爱丽丝快速地返回了君士坦丁堡休息，并且在罗伯特学院找了一间住所。

他们参观了之前的奥斯曼帝国的首都，布尔萨（Bursa），并且他们考察了土耳其最好的学校加拉塔公立高中（Galata-Lycée）的设施条件。但是大多数的学校都远远低于这个标准。接下来他们去了乡村去看乡村的学校。住在罗伯特学院的美国妇女们提醒爱丽丝当心他们打算在8月初进行的旅行。她告诉萨比诺："一些外国妇女警告我不要去，因为她们说回来的每一个人都是厌倦的或者几乎是疲惫不堪的。"但她想继续旅行，因为她坚信自己可以安然无恙，毕竟，她解释道，她在中国通过喝"热茶"将自己的身体养好了。但是，在土耳其，这种应急之策不起作用了，然后爱丽丝就病倒了。病情的严重性不是立即就能看出来的，由于最初她只感到不舒服，因此她也没有进行合适的治疗。

当在9月初杜威回到君士坦丁堡的时候，他起草了一份关于土耳其初等教育现状的报告。9月中旬他将草稿递交给了瓦斯夫·贝（Vassif Bey），一位新上任的公共指导主任。在他离开之前，杜威也将他报告的一个副本递交给了美国大使馆的第一秘书，罗伯特·M.司卡腾（Robert M. Scotten），并和他进行了一次长谈。这位司卡腾先生向在华盛顿的国务卿报告并递交了他和杜威关于初等中学报告的信件往来。司卡腾声称，杜威以一种倡导进步的视角在研究土耳其的教育体系。但司卡腾意识到，杜威以一种悲观的心态离开了土耳其，他认为那为数极少的可利用的教育资金将不会使教育有多么大的变革。不仅仅是教师工资很少，而且教学条件极其简陋，学校教学楼短缺，并且学校体系——如果能称得上是一个体系的话，也是和官僚主义缠绕在一起的。国家的学校是高度集中化的，因此地方的学校是中央统一管理的。但是杜威认为地方对当地学校的参与管理是很必要的。司卡腾写道，"杜威教授被期望所逗笑了……在土耳其他会立即倡导一系列改革……使之具备最彻底的最具破坏性的特征"。

在他的初级报告中,杜威将自己局限于思考教学水平可能被提高的方式,尤其是通过提高教师员工水平。他提出了一个系统化的方案,在教育实践中,给教师提供新的阅读练习,以及倡导成立教师学习小组。一遍又一遍地,杜威强调实际的解决方案,反映出他感觉到土耳其的教育条件还是很简陋的。比如说,他写道,"不具有清洁适度的厕所设备、供身体锻炼的场所、室内的科学馆、绘画和美术馆、图书馆等,任何稳定的进步教育都不可能实施"。他建议,长期改革的"第一步",应该从初等教育开始。他制定了一项预算上的建议。最后,他上升到哲学的水平上来。神职人员"在才智和道德上应该是领导者和启迪者……并且避免所有不指向这个目标的活动"。

杜威将这份初等报告发送了出去。然后很突然的是,爱丽丝严重地病倒了。伊芙琳第一个得知这个消息,她写信给萨比诺,"妈妈因为尿毒症和疟疾病倒了,很不幸的是还很严重,不过仅仅两天而已"。但是她比伊芙琳所说的严重多了。她是如此虚弱,以至于他们将归程推迟了两个星期左右,以使爱丽丝可以恢复体力。这才仅仅是爱丽丝身体生病的开始,从土耳其归来之后,她从没有再一次完全恢复。

340

当他们回到纽约,杜威完成了他的最终报告,他以与初级报告结尾相同的理想主义哲学结尾。土耳其的教育体系的主要目标应该是"促使土耳其成为一个至关重要的、自由的、独立的、共和的文明国家",因此,国民应该"为智力上参与国家政治、经济和文化的发展而受教育"。学校也"应以社会生活为中心",组织也应以民主共和为中心。以一种广阔的视角,基于同情和分析,既指导又理解的心情,来写这样一份报告,杜威的报告是他的一个典型代表。事实上,一位土耳其的学者说,"很少有人能够在那么短的时间里,做出一个影响深远的重要报告,很少有人能比杜威在教育问题和改革方面对土耳其的贡献更大"。

杜威很少浪费任何经验,然后不久,他转向他在土耳其观察到的情况,以此作为一个课题,为《新共和》写了一系列的文章。《神权政治世俗化》("Secularizing a Theocracy")、《新安哥拉》("Angora, the New")、《土耳其的悲剧》("The Turkish Tragedy")、《土耳其的外国学校》("Foreign Schools in Turkey")以及《土耳其的问题》("The Problems of Turkey")等发表在 1924 年末和 1925 年 1 月。总的来说,这些构成了杜威试图在纠错的过程中,对土耳其的各种问题进行的批判。正如他看到的那样,土耳其的转变将包括传统宗教的要求和国家主义以及州的要求之间的基本冲突。杜威得出了几个让人感到有希望的结论。民族主义远比宗教情感更加强烈。放弃君士坦丁堡而选择安哥拉作为首都就是一个代表土耳其新方向的有力的象征性举措。安哥拉将会既是新州市创新的象征,也是土耳其在罗马帝国辉煌业绩的象征地。与旧首都相比,哈里发和宗教领袖辞职于此地,安哥拉将会代表土耳其的民族血统,并且强化"当下创造活动的先锋精神"。是大陆,而非君士坦丁堡,将会变成和提供土耳其变革的范本,这种变革,曾经发生在美国的边疆。土耳其的民族主义的代价将会是很大的,杜威警告道,因为这意味着将希腊人和亚美尼亚人从安纳托利亚排除出去。民族主义,它有能力去战胜旧宗教势力的力量,也有变成实行压迫的"致命毒药"的趋势。新政府的角色,杜威总结道,就是要面临一些艰难的现状并且不抱有任何幻想。它最大的两种需求,将会是好的学校和不腐化的公民管理机构。在他最后的一篇文章《土耳其的问题》中,杜威比较了中国和土耳其。他认为两个国家都有通过"发展经济,振兴文化艺术、科学和哲学的努力"来进行转变的需求。

关于他的此行是否帮助、指正了土耳其的教育事业,杜威似乎在乐观和悲观之间摇摆不定。但事实上,他比他自己意识到的更有影响力。阿塔图尔克说,他随后的一些社会改革方案都是受杜威来访的影响的——比如说,让妇女们揭去面纱,在这一点上,爱丽丝肯定有话要说。一个持续影响的标志是,杜威建议他的报告应对社会公众开放;政府在 1939 年和 1952 年再一次出版了这些报告,并且杜威连续三十年在土耳其的教育杂志和会议上被提及。

后去墨西哥

1926 年夏,杜威待在墨西哥城,在国立大学的夏日学期中教学。他为学校的五六百名教师和学生提供两门课程,"当代哲学思考"和"先进教育问题"。在杜威在 7 月下旬为这个学期做准备而来到墨西哥不久后,爱丽丝的健康问题就突然严重起来,就像 1925 年夏天,她和杜威去哥本哈根看望简的那一年一样,她也是疾病缠身。那时候,她住进医院,已经筋疲力尽了,虽然"多亏有了奎宁",她的疟疾看起来像是"完全好了"。在余下的夏日里,他们继续着,就像杜威将之称为,他们"对欧洲的医院进行抽样调查"。现在到了 1926 年,在他们到达墨西哥之后,她的心脏病变得严重起来,并且决定返回纽约接受医治。以她向来勇敢的方式,她坚持她可以一个人返回去。在 7 月初回到纽约,她的医生帮她移除了血液循环的障碍,但是,对于她严重的病况,治疗过程"只能减轻一些不舒服的感觉,并没有实际的改变"。最终,她去了克里夫顿温泉疗养院(Clifton Springs Sanitarium)进行了长期休养。但她的心脏问题愈加严重,而没有减轻。在墨西哥城,杜威思念爱丽丝,下定决心再也不去国外做讲座了。

1926年,墨西哥本身就没有安定下来。教会和国家联盟之间争执不休。有流言说铁路会被关闭。一场革命似乎就要爆发了。在一个被各种事务所烦扰的城市,杜威充满讽刺地观察着,"除了政治暗杀",一切都足够了。虽然夏日学校项目最初是为美国人所准备的,但是杜威的教室坐满了当时独立地参加夏日学校的老师们,所以他不得不为更多的听众准备演讲,而这些听众数量之多,超出他的想象。在某种程度上他沿用了在中国使用的方法。每节课他都准备一个翻译成西班牙语的教学大纲,并且每个讲座,他都写一份摘要给翻译员。在8月末,伊芙琳过来陪伴他并帮助他评估墨西哥教育。

杜威和教育部部长达成了协议,调查教育资源,并且为墨西哥教育的矫正和提高提出可能的建议。墨西哥总统普卢塔科·埃利亚斯·卡耶斯(Plutarco Elías Calles)本人最初的职业是乡村教师,因此教育是他优先考虑的事情。杜威在他教学的一周打听墨西哥城内学校的状况,并且听他课程的墨西哥教师也帮助他调查。在周末,他和在教育部工作的向导和司机去农村地区的学校旅行。他匆匆游历了库埃纳瓦卡(Cuernavaca)。学期一结束,教育部提供给杜威一辆车、一个司机和一个翻译员,于是他和伊芙琳尽可能远地参观了瓜达拉哈拉。他告诉他以前的一个学生说,他去了乡村地区,和"土生土长"的人们住在一起,并且"惊异于(他们的)能力和政府对他们所做的一切"。杜威尤其被"墨西哥人的审美能力"所打动。杜威的代表团在教育上如此成功,以至于一位墨西哥的历史学家说道:"在1920年间,墨西哥的课程几乎由莫宁赛德校园的硕士所支配。"

到现在,去一个正在发展之中的民主国家,对于杜威来说不可避免地涉及改变社会生活和政治生活的文章,并对它们的成功之处和困难之处进行计量统计。不久之后,他四篇关于墨西哥的文章中,第一篇就到达了赫伯特·克罗利的办公桌上。在第一篇,《墨西哥的教会和城邦》("Church and State in Mexico")中,杜威以在土耳其观察过的相同的冲突,即进步政治分子和传统宗教分子之间的冲突开篇。就像在中国,杜威把握的时机恰到好处。在杜威抵达墨西哥之后的几天,1926年7月3日,考斯(Calles)总统执行了1917年卡萨兰(Carranza)宪法中影响深远的条规,用来抵制教会。这导致了教士们的大罢工,并试着制造这样一种印象:城邦迫使教堂关闭,以此将这种观点广泛传播,来反对城市当局。杜威总结道,"墨西哥的革命是不彻底的",但是他预言,城市将会在这场历史性的冲突中胜出。

在他的第二篇文章,即《墨西哥教育的复兴》("Mexico's Educational Renaissance")中,杜威对墨西哥的学校信心满满,虽然他在土耳其看到过类似的乡村学校,并对其大失所望。"世界上没有任何教育运动,"他说,"更多地展示了学校活动和社区亲密联合的精神。"杜威认为,墨西哥改革中最大的亮点在于它的教育活动。他的文章《从一本墨西哥笔记本中所得》("From a Mexican Notebook"),概述了杜威基于主观的观察的累积。杜威在他的最后一篇文章中辩解道,使墨西哥的问题卷入国际化,在美国帝国主义看来,基于美国在墨西哥经济殖民的利益,这几乎是没有目标的、惯常的必然事件。也许墨西哥难逃一劫,因为"经济条件与政治安排和传统的联合,很容易导致帝国主义"。

失去爱丽丝

在 1926 年秋天杜威返回纽约之后,他最坏的预感在爱丽丝身上,而她的心脏病证实了他的预感。到了 9 月末,医生证实了爱丽丝没有永久康复的希望。到了 12 月,杜威认为她需要细心的照料,并且他深入调查疗养院,如比较远的俄勒冈州的波特兰(Portland),北卡罗来纳州的阿什维尔(Asheville)。她身体没有明显的改善,并且医生的预测如此消极,以至于杜威于 1927 年暂别教学工作,待在爱丽丝身边照顾她。短暂的一段时间,她曾感觉好些了,可以去拜访剑桥、马尔伯勒和曼彻斯特的朋友,但不久之后,她严重虚弱起来,通常只能待在床上。她确实如杜威不久后对一位记者所说的那样,"在整个冬天病得很严重……需要一直照料"。

到最后,杜威给他的一个同事写信,爱丽丝"从未失去勇气","但是","治疗过程对她来说是束缚,这是一段艰难的时光"。7 月 4 日,她遭受了一次比较轻微的由日益严重的动脉硬化和高血压引起的中风。在此之后,她留在人间的日子就没多少了。她的医生最后一次来看她是在 7 月 13 日,然后,14 日早晨,她平静地死于脑血栓。杜威和爱丽丝还有两周就结婚四十一年了。在那同一天,杜威最终为筹办她的葬礼做了安排。他感觉"极度疲乏",他告诉家人,但他继续坚持着,并给最亲近的朋友发送电报。乔治·赫伯特·米德在收到了这个不幸的消息后立即回复了。"我在想,"米德在感人的电报中说,"因为与她一起生活,我们的生命充满了奇遇,这段时光很珍贵,她让我们如此爱她。"米德匆忙赶到纽约去参加 16 日举行的葬礼。杜威的兄弟戴维斯和他的妻子从剑桥过来。艾迪森·摩尔也来了。电报和信件蜂拥而至。杜威的学生和同事都过来帮助他。一封极其诚挚的信件来自杜威的一个学生,悉尼·胡克。"最最亲爱的杜威教授,"胡克首先说道,"让我向您保证,这里至少会有一个人,对您敬仰爱慕的热情与其说是出自专业方面的,不如说是出自'子女之情'——我以能在任何时间任何地方帮助您而感到荣耀和愉悦。"在随后的那几年里,胡克仍然对此诺言守信。杜威在哥伦比亚最亲近的朋友,威廉·P. 蒙塔古(William P. Montague)在纪念仪式上发言。

杜威在纽约待了近一星期,以他惯常的耐心方式回复许多吊唁和慰问。他对莱文森的书信就是一个典型:"非常感谢你送来的鲜花和信件。杜威夫人的许多朋友都是非常善良的,只要是有帮助的、能安慰人的事情,他们都会尽可能地去做。当然,我们都知道她不可能康复,但没想到结局来得那么突然,出乎意料。"在爱丽丝去世的时候,弗雷德和伊丽莎白正带着他们的孩子在新斯科舍度假,所以他们没有办法在葬礼之前赶回纽约。弗雷德请求他的父亲,在葬礼结束之后能尽快地到加拿大与他们团聚。在7月末,杜威在简的陪伴下,坐船出发,"去一个静谧的地方",即新斯科舍的哈贝斯,进行休养,虽然他仍然对朋友发来充满悲痛的慰问表示感谢。"我已经非常幸运了,"他写信给一位哲学家 E. A. 贝尔特(E. A. Burtt),"有五个孩子和很多的孙子孙女,并且我意识到,有他们陪伴我是多么幸运,而他们却是真正被忽视的。"杜威注意到四十多年来,"在分享生活的所有变迁中形成的联系,是那么密切",在他永失所爱后,他人强烈的关心和牵挂,确实能提醒他,这种联系还有多少。在对爱丽丝的悼念中,他告诉海伦和乔治·米德:"我感到我没有权利去抱怨。在四十多年的时间里,我们在一起,并且爱丽丝创造了我的生活,其他一切无法与之相比。"

346

哈伯德变成了杜威喜爱的一个地方。也许是因为这是爱丽丝去世后杜威去的第一个地方。哈伯德坐落在距离大海有半英里处,距离哈利法克斯的西南有 35 英里的韶勒湖(或韶列湖)旁边,这是杜威在以后的二十五年的夏天几乎必去的地方。

9月末,这一家返回了纽约。杜威在百老汇的 2880 号仍有两年的租赁权。但是在他离开哈伯德之前早已决定转租那间公寓,并且他让他的大女儿伊芙琳去"寻找一处离她工作地点近的合适的公寓",在那里他可以和她同住。在他回来之后,他和伊芙琳搬进了 62 大街的 125 号。他和爱丽丝的晚年生活结束了。

马提亚斯·亚历山大十分了解爱丽丝,说在 1921 年,"在他曾有幸接触过的女性中,爱丽丝对普遍意义上的男性、女性以及生活有着最热情的思想和最敏锐的理解"。达顿出版社的编辑,约翰·麦克瑞(John Macrae)曾告诉她,"应该为社会写一本书",

基于她对日本和中国的一些看法。但是爱丽丝并没有写他请求她写的那本书。不是书而是她的人格给人们留下了深刻的印象。她曾经给予很多人们他们需要的东西。在抑郁症时常发作的那一段时间里,她有着很善良的本质和一颗深刻的、理智的思想。她确实如同亨利·卡斯尔所言的那样"为数不多拥有纯正思想的女性之一"。吉纳维芙·霍奇(Genevieve Hodge)记得"她睿智的谈话"。詹姆斯·塔夫茨回忆起"她对我们的小孩子的温柔的爱护"。并且多萝西·摩尔(Dorothea Moore)将她视为"我有幸见过的最强大的女性"。约翰·杜威则说得很简单:"她解放了我。"

爱丽丝一生中不变的兴趣是妇女的权利,这是自 1880 年出现的女权运动中的新分支。新女权主义者主要分为两大阵营:一小部分是被杜威和爱丽丝称为"专业女权主义者"的,像夏洛特·珀金斯·吉尔曼(Charlotte Perkins Gilman),还有一个比较大的部分是激进的女权主义者。爱丽丝、玛丽·辛克霍维奇和莉莲·沃尔德属于第二个阵营。她的事业是新女权主义者所关注的:平等接受教育,这意味着男女同校;平等享有社会机遇,这意味着消除社会分化;平等参与政治,这意味着享有投票权。

爱丽丝在一个基本的哲学背景下理解这三个基本的原则。1918 年她在给露西的评论中表露的观点就是一个典型的例子。当她遇见哈佛的一个哲学家乔治·桑塔耶拿时,她说,"他一直生活在写作室里,从未见过厨房"。她不太需要男人,尤其是哲学家,他们生活在孤立的、男性化的世界里。难怪一位哥伦比亚的指导者认为她"充满了极高的热情,并且能对美好、丑陋、残酷的事情表示极大的轻蔑"。想到文明社会的起起落落,她给女儿露西推荐过一本她写的书:"这里有极好的想法和一些工作要让人们去做……这些事也许是你想要做的……它就是国家的成功和如何对待女性之间的关系。"仅仅几个星期以后,在给露西的另一封信中,爱丽丝开始讨论妇女工作和将来美国发展之间的关系这一主题:

> 我很渴望知道在这样对女性充满不确定的时代里你有多喜欢你的工作。我很悲哀地发现,当今世界仍然是一个只照顾到男人怎么做而不照顾到女性怎么想的世界,不是吗?选举权修正案的失败,更增加了这样一个事实——大学仍然忽视这样一个事实,即妇女在战后必须为工作做更多的准备,就像她们在战争期间需要做的那样,以满足新的工作赋予她们的更多责任。我想知道的是,在加州的西方大学和它们的两位颇有普鲁士精神的校长,是否比那些更接近于来自事实和战争事件的压力的旧大学更不适应新的环境。我希望这是真的,除非战争看起来是阻碍而不是推进……妇女的进步。

在这里，当然，爱丽丝考虑到妇女受到良好的教育和有平等工作机会的前景，并且她将这两种考虑带到了中国和日本。在日本，她几乎看不到妇女的机会：婚姻给予妇女以一定的社会地位，但是随之而来的服从，阻碍了她们去使用它。在中国，情况大不相同，并且爱丽丝建议初中的女生去读高中，高中的女生去读大学，受过大学教育的女生要在社会上和男性地位平等。

爱丽丝在这两个国家的时候，选举体系在日本并没有实施，在中国，这种体系也跟政治是不相关的。但在美国，选举权是她主要的关注点。在 1910 年到 1911 年间，爱丽丝是纽约第二十一个区域集会，即妇女选举权组织的领袖。她在纽约组织了一个维护选举权的集会，并让杜威为这项事业奔走。《纽约时报》报道，在 1912 年，杜威教授在哥伦比亚给暑期学校的学生做了这样的演讲："他只固定地做选举权方面的演讲，很多人过来听以至于很多人都进不了门。"杜威教授说，如果妇女被给予了选举权，那么男孩子通过妇女将会得到更好的教育。演讲继续说：

> "妇女被很多重要的社会职能拒之门外"，他说，"为有真正的教育，我们应使教育者受到教育。教育是生活和经验。在有等级、小圈子和宗派的地方，不可能有真正的民主。妇女被排斥在公民身份的高潮和热情之外，这是内部精神优雅——自由的外在而可见的标志。"

在杜威的演讲结束后，妇女选举权组织的成员们在门口给听众分发那天晚上演讲的内容。杜威曾多次做过这个演讲。1917 年的 10 月 17 日，他在教师大学研讨俱乐部也做了这个演讲。在已发表的文章和 1902 年他写给帕克（A. K. Parker）篇幅很长而且没有出版的记录（那是关于芝加哥大学的回忆录）文章中，涉及帕克关于对男性和女性分开来进行教育的主张，杜威支持这种新女权主义的主要原则。实际上，确切地说，在和女权主义打交道的男人中，"没有哪一位男性能像杜威一样做出那样大的功绩，赢得持续不断的赞誉"。在一些关于女权主义的问题上，爱丽丝已经对她的丈夫进行了教育。他是女权主义的支持者，并且爱丽丝的影响使他和简·亚当斯以及其他的新女权主义者建立了重要的关系。他不仅仅乐意加入纽约妇女选举权组织的游行队伍，并且举着一个牌子，上面写着："男人们可以投票，为什么我不可以？"任何忠诚的丈夫都可能会这样做。他充分地将她的思想吸收、混入到他的思想中去。在长期和一个稍微有些精力不集中的科学家斯卡德·考伊斯（Scudder Klyce）的通信中，他在考伊斯对女性的评价的引导下，给他好好地上了一课。"如果你有幸和一位聪明的女性谈话，并且倾听她表达她们关于男人这一等级的观点，"他告诉考伊斯：

349

你会发现她们赞同男人实质上是自私贪婪的人——并且最糟糕的是他们没有最聪明的观点，因为他们这种虚妄的人是无法理解的，换句话说，他们总是认为他们的工作是世界上最重要的。自从我的注意力被吸引到这方面的问题上，我一定要说，我曾经经常假定，并且我想我所遇到的男人都对自己说"为什么当然是这样。任何人都质疑它，多么可笑"的男人。如果这不是自私虚妄的人，我真不是知道那是什么。并且，在你没有给一方足够注意的时候，不应该过于偏向另一方……我从未见过一个男人，不管他知道的事情比我多多少，我都看不出他是如何用智慧做到这一点的……只有女性真正地给了我才智上的惊喜；如果我能看到她们是如何做的，我将是奇怪的——但是她们确实这样做了。她们的观察力……

350 比男士们要诚实多了——她们并不容易被强加什么观点……并且更愿意去面对真相中不好的那一面。我并没有一概而论，我只是在报道我所见的一切。

但是爱丽丝并不需要杜威去表达她的女权观点。在 1915 年，她给《纽约时报》的编辑写了一封信，对社论所警告的妇女投票将会导致女性美德的衰退问题发表看法。爱丽丝认为这篇社论以一种居高临下的态度来表示让人茫然的轻蔑。"我将会保存你的文章，"她一开始说道，"因为它将会作为妇女选举权一个极好的动员材料。"这家报纸，她认为，落后于时代五十多年，追溯到 1870 年，当"男士们（现在在纽约时报文章中可以发现）对上帝起誓……去保护……自然的秩序。他们所谓的争论，对于当下的读者，像那时候的帽子、衣服搭配对于现代的裁缝一样异想天开，荒唐可笑。"

她解放了约翰·杜威，正如他承认的那样。但是解放了杜威，相比于她人生中主要的成就——她解放了她自己，还是第二位的事情。

对于他来说，在她去世之后，他除了勇往直前，别无选择。杜威恢复得很缓慢，认为自己只有几年可活了。所以，他只做他曾经知道如何做的事情：他回去工作了。他看待任何工作的方式，无论是哲学、社会抗议还是种植芦笋，都将他带回到这个世界上。他和他的孩子们变得更亲近了。他帮助建立了更多的社会行动的组织，并且他继续到世界各地游历，去检验教育的和社会的进步。

杜威在苏联

杜威对苏联的态度是复杂的。杜威想亲自去苏联看一看，很快机会便来了。1927

351 年，美国与俄罗斯文化关系协会在莉莲·沃尔德的亨利街办事处成立。杜威和埃德加·瓦雷兹(Edgar Varese)、爱德华·阿尔比恩·罗斯(Edward Albion Ross)、莱奥波德·斯托科夫斯基(Leopold Stokowski)成为协会的原始成员。不久,弗洛伊德·戴尔(Floyd Dell)和诺曼·哈普古德(Norman Hapgood)也加入协会。此时的苏联,斯大林正在加紧计划经济改革,非常希望外国知识分子能对苏联的实验留下好的印象。于是,苏联教育部部长阿纳托利·诉·卢那察尔斯基(Anatoli V. Lunacharsky)便于1928年夏天邀请杜威带领教育团访问苏联。杜威很快接受了邀请,回复道:他将带领一个二十五名美国教育者组成的非政治性代表团于当年夏天访问苏联,深入研究苏联的教学方法。这个代表团的成员当中,有当今《科学》(Science)杂志的编辑詹姆斯·麦肯·卡特尔,有卡尔顿大学和明尼苏达大学的校长,有参议员罗伯特·拉·福莱特的女儿福拉·拉·福莱特("Fola" La Follette),有纽约公立学校的教师凯瑟琳·布莱克(Katherine Blake)以及伊芙琳·杜威。弗雷德的妻子伊丽莎白也想和杜威同行,她想提前出发,先去伦敦、巴黎、柏林等地观看艺术展。

此次宣告"赴苏之旅",在舆论上受到广泛的关注。《工人日报》(Daily Worker)甚至宣称杜威接受苏联之邀意味着对苏维埃国家的认可。但是,东方事务办公室私下紧急搜集了美国与俄罗斯文化关系协会董事会成员以及教育代表团成员的相关信息。来自美国联邦调查局的一个信息提供者写道:杜威一直在帮助苏联改革,并列出了很多的证据,还专门强调了杜威曾经公开反对军事训练的事情。

杜威对此保留自己的观点。对他来说,任何新鲜的事物都是有趣的。参观提香(Titian,意大利画家)的作品与访问儿童学校,对于杜威来说,都是一种经历,没有什么差别。两者都可能产生思考,这些思考最终都能变成材料写入书籍,最后出版。此次旅行不过是杜威"杂食"思想在作祟罢了。

5月16日之前,杜威不能离开纽约。因为这一天杜威将被颁赠由著名雕刻家雅各布·爱泼斯坦(Jacob Epstein)雕刻的半身像。以詹姆斯·哈维·罗宾逊和约瑟夫·拉特纳(Joseph Ratner)为首的杜威老友,发起成立了一个委员会,委托爱泼斯坦塑造一个半身像赠予杜威。委员会成立后便通过邮件呼吁大家筹集资金,很快费用就筹集到了,半身像顺利完成,并在亨利街定居处找了个合适时机送给了杜威。安齐亚·叶齐尔斯卡是出资者之一,她是著名小说家、短篇故事作家。她还给杜威写过信。她知道爱丽丝已经去世。在她的著作《我永远不会》中,她还描写了与杜威见面的情节:她一直是个局外人,办公室门锁着,就只能在门外等,当他回来的时候,还总是非常冷淡,她只能结结巴巴地说出自己的想法。有一次,杜威去接电话的时候,她发现自己的第一本书《饥饿的心》在他的书架上，但她很快就注意到书还是崭新的，从未开封。这是一个多愁善感、悲伤又迷人的故事。但是，杜威从来没有回信，他们也从未再见过。

八天后，杜威和伊丽莎白离开霍伯肯去了英国。伊丽莎白在英国有朋友，这些朋友接待了他们，并带领他们进行了为期四天的汽车之旅，参观了一些著名的建筑，主要是一些教堂，如埃克塞特教堂、索尔兹伯里大教堂以及温彻斯特大教堂等，然后去了牛津大学、阿什莫尔博物馆等。伊丽莎白先前与杜威有过一个欧洲艺术博物馆的巴恩斯夏季之旅，他们一到伦敦，便制定了一个严格的计划参观博物馆，偶尔也会被日常的交际打乱计划。杜威感受到了英国人的热情好客。杜威一直喜欢绘画，两周之后，他们离开伦敦去巴黎看画展，尽管这个画展他已经和巴恩斯一起看过了。杜威在写给乔治·米德的信中提到："我们的时间大多用在参观画展上，事实上，除了哲学之外，我对绘画更加感兴趣。"因为柏林也有画展要看，于是在巴黎待了一周之后，他们便起身去德国了。

时间差不多了。7月7日杜威打算与伊芙琳及代表团的其他成员汇合，但在代表团成员到达之前，他还是想尽可能地待在住所。到达苏联之后，伊丽莎白看到了一番沉闷的景象，有破败的万物、衣衫褴褛的人民以及破旧的设施。第二天，他们才去了负责安排计划的国家文化局——沃克斯办公室。沃克斯办公室主任对于杜威的非官方来访感到非常头疼，因为他要负责为这次访问计划好每一个细节。在代表团成员到达之前，他们被带着参观了一些地方，但这些都是苏联希望他们看到的。随后，伊芙琳以及其他代表团成员如期到达。伊芙琳、伊丽莎白以及福拉·拉·福莱特年龄相仿，她们形成了一个以"杜威"为首的小组。即刻，代表团成员被引导参观新苏联的奇迹：由工人创建的用来进行文化活动的"流行文化馆"；为革命时期服务员创建的餐馆；莫斯科艺术剧院中契科夫的《叔叔万尼亚》、《樱之园》，高尔基的《在深处》等；苏联共产主义青年团中心；彼得夏宫；莫斯科电影（一个是农民电影，一个是十月革命）；当然，还有儿童学校、工人学校、大学、教育学院、结核病儿童学校、实验学校、鞑靼学校、瓦滕伯格的自然研究学校（非常科学的工作）、杰茨科耶村的儿童村（150个无家可归的儿童，非常卫生）、科学家的养老院、知识分子的疗养院、国家罪犯劳动公社等（无墙，无监禁，学习手艺）。

还不到40岁的伊丽莎白，在这样的生活环境下已经憔悴了。她开始抱怨睡眠质量不好，并且认为晚餐也不丰富，她还有强烈的胃痉挛，处在严重的神经衰弱状态。伊

芙琳以及福拉·拉·福莱特还因为生病开始跳过晚上活动。但是 68 岁的杜威却睡得
很香,奔波在聚会,晚餐,访问夜晚俱乐部之间,参与每一事件,从来没有生病。7 月 28
日,三个年轻的女性都卧病在床,但是杜威还精力充沛,对苏联充满好奇。他想要在莫
斯科看尽可能多的艺术:图标图示、民间艺术以及现代绘画。但是他也认真对待每一
项工作任务,因为他认为这些一样有趣。在苏联旅行期间,杜威在儿童心目中有了很
大的魅力。有小组成员谈道:

> 在代表们拜访的乡村,街道上的小孩子们都跑去抓住杜威的手,抓住衣服的
> 燕尾,跟他分享他们小小的童年财富。他们的父母和老师都知道杜威的名字,这
> 个名字像是一个密码,不仅能进学校或家庭,还能进入工厂或是政府部门。

在莫斯科,杜威出席了由莫斯科技术大学教育系 A. G. 卡拉什尼科夫(A. G.
Kalashnikov)教授组织的会议。十天后,卡拉什尼科夫送给了杜威 1927 年版两卷本的
《苏联教育百科全书》(*Soviet Pedagogical Encyclopedia*),并讲道:"你的成果,尤其是
'学习与社会'、'学校与儿童'深深影响着苏联教育学的发展,你是苏联改革早期最富
声望的教育家之一。"他继续讲道,现在苏联的"哲学—社会主义"理论与杜威提倡的有
所不同,但是,就目前看来,"你作品当中那些已经成型的具体形态的教育实践要想达
到目标,还需要很长一段时间。

以杜威为首的杰出代表团受到了特殊的待遇。阿莫德·哈默(Armand Hammer)
多次款待代表团成员。科雷内夫(Kameneff)夫人,托洛茨基(Trotsky)的妹妹,是苏联
最能干的女人之一,也是涉外文化关系局的主席,她代表涉外文化关系局作了精彩的
欢迎致辞。教育部长卢那察尔斯基还在克里姆林宫接待了他们。一位新闻记者报道:
"这个红色的高墙很少允许外国人进入,但是上周却接待了以杜威教授为代表的教育
团。政府当局希望能处处体现出对杜威团队的礼貌。"卢那察尔斯基坦承苏联教育进
步缓慢、艰难又不完整,但是他讲道,尽管如此国家还是会继续从混乱中进步,认为一
切都会被重新创建。苏联记者和美国记者(包含约翰·冈瑟在内)都采访了这个教育
代表团。列宁的夫人克鲁普斯卡娅(Krupskaya)女士亲自接待了他们,向他们介绍了
一些关于儿童教育与农民教育的问题。在杜威听来,克鲁普斯卡娅和自己的观点是一
致的:她的对话,是关于她与儿童、妇女接触的一些事件,这些事件表明他们渴求教
育、渴求新的光明与生活。和爱丽丝一样,克鲁普斯卡娅致力于使全人类能够获得个
人修养,主张将一切能为人类增加修养的事物分享给一切人。

后来,在伊芙琳以及代表团的其他成员离开之后,杜威与伊丽莎白又多待了一天

去看画展。8月14日下午,他们上了火车,科雷内夫夫人在站台等待目送他们离开。第二天早晨7:30他们穿过苏联边境进入波兰。他们离开苏联了,像伊丽莎白写的一样,终于获得了解脱。

杜威还没准备要回家,他想去看住在维也纳的女儿爱丽丝·露西。露西·简(Lucy Jane)是杜威的第六个孙女,才四个月大。他在那里待了两周,之后便起身去卡尔斯巴德待了十天,这个地方,杜威曾和爱丽丝在1924年来过,当时玩得非常愉快。直到10月初杜威才回到纽约。不久他便给悉尼·胡克写信说道,这次旅行非常有趣,在苏联感受了无限的活力。甚至他先前的那些观点,只是他公共言论的基础,革命的真正作用是人民之间真实的、真正的、重要的文化复兴。他预言的结果与苏联理论家所预料的截然不同。

杜威回来了,大家都很好奇他对于苏联的看法。11月10日,在纽约阿斯特酒店准备了晚宴为杜威及其代表成员庆功。乔治·S.康茨(George S. Counts)主持了此次活动,参会的人数达到八百人。杜威是专题发言人,他讲道:"苏联人比任何种族都更接近美国人。如果某种人为障碍能够消除的话,两国的人民很有可能产生紧密的联系。"当然,这是顺应苏联的发言,还以大标题发表在莫斯科新闻上。然而,这在美国政府听来就不那么顺耳了,一部分听众向美国国务院揭发,认为杜威是一个亲共主义者。而政府机构却并未找到证据,因为杜威竭力在区分马列主义与苏联,像科利斯·拉蒙特所说的,他有这样的"爱好"。

《新共和》的读者都知道,如果杜威访问过苏联,他的文章不久就会在杂志上发表。没多久,杜威便发表了五篇文章探讨苏联的文化、改革与政治等。这些文章与他先前访问四大革命中心时的文章形成了一个连贯系列。有人问了杜威一个戏剧性问题:十年的苏联实验意味着什么?杜威的态度在句子开头就非常明显:"将彼得格勒改为列宁格勒,虽然没有象征性变化,但是却决定着心态的变化。"杜威经历的这场革命是用心用力的,但是它的经济和政治目的却远远达不到,远远不如解放人类意识,改变最终命运来得重要。

杜威将这个进步中的实验比作一个发展中的世界,而不是已经成型的世界,在这个世界里面,教育是中心问题。杜威对于苏联的认识,和对中国、土耳其、墨西哥是一样的,更多的来自于教育,而不是特定的政治与经济条件调查。这个充满想象力的革命,不是意识形态的,而是富有想象的,不是断定的,而是充满冒险的,不是政治性的,而是心理和道德的。他相信未来的苏联社会与以私人资本和个人利益为特点的西方

世界不同,但也和正统马克思主义追求的不同。但是结果谁确定呢？杜威一直关注着
这个实验,在有生之年看到了一些成果。

另外三本书

在杜威结束漫长的亚洲之行回到美国后,几年内便出版了三本重要的相关作品:
《人性与行为》(*Human Nature and Conduct*,1922)、《经验与自然》(*Exeperience and Nature*,1925)、《确定性寻求》(*The Quest for Certainty*,1929)。《人性与行为》的副标题是"社会心理学导论",是杜威持续关注道德价值观与行为的延续。杜威与詹姆斯·塔夫茨的合作是一大进步,从某种意义上讲,在 1922 年,杜威对于心理冲动、心理习惯、心理认知等有了一个更清晰、更灵活的理解。杜威在最后一章谈道:"智力既不是天生的,也不是后天培养出来的。它更像是一个真实的认知呈现,某些想法的萌芽与发展都来自于内心深处的无意识。"习惯与社会风俗对于我们的了解远远多于我们对它们的了解。想法不随我们产生,也不随我们灭亡。总之,我们的智力与我们生存的社区生活紧密相连,而不是一个单独行为。杜威力图证明,心理学代替抽象理论,是因为它根据人们的习惯、愿望、需要以及社会功能,自然而然地解释了道德。他认为,要了解行为,必须从独立的人类行为进程去了解人类本性。但是,人类本性看起来既包括内在,也包括外在。不论男女,人都是独立而简单的。但是他或她又必定会陷入复杂的社交群体、文明或文化之中——分享着他人的想法、假设、典礼以及仪式。

人性由个人的主观努力塑造,进而尝试去改造并转变社会,以至于人性能满足自
我实现。但同时,从外部来看,个人的特点与愿望也受到了条件、规律、社区需要等方面的影响。内在与外在、自我与社会是不能分开的,通过它们的相互作用才形成人性的统一,行为则是其外部表达方式。内在动力与外在动力的相互作用,形成了道德。但是,因为本性与相互作用的条件总是在变化,所以道德也在不断变化。当两种相反力量的行为同时出现,人类的本性是追求道德的。道德处于持续不断的变化状态,并非通过有意识的目的,而是人类的本性。从理论上来讲,民主主义应该提供最好的设施以兼顾内外两个方面。但是,因为杜威对民主主义的热爱,他不以为然。杜威并不是一个悲观主义者,他认为如今的民主仍旧是不成熟的。目前,美国民主仅仅历经了个人与混乱的水平。如果我们的民主更加成熟的话,道德也会更加成熟;如果我们的

道德提升了,民主也会成熟。当下还存在这样的情况:"道德与现实相联系,而与脱离具体现实的理想、结局以及义务无关。"这是实然,而不是应然。《人性与行为》是一本进步中的书籍,此书与他早期的道德测验有关,进一步展望了人类行为的秘密,你认为它是怎样,它就可能是怎样。

《经验与自然》一书始于问题"是什么让事情成为现实"。当新旧真理冲突的时候发生了什么?哪一个有优先权?尽管这在哲学中是一个基本的认识论问题,杜威在书中也是这样记录的,但背后他还有自己的观点;在《经验与自然》一书中,杜威致力于新事物,开始尝试新的道路。杜威在书中的创新之处在于,他将"经验"的概念扩大到我们拥有的一切事物。经验与其他事物之间的各种二元论以及贯穿哲学史的争论都被杜威分解为几部分:人的个性、复杂性、多方面的存在以及她或他的经验。杜威在开始说道:"思想的永恒任务是建立新旧内容之间的联系。一个新知识如果我们不了解它,我们就不能掌握它,甚至在与我们的观念和知识产生联系之前,连记住它都不能做到。"杜威写此书之前的著作是有道理的,但是他正在写的书也是有道理的。在这本书中,为了创新,他必须通过之前的思想积累去写。尝试实现创新并不是一件简单的工作,可以试着打断过时的旧思想与早期新兴思想之间的连续性。差距越大,强加在思考上的负担就越大。新旧思想之间的距离是衡量所需思想的广度和深度的尺度。

杜威作为一名哲学家和作家,他强调连续性而不是意外的创新。一本本,有序地阅读杜威的书籍,就能感觉得到杜威的见解不断深化与升华。罗素称杜威的思想是"自然驱力"。这种思想如达尔文描述的,像自然、季节一样缓慢却无可阻挡地发展着。

杜威认为,《经验与自然》一书中,他的方法论更像是批判的经验自然主义。这种方法论是批判性的,但不是否定的:它是以经验检验自然的保证,因此能有信心去构建更深入的文化,能设想一个更高的人类目标。杜威认为这种方法通过经验自然主义理解经验,相比较理想主义与超自然主义而言,为人类信念创造了更坚固的基础。在这种方法蜕掉旧偏见的外壳之后,留下来的是一个更高的人类愿景和更好的文化发展前景。杜威写道,如果人类只能选择追随,那么哲学的失败就是因为对固有经验缺乏自信。《经验与自然》一书展示了拥有与追求知识的勇气。杜威经常使用诸如冒险的、危险的、岌岌可危的、不确定性的等词语提醒读者这本书应该被看作是古典探索神话的哲学版本。

《经验与自然》采用了史诗的形式,是模仿杜威年轻时珍藏的一本书:荷马

(Homer)的《奥德赛》(Odyssey)。经验自然主义是一艘载着探索者旅行的小船,寻求"确定性"、"安全"、"稳定"、"永恒"、"信仰"或是"普遍性",有一定的危险性,这与古典时期的探索英雄所面临的危险是类似的——与食莲者一起,怀抱警报,被海中女神的理想美貌所诱惑。许多人开始探求,但是很少有人能够回伊萨卡岛。这个目标就像"金羊毛"或是理想的王国一样,是一种被杜威称作"真正的经验自然"的知识。就像奥德修斯(Odyseus),寻求的真相是寻求永无止境。抵达伊萨卡只是提供了暂时的真理。大自然在召唤,通过寻求大自然的意义,获得文化与自我成长。不断的进步只能来自于不断地奋斗,而不是来源于发现与结论,只能永不屈服。

《经验与自然》既是一本自传也是一本史诗,它是关于如何写成这样一本书的著作,展示了这本书是如何完成的。在这本书里,我们可能会发现并没有结论。跟开放的经验自然一样,这本书依旧是开放式的。在 1949 年杜威还修改了书,为此书写了一个新的序言。就像约瑟夫·拉特纳(Joseph Ratner)评论的"修正不仅仅是编辑,他们修正成了一个新的景象"。杜威甚至考虑将书名改为《文化与自然》:"我将放弃'经验'这个术语,用'文化'一词来代替,因为文化这个词能完全而自由地表达我的经验哲学。"他认为文化本身需要并包含了持续不断的修改。因此书籍需要不断的修改。从长远来讲,书的目的仅仅是解释人类发展的完整历史与哲学。杜威对奥斯卡·嘉吉(Oscar Cargill)说,在自己的著作当中,《经验与自然》是最满意的作品。

这样一来,杜威在倒数第二章转而提及文化就并不奇怪了。文化是人类自身自然发展经验的艺术表达,文化能获得知识,并进一步获得艺术。对于杜威而言,艺术为理解书中的自反性特征提供了钥匙:"思想是一种卓越的艺术。知识与主张作为思想的产物,是艺术品,和雕像或交响乐一样。"之后,他将科学归结为一项艺术工作。他宣告说我们的时代是一个新的史诗时代。艺术,从神秘仪式及原始迷信中解放出来,所以我们所有的文化尝试都可以被看作是艺术的:"人类的经验史是一个艺术发展史;科学是艺术分化的记录,而不是艺术分离的记录。"随着知识的进步,文化也在进步;随着文化的进步,知识促进了艺术的另一个进步。所以《经验与自然》发展成为《作为经验的艺术》(Art as Experience,1934)。

吉福德讲座

在杜威前往苏联之前,他未来很长时间的行程都被排满了。1928 年 3 月,杜威收到来自爱丁堡大学校长阿尔弗雷德·尤因(Alfred Ewing)先生的来信,邀请他接受吉福德演讲者的任命,去讲授自然神学。在哲学领域,吉福德讲座的讲师享有很高荣誉,会受到来自全世界的尊重,威廉·詹姆斯与约西亚·罗伊斯是仅有的曾被任命的美国人。詹姆斯最著名的书《宗教经验多样性》(*The Varieties of Religious*),便起源于于三十年前的吉福德讲座。于是,收到邀请后,杜威很快便回信接受邀请。他唯一担心的是自己有没有充裕的时间为讲座做准备,因为即将到来的夏天已经有其他安排了。杜威在给米德的信里也谈到,即使身在苏联,他仍然担心自己能否有充足的时间赶回去准备讲座内容。这个讲座对于杜威是非比寻常的,有些讲座他经常事先不做任何准备都能淡定自如,而这次的种种担心足以证明他对待这次任命的严谨性。为了有充足时间准备讲座,他申请整个春季学期的休假,巴特勒校长很慷慨地准许了。巴特勒写道:"我可以批准你的休假,但是你只能拿到春季学期工资的一半了。"还好,杜威收到了来自吉福德资助的 200 英镑酬金。

杜威建议讲座安排在 1929 年春季学期,越晚越好。为此,他从 4 月 17 日到 5 月 17 日间,每个星期三和星期五都做一次讲座。在两个讲座之间的空隙,他还要和别人交流。杜威在课程中期向悉尼·胡克写道:"我努力地使我的讲座成型,一直在修改。我希望我的讲座不会让人觉得冗长难耐。"他希望听众是"友好的,数量不用多,但品质要高尚,成年人多一点,学生少一点"。

《爱丁堡苏格兰人》(*Edinburgh Scotsman*)记者报道了杜威的第一堂讲座:"我目睹了一个壮观的场景:大厅里座无虚席,就连后面平台上面都挤满了人。很多人挤不进去了,就都站在楼道里,说是能听到一些。"杜威以一个非正式的评论开始了讲座。这个记者说道,他对于杜威的主题"确定性寻求"非常感兴趣。

> 在我看来,确定性是任何人都希望找到的东西。年轻的时候,我们对于大多数事物过于自信。但是现在,所有的基础都被动摇了,甚至包括物理学的基本事实。我曾经怀疑,是不是任何事情都是确定的? 现在物理学,仍是一个优雅的、没有任何基础的上层建筑。

观众爆发出笑声。这是世界上最著名的哲学讲座系列,以散漫、朴素的方式展开了,观众听得很放松。杜威继续讲道:"物理学就像美国的宾馆一样,你可以从一个换到另一个,但却一直存在。"会场爆发出更大的笑声。杜威的讲座就像爱默生所谓的"思想着的人"的讲座。

杜威是思想着的人。很多他之前的哲学作品都在新讲座中体现出来,不可否认他受到了中国、土耳其、墨西哥，甚至最近苏联政治思想的影响。在每个国家，他都看到了反对已有制度与信念的现代革命萌芽。他根本没必要回过头去看中世纪的欧洲发生了什么，他亲眼目睹了追求确定性、渴望安全和对抗变革的压力之间的冲突。杜威提到，之前他自己也经历了一些斗争：他最早忠诚于黑格尔唯心主义，后来转为忠诚于科学、心理学实验室以及哲学经验论。杜威以早期以及近期的一些经历开启了吉福德讲座的主题。在后期修正的时候，这些讲座成了杜威《确定性寻求》一书的基础。与此同时，他还在写寻求绝对的历史、当代政治革命的批判、思想转变传记等方面的书。

在第一次讲座中，杜威还提到，现代科学的宇宙观和西欧许多最令人信服的说法是冲突的。在过去的三个世纪里，哲学的任务是调整不断进化的科学观以建立道德与宗教信仰。他跟观众说道，作为一个世纪工程，他的讲座目的，是从科学研究的角度探讨科学与价值的冲突，首先他将讨论理论和实践是如何分离的。

在人类发展的最早时期，世界处处充满了危险，人们想要"逃离危险"就尝试了两种策略：第一种策略，就是用祭祀和仪式来抚慰神灵，认为尊敬和忠诚能更有效地劝说神来帮助他们，使人们能逃离危险，在灾难中得以生存。第二种策略，就是征服自然，人们发明艺术与技艺构建一个堡垒阻挡那些威胁他们的东西。他们尝试用外部活动以及内部献祭与自我否定来保护自己。随着两种策略在西方的发展，哲学倾向于贬低行动，否定行动，将第一种策略定为高级版本，相比较行为与实践，更青睐于反思与理论。但是后来，自然科学的发展通过理论与实验、调查与知识的融合，最终颠覆了理论派。理论与实践的长期脱离，对于我们看待工业、政治、美术学、道德、价值观等产生了重要影响。但是现在，杜威问道："如果这种分离被打破，知与行彼此之间产生内在联系会有什么影响？"我们的思维方式对结果非常重要。传统的精神理论需要做出什么修改？哲学领域的思想需要产生什么变化？侧重研究不同阶段人类活动的学科应该做出哪些调整？为了人类绝对的确定性寻求，哲学选择了绝对与永恒的知识，尽管它是多变的、试验性的、充满不确定性的。那么，通过科学操作，旧的联盟何时破碎？确定性寻求又朝向哪里呢？

杜威宣布，这些问题将会成为某次讲座的主题，在讲座中再去讨论这些问题。杜威需要变身为哲学家、历史学家、社会学家、审美学家、政治分析者以及文化批判家，所有这些都可以被归纳为一个词语——"自然神学"。这次讲座得到了吉福德的资助。自然神学的确是归纳这些讲座主题的最好词语。杜威当初是在超自然神学的影响下

才开始了他的哲学生涯。四十五年后的现在,他已经成为一名自然神学家。杜威一生

的各种活动,大都是分开进行的,却形成了一个哲学组合体。杜威对于"确定性寻求朝
向哪里?旧的联盟何时破碎?"问题的回答是确定性寻求也会破灭,人类会得到解放,
进入一个人类发展的新阶段,这个新阶段是一个不确定的、充满挑战的世界。

《确定性寻求》充满了怀疑主义,联系着杜威的思想、休谟的哲学以及蒙田的文学。
在第三场讲座中,杜威对哲学传统持怀疑态度:"为什么现代哲学无法带我们深入了解
世界,也无法指导我们做出明智的选择?"他的观点在后半场讲座中提及,即有效性的
标准必须在艺术、科学、道德、物理、政治等活动中临时形成,而不是一个正确的先验概
念。最后,杜威宣布并支持比海森堡(Heisenberg)更广义的"不确定性原理"。不确定
性应该成为决定行为的核心。

海森堡在数学上的"不确定性原理"确定了还不到两年。1928—1929 年,杜威在
讲座中就已经纳入了海森堡的观点以及其他最近物理科学发展的成果。自从他在霍
普金斯大学读博期间上了斯坦利·霍尔的实验心理学课程之后,便一直关注着自然进
化与实验科学。他研究达尔文并就达尔文对哲学的影响写了一篇出色的文章。近来,
由于女儿简的激励,当然更是密切关注自然发展的结果,杜威一直关注着现代物理学。
杜威支持爱因斯坦(Einstein)提出的相对论;对布里奇曼(Bridgman)、爱丁顿

(Eddington)、海森堡等数学物理学家的看法也和皮尔士不同,杜威认为他们所做的工
作对于哲学理论以及科学逻辑是一场深刻的变革:

> 众所周知,观察行为的产物扮演了重要的角色。认知被看作是已知。此外,
> 形而上学是难以动摇的,因而没有精确的数据描述与预测能力。在哲学原理上来
> 讲,认知特别指某个活动个例而不是一些脱离时间的普遍事件。为了安全起见,
> 确定性寻求要从通过对永恒现实的精确把握,转变为主动控制事件的变化过程。

简言之,哲学家的工作不是寻求世界之外的永恒真理,而是通过智慧,帮助人类找
到无时无刻的安全感。很显然,杜威在尽力尝试通过宗教、思想、辩证法等辨别真理。
现在,他通过转换这些早期的方法,进一步学习达尔文、中国、物理学、苏联、数学、皮尔
士等的最伟大的思想与革命。他对知识及其相关联的活动有了一个完整的概念。观
念都是等待测验与确认的"智能仪器"。像威廉·卡洛斯·威廉姆斯(William Carlos
Williams)在《帕特森》(Paterson)中所说的:"本来没有想法,但遇到事情就有了。"杜威
也说到,没有结束,却意味着结束。

为了使讲座气氛更加高涨,杜威发表了一个观点,他强调哲学家的责任是生成"巨

大而慷慨的想法",而不是一个固定的系统,以此来解决语言、信念以及日常生活的混乱。最重要的是,哲学家们的任务应该是确保假设的科学性,将现实的真实世界与可能实现的操作连接起来。杜威坚持认为,我们人类活动需要的知识与价值,不仅要通过哲学家与科学家达成,而是要通过每一个人。杜威以其特有的谦逊,结束了他的吉福德讲座:"我试图在概要中说清楚要完成的任务,并为实现这一任务搜集了一些手头上的资源和建议。"

音乐大厅的掌声此起彼伏。杜威坐在一旁,主持会议的主席站起来向演讲者致谢,并准确地总结了杜威讲座的核心内容,"杜威先生讲到了知识的本质、知识的起源以及知识的有效性等主题"。他在杜威的颂词中补充道:"杜威思想可以媲美美洲大陆的开辟。"他总结道,听众是坐在尊敬的大师脚下,接触了最伟大的主题,聆听了一位思想家的发言,他的真诚与他的知识能力一样显而易见。

苏格兰哲学家大方地将杜威思想的力量和特点与美国西进运动进行了比较,并亲切地谈到了杜威的贡献。即使是这样的赞美,苏格兰哲学家仍然低估了杜威认识论的贡献深度,也低估了杜威思想的国际性。以《确定性寻求》为开端,杜威开始思考与编纂他作为哲学家最好的作品。他不是简单地成为一位世界知名人士,而是成为一位世界的哲学家,他的思想超越国界,跨越特定障碍,到达世界上最远的地方。

再次享受生活

杜威的国际荣誉不断增加。甚至在吉福德讲座期间,杜威还请了一天的假参加颁奖仪式。在仪式上,杜威被授予苏格兰教育学院的名誉学位,以对他在本国与世界教育理论和实践中的诸多贡献表达欣赏与感激之情。早些年,杜威被邀请接受圣安德鲁斯大学的法学荣誉博士,却因为计划去苏联,拖延到 1929 年。此学位于 1929 年 3 月中旬被授予,正好赶在杜威在爱丁堡大学的吉福德讲座结束之前。

1930 年,杜威又被授予巴黎大学荣誉博士学位,并被艺术系院长称为"美国天才最深刻、最完整的展现"。在巴黎大学,学位授予仪式之后,有一个非常感动的时刻。杜威准备了一篇论文呈交给该大学哲学系的教授。社会哲学家牟斯·马瑟(Marcel Mauss)和杜威进行了交流。马瑟的哲学教师埃米尔·涂尔干(Emile Durkheim)的最后一次演讲就是关于杜威,这次演讲没有留下任何文字记录,只有马瑟珍藏的一些笔记卡片。在涂尔干的演讲中,对于杜威的赞赏要远多于其他任何思想家。让马瑟难过的是,涂尔干逝世了,但是他所敬爱的教师的偶像还在,就是杜威!尽管马瑟没有发表任何的哲学观点,仅仅是他告诉杜威的这些,就已经比其他任何哲学家令人动容。

　　一般,到了夏天杜威都会回到加拿大新斯科舍省哈贝斯湖旁的平房。他坐在小阳台的打字机前,为了出版而修改了他的吉福德讲座内容。下一个夏天,他会继续在这个安静的地方写作。他独自一人,有充足的时间去工作,也不是特别孤独。爱丽丝·杜威去世之前曾卧病多年,杜威很长一段时间减少了自己的活动,待在家里。杜威的一个朋友说,那段时间杜威从来没有向任何人敞开心扉去谈论自己的情感。实际上,早在1918年秋天,随着与安齐亚·叶齐尔斯卡结交,杜威便这样了。之后,在爱丽丝去世的时候,他真的经历了一段疲劳和哀悼的时期。但是他的一个老相识回忆说:"在1927年秋天,杜威突然就改变了。他像一个25岁的青年,开始参与各种聚会。这是极好的,我认为1929—1940年之间的十二年,是他最像自己的时期。自此之后,他又重新受到关注,得到一些异性的青睐。"

　　杜威的女儿以及弗雷德的妻子伊丽莎白起到了很大的作用。在结束苏联的旅行之后,杜威还曾与福拉·拉·福莱特暧昧过一段时间。麦格劳(Myrtle McGraw)是哥伦比亚大学的研究生,曾为他编辑《经验与自然》,是他异性圈子的一员,也是他女儿和伊丽莎白的好朋友。1929年麦格劳和杜威从伦敦游历到因弗尼斯,又去了巴黎,之后两人去了不同的地方。杜威又一次去了卡尔斯巴德,而麦格劳则去了维也纳拜访露西。麦格劳回忆说:"这只是一种忠诚的父女关系,我更倾向于认为这是一种亲情。"在爱丽丝死后杜威结交的那些异性朋友给了他很大的安全感,从年轻女性的观点来看,伴随在世界名人的身边,自身也是安全的。他喜爱玩耍,和他一起会非常开心,尽管有些固执的人偶尔会被他的玩笑弄得不舒服。哲学家G. E. 摩尔(G. E. Moore)说道:"一次和杜威在基韦斯特,遇到一个妓女提出某种请求。杜威对那名女子说,对于那类事情来说我太老了。"摩尔对于杜威的这个回复非常失望,因为这就暗示着如果他年轻一些的话,他可能满足她的请求。

　　杜威有一种精神和愉悦感能吸引所有年龄、性别和种族的人们,很少有不被吸引的。1930年,科学哲学家F. C. S. 诺斯罗普(F. C. S. Northrop)在美国旅行时,一家人曾和杜威同桌用餐。诺斯罗普的两个即将读小学的儿子和杜威玩得非常愉快。杜威有滋有味地加入到他们的游戏当中。尽管他有能力独自一个人工作,但他不是一个气质上孤独的人;他总是寻找和别人的联系。如果他和一个成人在一起,他会开玩笑或是讨论哲学与政治;如果他和孩子在一起,他就会和他们一起玩耍;如果他和可爱的年轻女孩或者是活泼的已婚女人在一起，他就会眉目传情——如果有可能的话，他也会谈论哲学、艺术以及政治等。

杜威 70 岁

季节更迭，杜威也迎来诸多名誉。许多大学给予杜威学位，他被邀请去世界最著名的系列讲座发表演讲。民意调查中大家都认为杜威是最杰出的美国人之一，连国外都给予杜威很多荣誉。自杜威 70 岁生日开始，每隔十年美国就会定期举办国家庆典向他致敬。1929 年 10 月 20 日，是杜威 70 岁生日，距离黑色星期四只有几天。

1928 年冬天的某一天，纽约教师协会主席、杜威的密友亨利·林维尔（Henry Linvile）坐在助理办公室，发现书架上有一排《美国名人录》。很多次，亨利·林维尔和杜威的其他朋友都认识到杜威年纪已经大了，他看着杜威的条目说："我有一个想法，我建议我们执行委员会的成员从下次会议开始筹建活动为杜威庆祝生日。"林维尔因为熟知杜威最亲密的朋友以及同事，所以负责询问他们的建议。师范学院校长威廉·赫德·克伯屈（William Heard Kilpatrick）很喜欢这个想法。《国家报》的编辑奥斯瓦尔德·加里森·维拉德提出庆典仪式规模应该大一点。比乌拉·阿米顿（Beulah Amidon）建议纽约的庆典仪式不应该只是有酒的晚宴，也应该是一个包含杜威各方面工作论文的"学会"。到 4 月份，一个由二十五个人组成的咨询董事会形成，并在市政厅俱乐部召开了第一次会议。克伯屈当选主席，林维尔是秘书，除此之外，赞助庆典的执行委员会也创建成功了。

当然，所有这一切都是瞒着杜威做的。当他知道的时候，会怎么想呢？伊芙琳有所顾虑，于是她跟兄弟姐妹商量，获得了家人的同意，后来才放心了。杜威这个夏天会在欧洲度过，所以只需要筹集资金并制定好计划即可。筹集资金是很容易的。就像林维尔之后跟杜威说的："你是一个比我想象的还要受尊敬的人，只要你需要，甚至还可以筹集更多。"演讲者的费用、打印与邮寄的预期费用以及办公成本不久就全部筹集到 了。但是，选择演讲者与计划演讲更有难度一些。原本打算交流几篇论文的晚宴如今转化成了为期两天的庆祝活动。

周五晚上，以"杜威与教育"为主题的庆典选址定在了贺拉斯·曼大礼堂。缘由是贺拉斯·曼（Horace Mann）是美国第一位伟大的教育家，他去世的那一天，杜威正好出生。周六早晨，围绕"杜威哲学"做好了安排，有什么地方比哥伦比亚大学的哲学大厅更合适的呢？周六下午,将会有一个大型的午宴,酒店就选择了宽敞的阿斯特大酒店。项目的主题将会是"杜威与社会进步"。

3月末到6月中旬期间,可能的演讲者都已经取得了联系。克伯屈写信给杜威以前的学生、如今的哲学同事赫伯特·施耐德以及乔治·赫伯特·米德组成了哲学座谈小组,要求每一个人准备大约四十五分钟的发言。两个人都接受了。哈佛教授拉尔夫·巴顿·佩里被邀请担任会议主席,他欣然接受。令每个人惊奇的是,为了阿斯特酒店的这个大型的午宴,简·亚当斯同意从芝加哥赶过来,并发表二十分钟的讲话。詹姆斯·哈维·罗宾逊负责小组讨论。接着,克伯屈写信给杜威在密歇根最早的研究生,之后是芝加哥大学的同事,也就是耶鲁大学时任校长詹姆斯·罗兰·安格尔。

> 我们非常肯定,以你和杜威教授长久而深厚的友谊,你一定会同意前来。我们也相信以你在美国教育界显赫的地位,会使仪式对美国人民具有象征性意义,体现出杜威教授对文化价值的杰出贡献。

安格尔接受邀请,并在9月10日给可能出席的人们发出邀请函,包括埃莉诺·罗斯福(Eleanor Roosevelt)、沃尔特·李普曼、阿尔弗雷德·E. 史密斯(Alfred E. Smith)(1928年杜威指定的主席)、克拉伦斯·丹诺(Clarence Darrow)、参议员博拉、法官费利克斯·弗兰克福特、小奥利弗·温戴尔·霍姆斯(Oliver Wendell Holmes Jr.)以及奥斯瓦尔德·加里森·维拉德。

随着事务的数量增多,林维尔必须注意的细节也在同比例增加。典礼前不久,仍有十四件事情需要解决。林维尔递交了一份清单给国家委员会征求他们的意见,希望午宴门票的数量增长到1 000以上。星期六的午宴从阿斯特酒店的新宴会厅转移到宴会大礼堂。2 500个登记人出席典礼,林维尔被围攻索要更多的门票。他跟杜威说:"我们可以有10 000张典礼门票,你应该也听到了那些后来的人们在请求入场。"典礼雇了一个风琴演奏者,并烘制了一个三层的生日蛋糕。他们一致认为,这个仪式无论如何都不代表着杜威事业的结束,相反应该期望杜威能产生更多的贡献。

这场伟大的盛宴如期而至。杜威提出不要坐在演讲者的位置,而是坐在普通的座位……面朝前。林维尔同意了。但是当杜威作议程总结的时候,还是安排在讲台。速记员会记下杜威的即兴评论。主持人丘吉尔上台,把杜威此次典礼与之前为一位美国思想家举办的典礼作了对比:

> 回想美国生活史,我不能找出另一个典礼能与此次杰出的聚会相媲美,这是对伟大人格的感激,他对我们的国家作出了重大的贡献。除非一个人回到本杰

明·富兰克林(Benjamin Ftanklin)时代,回到他从欧洲大陆尤其是巴黎凯旋的时刻,那时的他给当代思想留下了深刻的印象。

接下来他开始了对杜威的赞美和奖励。大法官霍姆斯曾写道,杜威见解的高度已经达到很明显的效果。法官弗兰克福特发电报提到:

> 美国思想领域的每一个工作者都是杜威的债户。我们的直接债务是沉重的。更重要的是他不屈不挠地献身于寻求真理的伟大事件。他从本质上追求自由与真理的途径,十分随意,所以使得他的努力显得艳丽与智慧。我们正在表达的不仅仅是我们自己对杜威的感情与感激。我们正在庆祝的是美国精神生活的最重要来源之一。

杜威曾经很长时间都是美国教育协会的成员。杜威曾帮助创建的美国教师协会以一个醒目的头衔赞美他,称他是"最杰出的成员"。简·亚当斯深情地表达了对杜威的钦佩,谈及他们长久的关系,这更像是一个延长酒会而不是一个话题会议。詹姆斯·哈维·罗宾逊称赞杜威是"我们所在时代最主要的代言人与思想家"。

最后,杜威从人群中走上讲台。掌声随即响起,一直持续到杜威准备讲话。在杜威的一些本杰明·富兰克林式(阿奇博尔德·斯普拉格·杜威式)的言辞之后,爆发出一阵笑声,尽管一些赞美有些夸大,他还是接受了这些赞美。不过,杜威说,和那些可能对此持怀疑态度的审讯人员一样,他也持怀疑态度。这个庆典,尤其是来自庆典的快乐自然而然是他幸福的来源。对于杜威来说,除了运气,还有两点:第一,能获得乐趣的职业选择。杜威喜爱思考,他对听众说,"尽管我的饮食很规律,我更喜欢有思想、有想法的工作而不是饮食,甚至更喜欢玩耍"。当他提及第二个幸福的来源时,不得不想起去世的莫里斯、戈登,特别是爱丽丝,他谈及了家庭的欢乐:"尽管我经历了巨大的痛苦,我可以真切地说,有我的孩子们以及孙子孙女的陪伴,我对于生活环境与命运非常知足与幸福。"他宣称,人类对于幸福的阻碍是可怕的,他们在变化的经验前不愿或不能面对。对于美国人而言,幸福的主要障碍在于他们从外部财产中寻求幸福。最后他总结说,要勇于面对这个有奇迹的世界。

杜威的演讲深深地感动了听众。霍普金斯大学阿瑟·O. 洛夫乔伊(Arthur O. Lovejoy)在给杜威的信中提到杜威的言论带给他"特别的快乐"。卡尔顿·沃什伯恩(Carleton Washburne)进一步谈道:"作为一个演说家,众人赞美的是你的能力,但是你最后的谈话机智、幽默、稳健、恰当,是我听过的最精彩的演说之一。

在结束讲话的第二天,杜威去了长岛的大颈区,留宿弗雷德家。他的哥哥戴维斯和妻子也一起赶来这里。萨比诺和伊迪斯也来了。当然,有记者追随杜威至此,不久便有一场采访。一个记者询问他之前对美国金钱文化的批判,如今杜威减轻了他的批判。他对记者说,"是的,金钱是人类行为的动机,但是金钱产生的利益自此会在行为中起到更大的作用。"他在增长个人能力以及团队意义上看到了希望,在使年轻人的思想更加自由方面看到了希望,在增加审美鉴赏机会方面也看到了希望。他认为,综合考虑,可以改变与重新定位赚钱的贪婪动机。

70岁生日庆典看起来真是一个好主意,以至于福特厅论坛想要在波士顿再办一场。三周之后,麦克道尔俱乐部在纽约又为尊敬的杜威举办了一场接待会。他不得不出席聚会,对参加者致以谢意,并查阅了所有报道此次事件的新闻与期刊。他在哥伦比亚大学的两名同事欧文·埃德曼和斯科特·布坎南(Scott Buchanan)在《纽约时报》和《国家报》上写了很多关于他的文章。许多信件与电报塞满了林维尔的办公室,他定期将这些传送给杜威。六天之后,杜威不得不给简·亚当斯写信说:"我希望你知道,这世界上,还没有谁是我如此希望马上写信交谈的。"最终,直到这些赞美的声音削弱了,杜威才愉快地投入到工作中。

股市崩盘及其后果

20世纪20年代,物质富足的幻想开始萌芽:你或许不需要付出很多就可以变得很富有,因而美国人对财富展现出了超乎寻常的热情。投资顾问们用财富增长的假象迷惑了他们,银行家鼓励他们贷款,而稳定上涨的股票价格更增强了他们的信心。卡尔文·柯立芝(Calvin Coolidge)总统更在1928年的最后咨文中大胆地谈到了"多年繁荣"的"可喜前景"。简而言之,美国决定不惜一切代价实现繁荣。然而,到了"黑色星期四"那一天,这代价才浮出水面:股票市值从面值1 000亿美元开始下滑,最终以260亿美元的价格崩盘。这次崩盘以及随后的经济萧条令人费解。为什么人们食不果腹?因为现代农业生产了过量的食物。为什么他们衣衫褴褛?因为棉花过剩,纱厂太多。为什么会有失业?因为产业革新了。他们的乌托邦又发生了什么呢?人们意识到它太过理想。然而,这种状况一点也不要紧,经济学家约翰·梅纳德·凯恩斯(John Maynard Keynes)把他们的困境称为"富足的危机",它看起来就和贫困的危机一模一样。

当然,最紧迫的问题是如何扭转这种螺旋式下跌。大多数人对于传统的萧条理论已经习以为常,即繁荣造成了铺张、不计后果的消费以及放纵浪费,最终使经济过度膨胀。从理论上来说，如果放任自流，经济萧条可以使它的恶果自愈，使勤俭节约的美德复活，自动使国家回到它的正业——商业。因此，胡佛采取温和措施，例如减税和放宽信贷，依靠实业家的自愿合作来维持眼下的生产、就业以及薪资水平。然而，人们很快就发现这项政策不起作用。到了1932年，工资已经下降了35％，建设停顿，就业稳步减少。到1933年，失业率已经上升到25％，工业产量只有1929年的一半，农场主焚烧无法卖出去的农作物，他们连收割的成本也收不回来。

早在经济萧条之前，美国作家就已经提出过一个反对现代社会精神贫瘠的案例。公众在20世纪20年代还听到过这些作家的意见，但没有严肃对待他们的批判。然而，经济衰退以后，战前揭发丑闻和改革的文学传统复苏，大受欢迎。不论是把他们自己称作"马克思主义者"、"进步主义者"、"历史学家"还是"小说家"，像约翰·杜威、迈克尔·戈尔德（Michael Gold）、马克斯·伊士曼、埃德蒙·威尔逊（Edmund Wilson）、马修·约瑟夫森（Matthew Josephson）以及约翰·多斯·帕索斯（John Dos Passos）这样的作家都可以被称为社会批评家，而且他们都赞同社会中的一些东西正在恶化，"大萧条"就是例证。

当然，许多公民在做他们的自我反思，并相应地修正自己的信念。有一件事显而易见：1929年的大萧条是由可补救的因素造成的，包括极不平等的收入分配，公司和银行不受法律约束的业务，还有疯狂的信用体系。

胡佛认为经济可以复苏而不需要进一步的干预，这招致公众对胡佛信条的质疑，对于富人和商业领袖的尊敬也急剧下降。"对于把我们带出这场危机，"《国家报》的编辑表示，"产业首领显然毫无远见，没有计划，没有经济方案。"公众对于穷人的态度也开始转变。美国人一向认为贫困是个人能力不足的结果。但是当如此多的美国公民正处于"标准生活水准"之下，贫困的这个概念就得重新评价了。当新总统富兰克林·罗斯福（Franklin D. Roosevelt）宣称他关注国家底层"住不好、穿不好、吃不好"的三分之一人口时，他也是在说上层三分之二人口中的相当一部分人。

《独立宣言》（*Declaration of Independence*）写道，人民不会因为"无足轻重和转瞬即逝的原因"进行反抗。大萧条期间，到美国的欧洲来客不停地问道："美国人会反抗吗？"到1933年，罗斯福担任总统时，美国人正抵制他们的许多传统信条，但他们从未接近过革命。1933年至1941年间，美国人再次经历了20年代时已经减弱了的冲动：对公共领域恢复了信心，共同推行公共改善计划。因此，当几个欧洲国家跌落进政治骚乱中时，罗斯福能够维持甚至强化美国基本的自由和所有权制度。许多旧习惯随着市场瓦解，但美国人绝没有失去乌托邦的信念，相信会有一个更美好的未来。他们仅仅承认现实也许和他们曾预想过的不太一样。

对于约翰·杜威来说，正式的荣誉和随意的"调戏"之言都会因为股票市场的崩盘而被搁置一边，甚至他本人也遭受了相当大的经济损失，但他从未对此抱怨过。大萧条使他再次认识到国内的问题，认识到美国经济的混乱，以及难以计数的美国人的痛苦。

在《公众及其问题》(*The Public and Its Problems*，1927)中，杜威已经预见到美国人从关心自身到关心国家的回归。"民主必须始于国内。"他写道。尽管杜威从未移居国外，但他自从 1919 年去了日本之后就有大量时间在国外度过，并且在过去十年他把绝大部分的注意力放在了美国之外的革命世界。他大量的新闻写作关注外国或是美国的外交政策，他对美国加入国际联盟(League of Nations)的争议所作的贡献也受到了国外的关注。他和巴恩斯在欧洲度过多个夏季。在《人性与行为》、《经验与自然》和《确定性寻求》中，他检验了西方思想中重现的重大主题。

然而，进一步看杜威的行动主义就会发现，若干连续的主题和专注跨越他的职业生涯，最早可以追溯到他拥护德布斯和普尔曼的罢工者，使他集中于美国的担忧，他总是回到这个问题。他以问题为基础的倡议几乎总是和一个组织机构或是一个集团企业有关。杜威协助的运动很少是由他发起的；他通常会参与到这些运动中。作为倡导者，他是其他人想法的不懈的拥护者。于是，说来也不会奇怪，早在 1922 年，当"进步主义政治行动协会"(CPPA)作为第三个政党并提名罗伯特·拉·福莱特为主席时，杜威立刻拥护这最新的变革美国政治的力量。拉·福莱特在 1924 年的选举中得到了五百万张选票，但库利奇(Coolidge)获胜，所以进步主义政治行动协会得到的支持逐渐变弱了。1928 年，杜威得在阿尔·史密斯(Al Smith)和赫伯特·胡佛之间做出选择。他选择了史密斯，其实是迫不得已的，因为他认为两位候选人都与大企业联盟："老政党在全国的势力如此牢固，组织机构与商业体系的关系如此密切，以致于无组织的个人发现他们自己孤立无援。"

即便他正计划要投票给史密斯，但杜威也在帮助组建第三政党。因为两大主要政党似乎都没有准备整顿经济，杜威把他的注意力转向了一个新的组织，"独立政治行动联盟"(League for Independent Political Action)，由保罗·H. 道格拉斯(Paul H. Douglas)，芝加哥大学的一位经济学家，筹备组建。道格拉斯的灵感直接来源于杜威1927 年的著作《公众及其问题》。1929 年 9 月 8 日，在大萧条发生之前不到两个月的时间,道格拉斯与一群进步主义者碰面以组建独立政治行动联盟(简称联盟),他们选举杜威作为首任主席。该联盟的核心目标是把自由主义和激进的思想家聚集起来,成立一个新的联合第三党派。正如杜威在一次电台广播中所说,因为两大主要政党已经"低声下气地听任大集团利益统治的摆布,成为他们的听差小子",而独立政治行动联盟将独立地采取经济和社会原则,这会把自由主义者聚拢在这个新政党中。

380

《公众及其问题》被广泛传阅,杜威对于联盟的支持使这个新组织蓬勃发展。作为主席,他发出无数的信件吁求支持、招募会员,一年不到的时间,会员人数就增长至二千五百人。联盟发展迅速,在1930年的中期选举中,联盟成功地支持数位第三党派候选人成为政府要员,在明尼苏达州的农工党选举(Farmer-Laborites)中也获得了成功。这些早期的成就激励杜威相信,该联盟开启了美国另一种信条和政治思想的源泉,它意义重大但迄今组织松散。

1930年11月,当杜威在巴黎接受巴黎大学所能授予一个学者的最高荣誉时,他警示国际媒体,美国人正在从前两次共和党任期中的"盲目信仰"中清醒过来,而且现在他们对于"经济奇迹"的"崇高信任"或许已经永远地破碎了。

股市崩溃和持续的经济萧条增强了联盟的势力,促使它的领导者对于日益增加的不安全、失业、低收入以及"45岁和50岁的废物"发表了公开评论。杜威认为,现在是组建第三大国家政党的时候了。在联盟的国家委员会(National Committee of the League),包括斯图亚特·切斯(Stuart Chase)、奥斯瓦尔德·加里森·维拉德、哈利·莱德勒(Harry Laidler)与雷茵霍尔德·尼布尔(Reinhold Niebuhr)的支持下,作为联盟的主席,杜威开始寻找候选人,期待他可以在即将到来的1932年国家总统选举中占有一席之地。杜威将宣告一个新党成立的时间定在大多数美国人欢庆的日子——1930年的圣诞节。他在新闻中说道,新的第三政党将会"宣布……与两个旧党派都断绝关系,并且诞生一个新的党派,基于规划和管理的原则以追求创造更美好的生活、一个更公平的社会,这个和平的世界正是它所梦想的,而我们在它的生日这一天庆祝圣诞节。"

381

杜威给参议员乔治·W.诺里斯写了一封公开信,敦促他离开共和党,及时带领新党参加1932年的选举:"我力劝您永远与那政治机器断绝关系,加入我们独立政治行动联盟和其他自由团体以组成一个您可以受到充分拥戴的新党。"他设想如果他们立刻着手,就能"给绝望的工人和农场主一个表达政见的建设性渠道",这"可以在接下来的十年之内赢得总统职位"。《纽约时报》在一篇标题为《教授与参议员》("The Professor and the Senator")的报道中对于杜威的邀请函表示怀疑。社论开始就提到,杜威值得最高的尊重和尊敬；没人能够怀疑他成为独立政治行动联盟主席之动机的诚挚性和纯粹性。但是他对参议员诺里斯发出的邀请"带有'苦心构思的痕迹'，而不是……政治生活的艰辛现实"。当诺里斯知道这个劝他离开自己的政党、领导一个新的政党的请求时，据《纽约时报》报道，他的第一反应是说："这难道不好笑吗？"

杜威告诉诺里斯，"你不属于共和党"，提醒这位参议员他代表了"社会规划和社会管理"，而不是"顽强的个人主义"。然而，诺里斯拒绝了，声称他想要保持"共和党人"的身份以从内部来净化他的政党。"圣殿外银行家们的鞭挞，必须由有权利进入它的人来执行。"杜威发表公开信五天后，诺里斯谢绝了邀请，他致信新历史社会（New History Society），表示大感失望，还非同寻常地大发雷霆。他指责诺里斯，另外，还连带着指责了另一位与他持不同政见的共和党参议员威廉姆·博拉，"随波逐流不需要任何冒险。他们没有勇气真是太差劲了"。

讽刺的是，就在 1930 年早些时间，杜威本人被邀请领导一个政党时，他同样婉拒了。1930 年夏，B. C. 弗拉戴克（B. C. Vladeck），《犹太先锋日报》（*Jewish Daily Forward*）的经理，打破了杜威在哈伯德作为社会党代表的平静。弗拉戴克提醒他，诺曼·托马斯在 1928 年总统选举中获得大多数投票。社会党人计划在四个国会选区确定候选人参加竞选，但是"为了组织一次真正活跃的竞选活动，我们必须有一位高人（竞选州长）来引领我们的选票"。接着弗拉戴克承诺杜威"全力支持全国所有社会党人和自由派分子"，还满怀希望地断定如果杜威竞选纽约州州长"会给我们（州）的运作加一把力，而这是其他人不能做到的"。如果杜威接受，他会在九天后于斯克内克塔迪召开的党会上被全票通过提名。

杜威回应说他无法预想组织必要的活动将有助于该党竞选人脱颖而出，但他并没有明确表示拒绝。弗拉戴克就着杜威留下的余地进一步争取抓住机会试图说服他。他立刻回电报说，他相信 1930 年为社会主义的发展提供了一个"历史性的机遇"。杜威的任命，实际上还有三到四周的简短活动，会"妙极了"。但是杜威毫不含糊地拒绝了。尽管如此，在这种情况下，他至少打破了不支持社会党候选人的惯例，并且在弗拉戴克作为布鲁克林第八国会选区的候选人时表示支持。"不要对两个旧党派发生根本性的改变抱有任何一点的希望。"杜威评论道。实际上，他的精力一直都被代表工业民主联盟、关于独立政治行动联盟的计划和另一个组织——人民游说团（People's Lobby）所占据。

一战结束不久以后，人民重建联盟（People's Reconstruction League）为代表劳工联盟游说而成立。后来,它的名称被改为反垄断联盟(Anti-Monopoly League),而且,相应的游说活动也改变了。1929 年委员会投票邀请约翰·杜威担任它的主席。杜威立刻回绝了,因为他是一位哲学家,对游说一无所知。但是他的朋友,常务秘书长本·马什(Ben Marsh)说服了他。这个"游说团"是代表全部人民的游说;它不是一个狭隘的组织。它是唯一为了全体美国人民的福祉而存在的游说团队。杜威出于偶然的立场让步说,如果马什是正确的,那这个组织必须改名,于是它成为人民游说团,杜威担任了主席并连任了七年。突然间,杜威有了另一个向他敞开的政治活动场所,可以代表他对变革的必要性的信念。一些事件提供了机会。就在他接受担任主席后不久,股市崩盘了。每个人都在寻求解决这场灾难的答案。作为人民游说团的主席,杜威没有等着媒体找上门来。他召开记者招待会,频繁发表新闻通稿,记者们都很喜欢得到杜威关于"大萧条"的最新"思想"。他建议立法;他支持或反对国会的议案;他向胡佛提出建议;他号召行动;他做出预言;他发出骇人的警告。人民游说团有它自己的机关报,杜威把它用作个人的讲坛为政府存在的问题给出自己的解决方案,在他看来,这个政府支持保护"剥削者的私有财产和愚蠢自私的利益"。

就在诺里斯拒绝在新独立政治行动联盟的支持下领导第三党派后不久,该联盟似乎面临解体而行将消失。但杜威在人民游说团中的活动使他确信,该联盟会作为宣传工具而继续存在,反对会很有价值。现在他决心见证它的延续。杜威说服了《新共和》的编辑来协助联盟,在 1932 年初该杂志热情地宣告它的支持。杜威则尽责写了四篇关于联盟的文章,发表在《新共和》1931 年 3 月和 4 月刊上。

不出所料,杜威代表人民游说团和独立政治行动联盟的看法是相似的。当他为其中一个机构写作或发言时,他很有可能也是在为另一个写作。但就策略层面而言,独立政治行动联盟一贯以想方设法与其他组织结盟、成立一个实体第三党派作为目标。因此,它比人民游说团有更多的追求,独立政治行动联盟始终在寻找与其他不同的自由政治团体、政党及个人联合起来,而人民游说团则局限于确认社会变革可能实现的恰当目标和策略。

自从莫顿·怀特(Morton White)的《社会思潮在美国:反抗形式主义》(*Social Thought in America: The Revolt Against Formalism*)在 1957 年出版以来,延续了伦道夫·伯恩在 1918 年攻击杜威的传统,认为杜威总是间或地被指责只提供美国政治的哲学评论而不给出具体的改革方案。怀特是这样理解的,杜威没有"给出切实可行的具体或特定政治观点,而仅仅是智力的辩护"。但怀特是错误的。大萧条期间,杜威发表的惊人数量的政治提案表明,他多么热衷于参与宣传他所信仰的实体政治将会改变苦难,加强社会正义。鉴于他同时在人民游说团和独立政治行动联盟提出改革的具体方案,这些团体在如下内容中无需进行区分。1929 年初,杜威建议并讨论:(1)建立联邦计划经济,涉及政府控制或自然资源、公共事业、电力、煤、银行业、公路和信贷的所有权;(2)管制广播和媒体;(3)非经营所得土地增值税;(4)提升高收入群体赋税;(5)呼吁召开国会特别会议,保障更多持续有效的政府规划满足人民需求;(6)失业保险;(7)巨额公共工程支出;(8)四年总统任期规划,花费至少五百万美元用于公共工程,两亿五千万美元用于直接救济;(9)企业税;(10)遗产税;(11)工人保险;(12)老年抚恤金;(13)废除童工;(14)6 小时工作日;(15)援助农场主,包括减少关税;(16)承认苏联;(17)加入国际法庭(World Court)。巩固这些政策与法案是杜威坚定不屈的信

385 念,因为"金融和商业领袖不会主动做出这些改变",联邦政府必须施加控制,因为只有它:

> 才拥有权力强制国家中财富的拥有者放弃他们对绝大多数美国人的生命和命运的控制,而第一步就是要让他们相应地纳税以弥补那些收入极低的人。

再没有其他言论比杜威的哲学评论更能够直接迅速地传达到政治经济政策中去而毫无障碍了。

独立政治行动联盟的组织目标就更明确无疑了。他将联盟与农工党结盟。杜威和联盟反对胡佛,认为他不愿意向那些帮助他赢得竞选的对象征税。他们基于类似同样的理由抵制罗斯福,因为他的计划基本上是在试图"加固和修复"资本主义体系。因此杜威于 1933 年 5 月在华盛顿特区组织了一场"大陆会议",目的在于统一不同的分散零碎的激进分子。与会的有农场假日协会(Farm Holiday Association)、进步劳工行动协会(Conference for Progressive Labor Action)、贸易联盟、无党派联盟(Non-Partisan League)以及社会党的成员。进步主义政治行动的第二次会议在 10 月召开。在这次会议上,杜威被提名为新成立的联合行动运动委员会(United Action Campaign Committee)的主席,该组织的宗旨在于"深入到战场的泥尘中,以实用、进取、现实的姿态为人权而奋斗"。

386 从当前杜威在三个组织里的领导地位出发,他严厉指责"新政"(New Deal)的懦弱,并且给罗斯福写了一封公开信敦促他"减少抵押贷款,降低利率……成比例地降低农场的土地价格"。此后不久,他建议撤销由胡佛始征的营业税,修改税收法案(Revenue Act),向高收入群体征收更多的税。杜威对农场主的支持拉近了联盟与农

工政治联盟和新成立的威斯康星进步党（Wisconsin Progressive Party）的距离。他们很快联合起来，成立了一个区域性的第三党派，在 1934 年赢得了威斯康星州的立法权。农工政治联盟在明尼苏达州取得了相似的成果，社会党人弗洛伊德·奥尔森（Floyd Olson）被选为州长。牛奶罢工联盟领袖米罗·雷诺（Milo Reno）非常热衷于组建第三党派，他积极地加入到这些组织中。1935 年 7 月，杜威和他的独立政治行动联盟参加了芝加哥的一次大会，在这次会议上所有与会的团体组成了美联邦政治联盟（American Commonwealth Political Federation），使杜威联合其他分散的进步团体的愿望成为了现实。

随后它就解散了。诺曼·托马斯试图联合共产党来扩大社会党的势力，于是他的大部队离开了他。共产党人坚守他们自己的原则，渗入美联邦政治联盟，因而把杜威的独立政治行动联盟赶出了它建立起来的最有发展前途的联盟。米罗·雷诺的支持至关重要，但他溘然长逝。奥尔森和其他人开始担心在这关键时刻组建第三党派，会影响 1936 年选举中共和党人的得票数。杜威的联盟解体了。保罗·道格拉斯（Paul Douglas）和农业领袖通过亨利·华莱士（Henry Wallace）转向了罗斯福。出于个人原因，奥斯瓦尔德·加里森·维拉德，一位重要的联盟负责人，宣告了他对于罗斯福的支持。杜威落单了，成为独立政治行动联盟中最后一个仍然希望可以筹建一个第三党并依旧反对两大政党的人。

在组织层面，杜威的工业民主联盟、"人民游说团和独立政治行动联盟"没能使一个新党执政。但就杜威提出的方案而言，这些组织对"新政"的影响深远。杜威作为社会评论家以及活跃的思想家的个人行为无疑影响了罗斯福的政策，通过 A. A. 伯利（A. A. Berle）、雷克斯福德·特格维尔（Rexford Tugwell）以及杜威在哥伦比亚大学的同事和富兰克林·德拉诺·罗斯福"智囊团"的核心成员。这些人和政府中的其他成员"运用他们对于杜威实验方法的理解来解决'新政'中恢复和改革中的问题"。特格维尔自己就承认杜威对他思想的影响。尽管杜威反对罗斯福的改良政策，但他很快就开始影响政局，而且出乎意料的是，他甚至开始收到了参加白宫晚宴的邀请。现在他越来越多地写作有关美国大众、为了美国大众的文章。

杜威的政治哲学

20 世纪 30 年代，成为杜威政治活动基础的哲学的书有《公众及其问题》（1927）、

《新旧个人主义》(*Individualism, Old and New*, 1930)、《自由主义与社会行动》(*Liberalism and Social Action*, 1935)。这几本书最好是放在杜威1928年至1936年的具体政治活动的语境中阅读。杜威是一个改造主义者。因为在日本讲学以来，他就见证了同时代的哲学家改造了西方思想遗留给他的理念。他认为，这样的改造在美国国土上势在必行，因为民主的成果需要一个新理念的概念——"公众"，来适应民主的形势。

遵循威廉·詹姆斯的生物社会思想传统，杜威坚称人类天生是合群的，所有的社会活动都有结果。有些活动仅仅影响发起它们的人，因此可能会被指为"个人"行为。但在现代民主生活中，大部分活动造成的结果会影响到其他人。这样做以后，它们不仅是公众的：它们创造了公众。这种社会活动持续不断产生了多样的公众。这些公众精力充沛，变化多端，因为创造他们的社会活动本身就是变化的。政治活动和创建州的政治组织直接来源于公众的存在，因为有些协调和管理必须存在，以维系众多社会、公共决策交易的成果，实现一个"合作的联邦"(用劳伦斯·格兰伦(Laurence Gronlund)的话来说)的目标。民主与工业化的崛起已经使民主公众的问题比以往任何时候都更加尖锐。民主是"大量各式各样具体(民主)事件"的结果。但是在工业时代，民主政治使调控公众利益比在其他形式的政府中更为复杂，因为民主政治创造了无力、难以驾驭的公众，不明确"公众利益"会是什么以及为什么或如何调控它。民主与工业的结合使得公众之间的关系如此微妙，如此遥不可及，如此无限地延伸和相互关联，以至于现代民主社会中不同的公众再也不能够轻易地确定自己的身份并协调自己的利益。那么，负责监管公共交易的官员究竟是以何种方式来理解最能代表公众的方法的呢？

1925年，沃尔特·李普曼出版了《幽灵公众》(*The Phantom Public*)，杜威赞许地发表了评论。在书评的结论中，杜威吁求"一个科学的组织来发现、记录并诠释所有具有公共影响的行为"，也就是，对于多形式民主公众的智慧、深层次的理解。杜威陈述道，李普曼的评论必须"促成更深刻分析的需要"，而且在他书评中的最后一句话里又补充道，"我希望以后再回到这一阶段的问题"。《公众及其问题》是杜威以民主美国中的公众为主题做出深刻沉思的成果。往往，杜威在新公众产生复杂问题的特定环境下——民主与工业——找到解决复杂问题的答案。当代政治理论家的目的应该从民主和工业中打造政治手段，其目标在于净化、提升真正的民主形式。正如W. E. 霍金提到，杜威"对民主弊端的治愈"是"更加民主"。但这样的任务是相当艰巨的；李普曼断言这是不可能的。

在《公众及其问题》中，杜威考虑了个人需要、欲求和活动的重要性，并思考和他人需求、欲望有关的个人内驱力的结果。他描述影响如何从个人扩大到创造了公众的社会，以及公众利益的调整如何使政府成为必要。结果状态"是公众组织通过官员影响由成员共享的利益之保护"。一个政府的成功存在于"公众利益组织达到的程度，政府官员兢兢业业以履行关心公众利益的职责之程度"。当然，对于杜威而言，这种政府的绝对理想模式并不存在。反而，"前人并没有遗留下先验的规则"，因为"在不同的时空有着不同的公众"。政府是不断变化的公众利益之衍生物。当一个政府符合公众"利益"并表达公众"利益"的时候，它是一个"好"（但不是最好的）政府。一个政府是一场实验：

> 尝试的过程会随着不同程度的盲目性和意外事件而继续，以无序的不断尝试、摸索与探寻为代价，没有洞悉人类的追求，即使在好政府已经实现的情况下也不自知。或许它会进行得更有智慧，因为有必须满足的条件的知识来引导。但它依旧是实验的。而且因为活动以及调查的条件和知识的状况一直在变化，实验必须一试再试；政府必须总是被重新发现。

在美国，民主与工业结合，带来了极大的变化，因此创造了一个新政府。但当美国人临近 20 世纪中叶时，他们或许需要一个全新的实验，对公众进行大规模的重新定义，并对国家进行大规模的重建。在第三章中，杜威考察了"民主政府"。他总结道，现代社会发展如此迅速，对它的测试太不准确，而且再发现的实验太局限，在伍德罗·威尔逊所称的"人类人际关系的新时代"中，"没有政府机关配得上它。民主公众依旧大多发展不成熟且无组织"。简言之，公众已经"黯然失色"但还未被重构，组建民主政府的希望似乎渺茫。然而，重构的主题给了杜威一线希望，认为把不充分发展的社会通过传播转变为团结的社区，可以重构公众。如李普曼所言，公众已成为"幽灵"。杜威回应道，"形成民主而有组织的公众，基础条件是具有前瞻的知识和远见，这些还不存在"。但是这并不是它的终点。在美国，"交流可以……创造一个伟大的社区"。毫无疑问，这正是保罗·道格拉斯在《公众及其问题》中所持的观点，他把其选作独立政治行动联盟的灵感来源。交流是交换的形成，要求相关组织和机关出现；没有它们，交流就只能作为一个理念而存在。

所以在美国，杜威研究统一公众的重构符号、象征和有组织的行动。他过去所谈到的中国、土耳其和墨西哥，以及现在谈到的苏联，其实是在讲他自己的国家：通过发

390

展教育,交流是核心,因为有见识的讨论、辩论和说服只有通过恰当的交流途径和方式——也就是学校教育——才能实现。那么,公众的问题在于解放和扩大"质询的程序"以及"结论的……传播"。在此过程中,不仅智力或"专业知识"很重要,调查的方法和欲求、拥有不带偏见的判断以及认识共同关心的问题的倾向也很重要。"智力并不是一项独特的、先天的天赋",杜威解释说,但它是受社会状况影响的教育结果,杜威称之为"具体智力"。这一立场的含义是明确的,尽管在动态地循环:智力活动是社会状况的产物,但社会状况组成了智力发展的背景,包含在当地社区之中。杜威的概念是知识的双螺旋模型,其中心智与社会、知与行、个人与他们的同胞都随着社会发展而螺旋向前,在他们上升的过程中相互缠绕而又相互提升。在这样的远见支持下,杜威的预言精神在如下的结论中展翅高飞:

> 扩大自由与证明个人有限的智力天赋并没有界限,后者或许来自社会智力在当地社区中传播流通时的流动。这只能给公众舆论以现实。如爱默生所言,我们被无限的智慧所包围。但是这种智慧是蛰伏的,它的传播是中断的、含糊其辞而无力的,直到它拥有当地社区作为媒介。

几乎所有《公众及其问题》的书评都是正面的。杜威本人把这本书作为"我作品中最善斟酌……(也是)最'有用的'",因为它详细说明了政府并不是一种空想,而是不断再定义的过程。它的读者众多,直到1941年还在印发。道格拉斯不是唯一受它启发以试图运用它来分析社会和政治机构的人。

《公众及其问题》出版三年后,在杜威深陷政治活动期间,《新旧个人主义》占据了他讨论公众转变的另一面。作为《公众及其问题》的姊妹篇,在这本新书中,他考察了个人的转变。他此前说过,美国民主最大的需求是产生有见识的、统一的公众。现在杜威关注的是一个不断积累和组合而形成的公众实体——代理个人——声称最大的问题是"构建一种新的个性,与我们生活于其中的客观条件相一致"。《新旧个人主义》开篇用林肯·道格拉斯起内讧家庭的危险的隐喻,杜威引出了个人的中心问题。"顽强的个人主义"的老牌美国人典型依旧被视为道德、经济和政治的目标,但美国生活的团体组织已经把美国的传统神话表现为只是"衣衫褴褛的个人主义"。我们的道德文化依旧固守"近代科技时代前个人主义的理想和价值观",而我们的物质文化则充满了共同的、团体的环境。我们所认为的个人与我们作为个人的经历不一致。杜威认为这种冲突是深远的社会变革影响家庭和精神满足感的结果。自相矛盾,个人"迷失"了。支持"旧"个人的条件和忠心消失了,但即便现在盛行新的、史无前例的条件,新内化了的忠诚行为还没有发展到培养适宜的统一和身份以等待"新"个人的到来。如杜威在他的第四章中所示,结果是个人在智力、经济、政治和道德上混乱了。

杜威在分析欧洲人时显示出非常深刻的洞察力,欧洲人严厉指责现代美国文明强调"量化、机械化和标准化"。但这些并不能成为描述"美国"的现象;它们也是稍迟一会儿就要发生在欧洲的状况。而欧洲曾经赋予美国它的"文化",现在美国人将报恩,因为美国在现代化的发展中超过了任何其他的国家。欧洲人也将越来越多地遭遇唯一可能的未来的必要。因为单独个人的老旧观念已经被现存人类的社会状况削弱,发展出来一种补偿的"丰富社区资源"。如同旧个人主义的概念的固有私人利益的理想逐渐消失了,杜威认为社会的、集体的——最重要的是,社区——发展的理想能够不断加强,并且产生了一种新个人主义的理想,在共同的文化中发挥它的潜能。

当杜威开始写《新旧个人主义》时股市崩盘,对他来说,这是他论点象征性的证明。在他看来,股市暴跌为旧个人主义衰退的肇始提供了有益的标记,旧个人主义为经济利益而出现。但这样的衰退也可能导致个人在新的条件下通过"内心活动走向一体化"发生转变。杜威尚未给这种新的一体化找到合适的名称。社会主义化有反面的内涵,服务与社会责任已经成为了陈词滥调或者言不由衷的话。因而他简单地说在新个人中,"我们是存在某种形式的社会主义,我们想叫它什么名字都可以",因为我们集体生活的本质为了人类的需要,最终必须根据社会利益制定政策。但他同样主张,个人的特性与意义必须与它形成的文明现实相一致。美国人似乎一直在抱怨现代生活的团体性、技术性和机械性已经摧毁了个人。对杜威而言,这些条件正是新个人主义可能——并且将要——进行重构的基础。1930年,个人处于转变的状态。社会的新形势依旧是关注个人外在的、表面的东西,这就是社会混乱和个人迷失的原因。然而,"当团体性成为内在的,也就是说当它开始在思想和意志中实现的时候,团体性将变成质性的"。

就人性本身而言,在"团队即合作"的社会理想中,在技术手段的迅猛提升中,杜威发现了在关系、联合与智能技术控制基础上建立新兴个人主义的手段。杜威有关新兴民主国家的言论,连同在同一时间进行的相应政治经济公共政策活动,都遵循同样的道路。他的著作与他的活动完全结合在一起。《公众及其问题》与《新旧个人主义》密切相关,而且反过来与他的政治活动及公共政策提案相辅相成。杜威在同一阶段的其他言论与他的写作和政见一致。比如,他对于俄国革命的良好印象基于他坚信美国可以从苏联的计划经济中取经。他在《新旧个人主义》中预测新个人会运用政府的征税

393

394

权来影响财富的再分配,而法律则会平息"私人占用未利用的社会生产价值的民愤"。当然,杜威自己在他领导的组织中积极宣扬这些提案。他不需要描述新人,正如他自己是未来之人。可以肯定的是,杜威本人不会发表这样的言论;诚然,这样自负的言论他想都不可能一想。但不可避免地,对他的读者来说,杜威的分析与杜威这个人之间联系密切,这使他成为许多年轻思想家的榜样。

1935 年出版的《自由主义与社会行动》,与《公众及其问题》和《新旧个人主义》成为了三部曲。在这本书的前言中,杜威提醒他的读者其中有三章的内容最初是在弗吉尼亚大学(University of Virginia)的演讲,而这"三篇演讲并不可能让一个人把所思所想都表达出来"。在随后的几个月中,杜威在另外的论文中屡次回到了自由主义的主题,从引申意义上来说,这些论文本是杜威计划作为该书中的一部分而写的。他从美国"自由"的概念在含义和认可程度上遭受了令人困惑的变化谈起。就在几十年前,成为"自由主义者"被认为是进步开明的。最近,自由主义者遭到了共产主义者的攻击,因为他们的思想虽然激进但在行动上是资本主义的拥护者。从另一面来说,自由主义者作为喜欢破坏美国传统的危险分子而遭到攻击。当"自由"用于这种矛盾的方式时,杜威问道,现在还有什么可能性使"一个人继续诚实而明智地成为一个自由主义者"?另一个问题随之而来:"哪种自由信念应当在今天坚守?"

"自由主义"与"自由"密不可分。但自由是为了谁? 为了什么目的? 迅速回顾始于洛克(Locke)的自由概念之兴起,杜威指出含义的变迁使得"自由主义"转身,开始含有相反的意思。当前时刻的自由主义者"坚守原则,认为有组织的社会必须行使它的权力来创造条件,使广大的个人可以获得实在的、有别于仅仅法律上的自由"。自由主义"危机"总是情境性和历史性的。从某种意义上来说,自由主义意味着自由、独立和思想自由之外的平等,也就是智力,但这些需要通过不同的方式来探寻,因为历史上出现了新的社会挑战与理性挑战。所以在当今,与自由主义相关的关键问题是,当代自由主义者如何在当前的条件下继续为平等、主动权和智力而抗争,从而"缓解危机,形成紧密而进取的力量"? 杜威主张,自由主义学说的关键问题在于史实性的缺失,这意味着在自由主义中没有"有效的自由是存在于任何时间的社会状况所具有的职能"的正确认识。自由主义者没能明白自由不是被发现的事物,而是要永远为之奋力拼搏的。

作为生活的一个事实,社会变迁意味着自由主义必须继续调整智力的操作以保持平等与个性的活跃。但如杜威所知,人们总是畏惧变化,并且"通过诉诸心理分析学会召唤理想化,也就是保护性幻想"以自我保护来对抗变化。自由主义需要变得有历史性,整合成一个不断变化,随后回应生活的概念,永远"自新"、变革,永远随着社会变迁而变化。在杜威看来,这意味着在当下,自由主义必须学会真正的激进,以便与迅猛的社会变化节拍一致,这样的变化已经在社会现实和社会政策中打开了一条鸿沟。

在《自由主义与社会行动》中杜威完成了在前两本书中描绘的图景。变样了的"公众"艰难地出现了,从而转变了的"个人"必须成长;自由主义——把承诺智力作为手段——必须同时给新个人和新公众的社会行动提供可用的工具。在这三本书中,杜威的信条是,为了反映现时的危机,突破金钱的资本主义和法西斯的保守主义的绝对主义陷阱,自由主义必须找到方法"使生产力的新力量协同控制,用于实在的自由以及构成社会的个人之文化发展"。

杜威写作《自由主义与社会行动》所用的三篇演讲让他开始思考,不久针对这个主题有至少八篇其他的论文发表,还有其他几篇论文提到了同样的话题。在《自由主义的未来》("The Future of Liberalism", 1934)中,杜威强调自由主义保留"实验程序的必要性;因为自由主义并非思想的主体,它是一种方法,是智力的方法,一种分析模型。它的目标是文化自由,分享文明资源的机会"。《民主是激进的》("Democracy Is Radical", 1937)阐明了标题的主张。民主的激进主义包括努力辨别调查的方法,这会揭示变化模式,通过这种模式民主可以继续保持重要性。民主是在我们的共同天性中,在自愿行动的力量中存在的一种"乐天的、改革运动的、好战的信仰",倚赖公众的、集体的智力。在《自由与社会控制》("Liberty and Social Control", 1935)中,杜威反对把自由和控制对立起来的当前趋势。相反,他主张,一些人的自由可能意味着许多人的不自由;相反,社会控制可以使所有人获得自由。为集体经济体系而奋斗是为了通过社会控制带来更广阔的"自由的分配"。和杜威解释为什么"自由"和"社会控制"并不矛盾的方式相似,在《自由主义与平等》("Liberalism and Equality", 1936)中他反驳了"自由主义与平等是不相容的,因为自由主义并不是合理的社会哲学"的看法。他援引托马斯·杰斐逊的哲学,因为它同时包含了自由主义的自由和民主平等。在《自由主义的意义》("The Meaning of Liberalism", 1935)中杜威论述了把经济控制作为加强自由的手段:

> 自由主义一直以来宣称的终点只有这样做才能到达:把生产和分配手段的控制,从那些通过行使社会赋予的权力谋取私利的个人手中取出来。终点依旧有效。但达到它们的手段需要经济制度的激进改变及在此基础上的政治约定。这

些改变必不可少，以便对社会上的各种力量和机构进行社会控制，从而使所有参与建设一种表达和促进人类自由生活的伟大事业的个人，获得解放。

在《自由主义和公民自由》（"Liberalism and Civil Liberties"，1936）中，杜威支持了这两样。在历史上，自由主义是意味着取代"早期独裁政治实践"的理想行动，在独裁政治中"臣民屈从于统治权威的专制意愿"。认识到一战之后公民自由式微，杜威倡导扩大公民自由以保护个人与社区。

他再次讨论自由主义的最后言论在他1940年的论文《术语的含义：自由主义》（"The Meaning of the Term：Liberalism"）的结论中。在他的著作和早期论文中，杜威已经详述了自由主义价值的问题。现在，在另一场战争爆发的边缘，他似乎达到了一个平静点，他可以接受并预想到他的行动哲学的持久价值。他说，自由主义是"对真理安静、耐心地追求，以向四方学习的意愿为特征。自由主义谦卑而持久，然而它的信念强大而积极，自由思想的交流总是能促进真理标准的提升"。

在《公众及其问题》、《新旧个人主义》和《自由主义与社会行动》中，通过文章中详细的阐述，杜威试图保护并延续特别的美式思维与行为。美国之外国家的状况和美国国内的危机促使尝试恢复美国的精神及其源泉，并且把修正、复兴的它向未来推动。国内外的法西斯主义和个人主义的资本主义各自有不同的目标。但是，经杜威分析，它们共同在为限制平等、个人主义和思想自由而努力。现在杜威提出了未来发展的第四条途径：持续扩大美国民主。从国际范围来看，他含蓄地认为如果他能帮美国把美国人留在国内，那么美国的理想就可以尽可能地在全世界扩展。日本、德国、西班牙、苏联和意大利会把它们新兴的发展朝向民主而背离法西斯主义吗？美国会停止它永无止境的扩张自由，并压缩贪婪的个人主义的资本主义？集合这些力量和理念的国家会为再次堕入黑暗而抗争吗？又或许我们的解放者，杰斐逊或惠特曼的力量和理念会盛行？这是杜威在20世纪30年代探索的道路，带着审慎的希望与相当大的疑虑。

杜威对艺术的兴趣

尽管杜威在一系列的书籍和文章中从哲学的角度对与民主有关的自由主义进行了定义，但他还是找到了一种写作方式，表达了一种与他对哲学的热爱相媲美的激情：对艺术之美的享受。他与艾伯特·巴恩斯的合作并没有因为波兰项目而结束。整个20世纪20年代和30年代，杜威都与他保持着联系，但现在他们的联系集中在对视觉艺术的理解上。

艾伯特·巴恩斯与巴恩斯公司(A. C. Barnes Company)的员工进行了一项大胆的实验：遵循 19 世纪由马萨诸塞州(Massachusetts)洛厄尔(Lowell)工厂女工开创的理想主义美国传统，巴恩斯让工人们每天从 12:30 休息到 2:30，以提高他们的教育水平。他决定以最具冒险精神的乌托邦方式，通过研讨会和讨论他提供的文本来领导他们。他教育实验的主要前提来自杜威的《民主主义与教育》。巴恩斯说，如果他没有遇到杜威和他的哲学，他可能会过着"更有智慧的生活，比如喝酒、驾游艇、钓鱼，沉迷于另一项他喜爱的室内运动"。相反，他开始让他的工人阅读威廉·詹姆斯的《心理学原理》、《实用主义》(*Pragmatism*)和《宗教经验的种类》(*The Varieties of Religious Experience*)。他们读完了这些，但后来却陷入了《彻底的经验主义》(*Essays in Radical Empiricism*)中。约翰·杜威的《我们如何思维》让他们回到了正轨。他们继续阅读伯特兰·罗素的作品。后来，由于巴恩斯是一位狂热的艺术收藏家，他们转向了桑塔耶拿的《艺术中的美感与理性》(*The Sense of Beauty and Reason in Art*)，以及罗杰·弗莱(Roger Fry)的艺术批判。他们讨论了巴恩斯用来装饰工厂墙壁的重要印象派画作；艺术环境也是他教育计划的一部分。

巴恩斯试图教育他遇到的每一个人，包括约翰·杜威。在两个领域，他们的知识相差甚远。一个是应用科学，尤其是化学。另一个是巴恩斯对绘画的强烈兴趣。事实上，他正在收集美国最好的私人收藏的印象派画作。杜威对化学知之甚少，对视觉艺术几乎一无所知。在伯灵顿和安娜堡，杜威几乎没有机会看到艺术，彩色印刷还没有发展到艺术书籍可以提供好的复制品的地步。流行的版画——马克·吐温在《哈克贝利·费恩历险记》(*Adventures of Huckleberry Finn*)中讽刺过的那种彩色版画——是通常能找到的最好的。甚至在杜威年轻的时候，美国大城市的博物馆才刚刚开始建立起来。后来，当杜威一家住在芝加哥和纽约时，他们可以接触到很好的艺术收藏品。但是在 1894 年到 1925 年间，杜威在他的哲学著作、社会问题和公共活动上花费了太多的时间，以至于他几乎没有时间在画廊里闲逛。

尽管如此，杜威从很早的时候就对美学感兴趣，并试图使自己熟悉视觉艺术。与佛蒙特州的 H. A. P. 托里(H. A. P. Torrey)一起，他研究了约瑟夫·托里的《美术理论》(*A Theory of Fine Art*, 1874)，并永久地受到老托里"所有想象艺术的终结，都是用感性的形式表达事物的真相"这一论点的影响。在密歇根，他设计了一门关于"美的哲学"(The Philosophy of Beauty)的课程。他的"研究领域"分为三部分：(1)产生审美

399

400

满足的自然和社会的条件；(2)审美能力的本质，包括"审美经验的心理学"；(3)个体、社会、自然、艺术审美活动的客观结果。毫无疑问，他在这门课上非常倚重康德的《审美判断力批判》(*Critique of Aesthetic Judgment*)，并试图用绘画艺术来阐释他的哲学文本。

杜威对美学的哲学兴趣并不要求他熟悉艺术的每一个分支。他很懂文学。早期的美国和大多数发展中国家一样，依赖于语言的文学艺术比视觉艺术和音乐艺术成熟得更快。出于这个原因，就像大多数出生于19世纪中叶的美国人一样，杜威把"艺术"等同于"文学"。他是一位伟大的读者，熟悉英国文学，尤其是浪漫主义和维多利亚时期的小说家和诗人。早在1891年，他就在密歇根哲学协会(Philosophical Society)发表了题为"文学的诠释"("The Interpretation of Literature")的演讲。他常说，年轻时，他最喜欢的英国诗人"是华兹华斯(Wordsworth)；在我中年的时候，变成了布朗宁"。莱昂内尔·特里林(Lionel Trilling)称赞了他关于马修·阿诺德的文章。小约翰·赫尔曼·兰德尔(John Herman Randall Jr.)回忆道，杜威"经常在课堂上引用诗歌……他精通英语诗歌——还有……希腊语"。他读的诗，写的诗，都是传统的。但他的小说阅读范围很广。他阅读托尔斯泰(Tolstoy)、左拉(Zola)和陀思妥耶夫斯基(Dostoevsky)的小说，对当代文学和实验作家表现出兴趣。

他晚年拥有的藏书包括索福克勒斯(Sophocles)、埃斯库罗斯(Aeschylus)、契诃夫(Chekhov)、欧里庇得斯(Euripides)、易卜生(Ibsen)、梅特林克(Maeterlinck)、莫里哀(Moliere)、拉辛(Racine)、奥古斯特·斯特林伯格(August Strindberg)和萧伯纳(Shaw)的戏剧。在小说家中，他保留了几本自己读过的书，包括巴尔扎克(Balzac)、贝拉米(Bellamy)、薇拉·凯瑟(Willa Cather)、柯南·道尔(Conan Doyle)、乔治·艾略特(George Eliot)、歌德(Goethe)、高尔基(Gorky)、霍桑(Hawthorne)、亨利·詹姆斯(Henry James)、罗伯特·路易斯·史蒂文森(Robert Louis Stevenson)、马克·吐温、屠格涅夫(Turgenev)和普鲁斯特(Proust)。他的书架上还有几卷诗集，包括布朗宁的全部作品，乔叟和但丁(Dante)的作品，乔治·赫伯特的《圣殿》(*The Temple*)，弥尔顿(Milton)、雪莱(Shelley)、丁尼生(Tennyson)、惠特曼的作品，以及1879年出版的华兹华斯的诗集。在20世纪的诗人中，他有康拉德·艾肯(Conrad Aiken)、瓦舍尔·林赛(Vachel Lindsay)、埃德加·李·马斯特斯(Edgar Lee Masters)、埃德娜·圣文森特·米莱(Edna St. Vincent Millay)、玛丽安·摩尔(Marianne Moore)、西奥多·罗特克(Theodore Roethke)和格特鲁德·斯坦(Gertrude Stein)的作品，他"饶有兴趣地"阅读过它们。到他去世之前，他所拥有的文学著作比哲学著作还多。（他只保留了几本他读过的哲学家的著作。最值得注意的是六卷《皮尔士文集》（*Peirce's Collected Papers*）、老亨利·詹姆斯（Henry James，Sr.）的《文学遗存》（*The Literary Remains*）、路德维希·维特根斯坦（Ludwig Wittgenstein）的《逻辑哲学论》（*Tractatus Logico-Philosophicus*）和卡尔·曼海姆（Karl Mannheim）的《人与社会》（*Man and Society*）。）

杜威的第一本书《心理学》中有一章是关于"美感"的，从那时起，他就断断续续地写过有关艺术哲学的文章。他在阅读伯纳德·博桑奎特的《美学史》（*A History of Aesthetic*）时，仍然深受新黑格尔主义的影响。他考察了艺术在教育中的作用，从美学原理出发，为实验学校提出了建议。这些也变成了一篇文章，《教育中的审美元素》（*The Aesthetic Element in Education*，1897），以及一篇百科全书文章，《教育中的艺术》（*Art in Education*）。他对美学的定期研究与他对想象力的兴趣有关，在《经验与自然》以及《确定性寻求》中，他触及了艺术的问题，以及他所谓的"完满的经验"，在这种经验中，艺术的活动或表达本身就是它的最终目的。这一重要概念早在1921年他在中国讲授"哲学思想的类型"（"Types of Philosophic Thought"）时就提出了，并于1921年至1922年在哥伦比亚大学开设了为期一年的课程。"艺术—审美经验"，他在那门课程的教学大纲中写道，"是最终的、圆满的，而不是工具性的"。艺术处理的是"理想商品的目的和理想生活的写照"，但它并不提倡或提及"客观的"现实或"社会传统"。

杜威的朋友巴恩斯不仅仅是个收藏家；他是个真正的教师。除了开玩笑或说教，他几乎不说话。当他和那些他认为是敌人的人开玩笑时，他总是挖苦人。当他教训他的敌人时，他试图用言语刺穿他们。但在和朋友们聊天时，他总是用一种亲切的方式开玩笑，讲课时又慢又耐心，而且，至少在艺术方面，他的智慧是天生的。画家托马斯·哈特·本顿（Thomas Hart Benton）这样评价巴恩斯："我所认识的收藏家中，只有他对绘画有一定的技术见解。"在几次夏季远足中，巴恩斯支付了杜威陪伴他去欧洲教堂和艺术博物馆的费用。1925年，他出版了一本名为《绘画艺术》（*The Art of Painting*）的书，记录了他在这些旅行中的谈论方式以及内容，献给了约翰·杜威。托马斯·门罗在1915年至1924年间一直是杜威的学生，从他在哥伦比亚大学的日子到杜威指导他写论文。20世纪20年代，他是巴恩斯基金会（Barnes Foundation）的老师之一，该基金会为宾夕法尼亚大学（University of Pennsylvania）获得学分的学生开设艺术和美学课程。门罗陪同巴恩斯进行了所有的欧洲之旅。门罗说，杜威"话不多。他倾听。他……坦率地说他对视觉艺术知之甚少。他对大多数类型的音乐都不感兴趣。他对艺术的了解仅限于文学"。但是艾伯特·巴恩斯向他介绍了一个全新的知识领域。没有巴恩斯的推动，杜威可能永远不会写一本关于美学的书。从小到大，文学一直是他生活的很大一部分，他把它视为理所当然。门罗的印象是他：

> 喜欢文学，从不停下来从美学的形式上对其进行分析或理论化。但对视觉艺术则不同。对他来说，这是一件很新鲜的事，他不得不去思考，尤其是他有一个巴恩斯这样的朋友，显然确实在思考这件事，而且坚持让其他人和他一起思考。

巴恩斯向杜威展示了一种艺术创作方法，激发了他的哲学兴趣。从性格上看，杜威倾向于对自然主义或现实主义文学感兴趣。但巴恩斯对现实内容不感兴趣；相反，他强调艺术的形式。通过扩展杜威对视觉艺术的认识，也通过强调形式在所有艺术作品中的力量，最后通过关注艺术批评的技术方面，巴恩斯给了杜威所有他需要的材料，加上他对艺术作品明显的兴趣，这将促使杜威开始考虑写一本关于美学的书。

403   这本书是《艺术即经验》(*Art as Experience*)。这本书是根据杜威 1931 年在哈佛大学的十次演讲写成的，它在 1934 年出版。杜威最早宣布他有兴趣写一本关于美学的书是在 1930 年。他说起这件事，就好像它是一种幻觉，一种探访，他对悉尼·胡克说："我……感觉到了进入一个我没有系统地对待过的领域的渴望，艺术和美学来到了我身边。"从很早的时候起，他就认为艺术是经验的最高表达。他对"经验中的艺术与审美"("The Artistic and the Aesthetic in Experience")这一章的第一个想法，最终影响了他对书名的选择。他已经知道他的书将展示什么："一种艺术的经验主义哲学的尝试，等等，这不仅仅是心理上的。这就是经验本身为什么以及如何包含美学和艺术特征。"这本书的写作只是在等待发表一系列演讲的邀请。

杜威并不打算成为巴恩斯的追随者，而是按照自己长期以来的信念走自己的路。巴恩斯从一幅真正的画开始，转向了艺术原理。杜威从经验出发，转向美学原则，然后转向一个具体的例子。巴恩斯的"艺术"直到在艺术作品中被实现时才存在。对杜威来说，艺术在任何具体的表现形式产生之前就存在于经验之中。无论杜威"是在谈论文学、音乐还是绘画，"门罗说，"他认为最好的艺术来自于普通人的日常工作、职业和兴趣；它本身并没有脱离云层。"门罗很接近了，但没有完全把握。杜威的观点更为简单：经验本身就是美学，艺术是对随处可见的普通经验的完善。最好的艺术是最好的经验；最好的经验是审美上的完美。政治，制鞋，看日落，数数，买卖或讲笑话，与塞尚(Cezanne)的风景画、雷诺阿(Renoir)描绘的丰富经验、修拉(Seurat)从原子细节中观察生活没有什么不同。巴恩斯对艺术的形式感兴趣。杜威也是,但最终他更感兴趣的是"什么形式的满足最符合美学这个名字",正如他在密歇根宣布他早期课程"美的哲学"(Philosophy of the Beautiful)时所说的那样。杜威和巴恩斯一致认为,艺术并不比经验更能讲述故事,更能反映作者的自传或具有道德。经验意味着活动,艺术也是如此;它们是一体的。一旦杜威在《人性与行为》以及《确定性寻求》中完全发展了一种经验心理学,他就准备好让巴恩斯指出他写一本关于审美经验的书所需要的最后一种观点。

《艺术即经验》检验了杜威的灵活性。一个不那么伟大的哲学家会被诱惑去处理他通过他的预定系统所研究的每一个主题。实用主义是一种认知的理论和探究的方法。对于杜威来说,将艺术同样地视为一种认知的形式和一种认知实验的手段是很有诱惑力的。但杜威重新开始,并没有试图把艺术"纳入实用主义哲学的范围"或任何先入为主的哲学。事实上,他明确地拒绝了任何关于美学主题是一种知识形式或对所谓现实的认知洞察的观点。他坦率地承认,实用主义本身与艺术无关。两者之间只有一点联系。他的美学理论,就像他的实用主义理论一样,认为艺术,就像为认知而探究一样,是人类的一种活动,艺术,就像认知一样,"代表着人类生活的一个极其重要的方面"。杜威认为,哲学和艺术都有自己的方式来传达一种现实经验。艺术不是一种经验的品质;它本身就是一种定性的经验。它的价值和愿景是"一种有利于经验整合的思维框架",因此往往有助于社会和谐与"有序的政治和经济行动"。

杜威认为《艺术即经验》的第一章,题为"活生生的人"("The Live Creature"),是对他的美学理论的一个清晰的描述。他解释说,写一篇关于艺术的文章的任务是"恢复艺术作品中精炼和强化的经验形式与普遍公认的构成经验的日常事件、行为和痛苦之间的连续性"。他用了一个比喻:"山峰不会无支撑地漂浮;它们甚至不落在地上。它们是地球的一个明显行动。"由此可见,艺术不是"关于"经验的;它不是对一种行为的"模仿";它不是历史的"复制";它不是一种"精神"经验;它不是对经验的"描述";它不是——不像"为艺术而艺术"的概念那样——经验的替代品。相反,它是"一种渗透于经验中的品质"。如果建筑的材料是钢和砖,那么作为艺术的建筑的材料就是幻想、梦想、想象、形式、秩序、节奏和综合的视觉。杜威转述了雪莱的名言:"想象力是善的主要工具。"艺术家拥有这些品质,并有冲动通过艺术活动将其提供给他人,使艺术成为一种生活经验,在其最佳状态下,滋养和加强了社会和谐和科学。艺术与它们是不可分割的;它向它们传递意义。在艺术起源的生物基础上,艺术可以说是能量,是最鲜活的经验。杜威并不否认这样一个必然的结论：艺术是人类生活的完美表达。如果艺术充满活力，社会、经济、思想和科学也会蓬勃发展，因为艺术为这些活动提供了能量。没有艺术，世界将是一个混乱的流动，"反复无常和混乱无序"，没有结论的变化，或者是一个死亡的、完整的世界。艺术使生命不断进化，不是通过某种特别的假定的力量，如柏格森的生命冲力或对理想的直觉，就像贝尼代托·克罗齐（Benedetto Croce）说的那样，而是通过最自然的、最重要的、生物学意义上的人类方式，通过它所拥有的品质来推动经验的进一步发展。十二年后，杜威在一篇关于装饰联邦大楼的 W. P. A. 艺术家的演讲中写道："一个国家的等级是由创造而非获得来衡量的。""艺术"不是诗，不是画，不是建筑；这些具体表现所显现出来的是洞察力，这种洞察力超出了具体的对象。

　　一些评论杜威职业生涯的评论家把《艺术即经验》视作最好地代表了他最深切的担忧的书。当然，阅读杜威在这本书之前或之后 20 世纪 20 年代和 30 年代的作品，这本书可能是杜威把洞察力的品质作为中心的唯一例子。从这个意义上说，《艺术即经验》"填补"了一个空白，但它不是"中心"。试图在杜威的语料库中找到一个核心作品是一个错误，因为他总是在变化。《艺术即经验》是他可能承担风险的一个显著例子，甚至是在与自己的哲学争论时。

406　最后的教育使命

　　1943 年，杜威完成了他第五次也是最后一次海外教育使命。1934 年 7 月 2 日到 7 月 17 日，杜威和他的女儿简应邀到南非开普敦和约翰内斯堡参加新教育协会国际会议，本次会议的主题为"教育应适应迅速变化的社会和经济生活——以南非为特殊参照"，会议关注南非的社会、经济和教育问题，表示迫切需要出台相关补救措施。杜威向来主张社会变革必须从教育开始，因此他顺理成章地被邀请到南非。其他被邀请的人还有英国教育部前部长尤斯塔斯·柏西勋爵（Lord Eustace Percy），杜威在纽约社会工作学院的朋友爱德华·林德曼，还有伟大的人类学家勃洛尼斯拉夫·马林诺夫斯基（Bronislaw Malinowski）。卡内基基金会将承担杜威父女出席本次会议的费用。

　　这次会议规模空前。有超过 4 000 人参加了这次会议，由 145 位演讲者做了 300 多场演讲。杜威就一些大家熟悉的话题发表了几次讲话："教育哲学的必要性"、"什么是学习"和"在活动中成长"。他遵循了自己一贯的做法，即把教育调查与当地环境和文化调查结合起来。他去了好望角、德班、维多利亚瀑布、比勒陀利亚和罗得西亚（现在的津巴布韦),参观学校,与学生谈话,给行政管理人员和教师讲课。当时杜威的国际声望已经很高了,以至于他不管到哪里都少不了为他举行的各种欢迎仪式。在 8 月 3 日,他接受了南非金山大学(University of Witwatersrand)的荣誉学位,并在该校哲学系发表了演讲。第二天,他在比勒陀利亚做了一个大型公开演讲。直到 8 月底他才从开普敦坐船回美国,结束了这次漫长的教育使命之旅。

以前他访问日本、中国、土耳其和墨西哥的报告都发表在了《新共和》杂志上,他的南非之行本可以有大量的素材可供写作和发表,但这次他和这个杂志的立场产生了分歧,而杜威也没有其他合适的刊物发表。因此,他对南非社会问题的唯一书面评论是一篇名为"教育哲学的必要性"的报告。他的主要观点是世界的迅速工业化正在影响着以前能够独立生活的团体、部落和种族,这在南非和其他地方制造了一场危机,他认为教育必须把合作哲学中的思想和意志教育作为其社会目标。杜威引用了日内瓦委员会对约翰内斯堡煤矿工人的一项研究,南非当地工人对西方国家的投资越来越依赖。他依然坚持他的全球主义观,美国的投资是不够的;如果发展中国家的民主程度没有随之提高,投资将只是剥削。

杜威的南非之行可能是他最后一次出国考察、传播美国民主教育理念。随着国内经济大萧条的加剧,社会改革的必要性更加明显,而关于他的争议越来越多,杜威决定留在美国,看他能否教育好自己国家的公民。但是要做到这一点,他还需要进行最后一次海外之旅,不是为了发展民主学校,而是为了告诉他的自由派同僚们如何进行政治判断。杜威这次去了墨西哥,但事情是因莫斯科而起的。

列昂·托洛茨基

20 世纪 30 年代,杜威的作品与活动密不可分,他的著作、公共事务和政策建议,以及他投入巨大精力的游说活动都是紧密联系在一起的。现在,杜威把自由主义作为一种理念和理想,他反对威胁政治、社会、经济各领域的专制主义者。1937 年,杜威为自由和公正而献身的信念面临着新挑战,导致这个特殊经历的事件早在几年前就开始了。1924 年列宁的去世引起了苏联约瑟夫·斯大林与列昂·托洛茨基(Leon Trotsky)之间的权力争夺。斯大林的险胜导致托洛茨基被流放,他先后到过中国边境、土耳其、法国和挪威,他的每一次转移都是为了在斯大林日益增长的敌意下找到一个安全的地方。整个 20 世纪 30 年代,墨西哥总统拉萨罗·卡德纳斯(Lázaro

Cárdenas)慷慨地允许政治难民入境,因此托洛茨基把墨西哥视为一个可能的政治避风港。另外,在墨西哥托洛茨基党派的势力很强盛,托洛茨基收到了著名画家、托洛茨基主义者迭戈·里维拉(Diego Rivera)和弗里达·卡罗(Frida Kahlo)的邀请,他们请他住在墨西哥旁科约安的房子里。托洛茨基逃到了那里。

与此同时,莫斯科对托洛茨基的审判开始了。斯大林为了巩固他的权力,把任何与托洛茨基有关的人都看做人民公敌,许多这样的"敌人"被逮捕和审判,他们"认罪"后很快被处决了。"现在是 1937 年了,"诗人德尔莫·施瓦茨(Delmore Schwartz)写道,"很多伟大的挚爱被带走了。"审判结束时,那些曾经担任苏联共产党中央委员会委员的人中只剩下斯大林和托洛茨基了。斯大林的司法部长安德烈·维辛斯基(Andrei Vyshinsky)最后做出宣判:托洛茨基曾密谋暗杀斯大林,并鼓动德国和日本对苏联发动战争。

托洛茨基从始至终都在抗议。实际上,他的政党没有被苏联的指控击垮,反而有点活跃,特别是当时,托洛茨基在墨西哥是安全的,托洛茨基派已准备好反击斯大林。几乎同时,法国托洛茨基派设立了托洛茨基保护委员会,不久美国也成立了列昂·托洛茨基保护委员会。两个团体都要求成立国际法庭"听取"斯大林发出的指控,并允许托洛茨基在处于流亡安全的状态下为自己辩护。显然,他并不愿意回莫斯科接受审判。

几乎同时,因为没有选出合适的法庭成员,法国团体中的安德烈·布雷顿(André Breton)和安德烈·马尔罗(André Malraux)发生了争吵,以至于召开托洛茨基听证会的任务就落到了美国团体身上。美国委员会的领导人有社会学家爱德华·A. 罗斯(Edward A. Ross)和乔治·诺瓦克(George Novack),他们认为一个全部由托洛茨基同情者组成的法庭很难在国际上获得认可,他们需要这个团体尤其是法庭主席在国际上有公正的声望,这个主席的正直要折服所有自由主义者、苏联同情者和世界各地的知识分子。受社会主义哲学家悉尼·胡克的鼓舞,他们很快把希望寄托在胡克的论文导师、现年 78 岁的杜威身上,大家认为他是最好的主席人选。毕竟,杜威 1928 年去苏联的时候很受欢迎,社会主义党也曾邀请杜威竞选纽约州州长,《纽约时报》几乎每周都会引用他的讲话;他被邀请到白宫共进晚餐;他是有权势的资本家的朋友;他曾担任过洛克菲勒先生建立的芝加哥大学的哲学和教育系主任;现在在哥伦比亚大学,他也是校长尼古拉斯·默里·巴特勒倚重的教授。

詹姆斯·T. 法雷尔(James T. Farrell)是美国作家中托洛茨基派的代表,他和胡克一起说服杜威担任这个特殊法庭的主席,这意味着杜威要去墨西哥里维拉的家中召开听证会,并且要阅读和消化大量文件。起初杜威坚决反对,因为杜威想完成《逻辑:探究的理论》(*Logic：The Theory of Inquiry*),这本书无疑会是他在逻辑领域的巅峰之作,也可能是他最好的一本书。在过去的十年中,杜威一直断断续续地写这本书,他计划在 1937 年完成这部著作。其他人也劝他不要去,比如他的大儿子弗雷德强烈反对这次行程,因为他担心这会影响父亲的健康。杜威在社会主义"统一阵线"的朋友和熟人也力劝他不要支持托洛茨基,因为他们认为托洛茨基是苏联革命的敌人。杜威的密友艾利克斯·冈伯格(Alex Gumberg)写信建议他:"约翰,我的朋友,不要去,我有理由再次敦促你不要与反革命的'黑暗势力'结盟。"冈伯格认为不应该让任何有损名誉的事发生。《新共和》的文学编辑马尔科姆·考利(Malcolm Cowley)后来写信给杜威说:"我认为美国的各类进步人士应该团结在一起——他们必须团结在一起,或以其他方式团结在一起……大量证据表明托洛茨基是有罪的,我们不能破坏自由主义和民主事业。"杜威还收到了匿名的死亡威胁信,这种威胁在他从墨西哥回来之后还持续了很长一段时间。

410

大约在这一期间,杜威同《新共和》杂志的长期合作走到了尽头。在近二十年来,杜威不定期地给该杂志寄稿件,并每周领取报酬。"我们从不给他任何压力,"杂志编辑布鲁斯·布莱文(Bruce Bliven)说,"并且……我们从没拒绝过他写的任何东西。"然而在 1937 年,杜威认为当时的编辑"已经放弃了我所坚持的自由主义而成为了……斯大林主义的辩护者",他辞掉了特约编辑的职务。以他现在跟《新共和》的分歧来看,他不可能听从考利的警告和建议,因为杜威认为考利是斯大林的支持者。

除了以上所有原因,杜威还有一个特殊理由不去墨西哥。他爱上了一个 30 多岁的记者罗伯塔·洛维茨(Roberta Lowitz.)。杜威的妻子爱丽丝在八年前去世了,在那之后杜威没有任何恋情,这一次他是认真的。但是如果所有拒绝的理由都没有用,那这最后一个理由也不会成功。悉尼·胡克说,有人做了最后的努力劝他别去,一天晚上他在杜威公寓里,一个著名的激进派歌剧演员来了,他说他是苏联艺术组织沃克斯的官方代表,苏联人还记得杜威上次那令人愉快的苏联之行,苏联人希望他再去一次。这个话剧演员强调杜威的所有花费将由这个艺术组织承担,他描述了豪华的黑海旅行。杜威说:"我不知道现在是不是去苏联的最好时机,因为我想跟托洛茨基委员会去墨西哥。"说到这里,客人打断了他的话,"托洛茨基,司考莫茨(Schmotsky)! 我们对他没兴趣,我们只希望你来,看看在你走后的十年里苏联发生的美妙变化,但是你必须现

411

在就去……所有费用由沃克斯承担，雅尔塔、黑海，将是一次很棒的旅行。"杜威感谢了他。客人走后，杜威转身对胡克说："他们这样做相当厚颜无耻，不是吗？"

最终杜威接受了听证会主席的职务，并且清楚地表明了接受的原因：为了信仰。据艾格尼丝·梅耶（Agnes Meyer）说："约翰（杜威）告诉我，他很快意识到他必须接受，尽管旅途艰难。他说，不管真相如何，调查结果都将使美国民主重新审视和解决自己的社会问题。"尽管如此，杜威的儿子弗雷德认为这次旅程是不明智的，一直劝杜威不要去，最后还追到火车站台。杜威在给罗伯塔·洛维茨的信中写道："我试着对弗雷德解释我一定要去的原因，我告诉他，他过于理性了，而在这个非理性的世界里不存在理性的答案。"

想到冈伯格和考利，他给朋友写信说：

> 我一生都在寻找真理。令人沮丧的是，我们国家的一些自由主义者认为我们的人民不宜知道太多俄罗斯发生的暴行。但是人类进步的主要动力是真理而不是资产阶级的妄想。

当人们知道杜威将在 1937 年前往墨西哥的时候，爱德华·罗斯写信给纳瓦克："在我们国家，没有一个人能像他一样为委员会带来这么大的影响力。"杜威的参与意味着主要报纸将报道这次听证会，这是非常重要的因素。托洛茨基在得知杜威要参加听证会后，通过电话对纽约竞技场的广大观众发表演说声称："如果委员会认定我犯了斯大林给我定的罪，我发誓我会把自己交到刽子手苏联国家政治保卫局的手中。"

詹姆斯·T.法雷尔从纽约陪同杜威上火车。杜威的行李中带了托洛茨基和列宁的全集，还有一个便携打字机和一个装满文件的手提箱。他在火车上读书写作，熟读托洛茨基的作品，他有时一天写好几封信给罗伯塔："亲爱的罗比，我爱你……还要再说什么呢？这些纸上写满了我爱你。"杜威已经 78 岁了，但他还保留了年轻时的理想主义和浪漫的情怀。

听证会在墨西哥郊外的里维拉家里举行。他们做了充分的准备工作和预防措施，以应对随时可能发生的对托洛茨基和委员们的袭击。迭戈·里维拉穿得就像壁画里的人物，胸前挂着弹药，手里拿着卡宾枪。弗里达·卡罗穿着墨西哥当地人的服装，也带着枪。入场凭证上必须有杜威的亲笔签名。

参加本次听证会的其他委员还有卡尔·马克思传记的作者奥托·吕勒（Otto Ruehle），他也是反对希特勒的德国共产党领袖；劳工权益倡导者和作家本杰明·斯滕伯格（Benjamin Stolberg）；著名的拉丁美洲专家卡尔顿·比尔斯（Carleton Beals）；《自由人》编辑、著名的进步成员苏珊尼·拉·福莱特（Suzanne La Follette）。进步主义运动的其他成员也参加了会议，包括《马特罗Ⅱ》（Ⅱ *Martello*）的编辑、无政府主义者卡罗·特雷斯卡（Carlo Tresca），以及汤姆·穆尼（Tom Mooney）的律师约翰·F. 芬尼迪（John F. Finerty），他担任这次委员会的法律顾问。世界新闻媒体的代表、美国主要报纸的代表以及《时代进行曲》的新闻摄影师都出席了会议。听证会邀请苏联当局提交材料，派出代表，还邀请了苏联驻美国大使安德烈·特亚诺夫斯基（Andrei Troyanovsky），但被拒绝了。

现存的报纸照片、素描和绘画显示，听证会宽敞的房间被一分为二，委员会和托洛茨基坐在围栏的一边，另一边坐着媒体代表、墨西哥劳工运动代表和其他听众。房间里总是挤满了人。迭戈·里维拉给杜威画了一个面部特写后睡着了，并且会议的大部分时间他都在睡觉。1937 年 4 月 10 日上午 10 点，杜威在听证会开场时说道：

> 我们委员会和城乡数百万体力劳动者、脑力劳动者都相信任何人都不应该在没有机会为自己辩护的情况下受到谴责……今天，我们来到这里是出于道义，我们认为托洛茨基先生在有机会提出他的辩词之前，不应该在任何自己没有出席也没有代表出席的法庭上被判刑。如果列昂·托洛茨基有罪，那么他任由外界谴责。

杜威用以下的演说结束了他的开幕词，这些话被哲学家约翰·J.麦克德莫特（John J. McDermott）称为"可以与柏拉图《申辩篇》（*The Apology*）中苏格拉底的著名演讲相媲美"。

> 最后要说，不是为委员会而是为我自己，我曾经希望他们能找一个经历更适合承担这个艰难而微妙任务的人做主席。但我已经把我的一生奉献给教育事业了，我设想中的教育是为了社会利益和公众教化。如果我最终接受了现在的职务，那是因为我意识到如果不这么做的话，那会是我毕生工作的错误。

就这样听证会开幕了，托洛茨基做了开场白：

> 尊敬的委员们，委员会的各部门和至高权威的主席，你们的到来排除了调查中可能会存在的任何不客观因素……我的任务是全力帮助你们完成工作，我会在全世界人民的眼前忠实地完成这个任务。

他没有重提他的提议，即如果委员会宣布他有罪，他将返回苏联接受审判。埃尔伯特·古德曼（Albert Goldman）被任命为托洛茨基辩护的法律代理人，他在开始的陈述中说："我们决心向委员会和所有独立阅读思考的人证明，毫无疑问，列昂·托洛茨

413

414

基和他的儿子是无罪的。"听证会开始了，接下来的十三个会议都以大致相同的程序展开，委员们对托洛茨基的指控提出了各种各样的问题，托洛茨基精力充沛地作答，他有着非凡的细节掌控能力和分析能力。埃尔伯特·古德曼在旁边为他的辩护提供帮助，但是他不需要任何帮助。托洛茨基讲话非常清晰，尽管口音很重，他的辩护有时机智，有时优美，逻辑无可挑剔。杜威对托洛茨基在革命早期与列宁一起的活动很感兴趣。

会议室外也进行着一场口水大战，听证会很快就变成了俄国革命的坚定支持者和怀疑者之间争论的催化剂。斯大林和维辛斯基指控托洛茨基叛国罪是为让他变得毫无反抗之力，因为他已经脱离了他们的掌控。出人意料的是，托洛茨基的辩护引起了公众的注意，美国的托洛茨基保护委员会发表了关于托洛茨基的公告、新闻和声明，它联系了工会，召开了发布会，公开了托洛茨基的辩护细节。很快斯大林的公众形象从一个革命者变成了法西斯独裁者，先前莫斯科审判的被告都变成了"供状"。托洛茨基是保守的，从来没有一个重要革命成员被谴责得如此充分，被媒体传播得如此广泛，这是革命的失败。

克里姆林宫发起反对听证会的恶意运动，共产主义的报纸比如《工人日报》和许多左派杂志上对听证会和主席进行了大肆抨击。例如，在《新大众》(*New Mass*)杂志上，马里昂·哈米特(Marion Hammet)和威廉·史密斯就嘲笑"所谓的公正调查"："听证会仅仅展示了托洛茨基光辉的一面，而抹黑了莫斯科控告他的人，委员们听到的只是托洛茨基的一面之词，苏珊尼·拉·福莱特的问题是如此偏激以至于杜威都不得不反对。"杜威被抨击为一个被欺骗的老人，他曾经是苏联的朋友，但现在被社会主义的敌人欺骗了。在苏联，杜威被指控为"和平与进步的敌人"。多年以后，杜威仍被苏联谴责。甚至在他90岁生日庆祝活动的时候，他也被粗鲁地描述为"美帝国主义的走狗"和"哲学界好战的温斯顿·丘吉尔"。

在听证会期间，发生了一件戏剧性的事：卡尔顿·比尔斯辞职以示抗议。很显然，这是一个策略，目的是把人们的注意力从托洛茨基对斯大林指控的辩护上转移开，使委员会本身成为争议的对象。不出所料，比尔斯的辞职自然占据了新闻头条。他对委员会的批评而不是听证会的内容成为新闻的焦点。他已经准备好发布一系列公告，"到目前为止，"他对一个显然对托洛茨基反驳斯大林的证词表示怀疑的记者说，"没有进行调查，只是一个粉红色的茶会——除了我每个人都发表了甜蜜的陈词滥调，托洛茨基的肩膀上长出了翅膀。"比尔斯用老生常谈的话把聚会的路线写得恰到好处，"用沙皇的方式，"他告诉媒体，"委员会阻止我澄清真相。"他建议由自己提问托洛茨基会有效地揭示他的反革命行为，但前提是解散委员会。比尔斯总结说："在托洛茨基拒绝对委员会的愚蠢承担责任之前，我担心他会游手好闲。"在华盛顿特区，苏联大使特亚诺夫斯基也在努力说服记者，用他的话来说，委员会是个"败笔"，为托洛茨基平反是一个"精心策划的工作"，杜威不仅是一个受骗者，也是反动派的理想工具。

于是，这场争斗席卷了全世界。杜威凭借他的个人气节和知识分子的开诚布公举办了发布会。伯特伦·沃尔夫（Bertram Wolf）在听证会上是一个年轻兴奋的观众，他后来凭借《三个人成就的革命》（*Three Who Made a Revolution*）与他为迭戈·里维拉写的传记和其他作品而出名，他写信给另一个年轻人——亚瑟·麦兹纳（Arthur Mizener），他最终成为 F. 斯科特·菲茨杰拉德（F. Scott Fitzgerald）的第一个传记作家，说："年老的杜威人很好，是一个诚实的自由主义者，他值得所有的超革命知识分子聚集在一起。他 78 岁再去上学，学习工人运动，阅读广泛，（并）向（我们所有的人）索要参考书目等。"杜威当然遵循他平常的习惯：白天整天开会，晚上阅读，并在睡觉前准备好明天的一长串问题。

有时，流言会出现，比如由卡罗·特雷斯卡写的杜威做关于启示的报告，处在他的位置的人知道，尽管十年前萨科（Sacco）和万泽蒂（Vanzetti）用天真做高贵的防卫，事实上被指控的萨科确实有罪。杜威很惊讶，但这没有使他放弃为托洛茨基寻求公正的愿望，即使他知道托洛茨基是一个残酷的革命者，他可能应该为他的反人类罪接受最严厉的惩罚，但这次的问题更狭窄，这次仅仅关注他是否犯了斯大林指控的罪。与其他人不同的是，杜威从未动摇过对这个问题的关注。

会议继续，一个接着一个，全面覆盖了托洛茨基的一生，他的革命和恐怖活动，他与被指控的阴谋的联系，还有他被指控密谋反对斯大林时在法国和挪威的活动。会议中有很多书面证据，在最后一次会议上，托洛茨基在辩护中做了一个慷慨激昂的长篇演讲，这是听证会的高潮：

> 人们只能从新官僚特权机构的维度下理解斯大林的行为——对权力的渴求，对物质享受的贪婪，担心他的地位，害怕群众，极其痛恨反对者。斯大林这个曾经的革命家现在变成了官僚特权机构的领导人。最重要的是，在过去的十三年中，斯大林作为领导人的道德权威很大程度上是建立在谎言和弄虚作假的巴别塔上的，这个巴别塔的维护是通过越来越残忍的压制实现的，这些绅士像买一袋土豆一样收买别人的良知。幸运的是，不是每个人都可以被收买，否则人性很早以前

就该腐烂了。在座的委员们，我们都有一颗不能被收买的珍贵的良心，所有那些渴望净化社会空气的人将本能地向委员会靠拢，尽管有阴谋、贿赂或者诽谤，它将很快被广大民众同情的盔甲保护起来。

在总结时他表示"我向负责本次委员会工作的教育家、哲学家和学者致以深深的敬意，你们是真正美国理想主义的化身"。演讲进行了一个小时，最后爆发了一阵掌声，接下来是沉默，因为观众在等待杜威发言。最后，杜威温和地说：不管我说什么都会让这个高潮降温……作为预审的听证会现在结束了。

当然，一切还没有结束，委员们要返回纽约，仔细研究证据，可能几周之后才能做出决定。听证会结束后，托洛茨基对杜威说，对他来说，他们已经证明了美国的理想主义不是一个神话，而是一个事实，"我认识到美国自由主义是真实存在的"，托洛茨基在最后拥抱告别时说。杜威快速而和蔼地回答："托洛茨基先生，如果所有的马克思主义者都像您一样，我也想成为一名马克思主义者。"托洛茨基回答："如果所有的自由主义者都像您一样，杜威博士，我也会是一名自由主义者。"

杜威几天后坐上了火车，打算从墨西哥途经圣路易斯回国。尽管听证会漫长而劳神，事实上，他是墨西哥所有委员中唯一没有生病的。杜威从不认为自己年老体弱，当他在墨西哥上火车时，听证会的记录者阿尔伯特·格罗泽（Albert Glotzer）伸出胳膊想帮杜威迈上台阶，杜威生气地推开了他的手，跳到前面去了。

在圣路易斯，杜威同意在到达的当晚在美国医师协会（American College of Physicians）年会上面向一千多名医生做演讲。他对《圣路易斯星时报》（*St. Louis Star Times*）的记者说"对俄罗斯来说，这是一个糟糕的案子"。"如果被告是无辜的，那我们就有了一个任意行使权力的独裁者的例子；如果被告是有罪的，那我们就有了一个前领导人背叛他们曾为之奋斗的事业的例子——也就是说这个体系本身出现了腐败。"他没有提到托洛茨基，那个人已经过去了，他从不会留在过去。他想要记者知道，他一直在看墨西哥的新闻，他现在对最高法院如何革新更感兴趣，他怀疑罗斯福的法院改组计划能否成功。但杜威在托洛茨基审判中的经历毕竟产生了影响，从这个时候起，他显然对苏联的领导阶层持深深的怀疑态度。

杜威继续把自己看成一个真正的自由主义者——但他怀疑那些自称自由派的人的主张。5月10日，杜威在纽约市的麦加神庙面对群众讲话时，以及在稍后的电台演讲时，他说出了他的担忧：

> 我再说一句，到目前为止，我谈到的都是政治问题。我希望现在还不是不能

提正义的时候。我在十年前也不同意萨科和万泽蒂政治思想,但那并没有阻止我抵制追捕两位殉道者,他们最后因为没有证实的罪名死了。作为一个美国人应该相信,任何人在没有机会自我辩护之前都不能被定罪。一开始他们邀请我担任委员会工作时我因为个人的紧迫事务拒绝了,但当我知道委员会可以给我们的政治和哲学对手一个为自己发言的机会时,我接受了邀请并且认为我的选择是对的。我确信对于今天的很多美国人来说这是合理的,就像我们曾经为萨科和万泽蒂所做的斗争一样。

杜威和他的委员们很快地对听证会进行了分析,并准备了一大卷经过检查的证据,出版了《无罪!》(*NOT GUILTY!*)一书,杜威收到了很多感谢信,他们感谢他在听证会上所做的工作,其中有两封来自伟大的革命家艾玛·古德曼(Emma Goldman)。她写道,尽管托洛茨基没有犯斯大林指控他的罪,但他在其他方面确实有罪,并不值得同情。"不过,"她写道,"亲爱的教授,我很高兴勇敢的人们发现,在你的领导下,人们对斯大林政权下可怕的屠杀大声疾呼。"历史证据表明,杜威和委员会的判断是正确的。托洛茨基肯定不是无辜的,但对于斯大林的控告他是无罪的。在尼基塔·赫鲁晓夫(Nikita Khrushchev)当政期间和苏联解体后流出的档案最终表明,莫斯科审判是个诬陷。托洛茨基在听到"判决"后当然很高兴,他立刻连线杜威:"向主席致以最温暖的问候,您的坚定、警觉和高尚的道德权威确保了调查的成功,杜威博士万岁!"大量的媒体对托洛茨基发出同情的声音,而谴责斯大林和他的政策。但是斯大林并没有罢休,1938 年 2 月托洛茨基的儿子在法国可疑死亡,听到这个消息,杜威连线列昂和娜塔莉亚(Natalia)表示"深切地同情你们的丧亲之痛",托洛茨基回复,"真诚地祝愿您身体健康,由衷地敬佩您伟大的人格"。1940 年,苏联的一个特工用自己的方式取得了托洛茨基的信任,然后用一把冰斧劈开了他的脑袋。

在他死之前,托洛茨基对杜威有一个误解,他觉得他已经让杜威皈依了他的思想,或至少是同情他的思想。托洛茨基在《新国际》(*New International*)的头版写了文章,文章题目是《他们和我们的道德》("Their Morals and Ours"),将在 1938 年 6 月发表,他邀请杜威写评论。但是他碰壁了,杜威给他"无罪"的判决是出于他的正义观,不是出于支持托洛茨基的政治或意识形态。在听证会结束时,杜威对詹姆斯·T. 法雷尔吐露心声:"托洛茨基是我见过的最聪明的演说家……但是他需要一个监护人。"虽然托洛茨基是一个雄辩的修辞学家,但他缺乏价值观的准则。所以,当托洛茨基请杜威从哲学角度评价他时,杜威毫不留情地批判托洛茨基的不适当的手段和目的:"手段只

420

421

可以根据目的来评价。"

这是杜威最喜欢的哲学主题。杜威开始回答。"手段和目的,"他指出,"在道德领域,手段和目的的关系问题是长久以来的主题。"在这个问题上,他的立场和托洛茨基几乎完全相反。当然,手段和目的的关系是错综复杂的。在《自由主义的未来》中,杜威写道,"手段的性质,决定了结局的性质——结局的意义并不是抽象意义上的结束"。但是调整手段和结果之间的运行平衡是个问题。杜威遇到的一个具体的案例是为托洛茨基的文章写评论,从革命的手段来看,托洛茨基和斯大林之间并没太大的不同,杜威指出,为达到革命的目的不惜使用恐怖、强迫、控制的手段,这些手段会导致形成一个独裁的社会而不是民主的社会。与此相反,杜威把重点放在目的上,然后再选择可以达成目的的手段和方法。

在给托洛茨基的信中,他立刻进入了中心议题:

> 手段和目的当然是互相依存的,如果结果是人类的最终解放,那么就会考虑所有可能达到这个结果的手段,而不必执念于手段应该是什么样的。但当托洛茨基先生发现在阶级斗争中"法律的法则"是人类解放的唯一手段时,这种手段就变成了目的。

杜威认为,如果革命一开始就把斗争或暴力作为手段,那当革命实现时,斗争和暴力还会继续。

> 可悲的是,托洛茨基才华横溢的天赋智慧被完全禁锢在一种绝对的思想中,因此手段变成了目的。正统的马克思主义、正统的宗教主义、传统的唯心主义都有一个共同之处,即人类目的是与存在的本质和结构交织在一起的,这是一个继承自黑格尔哲学的概念。托洛茨基是个专制主义者,他无法从专制主义的牢房中逃脱出来。

杜威坚信手段和目的是相互依存的,这是理解杜威哲学的一个关键点。1926 年冬,在芝加哥大学的一次研讨会上,他的同事乔治·赫伯特·米德提出手段—目的问题是个"核心"问题,是"杜威哲学的最终表述",对杜威来说哲学必须是"在分析过程中对手段的批判是过程的目的……哲学不是抽象的知识概念——它是对达到目的或结果的方法的批判"。我们的思考方式将决定我们的思想和行动。

托洛茨基听证会构成了美国自由主义历史上的一个重要转折点。从约翰·里德(John Reed)庆祝帕尔默(Palmer)革命,以及众所周知的林肯·斯蒂芬斯(Lincoln Steffens)向共产主义的转变,还有大萧条的开始,以及像埃德蒙·威尔逊这样的自由主义者在 1932 年宣布他们将投票支持共产党的总统候选人，美国的自由主义几乎和苏联的共产主义融为一体了。只有少数自由主义思想家是反对苏联的，如悉尼·胡克。斯大林发起的莫斯科审判虽然可疑，但是它远离美国，而且很容易被宣传所左右，即任何可以挽救革命的手段都是可行的。最受人尊敬的美国自由主义知识分子的代表杜威在经过彻底检查证据，宣布斯大林对托洛茨基的指控是无效的和自取其辱的。从此之后，美国公众（他们很少同意杜威的看法但总是相信他的智慧和诚实）甚至是美国自由主义者也开始质疑苏联的领导人。这是对苏联实验的一次检验。美国越来越多的知识分子把这场革命看作"上帝的失败"，正如理查德·赖特（Richard Wright）后来所说那样。对杜威个人来说，这是一个伟大的历史性时刻，这表明，能够改变历史的不是对党派的忠诚，而是知识分子的诚实。

在托洛茨基的"审判"中，杜威展现出了政治选择的真正基础，即做出公正的裁决。死亡的威胁、名誉的攻击、家人和朋友的恳求和物质贿赂，他都不在乎。此外，审判对杜威还有特殊的意义，他告诉马克斯·伊士曼："这是我一生中最有趣的一次经历。"这一章的故事很好地展现了杜威的性格、思想、哲学和社会行动主义，生动地表现了杜威的性格：他的个性，承诺，理想和为理想采取的行动。

杜威的逻辑

十年来，杜威一直主张自由主义，这是一个从未完成的探索。杜威主持的委员会证明托洛茨基"无罪"，这是杜威用智慧的行动努力维护自由的又一例证。斯大林的指控被驳倒后，苏联当然没有崩溃，这只相当于苏联共产主义大厦的一颗小石头松掉了。审判结束了，但是没有人怀疑法西斯和苏联当局，它们都认为只有暴力才能带来改变，那意味着战争。

杜威特别注意到战争总会给自由带来种种限制。正如他对一战的认识一样，他在 20 世纪 30 年代的观点倾向于希望美国能避免卷入另一场冲突。关于西班牙内战，杜威说："当然，美国不能插手任何一场欧洲战争。"美国公民个人当然可以自愿帮助共和事业，当然西班牙民主共和国的民主应该反对法西斯势力，但是作为一个国家，美国应该置身事外。两年后，杜威参加了一个研讨会，主题是："如果战争来临，我们应该参战还是保持中立？"他再次强调了民主问题，为了参与战争，要重组美国的工业、政治和人力资源，这会使民主体制倒退。20 世纪 30 年代兴起的自由主义必然会像一战期间的进步运动一样消失。从 1919 年的帕尔默大搜捕的事件中,我们可以看到战争前后对言论自由的限制,战后 20 世纪 20 年代还发生了金融危机,从这些来看,杜威认为民主很难从战时动员中恢复过来。"这是完全有可能的,"他猜测,"这个国家在下一场战争之后,为了确保不会再次发生战争,会有一个半军事化、半金融的专制政权……为了我们的利益而压制其他所有的民主价值观。"对美国的民主进步事业来说,他预测"战争将是我们最大的社会灾难,它将摧毁建立社会化民主国家的所有基础"。大约在同一时期,他私下向詹姆斯·塔夫茨表达了担忧:"在过去几年,我们的民主和社会收获了什么?"如果极权主义在国外盛行,那么不仅在欧洲和亚洲,还有在美国,民主会变成什么样? 杜威在等待更多的消息,当他等待的时候,他开始写之前没有完成的哲学著作。

1938 年初,杜威在街上碰见同事赫伯特·施耐德,"我刚把我的稿件交给了出版商……这是我最主要的作品也是最好的作品"。与其他作品不同的是,《逻辑:探究的理论》是一本重建传统逻辑的尝试,杜威的目标是"将逻辑理论和科学实践结合起来",对于那些认为逻辑的对象是"真理"的人来说,逻辑是哲学事业的核心。杜威认为,逻辑"发现"真理的观点应被解构为追求"可证的论断"。最后,他对推理和归纳的过程提出了怀疑,因为推断演绎和归纳似乎是逻辑本身的构成部分,他用探究的理论作为替代,在这种理论中研究的背景和实验的功能是决定性因素。他告诉约瑟夫·拉特纳,他的哲学事业的转折点是他领悟到了探究作为一种"生命活动的方式"。

《逻辑:探究的理论》的独创性和唯一性表现在只有突破传统哲学的背景才能被理解。亚里士多德和他开创的传统哲学认为,逻辑是由推理法则构成的,即如果前提是正确的,思想家的推理是正确的,那么结论一定是正确的。第二个逻辑流派源自乔治·布尔,他把逻辑和数学结合起来了,在杜威的时代,这个变量已经被逻辑实证主义者继承,他们使用数学来分析反复的或综合的陈述,从而形成科学命题。另一个平行流派是由罗素和怀特海(Whitehead)发展起来的,他们认为所有的数学运算都源自逻辑。

杜威的逻辑方式有一个完全不同的开端。黑格尔认为,推理和他所勾勒的新的、动态的逻辑是相同的,贯穿于世界历史、政治、力学、美学等各个方面。那么哲学变成了理解推理产生的方式,即我们的生活方式。从黑格尔广阔的逻辑出发,杜威发明了工具逻辑,对生活方式的考察不会导向静态的真理,而是会导向动态的、临时的判断。他深入地批判了洛采,他希望建立一个适合詹姆斯实用主义的哲学。受注重探究方法的皮尔士的影响,杜威拒绝简单化的、同义反复式的综合陈述,他渴望找到阐明世界运行方式的逻辑模型。他的目标是把逻辑和科学过程加到个人和社会生活上去。在《逻辑：探究的理论》中，尽管杜威的逻辑明显发源于黑格尔哲学，但他的探索远远超越了黑格尔哲学的范畴。

杜威曾在佛蒙特大学和托里研究亚里士多德哲学，还在约翰·霍普金斯大学和莫里斯研究过黑格尔哲学。在杜威早期职业生涯中，他出版的著作、注解的教学大纲和私人信件中，经常提到一些近代的逻辑学家，如伯纳德·博桑奎特、约翰·斯图亚特·穆勒、赫尔曼·洛采，他们都认为逻辑学是探究和发现真理的方法。杜威最初的立场是从《逻辑理论研究》（1903）开始的，他否定这些哲学家的研究过程和结论，他认为逻辑探究并不会得到关于生命和生活方式的固定真理。相反，哲学是一种科学研究的方法，其结论总是暂时的，但这是一种最好的知识，因为它引导我们进一步调查，然而"绝对真理"是静态的。在《逻辑：探究的理论》中，除了一些"追求确定性"的部分，杜威的探究理论比以前做得更为深入，他认为真理不是通过探究发现的，而是在探究中产生的。杜威在这个问题上进行了长时间的思考，并在《命题、确定的论断和真理》("Propositions, Warranted Assertability, and Truth", 1941)一文中阐明了自己的立场，并修正了罗素对自己断定性观点的误解。

因此，杜威甚至认为他的书远远不是关于逻辑学的权威论述，相反，他认为自己的书将是他人继续研究的开端。与杜威的大部分著作相比，这本书本身就是一个展现积累信息、洞察问题的敏锐的过程，杜威花了大约十二年才完成这本书，它几乎成为杜威拒绝担任列昂·托洛茨基案件调查委员会主席的理由。《逻辑：探究的理论》花费的时间和精力表明，逻辑是杜威"最初和最后的爱恋"，他对逻辑的兴趣并没因为书的写成而结束。他明确表示，他的工作是一个实验，他敦促其他人把这个实验继续下去。事实上，在他临终前，他正在计划修改这本书，他告诉记者朋友阿瑟·本特利（Arthur Bentley）："你曾建议我写一个精简版的《逻辑》，我现在比以往更想做这件事。"

在《逻辑：探究的理论》中，杜威否定了他从托里和莫里斯那学到的东西。早在《我们如何思维》一书中，他就认为逻辑是"反思性思维"。皮尔士的研究与其说对杜威产生了"影响"，不如说刺激了杜威思考。在《逻辑：探究的理论》中，杜威第一个提到的哲学家就是皮尔士，皮尔士首次指出"连续性调查原则"的重要性，正如杜威指出的一样，这一原则使他能提供一个"逻辑形式上的……经验说明"，皮尔士的"实用主义"概念是一种调查方法，杜威强调"实用主义"不是一个结论而是一个方法性的过程，它可以检验"命题的有效性"。这里的叙事逻辑是：《逻辑：探究的理论》是杜威与皮尔士的内部对话。

早在 1893 年,杜威在《必然性的迷信》("The Superstition of Necessity")中质疑了
428 詹姆斯和皮尔士的核心思想。威廉·詹姆斯在《心理学原理》中曾经提出"必然真理"
的问题,他把这本书的心理学基础建立在先验的真理之上。尽管杜威很欣赏詹姆斯的
书,但他对必然真理的假设心理结构理论并不满意,他也不能接受皮尔士对必然真理
的先验论证。在《必然性的迷信》一文中,杜威阐述了他的理论,这种理论将统治他的
哲学方法,并超越 1938 年的《逻辑》。他断言哲学家很容易陷入一种迷信,即当旧思想
失去作用后,还固守旧思想。因此,像所有的迷信一样,旧思想变成了障碍。皮尔士在
1893 年的文章《必要性审查学说》("The Poctrine of Necessity Examined")中为真理的
必然性辩护也是一种迷信,杜威谦虚地写道,他的思想会转向与皮尔士"不同的方向",
杜威的"转向"是实验心理学。他写道:"当我们说某件事必须如此时,'必须'并不能说
明这件事的本质,它只反映了我们对事情的判断。""必然性"是思想的一个阶段,是探
究对象的工具之一。"它的特征",杜威写道,"纯粹是目的性的和'实用性的'",必然性
"既不是偶然的也不是必然的",而是一个逻辑结构,它的功能是对"现实"及其活动进
行判断,这是我们理解"经验"哲学的一个有用的工具。

杜威悄悄地把自己从詹姆斯《心理学原理》的基础中剥离出来,他同样悄悄地拒绝
了皮尔士从 1887 年开创的"提喻主义",包括皮尔士关于"必然性"的论断,杜威同时拒
绝詹姆斯的主观主义和皮尔士的"客观唯心主义"。杜威开创了自己的工具性自然主
义哲学。杜威区分了哲学的功用性和必然性的含义:"必然主义的谬误在于将完全定
义上的必然性转换为某物必然的状态。"在《哲学原理研究》(Studies in Logical
429 Theory)中,杜威更进一步,他为詹姆斯的实用主义提供了一种"使用的逻辑",可以完
全消除詹姆斯对必然性的迷信。杜威不需要为詹姆斯指出这一点,因为詹姆斯后来完
全接受了杜威的逻辑和方法,因此也不再需要假设真理的必要性。与此同时,皮尔士
在 1903 年与詹姆斯的反应完全不同,他在公开场合如《国家报》的一篇采访中赞扬了
杜威的研究,但在私底下,他显然被杜威 1893 的批判刺激到了。杜威批判的核心是在
早期文章《信念的固定》("The Fixation of Belief")中皮尔士给他用过的同样的逻辑工
具,这也一定很伤人,所以,皮尔士在私人信件中批评了杜威也就不足为奇了。

首先,皮尔士写道,他总是遵循一个基本的箴言:"永远不要阻碍任何探索真理的
方式。"他认为杜威违反了这一原则;第二,他称杜威的基本推理方法是"卑劣的";第
三,杜威"遗传的"前提阻碍了他研究数学、物理或"生理学",这使他的方法"不能容

忍"。此外,皮尔士称杜威的逻辑程序不能使人信服:假设他和洛采有一人是对的,然后证明了洛采是错的,但这并不能证明杜威是正确的。皮尔士认为这样不能"使我相信这是唯一的选择"。除此之外,皮尔士补充道,洛采"是你玩的一个小把戏",在他看来,杜威采取了一种简单的辩论法。简而言之,他是在毁掉杜威的书。

> 在我看来,你的推理方式犯了一个人们在这种问题上经常犯的通病,即他们似乎认为推理都不能太过松散,事实上,这样马虎的论点确实有其可取之处,即他们不会梦想被用到任何科学分支上支。

皮尔士也直接告诉他,杜威没能理解"影响论"。皮尔士说,杜威和他芝加哥大学的学生已经把他们自己变成了"懒于推理"的人,或更糟的是,变成了"智力散漫"的人。皮尔士指出,为逻辑提供原则的只有三个科学:数学、现象学和伦理学。从"形而上的哲学"、心理学、语言学或他的著作中只会得到普遍的和同义的论点。皮尔士在他的信件插页上写了一段附言,像一把榔头砸在了杜威的一个核心假设上,"研究表明:进化和功用这两个要素可以在同样意义上相互依赖的这种观点是荒谬的"。不过,为减轻他责备的语气,皮尔士最后说,他不会像对待"任何一个我不尊敬和同情的人"那样对待杜威。

1931 年,当保罗·韦斯(Paul Weiss)准备为皮尔士写传记时,他写信给杜威,杜威承认他"以前在霍普金斯大学时,不管从兴趣还是接受的训练来说,都没有准备好去欣赏皮尔士的作品,我知道,他是一个博学的、有独创性的人,仅此而已"。当 1932 年杜威开始回顾皮尔士的论文时,杜威称皮尔士有"这个国家产生的最具原创性的哲学头脑……他的逻辑理论既是一种传统形式,也是一种科学方法理论和现代的数理逻辑"。他是"哲学家中的哲学家"。1935 年,当实用主义的《论文集》(*Collected Papers*)出版第五卷时,杜威建议应该把这一卷"给所有哲学家看看",这是一个大方的评论,因为这一时期杜威已经超越了皮尔士,找到了自己的哲学分析方法。杜威认为皮尔士的思想对自己帮助很大:"我在证明方法上向皮尔士学习了很多,但又跟他不一样。"在研究皮尔士之前,杜威确实在 1901—1913 年间在哲学理论上走出了自己的道路,但来自皮尔士的"证实"法是很重要的。

也许对《逻辑:探究的理论》的核心批判是它拒绝以亚里士多德哲学为基础。

> 我认为亚里士多德哲学对这个世界的笼罩最沉重,"语词学"曾经动摇了亚里士多德哲学,但我认为他们并没有意识到亚里士多德的"逻辑"只是一种理论替代物的反映,如功能的结构、过程的形式、发展的原因等。

430

431

杜威能够脱离传统基础，认识到逻辑和探究是一致的，或者像他说的，逻辑是"探究的继续"。难怪《国家报》的一个评论员说杜威的《逻辑》是最伟大的、最具革命性的哲学著作，这个评论员说就算杜威没写过其他作品，"这本书将足够为他在哲学史上赢得一个显赫的地位"。

二十年后，杜威比路德维希·维特根斯坦更早一步解决了罗素的逻辑问题，在1913—1914年维特根斯坦对罗素逻辑问题的解决方法与杜威在1893年对詹姆斯和皮尔士问题的解决方法是一样的。维特根斯坦在《逻辑哲学论》(*Tractatus Logico-Philosophicus*, 1922)中的解决方法和杜威的自然论有相似之处。不出所料，维特根斯坦的这本书是杜威直到去世留有的几本书之一。杜威时不时地短暂地回到这个主题上，就像他在1915年开始对罗素哲学进行的连续的批判一样。在很大程度上，杜威的《逻辑：探究的理论》和下一本关于价值的著作中，他的反传统的观点获得了巨大的成功。

杜威和价值判断

与《逻辑》密切相关的著作是杜威的《价值理论》(*Theory of Valuation*, 1939)，这两本书中都认为，科学探究可以得出有根据的结论，优秀的探究者可以进行更进一步的探究。杜威所使用的工具是方法而不是系统，是探究而不是知识，或者是临时的论断而不是真理，这些是杜威在他的工具经验主义中使用的方法。价值是他长期以来感兴趣的问题。在他的一些书和文章中，他对这个问题的兴趣源自他的哲学承诺，他问道："价值"的概念该如何理解？价值从何而来？它们的结果是什么？价值是如何基于经验或文化的？杜威在《哲学视野中道德的科学对策》("Logical Conditions of a Scientific Treatment of Morality")、《价值评估的对象》("The Objects of Valuation")和其他文章中分别对此进行了论述。1922年他在《价值和实验知识》("Valuation and Experimental Knowledge")中初步论述了这个问题，当时杜威对这个问题还没有全面的理解。在《价值和实验知识》中，他在定义上有了进步。"估价"指的是"一种判断……关注不存在的价值评估，并使它们存在"。他断言，这样的价值观要求人们的行为表现只能以这种方式作出客观判断。这个技术性评论让杜威坚持实用主义方式的创造性活动，并使价值变成现实，然后这个主题就暂告一段落了。

杜威从没有专注过这些价值论的问题，如果不是他的一般哲学方法在道德或逻辑这些命题上会碰到价值问题，或许他就不会这么做了。但在 20 世纪 30 年代中期，几个奥地利逻辑实证主义者聚集在一起，在维也纳大学形成一个圈子，并移民到了美国，他们和美国同行、同事计划编写一部国际统一的科学百科全书，这需要大量科学家和哲学家，主要是逻辑实证主义者。这部书的主编是奥地利的奥托·纽赖特（Otto Neurath）、他的同胞是维也纳圈中最著名的鲁道夫·卡纳普（Rudolf Carnap）和美国人查尔斯·W. 莫里斯（Charles W. Morris）。作为推出这套科学百科全书的方法，主编们计划委托编纂一系列关于主要领域的二十本两万字的专著。这些将以《科学的基础》（The Foundations of Science）为书名分两卷出版，其中一个主题是价值。因为莫里斯让纽赖特和卡纳普相信这个项目应该"包括实用主义者和逻辑经验主义者的作品"，很简单，下一步就是让杜威加入进来，再下一步就是让杜威负责价值专著的写作。杜威是最佳的作者，因为在逻辑实证主义体系中，道德的意义并没有真正的答案。杜威的最初贡献有两点。第一，在手段和目的的讨论中，他找到了验证道德的程序；第二，为了检验价值，他提出这样一个问题：当它们在手段—目的体系中出现时它们是如何工作的，这样就把它们带到了探究的领域。本质上，他建立了一种重新评估价值的方法。

开始时，杜威不愿写这本专著。他已经表达过对实证主义者持严肃的保留意见，特别是对于他们的"原子事实"或"原子命题"存在的论断，他不愿意和他们一起参与进来。除了安排杜威和纽赖特会面外，没有什么能消除他们的分歧了。这像实用主义和逻辑实证主义之间的一次峰会，杜威以前的学生悉尼·胡克和欧内斯特·内格尔充当了调解人。内格尔是一位对数理逻辑、认识论、一般科学哲学感兴趣的哲学家，他描述了这次会议：

> 纽赖特只会说蹩脚的英文，他试图解释他的逻辑实证主义，但不是很成功……当他意识到他的解释毫无结果时，他激动地举起右手，仿佛在发誓……他严肃地说："我发誓，我们不相信原子命题。"

冰打破了，杜威笑了，其他人可能也松了口气，杜威说："好吧，我们应该庆祝。"他动手做了饮料（他分发了什么饮料没有记载，但如果他心情特别好，可能会调"特制佛蒙特"：威士忌和枫糖浆的混合）。

在大多数情况下，杜威作为莫里斯的编辑，他们一起完成了这本关于价值的小册子。这个主题的探究必然会涉及道德和逻辑问题，特别是经验主义的价值分析和价值主张。他总结道，关于价值的陈述，是人类理想中的衍生品，这些理想在行动中经受了考验。它与那些被证明是行不通的手段或不受欢迎的目的是截然不同的。

杜威在《价值理论》中得出了一个意想不到的结论,他认为价值问题是目前知识状态下统一科学的关键问题,"因为在目前,最大的鸿沟存在于人文学科和非人文学科之间"。当实证探究在"手段和目的框架内"包含欲望时,这个缺口必须也必将被填补。"欲望"是人类行为区别于非人类行为的决定性特征。要实现科学的联合,就要先实现"科学"和"欲望"的结合,如果缺乏这一种结合,科学则只局限于自然,而不能使自己统一起来。"在这个整合中,不仅科学本身是一种价值(因为它是人类特殊愿望和兴趣的表达和实现),而且它是有效确定人类和社会生活各个方面所有价值的最高手段。"在最基本的层面上,杜威仅要求人类找到智慧的道德。《价值理论》是杜威思考了五十年的结晶,他的思考比 20 世纪的任何思想家都深刻,它是现代人的道德准则。

《逻辑:探究的理论》(1938)和《价值理论》(1939)是杜威年近 80 岁时写的,它们在他的生涯中来得太晚了,并且在许多影响杜威公众声誉的作品中,它们从来没有得到过应有的重视。从杜威的个人观点来看,它们清晰地表达了他之前没有思考清楚的东西,在他的生命中,即使它们不在公众印象中,它们也一定是杜威的代表作品和最终作品。

杜威的八十大寿庆典

在 1939 年来临之前,关于美国未来走向的疑云纷至沓来。经济萧条会持续多久?美国会发生任何形式的革命吗?美国卷入欧洲战争的可能性有多大?但是,1939 年国家庆祝杜威诞辰的活动要连续举办,这在每个人心中都是毫无疑问的。当年年初,贺拉斯·卡伦(Horace Kallen)就开始牵头筹划杜威的 80 岁华诞,总结杜威在过往十年里取得的个人成就及其对美国的意义。他咨询了十几位人士的意见,其中有一些人是上届筹备会的成员,包括悉尼·胡克、巴恩斯、亨利·林维尔和克伯屈,结果是成立了"约翰·杜威八十周年委员会"。该委员会由贺拉斯·卡伦担任主席,杜威的朋友——社会道德文化的先驱杰罗姆·内桑森(Jerome Nathanson)担任委员会的秘书,其他人形成了执行委员会。

当时,杜威非常不情愿地同意了这档子事。在基韦斯特度过的一段假期之中,他对重复以前的庆典深表怀疑。他确信"十年前的那一次已经够用一辈子的了"。胡克试图说服杜威:这种场合具有国家意义,而非仅具有个人意义;而且,1939 年,由于法西斯势力的膨胀,举办一个大型庆祝活动可以用来强调和宣传杜威研究的一切——民主、自由主义与个人自由的意义和价值。不过，把生日过得这么热闹的想法对于杜威来说是"糟糕的"，而且连他自己也不相信能兑现其延伸的象征价值。此外，他解释道，他刚刚完成的那部卷帙浩繁而且令人期待已久的著作——《逻辑：探究的理论》已经使他精疲力竭。后来，他已经答应伊芙琳，在10月份他生日那天与她、她丈夫在他们密苏里州的农场的绿色大城堡里一起度过。

　　随后，卡伦再一次给杜威写信，敦促他接受并参加庆典。杜威坚称："我仍未看出来我如何能坚持到庆典结束。"他恳求卡伦理解"现在我在智力上几近真空"，这比以往任何时候都严重。是"老龄"吗？或者是把他的思想都用在了《逻辑：探究的理论》上？或者是基韦斯特岛的"知识隔离"使他变迟钝了？他搞不明白，可他知道他确实讨厌给一群祝福者再做一次演讲的主意。或许卡伦本人应该举办一个杜威对于法西斯主义的立场的讲座。他赞同胡克和卡伦的想法，即他关于民主的重要性的观点应该出现在"每一个合法的场合"。卡伦建议，作为另一个可选择的方案，是否由杜威拿出一个"可以阅读的东西"，来代替他本人出席呢？杜威很快同意并承诺他将把他写的"论民主"的手稿交给卡伦，以便他不在场时以供阅读。贵宾和待定的演讲嘉宾名单报经杜威许可，一群支持保卫民主的社团集合起来赞助这次庆典。在靠近纽约宾州车站的宾夕法尼亚酒店预订了一个大宴会厅。

　　接下来就是跟待定的演讲嘉宾通信了。7月份，杰罗姆·内桑森写信给查尔斯·比尔德，请求他参加庆典，并在演讲嘉宾席中给他留一个位置。比尔德回复内桑森，他表示他确实打算出席庆典，但并不想坐在演讲嘉宾席上，"以便能够听得清楚演讲嘉宾讲的是什么，否则还不如待在家里或者跑到月亮上"！这意味着他要发言吗？内桑森提醒比尔德，他曾经答应在由进步教育协会组织的会议上以更长的篇幅发表演讲。会议将在当日的白天举行，也是庆典活动的一部分——只是该会议与晚上的演讲是分开进行的。他希望比尔德"不要鱼与熊掌同时放弃"。但是比尔德依然没同意。他很快给内桑森回信："很抱歉，我还是不能忍受当着杜威的面针对他的作品做演讲……我不愿意在杜威面前谈论杜威。"内桑森回复比尔德，告诉他杜威本人不会出席庆典。比尔德会重新考虑他的决定吗？比尔德勉强答应了内桑森的请求。他回信道："好吧。我可以在杜威的晚会上做两分钟的演讲。"

　　比尔德的接受使内桑森完成了这个项目，演讲嘉宾的流程也最终搞定。克伯屈演讲的题目是"美国生活中的约翰·杜威"，随后是对他的介绍。在这个活动中，杜威的演讲将通过位于中西部的一家无线电台发送到宾夕法尼亚酒店的主宴会厅里播放，这也是国家无线广播的一部分。最后，其他的人依次演讲：比尔德，杜威在巴纳德哲学系的朋友威廉·P.蒙塔古，时任中国驻美大使的杜威的学生胡适，经济学家韦斯利·C.米切尔(Wesley C. Mitchell)和《华盛顿邮报》(*Washington Post*)编辑的妻子艾格尼丝·梅耶。每个人都会产生"回忆和思考"。

杜威对于讲些什么不知所措。卡伦和胡克建议他在1939年法西斯主义兴起的背景下讨论民主的价值观。这听起来像是一个好主意。但是直到10月5日这一天，庆典开始的前两个星期，杜威向卡伦坦承在耗尽了整个夏天的时间"一歇没歇"打磨出四个主题后感到精疲力竭。他全神贯注于准备并评论托马斯·杰斐逊(Thomas Jefferson)选集中的一卷著作，并给保罗·席尔普(Paul Schilpp)编撰的《在世哲学家图书馆》(*Library of Living Philosophers*)第一卷撰写稿件。为此，杜威致力于其工作，不得不对有关他哲学生涯的每一篇文章做详细的评述，同时也帮助简、伊芙琳和露西为该书准备一份一万五千字的个人传记。最后，他正在撰写《自由与文化》(*Freedom and Culture*, 1939)，该书在9月底完稿。结果是，"我一直没能在演讲词方面的工作中拿定我的主意，我甚至不知道演讲的逻辑路线是什么"。

杜威在高效完成工作方面的能力一直是个传奇，但是他毕竟快80岁了。杜威就如何处理民主的主题发给卡伦两条建议：一是运用"准历史的"(semihistorical)方式加以解释并考虑当前的民主；另一个是把民主作为一种生活方式的"分析的"演讲。他对究竟用哪一个主题拿不定主意，请求卡伦帮他选择。但是他跟胡克说过他倾向于选"准历史的"作为更合适的主题。

但是，卡伦选择了另一个"分析的"演讲而且把"我们必须做什么才能自由"(What We Must Do to Be Free)作为活动标题。由于受到巴恩斯在近期信中所做作为智力和情感选择的民主的回复的帮助，杜威接受了卡伦对于"分析的"偏爱，想出了他自己的一个标题："创造性的民主：摆在我们面前的任务"(Creative Democracy：The Task Before Us)。杜威一天之内写完了讲稿，但是他谢绝去德梅因做演讲。因此，卡伦不得不在晚宴上当着一千个来宾的面代替杜威宣读他的演讲词。这次可以称得上杜威"特殊的演讲"中最好的一次。

演说稿的第一段，杜威受杰斐逊的一篇文章的启示，指出需要构建一个尽可能强大的新政府才能创造出"一个自治社会的政治结构"。在杰斐逊的时代，开拓精神仍然盛行，一群在政治发明上天赋非凡的人们创造了一个新的国家。但是现在，杜威说，"开拓是道德上的而不是生理上的"，并且因此"一百五十年前召唤社会和政治发明的危机依然以在人类创造性上提出更沉重的要求的形式与我们同在"。现在的民主不是政治思想或者法律堆积物的一个实体，而是一种"生活方式"，它建立在一个活动着的信念上，而这个信念在人类本性的可能性之中，也在人类有"智力评价和行动"的能力之中。简而言之，民主是一个持续的、创造的实验，这个实验带着对于再造和革新的附加的可能性，创造出更自由和更丰富的经验。

杜威的演说结束后，后面的演讲嘉宾按顺序依次进行了演讲。出人意料的是，作为听众的费欧雷罗·拉瓜迪亚（Fiorello LaGuardia）也发表了演讲。沉思默想杜威八十年历程，这位自由主义市长开玩笑："真不敢相信，一个自由主义者能活这么久。"随后，他又赞扬杜威对于美国民主所作的贡献。拉瓜迪亚回应了杜威的信念，即民主的信徒"没有任何对外国条文或理论的倚靠，也会选择正确的方向"。

在10月20日和21日这两天，几个关于杜威和民主的演讲开始了，包括巴恩斯参加的会议，由进步教育协会组织的分会以及一个"有关方法的会议"。巴恩斯一如既往地关心杜威的福利。他听说1939年7月，当杜威过完了80岁生日，他的哥伦比亚养老金将终止发放。巴恩斯确保杜威余生将每年获得5 000美元的补助。

教育与自由

20世纪30年代，杜威对教育重生兴趣。由于他建立了作为全美教育改革的头号发言人的声望，他经常被要求在教育问题上发表演讲或接受访谈。因此，教育——民主社会的教育——从未远离杜威的思考。这一世纪里30年代至40年代之间，美国的三种思潮迫使杜威回归到教育问题。第一种是持续不断地对教室里言论自由的攻击；第二种是认为高等教育应该是建立在古典传统基础之上的人本主义理论的发展；第三种是来自教育权势集团内外部的对于进步教育的指责的开始。进步教育在公众心目中，不仅是一场运动，而且是与杜威不可分割地联系在一起的口号。

几十年来，许多教育工作者发现他们的言论自由遭到威胁。自从1915年美国发生宾夕法尼亚大学解雇激进经济学家斯科特·尼尔林（Scott Nearing）一案后，杜威就投入了有关学院自治、教育工会对抗理事会的限制壁垒的重要性以及学术自由问题的辩论。斯科特·尼尔林事件结束后，杜威提醒《纽约时报》的编辑，公众将真的愤恨受托人"像工厂对其雇员（在一所大学里）一样滥用法律权利"。同一年，杜威在《国家报》上就美国犹他州大学十七位大学教师破坏学术自由的问题发表了一篇文章。此后不久,在美国参加第一次世界大战前,杜威为许多被解雇的纽约市高中老师进行辩护。他坚持反对不断高涨的公众怀疑的浪潮,即无神论和布尔什维克主义已经或不久将会被介绍进学校。学术自由的缩减一直是杜威的牵挂,为此他参与创建与组织美国大学教授协会、美国民权同盟和纽约市教师联盟,所有这一切都与他作为公众成员更新和重建教育的努力分不开。

440

20世纪30年代,美国的经济大繁荣时代结束,给许多激进思想的发展创造了空间。在某种程度上,杜威的思想起到了催化或至少是"促进"课堂改革的作用。在组织团体中间,大部分的教育者提出改革的新思想,且不仅仅局限在教育方面。他们因此被认为是制造多余麻烦的人而遭受攻击。商业机构如美国商会,著名的报刊,包括著名的赫斯特报纸以及各种保守的组织机构,例如美国自由者联盟,都向学校董事会和立法部门施压以限制课堂上讨论社会问题。一个迹象表明他们的施压取得成功,有二十二个州以及华盛顿特区立法限制教室里的言论自由。这种对教育的抨击,不仅促使保守者和激进者对解决经济危机的途径加深了分歧,也由于经济萧条和缩小税基使得为教育筹集资金变得更加困难。对于很多人来说,在这个艰难的时期教育的支出似乎是一笔额外的负担。

这种缩减的趋势和保守主义与杜威的进步主义相冲突。起初杜威是间接地、温和地反对,后来则变成更为直接和强烈地对抗。在20世纪30年代中期,杜威在给《社会前沿》(*Social Frontier*)杂志社写的几篇文章中,提出了自己对教育与社会意识之间关系的设想。他在无线电台广播的"教师与民众"("The Teacher and the Public")的演讲中,声称作为工作者的教师们应该"与他们自己的朋友们联合起来去对抗他们共同的敌人,特权阶级,在联盟中发展品质、技术和智力,这些对于把民主的社会秩序变成现实都是必要的"。在《教师及其世界》("The Teacher and His Word")中,杜威忠告教师们要置身于当前社会运动的潮流之中:"这个时代出现了问题,而且⋯⋯教师们即使想逃也逃不掉,只有分担一些责任才是正确的出路。"由杜威撰写的以上和其他主题相同的文章,使他自然而然地在1936年写了《学术自由的社会意义》("The Social Significance of

441

Academic Freedom")的文章。此文中,他的论断显示了他有关民主社会角色的思想的演变。"学术自由",他说,真正意味着"在自由中教和学从智力上如何雇用公民服务于'社会的改造';无之,民主将会不复存在"。杜威合乎逻辑的结论是:对教育自由的限制乃"反民主的罪行"。

杜威经常作为权利受到侵害的个体教师的代理人进入公共视野。例如,1937年,杜威帮助成立了一个委员会，负责筹集给亚瑟·J. 克劳斯（Arthur J. Kraus）教授提供法律援助的资金；克劳斯教授曾因用绝食来抗议波兰的一些大学对学生的迫害而被纽约城市大学解雇。由于 20 世纪 30 年代，教育自由的问题频繁出现，杜威决定成立一个永久性的志愿者组织来监察这一领域，而不是由他去考虑一个问题接着一个问题。文化自由委员会于 1939 年 5 月组织起来，目的是"保护智力自由，应对极权势力攻击"。宣言共有九十六位作家、艺术家和学者签署。当《新共和》的社论版对委员会的用处表示怀疑时，杜威写了很长的回复发给杂志社，两周后杂志社发表了杜威的评论。除了指出《新共和》指控中的许多诬陷和不实之处外，杜威表示，文化自由委员会主张"仅仅作为反法西斯主义者是不够的，不过在这个社会有必要为了反对各种形式的极权主义影响，进行一场积极的进攻型的战役"。

1939 年 10 月，该委员会举行了第一次公开会议，强调需要"集中智慧采取合作行动"，随后它立即投身于行动之中。纽约立法机构拨款 30 000 美元以调查纽约公立学校系统，同时，华盛顿特区众议院委员会主席代表马丁·戴斯（Martin Dies）负责"反美活动的调查"项目，准备审查教科书作者的颠覆政治和社会的行为。杜威在代表文化自由委员会所写的《调查教育》（"Investigating Education"）一文中做了回应，指出，仅在一个月前，哥伦比亚大学教师学院的哈罗德·拉格（Harold Rugg）教授编写的教科书就被贴上具有颠覆性质、最终在纽约州宾厄姆顿市的公立学校禁止使用的标签。前不久，其他的教科书也遭到同样的命运。杜威写道，本委员会欢迎任何对美国教育深思熟虑的调查，但是对于"偏见、盲从和愚昧无知"持"坚定不移地反对"的态度。

442

伯特兰·罗素

自 20 世纪 40 年代起，杜威又开始积极地参加教育的争论。他卷入到了一场与伯特兰·罗素的论战之中。罗素是一个走到哪里争议就跟到哪里的哲学家。1919 年，在杜威的建议下，罗素带着他的情妇去中国做讲座，演讲中他表露出对英美社会的反感。1940 年 2 月，纽约城市的高等教育委员会任命罗素为客座哲学教授。他将在纽约市立大学教授哲学与数学的关系和高级逻辑学课程，并且举办一系列著名的讲座，从 1941 年春季开始直到下一学年结束。作为一个特殊的地位，大学教授的薪水列入城市专门的预算。一时间，纽约似乎即将成为世界哲学中心。罗素与在哥伦比亚大学的杜威及他的同事们、新学校的贺拉斯·卡伦和纽约大学的悉尼·胡克共同约定把纽约城打造成一个卓越的哲学中心。

在这种情况下，罗素却因他早先的作品引起了纷争，特别是对他的那些关于开放婚姻、自慰、宗教和性自由的观点的支持。不久后，一则公告宣称尽管爆发了争议，罗素还是接受了任命。威廉·T.曼宁（William T. Manning）是美国纽约市新教圣公会的一个有影响力的主教，是坚定的保守主义者。公告发布后，他立即向《纽约时报》写了一封信表示强烈抗议。他坚称，罗素是"一个公认的反宗教、反道德思想的传播者"，还是一个提倡通奸行为的放荡者。曼宁的信被埋在论文堆里，但它却引起了保守派读者的注意。支持曼宁的回音向报纸弥漫开来。《简报》（The Tablet），天主教布鲁克林教区的一份报纸，宣称至少有八十四个天主教组织对罗素的任职表示了道义上的愤怒。杜威了解此事后，他告诉哈佛大学哲学家霍金说，"由这个旧极权组织"天主教发起的运动的开端要"废除所有在大纽约城的地方自治的学院"。哈佛大学已经给罗素提供了为期两年的客座教授职位，杜威也给霍金写信以确保哈佛大学将继续支持罗素任职。同保守派苛责的登峰造极一样，自由主义者很快用性格化来为罗素做辩护。记者多萝西·汤普森（Dorothy Thompson）戏剧化地报道了此事，她把罗素描绘成"20世纪的苏格拉底"，而且把主教曼宁比作给罗素提供"一杯鸩酒"的人。

在这个节骨眼上，这场论战几乎不可避免地成为一个法律问题。吉恩·凯（Jean Kay）是一位家庭主妇，她表示为她的女儿可能很快成为城市学院的一名学生而担心，而且害怕女儿会受到罗素的激进观点的不良影响。一位名叫约瑟夫·戈尔茨坦（Joseph Goldstein）的律师"踊跃相助"，而且在他的援助下，作为纳税人，吉恩·凯在纽约高等法院提起诉讼，请求撤销对罗素的任命，理由是罗素"是一个异类和淫乱的倡导者"，使用公共基金任命罗素是不合法的，同时也是对公共礼仪的冒犯。

《时代》（Time）杂志的教育栏目记者描述了接下来发生的事情："身材强壮的法官约翰·E.莫吉翰（John E. McGeehan）、虔诚的天主教徒和虔诚的民主党组成的审判团审判了此事。"戈尔茨坦律师和凯夫人手里拿着罗素的四部著作（《我的信仰》（What I Believe）、《婚姻和道德》（Marriage and Morals）、《教育和美好生活》（Education and the Good Life）和《教育和当代世界》（Education and Modern World））出现在法官莫吉翰的面前，并且从这些著作中挑选了一些内容做了评价。他们坚称这个被提名的教授的著作充斥着"淫荡、猥亵、好色、贪欲、邪恶、色情、激发淫欲、无神论、傲慢无礼、心胸狭隘、虚伪和缺德"的内容。另外，还用罗素的自传作为支持的根据，戈尔茨坦声称罗素在运转一个裸体主义者群体，赞同同性恋，喜欢淫荡的诗歌。法官莫吉翰翻阅了这些带有罪行的卷宗,1940 年 3 月 30 日他痛责罗素和纽约市高等教育委员会。他说,委员会对罗素的任命使城市学院有了一个"下流的教授"。莫吉翰宣布解除罗素的教授一职,理由如下:罗素的教条将鼓励违反国家的刑法;学术自由不"允许一个教师教导……学生之间发生性关系,且女性年龄在 18 岁以下,是合适的";委员会没有权利任命一个异类从事一份城市的教育工作,并且委员会早该对罗素进行一个全面的审查。凯夫人告诉记者:"我很高兴,正义和正派的一方取得了胜利。在这次伟大的战斗中,我一直只是一个象征……我相信所有的母亲都有自己的哲学观,她们不仅比得上那些伟大的学者,而且她们在许多方面还优越得多。"

当时,罗素正在洛杉矶市加利福尼亚大学的另外一个公共机构教学。在那里,他的任职似乎并不引人注意。当被一名采访者问及对纽约听证会的评论时,他表示惊讶:"它击中了我的眉心,我不知道该说什么和做什么。我想让大家知道我没有寻求那个职位。"带着异常的谦卑,罗素补充道:"比起主教曼宁来,我对性并不感兴趣。"罗素表示他已经委托美国民权联盟提起上诉。战役打响了。纽约诉讼案的公之于世警告加州公众在他们中间有异端存在;不久一个浸信会牧师艾拉·沃尔(Ira Wall),提出一项新的诉讼请求来反对加州评议委员会,希望罗素从州立大学中离职。沃尔评论道,罗素的观点对美国来说是"颠覆性的、危险的,也是一个威胁"。谈及对于这些指控的回应,罗素表示在教室里他教授哲学——"永远不会联想到性"。

约翰·杜威密切关注着罗素案件的进展。不出三天,杜威、乔治·S. 康茨、悉尼·胡克和贺拉斯·卡伦代表文化自由委员会联名写了一封支持罗素的信,并把此信交到了纽约市长费欧雷罗·拉瓜迪亚的手中。同时,把复本转交给了教育委员会的主席奥德伟·泰德(Ordway Tead)。公诉人威廉·尚勒(William Chanler)在法庭上宣读了此信。信的开头写道:"与纽约……开明的市民一起",他们一致认为法官莫吉翰对罗素的判决相当于"对苏格拉底和伽利略的迫害",是偏执的,是"由美国免费教育导致的并且依然维持着的最严重的倒退"。他们认为,为使这一决定成立,就会为审判铺平道路。这种修辞风格或许是出自卡伦之手。第二天,城市媒体广泛关注了这封信以及文中对判决的抗议。杜威本人非常积极地鼓励正面媒体把此事报道得铺天盖地,并且高兴地看到纽约大学的校长写了一封"勇敢"的信件发给《纽约时报》。在罗素的案件中杜威参与到各个层面,反映出他对教育思想自由的更广泛的兴趣。的确,杜威告诉霍金,尽管他对"罗素本人陷于完全糟糕的境地极为抱歉",但是他还是感激诉讼起诉了一位广为人知的哲学家,而且这个案件引起了广泛的关注与抗议。他觉得,罗素迎接

445

的这个挑战将会超出他自身，从而让更多的人受益。

市长拉瓜迪亚与公诉人尚勒磋商想要结束此案，简单地判决罗素的薪水预算不能由专项基金支付。尚勒不同意拉瓜迪亚的做法，提出上诉。杜威感到并不满意。事实上，他宣称他本人"震惊于"民主的市长屈服于政治上的压力，而且杜威写信提醒他，如果决定成立，它会威胁到所有高等学校教育中的言论自由。说到这一点，杜威开始让他的朋友巴恩斯参与进来。比起这位市长，杜威对巴恩斯更坦诚一些。他直白地告诉他的朋友巴恩斯，在该案件中"拉瓜迪亚暴露了他的胆怯"。巴恩斯还是像以前容易激动，听了杜威的讲述后，立即变成了一个对罗素的狂热的支持者。或者，更确切地说这个案子赋予他以象征意义，他成了与无知战斗的知识界中的一名斗士。

同时，杜威把他的希望和注意力集中到了美国公民自由联盟的上面。他进一步地劝说市长和教育委员会主席泰德，既然是自由主义取向，那么采取的行动应该像他一样。除非泰德已经"畏葸不前"，杜威在给巴恩斯的信中这样说。杜威私下里联系了美国公民自由联盟的秘书长，该秘书长立即给纽约市市长发去了一个电报，强烈表示向纽约最高法院"提出上诉的愿望"。美国公民自由联盟的纽约分会也全程跟进，并在上诉法院中，抗议莫吉翰对罗素任职的否定，称罗素的代表有权介入此案。为了进一步向市长施压，"学术自由罗素委员会"迅速成立，并向拉瓜迪亚递交了一份为罗素辩护的简明扼要的法律申诉书。杜威和他的同事们成为这个委员会的核心：蒙塔古为主席，杜威曾经的学生小约翰·赫尔曼·兰德尔为秘书长，还有弗朗茨·博厄斯也是其中的成员。威廉·A. 尼尔森（William A. Neilson）加入了其他抗议者组织。

奥德伟·泰德证明他自己并没有"畏葸不前"。市长在给泰德的信中表示"上诉将不是明智的"，但是泰德已经安排了教育董事会自己的免费辩护律师，他将请求审判团对莫吉翰的判决进行司法复查。4 月 19 日，他们向纽约最高法院呈送了上诉提案。提案中，他们攻击了莫吉翰判决中的最薄弱的环节，并且质疑：首先，"是否教授……在所有情况下必须是公民"；第二，法院是否有权控制董事会对罗素的任命。凯夫人的律师约瑟夫·戈尔茨坦在回应中只做了一个短暂的露面，声称自己将在法庭上抗议董事会雇用自己的法律顾问的权利。

由于受到案件进展的鼓舞，罗素写了一篇题目为《自由与学院》（"Freedom and the Colleges"）的文章，刊登在曼肯（H. L. Mencken）的《美国信使》（American Mercury）的 5 月份期刊上。他在文中指出，美国的学术自由一直遭受着"财阀和宗教"的统治威胁。并且罗素预测，如果他们一直如愿以偿，那么他们的做法"将会使美国降低到和德国一样的水平"。

杜威似乎要缩短与各方的距离,想方设法地从各方面为该案的胜利做争取。接下
来,他转向维拉德民族,把这当作在公共场合传播他自己思想的一个出口。同年6月
份,杜威发表了一篇短文《伯特兰·罗素案》("The Case for Betrand Russell"),聚焦于
罗素讨论性道德的合法性。杜威审查了罗素实际所写过的有关性话题的文章。在言
论自由这个大舞台上,杜威的言论有相当大的可信度。他在道德理论方面的兴趣历久
不变且为人熟知。早在1932年,他出版了他与塔夫茨合著的《1908年的道德观》
(1908 Ethics)的文选的修订版。杜威对罗素的文章进行分析,发现罗素一直以来主张
的是一种新的性道德,一个更加一致的信仰和实践,并没有否定性道德。杜威建议,自
由讨论,"没有教条主义和偏执"的自由讨论,应该被鼓励,而不是被压制。他明确地表
示罗素的许多观点他也不赞同,但是他主要的担心是与对自由的寻求连在一起的。

这种对自由的担忧在杜威的私人信件中表现得还要明显得多。例如,他给霍金
写信:

> 如果男人因为表达了他们的……关于政治、经济、社会或者是道德的问题的
> 一些反传统的、异教的甚至是不明智的言论而被美国大学所开除……我将由衷地
> 庆幸自己的教学生涯结束。在任何高等院校里总会有一些受照顾的妓女。

他补充道:"在这个问题上,我的态度非常明确。"另外他把这封信的副本送给罗
素,还用钢笔在副本上写着:"真诚地感激您。"

在巴恩斯的敦促下,杜威继续与卡伦共同编辑《伯特兰·罗素案》("The Bertrand
Russell Case", 1941)。撰稿者被文化自由委员会挑选出来。杜威写了序言和一篇文
章。《自由主义与社会行动》("Liberalism and Social Action")一文的观点在他的序言
中得到了体现。他坚持,所有的撰稿者都要遵循"智力法"。相比之下,罗素的批评者
们正企图"采取民众强烈抗议的私刑法解决一个问题,即合格教育者的开明判断……
在另一边"。杜威的结论是,使罗素闭嘴的尝试失败了,《伯特兰·罗素案》的出版发
行,或许从长远来看有助于最终实现"人类的精神自由和民主的生活方式"。杜威的文
章以《社会现实对警察、法庭的虚构》("Social Realities Versus Police Court Fictions")
为标题,指罗素对待道德的有尊严和人道的处理,与戈尔茨坦、莫吉翰和其他许多人把
罗素描述成的淫荡的、不道德的和下流的特征形成对比。

由于罗素案在法庭上久拖不决,杜威准备了第二套支持方案:在他激起了巴恩斯
的兴趣以后,巴恩斯将他的愤怒变成了行动。在杜威的促使下,巴恩斯决定任命罗素

为巴恩斯基金会的讲师。5月24日,巴恩斯基金委员会秘书小约翰·赫尔曼·兰德尔给罗素先生的妻子写了一封信,表示:"如果你能接受的话,巴恩斯有一个计划将能保证罗素先生的生活开支……他可以自由地做他想做的那份工作,并且不加任何附属条件。"几天过后,巴恩斯的请求经杜威传达给了在加利福尼亚的罗素。罗素立即写信给杜威表示感谢:"你转达的建议……都是我所渴求的。"他又告诉杜威,由于杜威参加辩护,天主教杂志《美国》(America)声称一个"粗鄙的"罗素还不如"一个潜伏的杜威"更具有威胁性。到6月份的第一个星期,罗素接受了巴恩斯一个五年合同的请求。

事实上,巴恩斯完全资助罗素的时间是两年半。然后,在1942年12月28日,总是好斗的巴恩斯提前三天通知解雇了罗素。罗素提出了控告。巴恩斯发布了一个新

449

闻公告嘲讽罗素"为当一名殉道者向公众展示他自己"。指控得到了反诉方的答复。但是罗素在法庭上胜诉,得到16 000美元的损失费。然而,1944年巴恩斯下了定论;为了诋毁罗素,他出版了《伯特兰·罗素案对民主与教育》(*The Case of Bertrand Russell vs. Democracy and Education*)的小册子。无论如何,杜威在1940年都赢得了胜利。他激励了学术的、自由的和适度的公众的舆论;他强化了哈佛行政部门任命罗素的决心,如果这一任命也合罗素之愿;他对罗素的反对者产生怀疑;而且他几乎凭一己之力保障了罗素的物质生活水平,缓解了罗素的焦虑。他勇敢地捍卫言论自由,并且和许多杰出的知识分子一样,使报纸对自由问题产生兴趣。1941年《伯特兰·罗素案》出版后,评论文章更新了对于这一案件的讨论。杜威取得了极大的成功。

更多的争议

具有讽刺意味的是,当杜威为了罗素在几条战线上战斗时,他自己的大学对言论自由发起了攻击。先是哥伦比亚大学解雇了达纳和卡特尔,紧随其后的是比尔德和罗宾逊的辞职。原因是相同的——1940年,校长巴特勒表达了美国将参战的立场。罗素的案子刚以接受巴恩斯的提案而被解决,巴特勒校长就在新学期的伊始给大学教师发表演讲,表达了他关于美国有必要代表欧洲民主国家参战的信念。关于哥伦比亚大学在那场战争中立于何地,他希望留下"毫无疑问"的答案。鉴于回忆起因为教室里发出的对战争的抗议,导致先前不幸发生的大学教师被解雇的事件,巴特勒公布了大学的政策。虽然他承认教师的权利,但是他坚称"在任何种类和形式的学术自由之前和之上……大学自由"作为一个学术机构,在制定政策借以支持由战时支配的国家需要

的时候,是至关重要的。不同意这一政策的大学教师不应该"拥有大学教师资格,以使他们的行为摆脱由大学教师资格自然而且必然提供的限制"。

巴特勒的言论遭到了美国参议院的谴责。好几个组织以杜威为带头人立即举行公开的抗议反对巴特勒的立场,其中有美国公民自由联盟和当地的第五教师工会。

杜威有充分的理由因为巴特勒个性上的慷慨大方的诸多实例而感激他,就在谴责他的同时称赞他的理想。他开始说道:

> 在大学职能上,没有哪一个声明能比得上巴特勒校长的声明了。大学应该贡献力量"分析和理解牵扯进目前战争中的经济、社会和政治问题",而且应该不带激动情绪,"带着镇静的心情、良好的判断力和完整的知识"来这样做,这是一个无法超越的声明。

杜威注意到巴特勒的进一步声明,与其令人佩服的开头并不一致。这使得杜威得出结论,巴特勒校长的声明并不能意味着大学有高于学生和教师的重要性,因为大学里除了学生和教师别无其他。此外,行使主导权等于是极权主义,并且因为"校长巴特勒是极权主义者的敌对者,这不得不迫使我得出这样的结论,巴特勒所说的并没有传达出他的真正含义"。杜威对这个问题下了最后定论,因为巴特勒认识到杜威合乎逻辑的论辩支持了他,他就没有再多说什么。过了不到两个月,日本海军袭击了珍珠港,美国立刻在战争的努力中联合了起来,巴特勒的宣告也就变得没有实际意义了。

在第二个教育的争论中,杜威成为主要的辩手。这场争论是围绕着他的功能教育中的工具哲学与为提升文化素养而准备的"伟大思想"和"伟大著作"项目之间的冲突而展开的;后者受到了一群强调人文传统先于社会进步的教育者的拥护。历史背景是很重要的。在 19 世纪 80 年代美国教育重建时期,杜威开始了他的工作。他反对当时的课程以及强调死记硬背、言语智能和演练等相关的教学实践。与全球重新提倡的教育的启发式价值系统化相呼应,杜威仿效赫尔巴特、福禄培尔和裴斯泰洛齐,试图通过解放学生来延伸教育的意义。在美国,他的思想扎根于教师培训项目中。他的思想通过他持续开展与社会相关的教育活动,扮演着向导者和典范的作用。

在 20 世纪 30 年代,发生了两件事,一个是关于继股市崩盘后的几十年内激进主义者数量的增加。改革的声音流传开来,而教育的革新归因于杜威开始摆脱对智商和知识的推崇,而转变为强调实践活动和轻视智力学科的思想解放。在教育中与此相反的另一潮流是保守派,形成的是非固定活动的信念,非常符合 20 世纪 20 年代的肤浅与疯狂的特点,但不知怎么地就造就了 1929 年的灾难。回到好的老式价值观和经过时间考验的传统似乎为恢复经济提供了一个稳健的方法。

在大学里教育改革运动很困难,限制了 19 世纪的课程,最终导致选修课占课程的一大部分。这又反过来导致了一个逆反应——创生了以有关西方传统中的伟大著作和伟大思想为内容的基础课程。这些课程的发起者承诺会通过展现最好的思想和学说来扩大教育的意义。经典著作和文化素养理论家把他们的信仰凝聚在丰富个人思想的层面上,并不是为了改善社会。杜威主义者和传统主义者之间的争论变得出乎意料的尖锐。因为一些原因使杜威积极地参与争论中。一个是来自两所与他曾经最密切关联的大学——芝加哥大学和哥伦比亚大学——对传统教育的新的强调。另一个是他的追随者寄望于他的领导作用来捍卫他们自己的立场。

452   杜威经常批评"进步教育",似乎它是依靠他的权威而进行的实践。1930 年,进步教育协会成立十多年后,杜威开始评估学校里自由的作用、价值和目的,自由往往是与他的名字有关。杜威所写的《新学校中有多少自由?》("How Much Freedom in New Schools?")的表面目的是为了评估进步教育在 1919 年和 1929 年之间所取得的成果。从文章可以看出从一个"进步"学校到另一个"进步"学校几乎没有明显的一致性。教育改革是好事,但是进步教育一直以来展现出的是它与传统教育相对立的痕迹。这样一来就导致了"进步运动的口号能够转化成不同的行为"的结果。许多实验学校反抗集中的控制已经超越了自由的限度,而且"在极端的情况下,他们表现出的热情远远超过了可以理解的程度"。杜威赞同改革需要去反抗死板的教育实践形式,这是毋庸置疑的。但是,反抗可能导致仅仅表面的自由,即使它实际上产生的倾向是"可悲的自负、骄傲自大、粗俗鲁莽和漠视他人的权利"。自由并不是教育的终点。如果教育不是获得智力的一个手段,自由将是毫无价值的,或者是变得更糟糕和有害。杜威认为,真正的进步主义教育必须联系社会;男人和女人必须受过教育,能够洞察城市和工业文明的特征和情况,否则他们只能拥有一个虚饰的教育。

几乎没有批评家对"进步教育"的评论像杜威一样,非常严格和公正地指出它目前存在的缺陷。然而随着传统主义者对杜威影响美国教育的批评的增加,杜威被迫回应批评他的那些人,处境多少有些尴尬。他捍卫的是教育为社会的整体智力服务,而反对的是那种只是限制智力的教育。批评者与杜威争论的一般性话题至少可以说是与 18 世纪的"守旧者"和"革新者"之间辩论的话题一样陈旧。20 世纪 30 年代在教育上争论的话题一方面是由杜威引起的,另一方面是因为芝加哥大学的校长罗伯特·哈钦
453 斯。支持杜威的代表人物有威廉·H. 克伯屈、悉尼·胡克和贺拉斯·卡伦,而支持哈

钦斯的则是莫蒂默·阿德勒（Mortimer Adler）、马克·范·多伦（Mark Van Doren）和斯科特·布坎南。

1936年，哈钦斯出版的著作《美国高等教育》（*The Higher learning in America*）反映了同样的精神，他在书中诋毁杜威在芝加哥大学时期创造的哲学学校。哈钦斯作为大学的校长，利用自己的权力迫使哲学系接受纳哥伦比亚的博士并且是新托马斯主义者的哲学家莫蒂默·阿德勒，尽管哲学系的老师们投票反对他的任命。对此，杜威的两个前同事，詹姆斯·塔夫茨（James Tufts）和乔治·赫伯特·米德还因为这件事辞去了他们在哲学系的教授职位。哈钦斯在他的著作《美国高等教育》中攻击了杜威的哲学本身。

就像杜威回答路易斯·罗米格（Louise Romig）问的《确定性寻求》一书的意义是什么时，给出的"没有什么"的回答一样，哈钦斯也可能会解答这样一个问题——《美国高等教育》它所具有的意义。在该书中，哈钦斯批判了他所发现的大学课程里对知识的忽视和大学课程的混乱。他认为，选课制度没有潜在的形而上学原理，因此没有基础。他竭力主张一个连贯的教育系统；这个系统由亚里士多德哲学和新托马斯主义武装起来，具体通过把西方人文主义的伟大思想组织起来，但是要注意把这些思想在行动中所产生的后果的担心排除出去。虽然实验科学教育在他的教育系统中起到了作用，但是他并不承认科学的实证哲学。哈钦斯认为，职业教育和专业训练明显地不是理论知识，又因为很显然大学一定是讲授知识的地方，所以"为一项专门的职业而训练并不是大学的职责部分"。

在杜威看来，学问脱离了智力活动是缺乏实践的形而上学。杜威所理解的"人文主义"与哈钦斯理解的完全不同。1930年，杜威提出什么是"人文主义"这一问题，称其为"混合词"。杜威否定了像保罗·埃尔默·莫尔（Paul Elmer More）和欧文·巴比特（Iiving Babbitt）两位"新人文主义者"的观点。杜威认为，此二人皆根据人文主义的对立面而给它下了消极的定义。不仅如此，杜威认为，哈钦斯和阿德勒二人的人文主义观是二元论的，是他们把人类与自然相分离。对于杜威来说，人文主义"如果它遵循自身的合乎逻辑的推论，那么脱离一切自然的基础和自然的积极作用的推论和规则的想法……将终止，……在教会之间"。杜威所赞同的"人文主义"实际上是自然主义——"扩大……人类生活的扩大……其间迫使人类的忠诚公仆创造出好的自然与自然科学"。1940年，他对克里斯·拉蒙特（Corliss Lamont）说："我开始思考我自己对文化或人文自然主义的观点——或许能够这样解释，对我来说自然主义这个术语似乎比

454

人文主义更恰当。"后来,在回答一位记者问他自己的形而上学观时,杜威说:"很显然,我没有形而上学的思想。"他又接着说:"形而上学的思想是一种令人愉快的诗歌形式……但是,诗歌应该是一朵花,而不是一块石头。"调查自然世界的活动现实辅之以科学的研究方法是杜威思想的基础。"任何以形而上学'主义'为人文主义的思想基础,不仅抛弃了人文主义的精华,而且引发了一些同样的宗派分歧;这已经影响了世界历史上著名的宗教,互不相容随之而来。"

杜威卷入到哈钦斯激起的辩论中是不可避免的事情。他已经备好文章发表到《社会前沿:教育评论与改造》(*Social Frontier: A Journal of Educational Criticism and Reconstruction*)——一个支持他的朋友乔治·S.康茨(George S. Counts)主编的杂志。杂志在第一年出版时给杜威留出了一个专门的版面——"约翰·杜威的版面",在那里他可以自由地选择任何主题去写,也可以奉献出任何他想去写的长文。《美国高等教育》出版后不久,杜威写了一篇题为《教育的合理性》("Rationality in Education")的专文对该书做了评论。他注意到哈钦斯低估了科学、自然哲学的价值;他对人类及其需求持有静止的观点;自以为理论高于实践并且贬低各种职业主义;最后,他对真理始终抱有一种任何时候都一样的态度。所有这些导致了他自己对理想的大学的看法下了永久性的结论。杜威唯一同意哈钦斯批判的一个方面是:现在的教育漫无秩序且混乱不堪。在杜威看来,教育应该如何改造,决定性的问题是"考虑未来",而非回到从前。

杜威承诺的"考虑未来"的文章就发表在下一期《社会前沿:教育评论与改造》上。杜威在他停顿的地方又赞扬哈钦斯对美国高等院校中存在的教育弊病的分析。但是杜威声称,哈钦斯借助高等教育从混乱的当代社会生活中退出以便进入绝对理想的高空的解救措施是选错方向了的。相反,在杜威看来,"教育改造不可能完成,如果没有高等教育发挥作用的社会的改造的话"。或许改革教育的最好的方式是由教育能够借此帮助改造社会的有预见的行动组成。因为教育为社会提供智力服务,而形成的结果是社会又能反过来改造教育。正如哈钦斯所认识到的,教育和社会远非分开,而是二者一定始终彼此缠绕互惠影响;没有二者的相互作用,任何一方进步是不可能的。

康茨邀请哈钦斯回应杜威发表的那两篇文章,哈钦斯确实在《社会前沿:教育评论与改造》的次期做了回复。他以"语法、修辞和杜威先生"的语言开始,放射出修辞的灿烂光芒。他被要求回应杜威的文章,但是他表示"我无法这样做……因为杜威先生以此种方式表明我的立场,导致我觉得自己无法写作,并且他以这样一种方式表明了他自己的立场,让我觉得自己无法阅读"。多少带点像阿奎那辩论的方式,哈钦斯几乎矢口否认了杜威所有的批判并且保住了他自己免于其他人的责难。总之,他声称杜威歪曲了他。具有讽刺意味的是,他想知道杜威是否相信自己对哈钦斯"他仍与19世纪的德国哲学斗争"的评论。

在次月发行的《社会前沿:教育评论与改造》杂志中,杜威优雅地(但也具有讽刺意味地)回复了哈钦斯的问题。他认为,哈钦斯的书是有意义的。因为它明确地提出了对待"经验的地位、实践问题和构建真知的实证科学方法,还有因此而(选择和)组织的高等教育学科问题"这些重要的问题。但是在他的答复中,哈钦斯拒绝回答这些问题,取而代之的是用他自己巧妙地托辞保卫自己。哈钦斯拒绝辩论知识的基础问题,声称"我必须请求他的原谅,如果我把他的书太当回事"。

哈钦斯退出直接的辩论并没有使他们之间的争论结束。1937年,杜威听了他曾经的学生但现在是哈钦斯的盟友莫蒂默·阿德勒的一次演讲,阿德勒称杜威为"头号公敌"。自此,争论开始慢慢地火热起来。1943年,哈钦斯在《财富》(*Fortune*)杂志上发表的一篇文章中称,存在一个时间或地点之外的不变的人性,它"不会被不同文化的不同传统抹杀掉"。作为社会以及生物进化论者,杜威蔑视这种观点:"(人类)不会出任何事,或者说作为自然、生物、社会界的一部分的人类不会出任何事,可以使其本性发生任何改变。"杜威发表在《财富》上的一篇《对自由主义思想的挑战》("Challenge to Liberal Thought")回复了哈钦斯的文章。因为哈钦斯的文章以及其他人对"何谓现代的和新式教育"的攻击,使杜威发问:"如果我们希望我们的教育哲学是活生生的,而不是死气沉沉的古董,那么什么样的目标和理想应该掌控我们的教育政策和教育事业?"各方一致认为,当代教育缺乏统一和集中。一群评论家认为,现行制度的缺陷"源于过度关注什么是现代人类文明——科学、技术、当代社会议题和困境"。持相反看法的另一群评论家认为,当前教育的缺陷源于那些相同的影响因素在"塑造现代文化"中没有起到代表性的作用。第一组人认为,自由教育"需要回到大约两千五百年前的希腊时期制定的教育形式、模式和标准,还需要复兴六七世纪前的封建中世纪精神并付诸实践"。但是,杜威认为,希腊时期的自由教育反映的是当时的社会生活的现实;它是给奴隶阶级分配各种职业、工业、机械和技术的活动,而那些依靠奴隶阶级的劳动果实生活的人们就可以致力于"更高级的事情"。可是在现代,问题是如何使我们的科学、技术和职业教育自由化,而不是如何从一些早前固定的自由教育中隐退出这些。哈钦斯和他的追随者推崇"物质"和"精神"之间存在分歧,而杜威旨在在鸿沟之间架设桥梁,

456

457

消除所有这些二元论观点。不管是奴隶国家强化的柏拉图主义,还是教会国家支持的中世纪主义,都不会在现如今的民主美国获得成功。在杜威看来,那些自称为哲学家的人,他们首要的机遇和责任是明确民主的内在关系;要做到这一点必须使用指导变化的方法,产生革命化的科学的方法。

也许哈钦斯已经受够了,因此亚历山大·麦克尔约翰(Alexander Meiklejohn)作为他的辩护者加入了争辩,并在《财富》1945 年 1 月那一期上回复了杜威的观点。在对圣约翰学院杜威的大学的古典课程大段的描述后,麦克尔约翰声称尽管他们看问题的出发角度颇有不同,但总的来说他和杜威在许多问题上意见一致,并试图以此来弱化杜威的批评。杜威对此完全不能忍受。麦克尔约翰在 1945 年 3 月份《财富》发行的那一期上写道,"完全误解了我实在的意思……"。事实上,他似乎并不理解"我文章里的每一个认真的学生……已经知道的东西。目前哲学的根本问题源于对物质和精神、理论和实践、事实和价值的传统信念的重审与重组的需要"。二元论的分离观点阻碍了这种必要的重组。麦克尔约翰作了简短的回复。他承认,或许他误解了杜威;但是其后,杜威也误解了他的文章。那就是说,"在一个非常困难的问题上",出现了"一个交流的同败"。但是杜威却不让步:"我回复麦克尔约翰先生,追求的只是想让他正视我的观点。当然他有权认为这些是误解。但是,当他谈到'同败'的时侯,我发觉他过于包容了。他的结束语似乎通过回避来承认错误。"至此,杜威、哈钦斯和麦克尔约翰之间的辩论正式结束,尽管今天辩论以不同的术语在不同的对手之间仍然在继续。

因为杜威以其进步观点吸引了那么多人的注意,所以他引起美国联邦调查局(FBI)的注意也就不足为奇了。特工定期地撰写更新他们自己的杜威传记的版本。例如,1943 年 4 月 29 日,美国联邦调查局(Federal Bureau of Investigation)的纽约办公室对杜威作出了下列的描述:

年龄:83

出生:1859 年 10 月 20 日,佛蒙特州伯林顿市

地址:纽约城,第一西街 89 号

身材:高而瘦

眼睛:黑色

头发:粗心梳理的、灰色的

仪表:服装不整洁的

举止:孤僻的、温和的、有绅士风的

眼镜：佩戴精致的眼镜

谈吐：无抑扬顿挫、慢慢悠悠

胡须：下垂

1943 年，纽约办公室的案件代理人陈述，鉴于杜威已经高龄和"没有迹象表明他目前从事的任何活动将危害美国内部安全的最佳利益"的事实，此案应予撤诉。

但事情并没有了结。事实上，美国联邦调查局已经花了很长一段时间密切关注杜威从事的活动，而且对他的关注仍在继续。监视反美活动的马丁·戴斯众议院委员会也已经注意杜威，甚至断言杜威是一个无神论者是一个"既成事实"。来自美国费城基督教长老会的沃尔特·阿尔比恩·斯夸尔斯（Walter Albion Squires）牧师补充道："杜威博士在公共教育的影响方面，对美国的宗教利益有很大的关注。在苏联，他被公认为是一个教育指南。"

美国政府"用大约 500 至 600 件参阅文献"收集了三卷宗有关杜威的材料。一个典型的词条写道："（马修·沃尔）声称，对于苏联的事业，杜威比美国所有公开宣称的共产主义者做得多。"由美国联邦调查局局长 J. 埃德加·胡佛（J. Edgar Hoover）创始的杜威卷宗的总结，用一个意味深长的注释做了结尾：在他九十大寿时收到的"贺信"当中，"有一封来自杜鲁门总统"。既然美国总统都已把杜威称作"最伟大的美国人之一"了，那么，终止把杜威当颠覆分子而做的调查，看来是明智的。

关于教育进一步的观点

杜威参与的许多争论都与进步教育有关。他对教育与社会联系的坚持，在相当程度上是对他自己年轻时所流行的循规蹈矩式的教学方法的一种反抗；努力引导较低社会经济阶层，特别是移民儿童，接受民主和开放的思想；认为科学实验方法可以为教育环境中的自由探究提供基础；他坚信，受过良好教育的公民是抵御法西斯主义或纯粹金钱资本主义的唯一有效屏障。

他的主张使他受到了来自各方的攻击。比如，杰弗里·奥康奈尔牧师（Rev. Geoffrey O'Connell）对杜威的攻击就是典型的例子。他告诉听众，杜威的目标是"反美国的"，他和他在师范学院的同僚们"试图破坏美国教育中的基督教目标和理想"。在面对他的批评者时，杜威经常说，激进派往往和保守派一样，对他的教育哲学不满意。教师检查和澄清价值观的想法冒犯了保守派。宗教发言人担心杜威学派会变成"无神

459

460

论者"，用"科学之神"取代"神教"。传统主义者和历史主义者怀疑杜威培养出来的学生会对过去一无所知。维持现状的人担心杜威对社会变革的强调会带来变化。基础教育的支持者担心，如果儿童的基本读、写、算从课程的中心位置掉下来，那么识字将注定只会成为主观主义。非科学家惧怕杜威的自然主义；科学家们想知道他对社会的强调是否可能是反科学的。杜威的一些批评者认为他对智力的强调过于主知主义；其他人则认为他的思想会导致反智主义。有一群人认为他对教育定的标准太高，无法达到；另一群人认为他的标准低得令人绝望。左派人士认为他过于温和；右派担心他是一个极端的激进分子。激进分子批评他说服学生接受现行制度；现存社会制度的支持者又认为，他决心发动一场反对它的革命。有些人认为他的教育哲学是"以儿童为中心"的，因此愚蠢得有些幼稚；另一些人认为这是有社会目的的，因此损害了学生的个性和创造力。有些人认为他过于看重个人；另一些人则认为，从科学角度看，他认为人类不过是高度发达的动物，或者是由社会决定的机器。

也许不足为奇的是，杜威可能是一个同意所有这些不当陈述的思想家。其实，这些表述不仅仅应用于形容杜威，总的来讲，也可以作为对美国教育应被要求满足众多需求的一种恰当描述，同时也是在他那个时代对教育理论和实践领域迷惑的描述。

从1916年的《民主主义与教育》的出版，到1938年的《经验与教育》的出版，在长达二十二年的时间里，杜威对这些问题的认真思考是显而易见的。在此期间，他写了许多关于教育问题的文章、报告、讲座和评论。其中，也许最有趣的是1932年他在费城中心高中（Philadelphia's Central High School）的一次演讲。在他的演讲标题"修道院、廉价货品柜还是实验室式的教育？"（"Monastery, Bargain Counter, or Laboratory in Education?"）中，杜威用隐喻来描述理解和组织教育的三种方式。在美国早期，以权威为基础的基础教育和反映英国精英主义高等教育原则的经典课程占主导地位。他称之为"修道院式训练"。他说，这种教育在当时是适当的，或者是不可避免的；修道院教育"是过去通往更广阔世界文化的唯一途径"。到了19世纪下半叶，情况发生了变化。"为了维护民主平等的理念，学校教育成为全民义务教育。"上高中和大学的学生比例增加了六倍。美国人口的城市化使人们脱离了美国人早期从自然和家庭工业中获得的实用教育。最重要的是，工业革命引起了重大的社会和经济变革，教育也随之发生了变革。

　　许多人，也许是大多数人，认为扩大教育是为了满足更多人的需要（尤其是包括了更多的职业性因素），是对教育的一种充实，但也有人持相反的观点……（他们认为)我们的教育由于迎合更多人的需要而堕落了;我们现在拥有的是一种廉价的交易柜台式的教育。

也就是说,店员—教师把各种各样的知识分散在柜台上,顾客—学生,可以选择最适合他们口味的知识。持敌对态度的批评者说,这样的教育具有实用性,但没有文化内涵。杜威承认,"其中一些批评似乎是有道理的",因为当代教育"分布得太稀薄,太分散"。但是,已经实现的普及教育可以提供过渡到下一个学习阶段的机会——"实验室式教育",这是一条受到认可的途径。"实验室式教育"涉及实验、探究、"需要通过测试、观察和反思——所有这些过程都需要大脑活动"。杜威认为:

> 但到目前为止,我们的教育还没有找到自我;小溪还没有到达港口,流入大 462
> 海。它抛弃了传统教育;它永远不能回到它的源头。它必须解决今天和将来的问
> 题,而不是过去的问题。因为这条河刚从被它淹没的海岸上收集了大量的碎片;
> 它趋于分裂,并在众多支流中迷失自己。它仍然被过去几代人建立的障碍所阻
> 碍。但它本身具有一种创造自由实验智能的能力,这种能力将有助于我们和其他
> 现代人,在必须生活的这个复杂而令人意乱情迷的世界,完成必要的工作。

诸如《教育与社会变革》("Education and Social Change")和《新教育》("For a New Education")等许多文章也提出了类似的观点,但杜威对 20 世纪 30 年代有关教育的争议的主要贡献是《经验与教育》这本书。

这本书起源于一个国家荣誉学会 KDP(Kappa Delta Pi)邀请他在年会上发表的演讲,就像杜威十年前第一次做的那样,他被特别要求发表"一篇关于独属他自己……教育哲学观点"。杜威写了一本大约两万字的小书作为回应,然后把它改写成适合晚上演讲的长度。该书的全文在大会召开前几天出版,被与会者热切阅读。在他晚上讲座之前,白天会议期间,杜威被告知,一群主要来自教师学院和纳什维尔德乔治·皮博迪学院(George Peabody College)的教育"本质主义者"(他们自己称自己),攻击了"滥用"杜威教学理论的威廉·H. 基尔帕特里克(William H. Kilpatrick)和乔治·S. 康茨,他们都是教师学院的领导人,而且是杜威的坚实盟友。他们用《经验与教育》的全文作为指控来源,并指出,在新书中"杜威博士自己举出了几个例子,他认为一些进步学校不明智地运用了他的理论"。

显然,杜威因为许多教育"弊病"和进步教育的缺点而被抨击,是因为追随者而不 463
是杜威本人的过激行为。因为杜威很出名,所以他的名字已经因为诸多漫骂成为代名词,诸如所谓杜威进步主义学校。然而,对杜威来说,要把自己从这些过激的理论或实

践中分离出来并不容易，这些理论和实践是他的追随者——通常是狂热的信徒——从他的著作中吸收得来的。在《经验与教育》这本书中，他试图阐明自己的立场，认为这是将自己与他的支持者们区分开来的最佳方式。正如《民主主义与教育》的哲学性质一样，这本新书还有一个额外的维度，作为对他的批评者们对"进步主义教育"争论的回应，而"进步主义教育"已经变成了"杜威"的同义词。

杜威在 KDP 的演讲中，第一句话就引起了一场争议："所有的社会运动都包含着冲突，而这些冲突在智识上表现为争议。如果像教育这样一个重要的利益领域不是一个充满纷争的竞技场，不是实践与理论的舞台，那这将不是个健康的标志。"但是，哲学家的责任——他唯一的责任——是深入到相互竞争的主张之下，研究冲突的原因，然后抛弃任何"主义"——甚至像"进步主义"这样的"主义"——以获得所涉及的"更大和更深层次"的问题。他的追随者曾代表他狂热地拥护"进步主义"，对于他们，杜威曾警告过放弃战斗号角和这个名字，深入看问题。

杜威随即陷入了进步理论与传统理论的冲突之中，同时也陷入了双方组织教学模式的冲突之中。无论哪种理论都不能提供有关教学的解决方案；相反，每一种理论都会产生教学上的问题要去研究。两者都可能变得教条；两者都可以是松散的且未成形的。"传统"教育在它强调"过去"、"指导"和"权威"中张皇失措。"进步主义"教育可能被"现在"、"做"和"自由"这些巨石所粉碎。这些并不是解决方案，而是需要解决的问题。在问题确定之前，思想无法寻求解答。杜威建议要有耐心。杜威在书名中将"经验"和"教育"联系起来，是在警告读者，他并没有提供一个解决方案。首先，这两个术语不能等同起来：一些经验会"误导"和阻止"经验的进一步成长"。相反，通过将"经验"与"教育"结合起来，杜威问：能以什么方式做到将"体验"和"教育"，做和学习在人类生成力中建立正向联系呢？杜威的《经验与教育》的目标是把教育从任何意识形态中解放出来，然后在没有口号的情况下重新开放。杜威在《经验与教育》和同年晚些时候写的《教育、民主与社会化的经济》（"Education，Democracy，and Socialized Economy"）文章中，从问题层面针对争议提出自己的观点：澄清，澄清，再澄清。争论永远不能通过争论来解决，只能通过澄清来解决。

有些争议可以用行动来解决。在涉及伯特兰·罗素和教育自由的案件中，杜威最终提出了一个经济解决方案，使案件最终达成了和解。其他的争议可以通过对基本问题的辩论来解决。正如杜威在谈到哈钦斯时所说，拒绝在这个层面上展开辩论，只会导致论战。最基本的是，争议必须通过澄清问题来寻求解决之道，而这些问题一旦模糊不清，就会使竞争者发生冲突。杜威当然没有在 20 世纪 30 年代卷入的所有争议中获得胜利。但他并不是想赢；他只是想明智地分析和有根据地行动。

战　后

1942 年，当芝加哥大学出版社准备出版约翰·E. 斯托纳(John E. Stoner)的《列文森和巴黎和约》(*Levinson and Pact of Paris*)时，杜威应邀作序。他写道，列文森试图"制造"和平。然而，杜威补充道，"第二次世界大战如此悲惨地证明，他的直接目的失败了"。尽管如此，杜威预测，人类对和平的希望是永恒的，列文森取缔"战争制度"的运动必须被"恢复"。

杜威写这篇文章的时候，全世界都在打仗。杜威所生活过和帮助创造的大部分历史都被战场的硝烟和美国前线战争的后果所抹杀。进步主义似乎已准备成为历史遗物。大萧条随着战争的努力而消失，政府的规章制度渗透到生活的各个方面。在全球参与之前，美国民主可以在国内成熟起来的想法如今变得不可想象，因为美国人分散在世界各地，即使在战争结束后，显然仍需要居住在外国领土上。杜威反对美国在第一次世界大战后加入国际联盟。如今，美国已是创建联合国的主要力量。 465

到 1945 年战争结束时，美国人已准备好重新开始新历史——拥有空前的资源、无限的希望，世界力量有了巨大增长，以及实现前所未有的广泛分布的各种繁荣前景。但是，投降条约刚一签署，世界就创造了一种新的战争，并命名为"冷战"。但随着战争的结束，杜威影响的一个渠道关闭了，另一个渠道打开了。在日本，政府和美国占领军认为学校的民主化很重要，杜威所有关于教育和教育哲学的重要著作都被翻译成日语。一代在杜威影响下的日本教师被培养出来。在意大利，杜威的著作也得到了广泛的传播，尤其是他关于政治哲学、自由主义和美学的著作。

在 20 世纪 40 年代和 50 年代初，杜威和其他美国人生活在一个华丽的新世界还是破碎的新世界呢？ 在杜威的整个一生中，美国在建设的，他所支持的、希望在社会上实现的东西，似乎都在崩塌。杜威的乐观本来会鼓励他采取积极的态度，但他的失望随着每一个新限制的增加不断翻倍，使他产生怀疑，不再抱有幻想。

这两种态度之间的某种冲突，出现在芝加哥大学哲学家、杜威的前学生兼同事理查德·麦肯(Richard McKeon)请求杜威写给由联合国教科文组织在 1949 年准备的 466《在充满紧张局势的世界里的民主：专题论文集》(*Democracy in a World of Tensions*：

A Symposium）的引言中。出于个人和公众的原因，杜威介绍这本书是自然选择。联合国教科文组织是联合国教育、科学和文化组织，杜威无疑是美国最著名的民主、教育、科学和文化关系方面的评论家；这是对他事业的真实描述。就个人而言，麦肯也告诉杜威，他自己对"社会道德问题日益增长的关注使他更接近杜威的……立场"。不到一个月，杜威就完成了引言，并把它寄给了麦肯。他对"西方民主国家的责任，尤其对美国责任"的强调令麦肯感到高兴，他称这篇文章"非常有力"。

　　然而，在与教科文组织官员协商后，麦肯不得不改变主意。政治出现了。有人担心，如果杜威的文章作为这本书的引言，苏联可能会认为整个计划都是反共的，并对那些躲在铁幕后面的投稿人采取报复行动。而且，杜威也强调美国有责任确保教科文组织履行其授权，支持"传统政治形式的民主"，这将引发进一步的冲突。麦肯不得不概述杜威所需要作的必要修改。杜威毫无争议地同意了这些改变。但现在，他的文章不再被认为是可以作为引言介绍，而是成为第五章。杜威还允许删去两句话，这两句话似乎过分强调了美国作为世界领袖的角色。他对麦肯说："我很清楚这篇文章从西方和美国的角度进行创作；事实上……这就是整篇文章存在的原因。"在这两句冒犯性的话和他的章节中，杜威保持了他对美国民主的一贯立场。但到了 1950 年，支撑杜威立场的历史发生了变化，杜威的美国主义立场不再令人满意，即使在美国也是如此。

　　尽管如此，杜威对《在充满紧张局势的世界里的民主：专题论文集》的贡献，是他对美国民主卓越人文价值进行承诺的最佳表达之一，也意识到美国的民主传统即使没有完全被拒绝，也已经被多么彻底地改变。他开始说："不需要任何论据就能让一个观察者相信，世界各国人民现在处于一种分裂状态，称为'冷战'。"对于这种情况，唯一有效的对策是"有组织的智慧"，旨在达成"共识"。杜威以他之前同意删除的同样的情绪结束了这一章：

　　　　责任……现在最直接地依靠较老的政治类型的民主（如美国）；它们是工业化历史最悠久的民族。在所有政治民主国家的人民中，美国人民特别受重视。因为……他们有机地接受了一种民主，在这种民主中，所有公民有权利和义务参与政治活动，并具有言论自由、集会自由和通信自由。

　　杜威最终还是站在了乐观的一边。杜威帮助创造的历史似乎已经被抹去了，但实际上它仍然存在于美国人心灵深处，并仍有重振自由、焕发新活力的可能。对杜威来说，美国并没有被抹去，只是处于休眠状态，暂时被世界共产主义的新民主国家所抗衡。但是，他相信，美国的民主进程是可以被复苏的。

约翰和罗伯塔

1930 年罗伯塔·洛维茨来到纽约，拜访了约翰·杜威。她的父亲约书亚·洛维茨（Joshua Lowitz）和杜威成为朋友时，杜威在石油城教书，约书亚和妻子住在匹兹堡附近。罗伯塔出生于 1904 年。在她的童年时期，她的父母曾短暂地到中国传教，她早年在亚洲度过了一段时光。长大后，她是一个有魅力的女人，富有创造力和活力。她为匹兹堡出版社（Pittsburgh Press）写旅行文章，但她不是一个普通的记者。早在 1931 年，她就开始在匹兹堡公立学校组织"旅游俱乐部"。1934 年，奥古斯都·托马斯（Augustus Thomas）描述了她当时的工作："埃斯特尔·R. 洛维茨（Estelle R. Lowitz）小姐是一位经验丰富的报界人士……据我所知，她是报界最有趣的旅行人物之一。她带着年轻人进行一场想象中的旅行，穿越不同的国家，展现了这些国家人性的一面……她的项目是高等教育。"她周游各国，从这些国家寄回信件和风景明信片给孩子们，作为对他们教育的特别补充。1934 年，她在这个项目中游历了南美。

1936 年罗伯塔从匹兹堡搬到纽约市，并与杜威再次取得联系。起初，她请求他的帮助，他给她写了一封《致相关人士》（"To Whom It May Concern"）的推荐信，信中写道："罗伯塔·洛维茨小姐已经发明了一种方法，使高年级或小学地理教学既有趣又有活力……这将引起人们对其他国家的好奇和兴趣。"他敦促管理人员和学校董事会将她的工作引入他们的课程。但这一次他们的关系不仅仅是调情；1936 年末，她和杜威亲密无间。1937 年 1 月的第一周，杜威去帕萨维尔海滩（Passagrille Beach）过冬。杜威发电报给她："如果你在这里，那就太好了。"他寄给她一张报纸上的圣·奥古斯丁（St. Augustine）的漫画，画的是皈依前公开承认有罪的圣·奥古斯丁，标语是："主啊，让我变得纯洁——但现在还不是时候。"在托洛茨基听证会期间，他一直在给她写情书。在听证会的第一天结束时，他向罗伯塔讲述了审判的经过，然后谈道，"我的新生活始于你"。6 月，他去辛辛那提大学（University of Cincinnati）上暑期课程。在他看来，这似乎是"我上过的最成功的一门课"。但是他很孤独。他的信与他写给爱丽丝和安齐亚（Anzia）的信是一模一样的欣喜若狂：

> 我有个难题……你爱我吗？我知道你爱我，但重点在于我。如果你不爱我，
> 我也不会怪你，我不爱我自己，虽然当我想到你爱我并让我爱你的时候，我对自己

有了更好的认识。

当杜威在辛辛那提完成他的演讲,并在密苏里州与伊芙琳共度一段时间后,77 岁的杜威就期待着与罗伯塔重逢,他兴奋得像个十几岁的孩子。"哦,又回到 70 岁了。"他在写给 32 岁的罗伯塔的附言中写道。他已经计划好 7 月中旬去哈伯德的时候,要带上罗伯塔。当他的邻居们发现罗伯塔和他一起睡在小屋里时,他们会说些什么,他既担心又兴奋。但是没有人大惊小怪,在那里待了十天之后,杜威给詹姆斯·T.法雷尔写信说:"我在湖边有一间小屋;生活的条件相当原始;这个湖是我们唯一的浴缸。我们中午去海湾或海洋附近的旅馆吃饭,罗比(Robby)做早餐和晚餐,我帮着吃。"杜威的孩子们和像默特尔·麦格劳(Myrtle McGraw)这样的年轻女性朋友都为他感到高兴:"一开始,莉兹(Liz)和我,"默特尔解释说,"我们都很高兴杜威有一个人可以和他一起去旅行。"

与此同时,罗伯塔与一位名叫罗伊·格兰特(Roy Grant)的采矿工程师开始了一段异地恋,这位工程师一直在世界各地寻找他的财富。他从美国西部、英格兰、比利时、尼日利亚和安哥拉给她写了情书。1939 年 9 月,当格兰特还在国外时,她通过代理人嫁给了他。十四个月后,格兰特得了重病,死在太平洋沿岸(Pacific Coast)。杜威的中国学生胡适,也是罗伯塔的好朋友,给她发了电报,对她的"巨大损失"表示他的"震惊",接着说"你对自己的分析很正确";你正在"成为一个女人,一个爱人,一个妻子和一个寡妇——所有这一切都在你生命中如此短的时间内完成!"她和胡适短暂地调情。死亡接连而至,10 月,罗伯塔的母亲在久病后去世。约翰和简从基韦斯特(Key West)送去他们的"爱和同情"。

470　　罗伯塔继续她的新闻事业。1939 年,她作为金斯顿(牙买加)《牙买加标准》(*Jamaica Standard*)的新闻代表参加了在纽约举行的世界博览会(World's Fair)。战争期间,她志愿参加了几个民间组织。1946 年 1 月,罗伯塔的哥哥赫尔曼·洛维茨(Herman Lowitz)去世,她继承了他 106.6 万美元遗产的 25%,主要是美国玻璃公司(American Glass Corporation)的股票。诉讼接踵而至,最终罗伯塔继承了大约 20 万美元的股票。

就在这时,她开始收养一个名叫路易斯·罗伯特·休姆(Lewis Robert Hume)的 4 岁男孩,这个男孩出生在加拿大新斯科舍省哈利法克斯市,靠近哈贝兹。尽管由于未婚,她遇到了一些困难,但在 1946 年夏末,她已经带着小路易斯一起生活了。还有什么解决问题的方法比嫁给约翰·杜威更简单的呢! 1946 年 12 月 10 日,约翰写信给

他的医生，

> 我明天上午在去佛罗里达之前和罗伯塔·格兰特小姐结婚。她是一位非常亲爱的老朋友。我们几天前才决定结婚。没有公告，我希望没有人宣布……年龄差距太大了——我担心她遭受一些不愉快的言论。无论如何，她都愿意承担风险，包括我们可能在一起快乐的时间相对较短。

杰罗姆·内桑森主持了仪式，罗伯塔和约翰宣誓并交换了戒指，然后举行了一个小型的庆祝活动，之后这对新婚夫妇动身前往基韦斯特岛。简立刻搬出去了。即使他们结婚了，领养过程也比预期的要长得多，直到 1948 年才完成。罗伯塔决定把路易斯改名为小约翰·杜威(John Dewey Jr.)，并收养比他大一岁半的姐姐。

没有人确切地知道家里的麻烦是从什么时候开始的。它开始，然后持续增长，直到有人注意到它。当罗伯塔坚持要给男孩改名时，弗雷德的妻子莉兹很伤心，因为这是她和弗雷德给他们的儿子取的名字，他过早地夭折，父母和祖父约翰都很伤心。在他们看来，罗伯塔不顾一切地去重新塑造一个约翰·杜威，似乎现在约翰·杜威和他的名字是她的财产。罗伯塔确实开始有占有欲了。婚后，当伊芙琳要求罗伯塔把仍在公寓里的爱丽丝的一些东西给她，以便给约翰的每个孙子留下一个美好的回忆时，罗伯塔拒绝了，没有任何解释。

爱丽丝的遗嘱问题也涉及这个复杂的情况。只要约翰没有再婚，他就能使用爱丽丝的遗产，而从 1946 年 12 月 11 日起，遗产本金转移到被指定为他的继承人的孩子们身上；1927 年至 1946 年间，本金显著增长。杜威家的孩子们接受了本金并进行了分割，只有弗雷德例外，他被认为有足够的经济保障而没要任何遗产。约翰没有提出任何抗议，但罗伯塔可能心怀怨恨。占有欲、应得权益、一种自恋——我们无法判断罗伯塔性格的哪一部分出现在她的要求、欺骗和装模作样中。1939 年，在杜威结婚前的 80 岁生日庆典上，她抱怨说她受到了策划者的怠慢，没有收到宴会的邀请。当她为此和约翰大吵一架时，约翰严厉地斥责她："罗比，你显然很生我的气——你知道，如果你有这种倾向，你可以找个词来解释。"他知道罗伯塔与凯伦(Kallen)和其他计划人员保持着密切的联系，她确实收到了邀请。1942 年，她感到被杜威最喜爱、最关心的门徒约瑟夫·拉特纳冷落了。拉特纳希望为杜威写传记，并慷慨地资助了约翰的几个项目。他通常在给杜威的信上签上"带着爱"，而杜威的结尾通常是"深情的"。一天晚上，罗伯塔打电话叫醒拉特纳，问道："你有没有说过我的坏话？"他问她，他应该说些什么，对谁说。但是她没有回答，只是在十分钟里一遍又一遍地重复同样的问题。然后她对拉

471

特纳说:"难道你不知道你说的任何伤害我的话,伤害了杜威吗?"这当然是一种威胁,因为约瑟夫·拉特纳把他和导师的关系看得比什么都重要。他焦虑得无法形容,给杜威写了许多长信,试图记住每一个和他谈过罗伯塔的人,并使他自己免除任何指控。他甚至暗示可能是西德尼·拉特纳(Sidney Ratner)说罗伯塔的坏话,最后得出相当可悲的结论:"我从来没有对罗比或其他任何人说过她依附于你。"

罗伯塔的性格中也有一种装腔作势的元素。与这家人关系密切的人都知道这两个孩子出生在哈利法克斯。但在公开场合,罗伯塔告诉所有人,她和约翰收养了"两名比利时战争……难民"。她告诉乔治·阿克斯特尔(George Axtelle),约翰有几个在比利时的朋友在战争中丧生,他收养了他们的两个孩子。在另一个场合,她大声反对杜威文集《机智与智慧》(*Wit and Wisdom*)中有关他现在的"婚姻关系"的一节。她向出版商毕肯出版社(Beacon Press)提出了杜威的要求,要求他们取缔第一版,并发行一个没有冒犯性段落的新版本。直到1950年,她还继续在书店里查寻,看看他们是否这样做了。那一年,她在双日(Doubleday)书店找到了两本第一版,在哥伦比亚大学书店也发现了同样令人反感的版本。罗伯塔被激怒了,杜威让他的编辑道歉,并答应迅速作出补偿。在杜威去世后的另一个场合,她要求杜威的编辑查尔斯·麦迪逊(Charles Madison)从一本杜威的书中删除科林·弗罗斯特(Corinne Frost)的一封信。嫉妒的占有欲当然是一个因素。

甚至在婚前,默特尔·麦格劳就杜威与家人的关系所发生的变化发表了评论:

> 还有一次,他坐在我的办公室里说:"你知道我们从来没有吵过架。"我不知道究竟是什么原因使他那样说的,我从来没有想到你会为了任何事情和约翰·杜威争吵。然后,我在夏天去了加利福尼亚。他在新斯科舍省,他没有寄信来,我也不理解。当我回来时,不知怎么的,我发现莉兹和我得罪了罗比。开始了一种分裂……那是一件很奇怪的事情……我不明白。

后来他们结婚了,事情变得更糟。

> 当他……结婚时,莉兹惊恐地打电话给我说他和罗比决定结婚了,看在上帝的分上,我应该离他远点。似乎有两个孩子,这两个比利时孩子,她说服他结婚是为了收养他们……他的行为当然改变了。我想也许是对我来说改变了,直到我和伊芙琳还有那些女孩们在一起,我才知道是对我们所有人。

情况越来越糟。1948年5月,莉兹和罗伯塔大吵了一架。约翰病了,莉兹来看望他。对莉兹来说,这就像过去的日子一样;她和他聊得很开心,就像他们在苏联和其他旅行时一样。这时罗伯塔走进房间,勃然大怒。在一封日期为 5 月 2 日的信中,约翰指责莉兹"冷漠无情的优越感",毫无保留地为罗伯塔辩护。

1949 年,在杜威的 90 岁生日庆典上,他似乎是另一个人。他曾在 70 岁时坐在观众席上,在 80 岁时发出一则信息;但在 90 岁时,有一场盛大的表演,一个盛大的登场。默特尔·麦格劳说:

> 在 90 岁生日宴会上,我和家人坐在一起,对我们这些认识他的人来说,这种表演……与我们认识的那个人格格不入……他没有出现……直到他们来到这个巨大的舞台入口,那里有很多孩子,很多小孩子。我对伊芙琳说:"这些孩子到底是谁?"她说:"我要是知道就好了。我不知道。"所有那些肮脏的表演……都进入了他的生活……我们都有点难过,但与此同时,就像莉兹在飞机上对我说的,"嗯,我们拥有他最好的一面。"

罗伯塔安排了一个戏剧性的登场,杜威被孩子们包围着。这是一个拍照的机会。也许是由于自恋,她让孩子们叫她"妈妈",叫杜威"爷爷",好像她没有嫁给一个老人。

罗伯塔和杜威的家人和朋友之间的紧张关系从未缓和。1951 年,约瑟夫·拉特纳再次被切断了与杜威的联系。他向杜威孩子中最亲密的朋友伊芙琳抱怨。伊芙琳对他表示同情,并向约瑟夫保证,她知道"一定有人千方百计想要杀了你"。她很痛苦,大胆地说,现在她的父亲真病了,罗伯塔可能会发现"如果他继续病得这么厉害,不能满足她不断要求的奉承,也不能为她提供一个倾诉邪恶幻想的耳朵,那她就很难……履行自己的职责了"。悉尼·胡克称罗伯塔为"偏执狂"和"骗子"。伊芙琳已经断定,试图通过罗伯塔同她父亲商谈探视一事是毫无用处的。她说,最好"事先不做任何准备就出现在他身边,如果事情发展到他要求帮助的程度,或者她的疏忽太大,需要帮助才能确保对他的照顾是足够的,我将非常乐意尽我的一份力"。1966 年莫里斯·埃姆斯(Morris Eames)用一句话总结了这一切:罗伯塔"一度疏远了杜威和她的许多朋友"。最终,罗伯塔完全切断了与拉特纳的联系。拉特纳受了伤害,他暂时搁置了为杜威写传记的计划,后来再也没有写过。是的,凯伦补充道,"他(拉特纳)认为……罗伯塔不诚实;对她恨之入骨;她也对他恨之入骨"。

罗伯塔引起的杜威和家人之间的裂痕给他带来了很大的困扰,关于这一点,杜威并没有给出任何信号。他站在罗伯塔的一边,为她辩护,反对别人的指责。他和罗比一结婚,他就向她效忠。在他与爱丽丝的漫长婚姻中,杜威似乎已经学会了如何完全接受和支持他的妻子,即使她像爱丽丝一样是个很难相处的人。1947 年,他告诉一位与他非常亲近的中国学生，他正在写另一本书，一本关于"一般哲学"的书。"这本书不关于爱，"他若有所思地说："虽然我确信这本书……会因为像我妻子这样的女性所带来的深刻而明亮的经历和视野而变得更加宽广。"正如约瑟夫·拉特纳被指控的那样，如果有人说罗比依附于约翰，那他就错了。那些认为他是一个伟大的男人，而罗比是一个肤浅、占有欲强、嫉妒心强的女人的人很难意识到这一点，但似乎当他们结婚时，他就依附于她。对她而言，她成了约翰·杜威夫人，小约翰·杜威的母亲，注定是杜威遗产的守护者，也是杜威之火的杰出守护者，即使在杜威之火熄灭之后。

最后的生日庆典

到 1949 年，美国的世界已经是一个全球性的世界，杜威的 90 岁生日庆典也相应地成为了一个国际性的场合。来自世界各地的人们纷纷向杜威致意。在加拿大、丹麦、英国、法国、荷兰、以色列、意大利、日本、墨西哥、挪威、瑞典和土耳其举办了关于杜威重要性的演讲节目。杜威曾在 1919 年和 1921 年做过讲座的东京早稻田大学（Waseda University），举行了一次为期三天的讲座研讨会，讨论杜威的工作。在墨西哥，文化经济出版社（Fondo de Cultura Economica）用演讲、广播讲话、哲学文章和翻译《艺术即经验》来纪念这一时刻。伊斯坦布尔大学（University of Istanbul）校长欧默·赛拉尔·萨克（Omer Celal Sarc）写信告诉杜威，伊斯坦布尔将举行"特殊仪式"庆祝他的生日。

在美国，主要的庆祝活动持续了三天，以在纽约市中央火车站（Grand Central Station）上方的康莫德酒店（Hotel Commodore）的晚宴结束。在纽约之外，一百多所学校和学术团体举办了向杜威致敬的活动。杜威录制了一盘磁带，准备在太平洋学院（College of the Pacific）播放。当被问及他的哪些想法最容易被误解时，他回答说，"实用主义"是一个不幸的标签，因为"它被认定为一种非常狭隘的实用价值的观点"。和往常一样，他再次坚称，实用主义是一种方法，它本身不是一项改革计划或对某一特定事业的承诺。他说，任何一种想法都"完全是误解"。

90 岁生日基金委员会成立的目的是为了筹集 90 000 美元，为杜威的每一年筹集 1 000 美元，这样他就可以用这笔钱为自己选择的事业提供资金。威廉·基尔帕特里克（William Kilpatrick）担任主席，领导着一个非常大的赞助商委员会，其中包括雨果·布莱克（Hugo Black）法官和埃迪·坎特（Eddie Cantor）法官、漫画家艾尔·卡普

（Al Capp）、哈佛大学校长詹姆斯·B. 科南特（James B. Conant）、工会领袖大卫·杜宾斯基（David Dubinsky）和艺人吉米·杜兰特（Jimmy Durante），以及阿尔伯特·爱因斯坦（Albert Einstein）和小道格拉斯·费尔班克斯（Douglas Fairbanks Jr.）。罗伯塔·杜威是委员会的财务主管。

主要的庆祝活动在康莫德酒店组织，基尔帕特里克担任主席，内桑森担任秘书。五百多名赞助商的"部分名单"出现在节目中。在孩子们的簇拥下，杜威走进了大宴会厅，听取了九位政要的问候和简短致辞。第一封是杜鲁门（Truman）总统写的："亲爱的杜威博士：一个 90 岁、拥有丰富的人生经历和朋友的爱并具有不可征服和不能征服的青春精神的人是有福的。"美国最高法院（the U. S. Supreme Court）第二大法官费利克斯·弗兰克福特念道。在最后一刻，印度总理贾瓦哈拉尔·尼赫鲁（Jawaharlal Nehru）从另一个为他举行的会议上匆匆赶到康莫德，就杜威对他的国家和他本人的重要性发表了即兴演讲。问候持续了两个小时。发言人数超过预期。接着，杜威的老朋友、工业民主联盟（League for Industrial Democracy）执行董事哈利·莱德勒站起来介绍了贵宾。他指出，杜威对国际教育的影响"比任何一个人对现代世界教育生活的影响都要深远"。最后，杜威站起身来，即兴地讲了几句话。他想说的是，他一生都在"从事哲学的职业"，这不是勉强从他那里得到的承认，而是"一种夸耀"。他说，作为一名哲学家，他研究思考和行动的必要性和理由，他希望，新学院（New School）的校长阿尔文·约翰逊（Alvin Johnson）在今晚宣布的"我帮助人类从恐惧中解放出来"是正确的。回到一个神学问题上，这个问题在杜威年轻时很重要，现在他把它变成了对真理的义务，杜威继续说："当我们允许自己被恐惧所笼罩，允许它支配我们的行为时，那是因为我们对我们的同胞失去了信心——这是违背民主精神不可饶恕的罪行。"

晚宴上的一位发言人说，这"无疑是美国有史以来最重要的私人晚宴"。他是对的。然而，在他的回应中，杜威把这一时刻从对个人的颂扬，变成了对美国民主胜利的承诺，甚至是在危机时期。哥伦比亚大学的庆祝活动持续了一周。最后，哥伦比亚大学的校长——即将成为美国的总统——德怀特·D. 艾森豪威尔（Dwight D. Eisenhower）说，他自己被称为"自由战士"，杜威无疑是"自由的哲学家"。他还说杜威是"哥伦比亚天空中最明亮的星星"。

生日宴会后的第二天，《纽约时报》的一名记者来到杜威的公寓采访他。杜威承认，他对自己的生日感到有点不安，他宁愿与家人共进晚餐，或者带着他收养的两个孩子去中央公园（Central Park）散步。记者亲切地说，如果一个人在街上遇见杜威，"你会认为他只有70多岁,浓密的头发中夹杂着银光,他那浓密的胡须边缘被剪掉,已经开始变得灰白了"。杜威毫不犹豫地在几个问题上表达了自己的观点:教师的忠诚誓言弊大于利;公立学校教育应该接受联邦资助;俄罗斯的体系将会崩溃,因为"苏联(Soviet)强加了它的规则……没有人民的任何参与"。当记者提到杜威的座右铭"从做中学"时,杜威纠正道:"我不相信人们仅仅通过做来学习。重要的是一个人在他的做中所投入的思想。无知地做会导致他学习错误的东西。"在采访中,杜威的养子显然很不安分,他打断罗伯塔说:"我敢打赌爷爷一定很后悔他活到90岁。当我们到公园里,把他给我们买的铁箍摇来摇去,开开心心的时候,每个人都对着他的脸闪灯,问问题,什么都有。"

　　很有可能,在采访结束后不久,他确实和孩子们一起去了公园。他有一段时间过得很开心。他对约翰·格雷夫斯说,这些事件"让我变得平淡无奇,就像软木塞打开后一瓶冒着气泡的水"。仅仅基于年龄的庆祝活动让他患上了"慢性炎症"。他想回到哲学上来,他继续与格雷夫斯进行哲学通信,就好像根本没有中断过一样。不过,有两场他没有出席的生日活动确实打动了他。他了解到,在俄亥俄州(Ohio)卫斯理大学(Wesleyan College)历史课上,五十名学生在10月3日的班会上自发地唱起了歌"生日快乐……约翰·杜威",他们寄了一张自己的照片给"亲爱的约翰"。杜威被逗乐了,他回信说,最重要的是学生们的友好态度,他们温暖地称呼他。但他最喜欢的一封信来自马萨诸塞州(Massachusetts)牛顿学校(Newton School)的幼儿园至六年级的学生:

> 今天祝你生日快乐。当我们的校长今天早上告诉我们有关你的情况时,我们决定给你写封信,告诉你我们是多么感激你为改善我们的学校所做的一切。……如果你在这里,我们可以办一个很好的聚会,但是因为这是不可能的,我们都将努力成为好公民。

尾 声

在杜威90岁生日之际,贺拉斯·卡伦评论杜威说:"我想不起任何一位在世或已故的哲学家,能够如此长久地保持他全部的力量。"卡伦当然是对的。杜威的第一篇文章发表于1882年。到1949年,他已经进行了67年的哲学思考,发表了大约1 000部论文、书籍、评论和其他形式的作品,但他还没有完成最后一部作品。但从20世纪40年代中叶开始,他的健康状况开始恶化。当然,正如他告诉约瑟夫·拉特纳的那样,他现在"更关注药物，而不是理想"。1950 年，拉特纳在给伊芙琳的信中总结了当时的情况："他从未从去年的庆祝活动中恢复过来……他一次又一次地故态复萌。"尽管杜威的头脑清晰程度丝毫未减，但他是如此虚弱，以至于他已经不愿再写任何东西了。然而，当他的体力恢复时，即使只有几个小时，他又回到打字机前，写下"坚实的东西"。

1949 年，他与阿瑟·本特利共同出版了一本名为《认知与所知》(*Knowing and the Known*)的书，杜威试图将自己《逻辑：探究的理论》的假设推进到新的领域。事实上，他在《逻辑》的序言中已经承认，他对本特利的《数学的语言分析》(*Linguistic Analysis of Mathematics*，1932)亏欠颇多。本特利的书不仅帮助他认识到亚里士多德的逻辑，而且还有最近的形式主义数学逻辑"假定由固定在探究操作之外的意义控制"，而探究需要一种在探究实践中依赖自身的逻辑。所知只能在认知中发挥作用。这些问题也困扰着本特利。如果杜威的哲学地位是通过康德、黑格尔、詹姆斯和皮尔士来确立的，那么本特利的哲学地位是通过黑格尔、格奥尔格·西梅尔(Georg Simmel)、威廉·狄尔泰(Wilhelm Dilthey)和约翰·杜威来确立的。1895 年，他旁听了杜威在芝加哥大学举办的逻辑的研讨会，目睹了杜威从黑格尔、博桑奎特和洛采转向实用主义和《逻辑理论研究》的历程。在杜威的课上，他做了很多笔记，其中有一份留了下来，直到这个笔记成为他们的书的标题："杜威鼓励学生……问……'认知本身的行为是什么？'"杜威和本特利都试图用自然科学来创造一门人文科学。大约在同一年龄，杜威和本特利在美国同样的文化影响下长大：一种乌托邦式的、充满希望的、先验的、进化的、自然主义的、有机的、理想主义的、实用的信念，即一些新的历史片段开始在美国的海岸上展开。他们认为每个美国人都有责任帮助它的发展并加入其中；它将是民主的、平等的，在政治、社会生活、艺术和智力活动方面也是优秀的。

在《认识与所知》一书中，他们开始描述这一美国愿景中一个虽小但至关重要的部分，即一种语言符号理论，它将是易懂的、"坚定的"、明确无误的，并适合于沟通，将实用主义推进到知识和社会改革的下一个阶段。杜威的《逻辑》提供了基础；本特利的《数学的语言分析》是杠杆；他们对语言符号、思维和行为之间关系的考察是模式；他们揭露了卡尔纳普(Carnap)、莫里斯和其他逻辑实证主义者的形式主义逻辑和基础主义假设的缺陷，这是他们的副产品；他们在坚实的沟通基础上建立的杜威的工具主义或"自然主义"是结果。

在序言中，作者提请读者注意附录中杜威写给一个"哲学家朋友"巴尔兹(A. G. Balz)的一封信。这句话似乎是在指出一个基本的检验："一个人如果不能领会其中所表达的观点，就会发现自己处于阴影之中，就像我们不得不说的那样。"这个警示性的词立刻把大多数读者带到了附录。"在我看来，"杜威写道，"几个世纪前开始的科学运动，在自然科学的方法和结论上完成了一场真正的革命，标志着这场运动的是它的实验行为，以及即使是最成熟的理论也保持假设状态的事实。"这两个信念相辅相成，定义了杜威一本特利项目：实验性，而非基础性；假设的，而不是实证的。

在《认识与所知》出版后的几封书信中，杜威开始谈到他新的、富有远见的观点，即现代文明，尤其是美国文明，已经进入了一个新的历史阶段。美国新世界（The American New World）将改变世界，不是通过在欧洲或亚洲进行军事或大规模的商业冒险，不是通过打开经济大门，不是通过让世界成为民主的安全之地，而是通过沟通和团体重建文明。1949年，他给法国政治哲学家塞巴斯蒂安·德·格拉齐亚（Sebastian de Grazia）写了一篇文章，赞赏地评论了他的《政治团体》（*The Political Community*），并为重印的《哲学的改造》（*Reconstruction In Philosophy*）寄去了自己的新前言。"提
481 到我们目前的不确定性、混乱和不安定状态，"他说，

> 都是针对目前哲学的崩溃及其以全新的起点面对人类处境的需要而写的。我相信，我们正处于一个新的历史时期，即现代的开端，而自所谓中世纪结束以来的几个世纪只是一个过渡时期。……我们的危机是这样一个事实，即新时代已经达到了一种发展状态，而它对旧时代的破坏造成了它的不安定，但还没有达到建设性地组织新时代的地步。我们相信人类所经历的最大危机……肯定比"罗马帝国的灭亡"（The Fall of Rome）还要严重。诊断至少是第一需要。

将近一年后，杜威在写给贝恩（Bain）的信中描述了他对"现代时代"的看法。"我甚至想知道，我们是否会在人际关系的构成和过程中发生变化。"第二年，他为了一位年轻的哲学研究生的利益，又回到了这个主题，他告诫这位研究生继续他的工作："我们正处于……世界历史上一个新纪元的开端"，这个纪元始于罗马帝国的灭亡。

杜威基本上满足于把改造的任务交给别人。但在他精力恢复的好日子里，他觉得自己还有一本书，最后一本书要写，它将总结自己的发展，反思西方思想史，并开始其他人为巩固历史新阶段而要做的工作。早在1941年，他就开始写这本书了，他告诉科琳·弗罗斯特（Corinne Frost），他将对哲学史进行"某种程度上"的总结，以表明"我们目前的困惑，在很大程度上是由于在旧观念的基础和功能消失后我们依然保留着它们"。这将是一种实用方法论上的批判，对那些思想无法适应当下新闻的领域进行批
482 判。简单地说，这本书的主要标题就是《自然主义》（*Naturalism*）。它将涉及"人类努

力与他所生活的世界达成理智的协议"。杜威正在写这本书,然后发生了一场可怕的灾难。他向一位记者解释道:他手头有一项"大任务",要写一本书来总结他多年来的哲学信仰。但是他把手稿丢了!他"伤心欲绝"。根据几个人的说法,1949年夏天,他在哈贝兹拼命地写,几乎完成了一份初稿。科里斯·拉蒙特(Corliss Lamont)告诉我们,约翰和罗伯塔回到了纽约,

> 停在他们位于第五大道和97号街的公寓门前。他们把行李交给门卫拿上去,然后乘电梯上楼。当门卫把行李搬上来时,杜威环顾四周,对罗伯塔说:"天哪,我的公文包不在这儿。"杜威太太立刻冲下楼。他们知道那个公文包已经从车里拿出来了;但它已经消失了。在那个简单的箱子里有杜威那本几乎完成的书的手稿。

没有副本。他必须在90岁时重新开始!约瑟夫·拉特纳试图安慰他,"失去手稿对你是个不小的打击",他说,但你已经触及了"丰富的哲学脉络",可以写出一个更新的版本,与你最近在《经验与自然》的新序言中触及的观点平行。拉特纳说,杜威对这本书的想法毕竟"了不起到足以花上几代人的时间",而且"除了你,没有人能做这项工作"。几天后,杜威又恢复了往日的乐观主义,他开始认为自己丢失了手稿是一件幸事:"从某种程度上来说,这给了我新的想法,重新开始。我想我现在有更好的主意了。"在那年秋天的一次采访中,他非常乐观,甚至开玩笑说西伯利亚人活到了120岁。"如果他们能活那么久,我为什么不能呢?"他问道。有足够的时间写一本很长的书。

这本书从遗传学上被组织成一个思想阶段的历史,始于希腊对人文道德的"发现",它打开了民主的可能性,并通过理性和逻辑方法的教育促进了民主的进一步发展。杜威认为,从希腊到文艺复兴的开端,这段时期致力于创造一种超自然的希腊综合论,在这种综合论中,救赎的话语取代了理性的方法。从文艺复兴开始,人类一直徘徊在两个"不完美世俗化"的世界之间,直到今天。现在,一种新的基于"逻辑适应"的知识理论正在自然科学和人文科学中发展:心理学、经济学、艺术学、语言学、物理学和数学。杜威设想了一个理论与实践相一致的新时代。

有了这样的远见卓识,杜威无法满足于当今的哲学或人道主义。他非常想把这本书写完,但在那么多的日子里,他感到如此虚弱,以至于对完成这本书感到绝望。他告诉记者:"我想完成我的新书,但是……也许我永远也写不完。"他竭力保持精力,有时甚至使之恢复活力。他航行到牙买加蒙特哥湾,寻找一种恢复健康的气候。他向弗纳·努恩(Ferner Nuhn)咨询了图森市是否有可能成为一个长期停留的地方。"我们

483

去了佛罗里达州的基韦斯特。但那里经常很潮湿。"但是罗伯塔想解决佛罗里达的一些房地产问题,所以他们还是去了那里。他试着住在罗伯塔在宾夕法尼亚的农场枫树小屋,他喜欢得到自己的牛奶和鸡蛋,但这耗尽了他写这本书的精力。1950年末,他、罗伯塔和孩子们连夜飞往洛杉矶,在"圣莫尼卡的一家家庭旅馆"住了几周。为了寻找更好的地方,1951年1月,他们航行到了夏威夷。他们打算住一个月,在威基基的哈勒库拉尼酒店(Halekulani Hotel)安顿下来。他享受夏威夷的阳光,但"健康状况并没有像他或医生们希望的那么好"。尽管如此,他还是写了一篇文章《社会调查的方法、内容和用途》("How, What and What for in Social Inquiry")。他在2月底离开檀香山,一靠岸就住进了洛杉矶的好撒马利亚人医院(Good Samaritan Hospital)。

在医院的五天的休息和照顾使他恢复了体力。杜威的希望永远不会长久地破灭,不久他就幻想着这次医生会诊断和治疗他所有的身体问题。对于一个91岁的老人来说,他在给博伊德·博德(Boyd Bode)写这篇文章的免责声明时,几乎掩盖不了他对再活一次的可能性的近乎夸张的信念。他在医院的病床上给博伊德写道:"我几乎不可能完全成为一个'新人',但我相信,我将以更充沛的精力和更自由的方式,从痛苦和病痛中重新获得新生。"他的思想已经转向哲学和社会行动方面"相当激进"的新事业。他盘算着要在3月的第二个星期出院,纽约市在冬天仍然是关闭的,作为一个目的地是不可能的。杜威一家决定去图森,他们在那里一直待到5月中旬。罗伯塔曾在20世纪30年代写信给杜威的学生之一、现为韦恩州立大学(Wayne State University)教授的鲍勃·罗斯曼(Bob Rothman),描述了这种情况:"几个月来,他的太阳穴一刻也没有从疼痛中解脱出来。"他不具备工作的条件。后来传来艾伯特·巴恩斯去世的消息。抑郁过后是身体的病痛,身体的病痛过后是抑郁。

回到纽约后,杜威需要日常护理。"他的病情并不严重,"照顾他的护士写道,"但他的整个身体,尤其是重要器官,都出现了受损的迹象。"罗伯塔去了美国海关(the U. S. Customs Office)工作。晚上罗伯塔回家后,会为护士编一些浪漫的故事来消遣。"她最早的童年记忆反映了约翰·杜威在他们热情好客的家中的存在。在她的童年时代,约翰·杜威经常到她父母家做客,受到他们的欢迎。她成为第二个杜威夫人,这似乎是理所当然的。"罗伯塔讲述了她和约翰收养两个孤儿的故事,更浪漫、更奇妙。

在第二次世界大战期间,当这对夫妇在欧洲旅行时,他们无法将他们的眼睛和心灵从欧洲悲惨的小流浪汉的场景中移开,他们在被炸毁的建筑物的污秽和瓦砾中玩耍,向路人乞讨面包和硬币;由于战争的不公正,这些人与他们的家庭和一切曾经珍视的东西分开了。为了把他们从困境中解救出来,杜威一家做了一切必要的安排,以便把孩子们带到美国来。在这里,他们成为杜威家的合法成员,他们很快就被孩子们的活动所吸引,并被纽约著名的私立学校录取。

杜威继续写他的巨著。1951年年中,他告诉《纽约时报》的一名记者,他"正在写一本新书,可能是迄今为止他的教育哲学最全面的大纲"。但他每周花在这本书上的时间越来越少。他的速写、笔记、提纲和片断纠缠不清,永远也无法拼凑在一起。

然而,在这几个月无私奉献的过程中,约瑟夫·拉特纳尽其所能与杜威保持密切的联系,以确保能帮助他。在孩子们中,只有弗雷德和他父亲保持联系。其他人都"完全在黑暗中",感到无能为力。每个人对情况都有不同的态度。莉兹完全被疏远了。伊芙琳是苦涩的。她若有所思地说:"多年来,我一直努力交朋友,不去理会罗伯塔的脾气和谎言。"但是如果约翰需要他们的帮助呢?"我简直不敢相信,除了父亲的要求,或者她的身体垮掉以外,还有什么能让我们回家而不带来更多的麻烦。"也许,如果"父亲显然非常虚弱,病得很重,以至于她每天都要熬过这一关,那么也许就会有某种探望或和解的可能"。但伊芙琳甚至怀疑这一点。她对这两个被收养的孩子怀恨在心,称他们为"顽童",甚至是"怪物"。弗雷德从20世纪20年代起就负责父亲的税务和投资,他从罗伯塔那里得知,应她的要求,约翰已将自己的股票以联权形式转让给了她,当他试图讨论此事时,被赶出了家门。

5月底,约瑟夫·拉特纳非常担心杜威最新的医疗报告,他寄了一份副本给杜威的女儿们。预后很差。杜威的健康状况越糟,伊芙琳就越受到罗伯塔的困扰;伊芙琳的父亲显然快死了,她却不能陪在他的身边,这让她很痛苦。在给拉特纳的一封信中,
她痛斥罗伯塔,无法把她的痛苦转移到别的地方:

> 我相信你对现在所发生的一切的诊断是正确的,她可能并没有变得更糟,但是就像你说的那样,她过着一种与世隔绝的生活,她的恶毒不能像以前那样分散开来,所以从整体上看起来很可笑。也许这只是一厢情愿的想法,但我总是用这样一种想法来安慰自己:她是如此地心不在焉,缺乏注意力,不太可能完成她的法律诉讼,也不太可能迈出她的步伐,把我们都带到我们应该属于的地方。现在爸爸病得很重,她可能几乎没有"老朋友"可以像以前那样和她说脏话了,我们只能希望储存的恶毒不会产生足够的能量,以至于她会采取实际行动。到目前为止,几乎每个人都明白她的意思了。我不再高尚,不再缄默,当有人……用那种曾经使我撒谎或歪曲事实的方式问我时,我如实回答。

不到两周后，1952 年 6 月 1 日，约翰·杜威去世了。罗伯塔给约翰的医生打了电话，在他证实约翰的死亡后，她立即联系了纽约社区教会（Community Church of New York）的资深牧师唐纳德·哈林顿（Donald Harrington）。哈林顿来到这所房子，他们用毯子把杜威的遗体包起来，放在一辆汽车里，运到皇后区的新池塘火葬场（Fresh Pond Crematory），杜威第二天就在那里火化了。直到那时，孩子们才得知他们的父亲去世了，他的骨灰被放在社区教堂（Community Church）的骨灰盒中。哥伦比亚大学要求在大学里设立一块纪念碑，约翰·杜威给这所大学带来了如此多的荣誉，许多人都记得他。但是罗伯塔决定不让葬礼公开，并迅速在社区教堂安排了一场追悼会。哈林顿牧师读了几段《箴言》（Proverbs）、《传道书》（Ecclesiastes）、《哥林多前书》（Corinthians）、杜威的《共同的信仰》（A Common Faith）、马修·阿诺德（Matthew Arnold）的《拉格比教堂》（Rugby Chapel）、乔治·艾略特（George Eliot）的《隐形的唱诗班》（The Choir Invisible）和柯勒律治的《沮丧颂》（Ode to Dejection）。亚瑟·戴维斯（Arthur Davis）演唱了两首传统的赞美诗。哈林顿称杜威为"哲学家—圣人"，并把他比作苏格拉底。杜威两位在世的最亲密的朋友之一的马克斯·奥托发表了演讲，演讲结束后，哈林顿牧师带头唱起了约翰·奥尔丁顿（John Aldington）的圣歌，"这些东西将会成为一个比这个世界所知的更高的种族/比这个世界所知的更高的种族/将会崛起"，并以祝福结束。罗伯塔把骨灰带回家。简·杜威参加了葬礼，她写信给马克斯·奥托，感谢他的赞扬。

> 我是他晚年和他一起生活的女儿……他的生活在很大程度上是他的职业，以至于媒体上所说的大部分事情似乎都与他的生活无关，但你与他的接触是他所关心的，是什么让他成为一个重要的人，以及一个公众人物。

伊芙琳写信给哈林顿，说他安排了一场"奇妙的仪式"。

当全家人开始忘记罗伯塔时，伊芙琳报告了最近的一次愤怒。杜威的孩子们与遗嘱无关。罗伯塔公开表示，约翰再婚时，他们从爱丽丝那里继承了遗产。所有的孩子都认为罗伯塔提出的遗嘱认证是"假的"；它的日期是 1952 年 2 月，在约翰的臀部骨折之后。伊芙琳说："这是一个荒诞的故事，说它是一个丢失的复制品。"露西的律师说，它有很多明显的缺陷，而且很容易引起怀疑。罗伯塔的律师甚至询问萨比诺他是否是被合法收养的，"为了防止是一种'妥协'，想知道他的合法家庭地位是什么。"

一个月后，伊芙琳还在为罗伯塔的事感到愤怒，她知道愤怒可以减轻一些她因父亲去世的悲伤。萨比诺向她报告说，他相信父亲有一笔 1.8 万美元的遗产。现在每个孩子都有了律师。但没有人能决定如何或是否质疑这份遗嘱，每个人都放弃了，因为似乎继续他们的生活是最好的。这份遗嘱很快在 7 月 24 日得到了确认，一切也就到此为止了。

或者还没有结束。1969 年夏天，尼尔·阿姆斯特朗（Neil Armstrong）和埃德温·巴兹·奥尔德林（Edwin "Buzz" Aldrin）成为第一个在月球表面行走的人，罗伯塔给报纸打电话说，在她丈夫临终的时候，他预测说："在你的有生之年……我们将登上月球——从现在起的一两年内。"他十七年前就去世了。杜威仍然具有新闻价值，他那非凡的"预言"得到了及时的报道。罗伯塔再次简短地出现在新闻中。第二年，她死在迈阿密海滩（Miami Beach）。在那之后，约翰·杜威和罗伯塔的骨灰被送往佛蒙特大学（University of Vermont），葬在一块花岗岩墓碑下，墓碑上刻着：

> 在文明中，我们最珍视的不是我们自己。我们是联系在一起的连续不断的人类社会的行为和苦难的优雅存在。我们的责任是保护、传播、纠正和扩大我们所接受的价值观念遗产，使我们之后的人接受的遗产能够比我们所接受的更牢固、更安全，使他们更能广泛地获得和更能慷慨地分享。

最后还想说的话

正如所有的传记形式一样，我所撰写的约翰·杜威的传记也是一种混合型的模式。很显然，没有一本传记能够脱离人物的生活本身；所有的传记都是对生活的一种写照。我的书旨在塑造一个单一的、标准的且综合型的杜威的形象。而要达到这一目的，我不得不另辟两条独立的蹊径，而不是将这两者合二为一。一方面，与哲学和科学的调查研究相类似，我的目的是要全面了解杜威。一本传记若没有准确地呈现出其主人的实践经历，就会显得毫无价值。这就意味着，必须收集一些事实，如从杜威何时何地出生直到他的去世的那些资料。然而这些是远远不够的，传记作家们必须了解他们所撰写的人物的生活方式及目标，他们的喜好及厌恶，他们一生中所参与的社会实践和历史性事件，以此来揭示他们存在的现实意义。另一方面，与艺术的目的相一致，传记必须为其主人创造一个个故事并以此为主人公的存在渲染上戏剧的色彩。杜威创造了生活，并且他的生活也被塑造着。他的传记必须重塑。同时，为了知识性和代表性的目的，传记作家必须创造一个新的形象，因为原有的生活形象已然结束。

但这并不全面。生活是在错综复杂的文化中进行的，传记则是一种文化形态。传记作家所努力了解和描绘的一种"自我"是出现在一个密集的文化语境中的,并且将其个人生活与他或她的家庭、工作、社区和社会紧密相连。个人的成长与改变离不开文化,他们创造了文化甚至也被文化所塑造。19世纪末至20世纪前半部分杜威在美国的生活不属于杜威生活的一个重要组成部分,杜威是属于另一个时期的人物。因此,作为杜威传记的作者,我试图故意地、充满想象地参与进杜威的文化中,甚至我已意识到我也是那文化中的一分子。

知识、表征和文化,这些都必须融入杜威的和我的本质的认知和经历中。杜威的经历是由他生活的方方面面构成的,作为他的传记作者,由于对杜威的生活进行了深入的探究,我的经历又一次打上了杜威的烙印,我必须暂时地生活在他的经历中,同时又必须保持自己的意识。他的经历源于他的生活,而我作为他的传记作者的经历则是研究和表述他的经历的发展过程。他的生活就是他的那些主张,而我作为他的传记作者的生活则是正确表达他生活中的那些主张。从某种意义上讲,我很庆幸的是我的个人经历就是为杜威的经验作代言。我去了纽约市的一所杜威先进学校,然后又去了哥伦比亚大学,在那里我师从了他的学生和同事,而在那儿我感觉他依然还活着。

这种混合型的传记工作就是试图去描述一个标志性却又不断变化着的人,传记作家们必须屈服于来自各方面的批评。那些只对杜威的著作感兴趣的读者们认为他的著作就是他生命中最主要的事件,而把他更为平凡生活中的活动仅作为与他哲学的重要性和实在性相关联的偶然发生的事件,并断言我把太多的精力投入于那些无关紧要的事情上了。相反,那些把政治活动与日常奋斗中的戏剧性事件看得同等重要的读者又会感到很失望,他们认为我忽略了一些潜在的且有趣的细节。而哲学家们看完这本书后又会质疑我为什么不用更多的笔墨去刻画杜威的哲学家生涯。那些把他作为政治家的人认为我没有完全地诠释好他的政治活动。那些认为杜威的一生最主要的身份是教育理论家和实践家的人对我的这种既不维护也不谴责的中立态度感到不满。激进的思想家们对我没有责备杜威的温和的自由主义的主张而倍感惊讶。那些保守主义倾向者可能同样也不高兴,因为我没有揭露杜威主张自由主义的危险性。他们所有人都会对我把杜威生活中的各种经历进行杂乱而无序的描述作为传记的调查研究感到不满。我的传记是收集一些有关杜威的信息以及他为自由生活而努力的经历和种种事实。

杜威80多岁时,赫伯特·施耐德教授邀请他和哥伦比亚大学哲学系的本科生一

490

起来他的公寓参加聚会,杜威给这些年轻的哲学系学生们提出了一些建议,他说:"黑格尔指责谢林在他的职业生涯中一次又一次地改变自己的哲学主张,却在公共场合中继续他的哲学教育。"然后他停顿了一下继续娓娓道来:"还有其他地方有人会继续他的哲学教育吗?"对于杜威而言,他余生中的哲学观并没有多大的区别,都具备公共的存在性和公共的功能性,并且这两者交互作用。人的哲学观会改变,与众人所期待的一样,杜威也如此,他边学边发展着哲学观,但他仍然保持着自我。杜威的传记必须反映出他所思考的,以及如何把这些思考变成公众的,他的传记必须反映出他所做的,以及他的做法是如何影响他人的。如同生活一样,每一个传记都是一个发展中的作品,读者们必须试着完全认同这点。

每个人死后都会活在别人的记忆里,就像杜威,他在文化生活的诸多方面都有着深远的影响,他去世了,但他的很多文化理念仍在继续传递。只有当某人被彻底遗忘时,葬礼才算完整。杜威未曾想过,在 21 世纪,有许多的学者们、记者们以及各个派别的评论者们仍忙着让他活在文化的记忆里,他的作品或其他活动将会继续被研究、被诠释、被解读和重新解读。

杜威去世后,他并不是只停留在个人意义上的传记领域,而是进入了文化传记领域,成为我们文化生活中的一部分。接下来我会以当代文化的形式去勾勒杜威生命的延续。总有人一直在忙于攻击或者维护他,杜威欢迎他的攻击者同时也小心地提防着他的追随者。对此我既不支持也不反对,我只是关注他生命中那些与我们这个时代息息相关的元素。

正如爱默生对他的尊称"一个标杆性的人物",杜威给现代文化留下了敢于直面生活的痕迹,欧内斯特·内格尔还记得杜威最后一次出现在公共场合时,他对这些年轻的听众(研究生们)提出如下建议:你们一定要具备尝试新的想法的勇气。他明确指出:学习固然很好、很重要,但学习不能取代敢于开拓并完善新的思想的冒险精神……他由衷地说。他指出我们所有的人都应该活出自我,而不是活在别人的思想的阴影里,除非我们把这些思想发展成为自己的并且能够驾驭这些思想。套用爱默生的一句话,他说杜威曾经说过:苏格拉底,或者华盛顿、拉斐尔,或贝多芬,或艾萨克·牛顿爵士,他们存在的意义对你们而言仅仅是显示出你们的能力和了解自身处境。杜威的勇气在于能够乐观地面对嘲讽,没有乐观精神的怀疑论是受人欢迎的且总是令人感到舒适的,乐观主义必须付出巨大的努力来面对这个残酷的世界,但它也是文化得以传承的一个必备功能。约翰逊总统对詹姆斯·T.法雷尔如是说:"我从约翰·杜威的

491

492

信仰里学到一个深刻且具有恒久意义的观点,即世上最大的罪恶就是对自己的同胞失去信任。"约翰逊从杜威的著作《公众及其问题》中获取了一个词汇"伟大的社会"。

但是杜威的勇气很大程度上是由克利福德·格尔茨(Clifford Geertz)挖掘出来的,反映在他从杜威身上学到的"高于一切"的言论上。格尔茨甚至得出了"思想即行为,思想即判断"等这些令人毛骨悚然的言论。一个人的思想见解必须要严谨的原因是它属于一种社会行为,因此它得为社会其他行为负责。或许因为如此,从长远来看,思想见解是最重要的社会行为。简而言之,杜威把思想带入公众视野,道德标准可以去检验它。

格尔茨指出了杜威的道德观和价值观是如此宝贵的原因:它的优势在于它在评判个人道德和社会关系上的严谨性。杜威的勇气必须在当代文化中保存下来,因为我们这个时代几乎要是非不分了,我们需要提醒自己:勇气是什么,它意味着什么。乔治·赫伯特·米德在评论中指出杜威的实用主义的价值和困难在于:他的哲学思想是伴随着受冷落而产生的,而且一定程度上取决于这个人的生命力……无论留给他的是冷落还是赞誉。要成为一个哲学家是需要足够胆量的,这就是我们今天最为需要的美德。

作为一个思想家,杜威的持续性的影响包含着诸多方面。我们这个时代已经被模仿、集体思维、对政党的忠诚、群体思维及未经考虑或考虑不周的忠诚占据了主导地位。杜威拒绝创建和巩固任何系统是他人格的一部分,也是他作为一个成功的思想家的一部分。几乎所有认识杜威的人都对他的思想给予持续的关注。他的思想有一个特别之处:他对推理而不是绝对理念感兴趣;他对思维方式而不是坚定不移的信仰感兴趣;他对学更多的知识而不是知识本身感兴趣。他说,很早他就意识到所有成为信条的公式和公理都有其肤浅性,所以他只要求他的学生们开动脑筋,用他们自己的方式去寻求属于他们自己的东西。他的很多著作的中心思想就是不断重塑,他把这种理念统称为"认识的迁移",也就是"认知是整体的而不是孤立的",认知与认知之间存在着千丝万缕的联系。他与本杰明·富兰克林一样,他很少拒绝他不认同的观点,至少他是关注过这些观点的。杜威强调说:"当他的同时代人遇到与他们的兴趣背道而驰的观点时,他们就会持反对意见,即使不反对,也是拒绝这个观点的。相比之下,我发现(我会)怀疑为什么一个聪明的人会有把握去说这件事,我敢断定我的决策是两者中较好的那个。"他的学生们会不约而同地说,当他们去交论文给他时,他总是说:"你已经有了自己的观点,去发展它。"他是一个真正的解释学的思想家,他时刻准备着与自己进行辩论。当他在提及自己的整个职业生涯时,他告诉心理学家罗德里克·奇索姆(Roderick Chisholm)说:"我总是和我自己进行争吵。"他不断地为他所得到的观点冠上新的名词,因为他不接受复杂的思维被一个特定名词来限定,他曾经写道,他很羡慕那些有特定主题的人,相反,他自己却不那样。他说:我就像一只易变的变色龙一样,会接二连三地受到许多复杂多变的甚至是毫不相干的失误的影响而改变自己的观点,我努力地从每件事物中汲取一些东西并试着推动其向前发展。实用主义、工具主义、功能主义、操作主义、激进的经验主义、理想主义的经验论、自然主义的经验论以及相互影响论,这些都是他通过实践后进行更改的术语。早在 1905 年他就提出了"实用主义",他说:"我未曾料到'实用主义'的发展会如此神速,读过这个评论的人肯定会认为'实用主义'是几个世纪以来的几百卷书中出现的一个积极而系统的术语,但我坚决反对'实用主义'这个术语。"

也许杜威的敏锐思考的能力正是他个性心理上的衍生物,这种能力充满着独立性。最终他从自我中走出来并成为真正的自己,他再也没有被极度自负或其对立面从众心理所束缚,他时刻准备着改变自我。杜威告诉斯卡德·克里斯(Scudder Klycer):"当我完成一本书时,它就好比在海上航行,它能否行驶得更远的命运取决于他人,我希望它能达到彼岸,如果不能的话……我努力学习一些东西,这样的话下次我会做得更好。"杜威从不满足于一种模式和定义。具有代表性的是他在评判亨利·亚当斯(Henry Adams)对教育的解释时说:"他的教育是在寻求某种生活和世界的定义及规律。"杜威强调说:"他的目的应该是努力获取更多的定义而不是尽可能获取更多的东西,生活的规则就是无规则。确实有永恒的真理和基本的原则,但要确保永恒和基本的话,这些真理和原则必须永远处于重塑的过程中。"杜威的著作将继续指导我们如何面对现代化的东西,并使其处于不断变化中。他对实践的尊重迫使他同时也教育我们要认清探究的重点,那样我们才能接受事物的不确定性。他认为无论是在个体身上还是在文化共同体中,对事物变化的恐惧和厌恶几乎达到不可征服的地步,而这也严重扰乱了人们惯有的习性。他职业生涯的大部时间都致力于对抗这种对变革的仇恨。他仍然可以帮助当今的男男女女把变革当作挑战而不是灾难来面对。

杜威一贯强调智力和想象力的重要性,既强调个人能力也强调研究方法,他曾经说他喜欢柏格森的观察结果,即智人也是人类创造的。他一直在琢磨柏格森的见解,直到几周后他改进了它,他说:"我一直在自娱自乐,并试图找到一个最具代表性的形容词来取代人类创造的'智人','人类杜撰者'要比柏格森的'人类创造者'更为贴切,因为这个概念涵盖了信徒、戏剧演员和舞台表演者等。"人类有责任去创造世界,首要的工具是智力,其目的就是了解他们正在创造什么;其次是想象力,其目的就是要引导他们了解他们能创造什么。现如今,当智力与精英主义相混淆时,当想象力降格成幻想主义,我们需要再学习并忽视那些被鄙视的工具,忽视那些创造舒适世界的手段。

作为思想家的杜威所提出的理念中,民主主义无疑是最为重要的理念之一。杜威认为民主主义是脆弱的,在其发展过程中不如其他政治批判或社会制度强大。在我们尚未开始吸收理解民主主义时,杜威已经作出了一个具有深远意义的转变,即民主主义不是一个政治体系,不是个人利益,不是《独立宣言》或宪法的衍生物,也不属于立法或法律权威系统,它只是一种生活方式。杜威很明确地提出这一点。在1937年《民主与教育行政管理》(*Democracy and Educational Administration*)这本书中,他写道:"民主主义的主旨是表达一种生活方式,对我而言,它是每个成熟的人的价值观形成或者调节共同生活所必须的。""形成"是这个理念中的关键词,而"民主主义"是一种生活方式,民主存在于价值观的形成过程中,而不是存在于预设的价值观中,我们并不坚持民主价值观,我们只是在朝着该方面努力然后去体验它。詹姆斯·古英洛克(James Gouinlock)就说过,"杜威创造了近代史上最具创新的并精心开发的哲学价值观"。现如今大多数甚至是专业的哲学家陷入语言错综复杂的伦理学理论并且尚未意识到杜威所带来的成就,难怪当代公众尚未发觉杜威的成就就是重塑把生活作为核心的民主价值观这一理念。

在当代文化中,一个经久不衰的论调就是杜威是进步主义教育之父,也是我们当前教育条件堕落和衰败之源,这个论调中的两种观念都是不对的。事实上,杜威的教育理论尚未被理解,他的教育实践尚未被执行。早在1938年的《经验与教育》一书中,杜威就曾试图澄清那种被误解的"进步主义教育"远不是他所提倡的概念。在他生命的最后一段日子里,他频频抱怨他的理论被公众和教育工作者及教育学院所误解。一些公众人物如:海军上将海曼·里科夫(Hyman Rickover)、历史学家亚瑟·贝斯特(Arthur Bester)和理查德·霍夫斯塔特(Richard Hofstadter)等也攻击杜威,认为他是缺乏理性的,是个反智主义的人,而且他们貌似不费吹灰之力就宣扬自己要比那些拜读杜威著作的公众和教育机构好得多。杜威在芝加哥的著名的实验学校是一个有组织的研究单位,以"展示、测试、验证和对理论与原则批判"。其特殊使命就是获得"教育新条件",这些所谓的"教育新条件"就是指创设新的教育标准和理念。从某种意义上讲,每个孩子都会变成一个研究员,其职责就是发掘他或她自身的能力和满足自身发展的需求,然后发现如何实践。杜威学校的课程与"进步主义教育"中提到的"自由"概念几乎没有契合点,在这所学校里没有一门独立的选修课;学校里的课程与任何的科学研究一样具有系统性。杜威所提倡的教育就是最终实现民主的手段。但是任何价值的体现,都是要通过科学的严密性和不断的实验来完成的,教育理论将在不断的实践中得到检验。我们如今所谈论的"责任性"的可取性,似乎可以通过定期的测验来实现。但在杜威真正的教育实验室里,"责任性"将会持续地受到日常的参与与观察的检测,杜威断定社会会给如何培养孩子作出公正的评判,美国的教育会促使美国民主得以改变和发展。

杜威在 1904 年离开芝加哥去哥伦比亚时,他继续在书写有关教育的问题,那时他对教育的原创性研究告一个段落。他后期有关教育的写作都是他对早期研究提炼后的表达。艾伦·拉格曼(Elan Rickman)表示教育研究出现了断层,因为杜威离开芝加哥就注定了他的教育理念无法得以实现,即使他是公认的最著名的教育思想家。结果是那些继承杜威的专业教育家利用他的名字和他的一些短语,如"进步主义教育",打着杜威的旗帜去追求自己的教育实践模式,然而却与杜威的理念背道而驰。因为"进步主义教育"这一理念,杜威至少承受了六十年甚至更久的谴责,但这一理念根本不是他提出的。它是由另两个人提出来的,一位是杜威在芝加哥大学教育学院的继任者查尔斯·哈伯德·贾德(Charles Hubbard Judd),还有一位是杜威在哥伦比亚大学师范学院的同僚爱德华·L. 桑代克(Edward L. Thorndek),除此之外,杜威在芝加哥大学和哥伦比亚大学的学生威廉·赫德·基尔帕特里克(William Heard Kilpatrick)也参与协助工作。对杜威而言,教育是检测他哲学方法的一个科学实验,他试图把教育发展成为一门科学。对于贾德而言,教育是使教师高度专业化、使学生服从教师的一个领域,当贾德到达芝加哥后,他割断了教学系与哲学系之间的联系。他撤掉了乔治·赫伯特·米德的"教育哲学"这门课程,取而代之的是"教育原理"。在贾德所在的系里,杜威这个名字总是被拿来嘲笑的,曾经参加过杜威实验学校的大学教师们都被驱逐出去。贾德更倾向于把学校创造成一个有效的机构,而不是把教育发展成为一门科学。

从 1899 年到 1941 年,桑代克在师范学院的职业生涯横跨了 42 年,在此期间,他培养了成千上万的教师,他也发表了数百篇的文章,远远超过了哥伦比亚大学校园里的其他学者。他在教育问题上的观点通常会被广泛采纳和引用。他是"学校调查、课程、测试和学习规律"方面的专家。对于这两位有着影响力的教育家,拉格曼是这样写的:不能只关注到杜威提出的教育意义来源于社会更新和社会变革,也要关注到贾德

497

和桑代克两人所理解的教育作为一门技术必须与个人的社会地位和经济地位相匹配。对他们而言,教育是工作运用而不是科学学习,从 1915 年至 1960 年之间,他们主导了在教育上最具影响力的培养研究生的学院。他们创设的教育使杜威作为"进步教育之父"的名称饱受争议,并最终因此而背负各种责难。甚至与杜威有过激烈争论的罗伯特·梅纳德·哈钦斯都认识到:"杜威的追随者们也应该为他的著作中的许多误解负责。"杜威自己也在 1950 年抱怨鲍勃·罗斯曼(Bob Rothman):"为什么作家和老师们会把'以儿童为中心的学校'与我对号入座?但凡读过我的书的人都知道我寻求的是'以社会为中心的学习'。"问题是他的名字是众所周知的,但是好多人甚至包括历史学家都没有读过他的书。

直到"第一次世界大战"时,拉格曼写道:"很明显桑代克赢了,而杜威输了。"我们今天尝到了贾德和桑代克所发表的关于教育活动的言论所带来的不良后果。当我们在得知这些结果时,我们不会追溯到杜威,他的教育目标还停留在 1904 年,也许我们可以回到杜威倡导的"严谨的教育实践"那个时期,把那个抛弃近一百多年的教育理念重新拾起,当然这同样也是杜威的一个遗愿,请等着我们。

杜威是最后一个声称要博取公众注意力的哲学家,并使这个观点维系了很长一段时间。也许文化可以没有哲学家而存在,但是不能没有哲学。我们如何去评判一个社会,也许我们可以在学校里找到评判标准,也许如杜威曾指出过的,可以由那些身处监狱的人来评判这个社会。也或许,一种文化可以从哲学家的活动中得到评判。杜威曾经说过:"哲学除了对人类富有想象力的生活作出贡献外,其他什么也不是。"它不属于"概念、类别、思想、句法、数学、难题或符号范畴",对于杜威而言,哲学源于文化及其问题的处理。

　　　哲学的首要任务是克服文化变革时期的观念上的动乱,以此来摆脱那些浮于文化表面的东西,进而刨根究底地达到既定的文化根源。哲学的任务就是理清人和他生活的这个世界的关系,并知晓人和世界都受着文化的影响。

没有哲学,那么文化就会枯萎。杜威给出了一个提示,即哲学家可以教育公众,但当哲学家回避这个任务时,那么大多数公民就会使得哲学公共化。杜威、詹姆斯及皮尔士是在美国哲学与死亡问题相挂钩时成为哲学家的,他们给问题注入了新的活力,给哲学赋予了新的生命。毕竟,如杜威所说,哲学思想在很多问题上都很相似且具权威性,如买卖、结婚嫁娶、统治和服从国家、耕作和享受果实、绘画、研究镭的属性及让一次次失败的人重新站起来。如果男男女女们都能做到这些,那么他们都可以从事哲学工作了。杜威提醒我们,确实也要求我们成为文化的哲理家,这是文化发展的需要,他自己也为我们树立了一个如何成为哲理家的典范。

也许杜威最杰出的贡献就是直接关注我们这个时代的弊病,如现实与价值的分离,理性与感性的分离。杜威认为虽然这些理念大相径庭,但是我们必须以我们的经验去找到一个统一它们的方式。于是他通过方法、探究、智力、想象力和活动这些工具使它们密切相连,我们也必须这样做。使现实与价值、行动与思想保持分离的做法注定会让我们的世界丧失充满智慧的功能。杜威毕生都致力于直面分离并统一我们的经验。

作为思想家、教育家的代表性人物的杜威成了一名哲学家,他的著作保留着哲学的痕迹,这些仍然为我们所需。他的职业生涯在召唤着我们的未来,我们也要继续扩大他着手研究的东西。

一部巨大的有关约翰·杜威哲学的文学著作已经存在,而且会因优秀的书籍和文章得到不断的扩展。人们普遍认为杜威的思想和实用主义哲学的核心是"经验"这一概念。任何人的思想是与他或她的经验、生活体验、他或她自身、他或她所处的文化与自然息息相关的。杜威在他的《哲学思想的类型》(*Types of Philosophic Thought*)的摘要(1921—1922)中写道:"经验就是一件正在经历的事件。"

那么,大量的关于杜威的思想的研究欠缺了对他的"生活经验"的完整的描述,"生活经验"指他做过什么或他经历了什么,也就是他自传中所包含的内延和外涵。莫蒂默·阿德勒(Mortimer Adler)在杜威课上学习"哲学思想的类型"时做过详细的笔记,从他的笔记上看出杜威已经意识到传记对于任何哲学家的作品研究的重要性,传记甚至比对实用主义的研究更为重要。我们在杜威的作品中关于生活的描述忽略了他的私生活。在 1921 年 10 月 3 日杜威的导论讲座中,他不止一次地提到"哲学思想的类型"这个议题,正如阿德勒所记录的那样:

> 哲学可以呈现出一个人对生活的真诚的态度,它反映了人类所处的这个世界对人的个性的影响,从某种意义上看,它是与文学相关的……每一个关于文学和哲学的评论都是对生活的一种态度和评判……艺术家的品位和喜好都反映在他的作品里,尽管这些作品有可能是最具复制性的肖像画……

> 因此,在有关生活评论的文学作品中,我们至少看到了哲学的元素,首先是理想化的经验;其次是批判。

> 所有的哲学都是对那部分对生活问题持有特殊敏感性的人所遇到的生活问

500

题作出的反应，一个人要成为哲学家必须具备这种敏感性，就好比一个诗人对形式和色彩具有一定的敏感度一样。

传记元素必须强调我们是否研究哲学家的动机和兴趣，我们必须了解他的性格、他的个人问题、时代背景及偏见等。

501　在尝试对一个关键的历史哲学进行批判性地解读时，我们必须关注到传记本身及哲学家的性格和经验，我们也必须关注到哲学家所处的特定的社会环境。

从现在起一百年以后，那时我们得从历史的角度来看待今天的哲学，那句古话"没有人能在真空里思考问题"将会再一次被证实。

与杜威时期的每一个对美国生活作出贡献的重要人物相比，事实上，与大多数不那么重要的人物相比，杜威几乎没有引起传记作家的关注。杜威唯一的传记作者乔治·迪库赞(George Dykhuizen)，在1973年写作之前收集了大量的有效的个人资料，然后写出了最好的传记，至今仍被保存在杜威研究中心、莫里斯图书馆的特色馆藏区及南伊利诺伊大学卡本代尔分校里。长期以来，学者们不得不依赖于乔治·迪库赞的工作，但其高尚的意图受限于其执行力和匮乏的可利用的资源。近年来，许多优秀的书籍就充分采纳了南伊利诺伊大学卡本代尔分校的成千上万的手稿，并将其与其他资料进行整合。一般情况下，每一个曾经利用这些资料——出色利用这些资料的人，并非用它们来服务于传记或者服务于持续性地描述杜威的生活经历，而是用它们来支撑杜威的这个或那个哲学概念及其意义。

杜威本人强调过了解哲学的一个主要切入口就是传记，一个思考者的日常生活。一个对杜威研究颇有见地的人——拉尔夫·W.斯利普(Ralph W. Slip)最近作出同样的观察评论："使用传记方法时，有时有必要了解一下实用主义，尤其要了解有关杜威的……'生活实验'的意义所在。"

502　至今我仍相信，我的传记研究的主题——杜威的经验，是许多人了解实用主义并进而了解杜威的思想和实践的一个主要通道。1950年，亨利·斯蒂尔·康麦格(Henry Steele Commager)宣告"实用主义"是"美国的官方哲学"。有一段时期，康麦格的言论被证实可能是错误的，因为实用主义似乎进入了衰退期。有些人预测，也许它将走向消亡。但从20世纪80年代末开始，实用主义又重新在欧洲、澳大利亚及日本活跃起来，而且发展得与美国一样好。

如今，一场广泛了解实用主义的运动席卷各种文化领域，实用主义历史学家如约翰·迪金斯(John Diggins)和詹姆斯·T.克洛彭博格(James T. Kloppenberg)；政治实用主义者如罗伯特·韦斯特布鲁克（Robert Westbrook）和盖里·布里特（Gary Bullett）；哲学文化实用主义者如拉里·希克曼（Larry Hickman）、约翰·J.麦克德莫特、路易斯·梅纳德（Louis Menand）和贾尔斯·冈恩（Giles Gunn）；哲学批判实用主义者如理查德·罗蒂（Richard Rorty）、理查德·伯恩斯坦（Richard Bernstein）及希拉里·帕特南（Hilary Putnam）；关心种族的实用主义者，如南希·弗雷泽（Nancy Fraser）和卡内尔·韦斯特（Cornel West）；宗教实用主义者如斯蒂文·C.洛克菲勒（Steven C. Rockefeller）和亨利·莱文森（Henry Levinson）；比较哲学实用主义者如罗杰·艾姆斯（Roger Ames）；女权主义实用主义者如琼·斯科特（Joan Scott）和简·杜兰（Jane Duran）；法律理论实用主义者如玛格丽特·简·拉丁（Margaret Jane Radin）和理查德·波斯纳（Richard Posner）；文学实用主义者如马克·鲍尔莱因（Mark Bauerlein）、莫里斯·迪克斯坦（Morris Dickstein）和理查德·波里尔（Richard Poirier）。我敢肯定，还有许多其他版本的实用主义和实用主义者并未被列举出来。这些实用主义者们正开始形成和巩固一种模式和理念，那必将在接下来的几十年里永远留在美国人的脑海里。

在可预知的未来里，美国人将同世界上大多数其他国家的人一起，被深深地卷入一场无休止的"反恐战争"里。我们现在或许将来很长时间里将继续被卷入一种不可靠、不确定且含糊不清的漩涡中。约翰·杜威对这种情况作出过深刻的探讨，他提醒我们在生活中不要一直带着先入之见，而是要调查和研究这个每天都给我们提出警示的世界。追求必须成为我们的一种精神状态，要确保我们目标的达成。杜威的哲学督促我们要努力而不屈服于危险和黑暗时期。他的哲学愿望就是永远坚持用新的版本，然后把新的变成更新的版本。他是21世纪不可或缺的一个哲学家，从他的身上我们可以知道，我们可能只是勉强地、暂时地、微弱地承受这个恐怖的世界，那是我们命运中不可避免的，但或许我们也可能会获得胜利。

那些读过我写的杜威的传记的人，已经通过了他的"生活经验"的这道门槛，进入总结阶段。只要杜威的生活在我们身上还有影响，他就不会死。他值得我们去思考，他还有很多未开发的资源等待我们去挖掘。他似乎在向我们召唤，他对未来的憧憬还摆在我们面前，我们怎么能满足于当前的文化呢？

503

致　谢

　　疑惑美国的学术研究工作依然活力四射、健康发展的人，都应该去参观南伊利诺伊大学卡本代尔分校的杜威研究中心。该研究中心的创始人是乔·安·博伊兹顿女士；她的继任者是拉里·希克曼（Larry Hickman）；还有一个了不起的编辑团队——成员有芭芭拉·莱维纳（Barbara Levine）、黛安娜·梅耶考特（Diane Meierkort）、安·夏普（Ann Sharpe）和哈丽特·西蒙（Harriet Simon）。杜威研究中心的所有工作人员都在努力追求和维护学术的最高标准；而且，这是完全可以和他们对杜威研究者们提供的仁心慈意和慷慨大方的帮助相提并论的。对于这些，我无限感激他们。

　　在南伊利诺伊大学莫里斯图书馆，戴维·科赫（David Koch）是该特色收藏品图书馆的馆长兼主任。他带着一种友好协作的持续精神，用各种可能的方式支持我的研究。

　　过去，我一直靠朋友读我手稿以助我成书。加州大学欧文分校的麦伦·西蒙（Myron Simon）和夏威夷大学的罗杰·T. 艾姆斯（Roger T. Ames）两人就是以这种方式帮助我并持续着我们的友谊。在杜威研究中心，拉里·希克曼在百忙之中抽出时间仔细地阅读这本书。芭芭拉·莱维纳以她特别的方式，连续不断地给我的手稿提出详尽的修改建议。博伊兹顿阅读过好几个稿本，并且使每一个都变得更好。

　　《宗派评论》（*Partisan Review*）的编辑伊迪丝·库兹韦尔（Edith Kurzweil）以印刷了我这本书的一部分作为对我的激励，《安提亚克学院评论》（*Antioch Review*）的编辑罗伯特·福格蒂（Robert Fogarty）也同样如此。我的克莱蒙麦肯纳学院的同事就听过我这本书其中的一部分。我在夏威夷大学担任戴贺春特聘客座教授的一年时间中，在夏威夷大学的美国哲学研究院的同事邀请我，让我就这本书的部分内容开个座谈会。在墨西哥巴亚尔塔港举办的传记讨论会上，我有幸讨论了这本书，并与杰罗姆·洛文（Jerome Loving）和罗伯特·D. 理查森（Robert D. Richardson）这两位杰出的传记作家共同完成了初稿。

我感谢诸多大学的学术图书馆,是它们能够允许我引用约翰·杜威所写的近两万件书信,还是它们允许我查阅另外的数以千计的手稿和信件。下面是我要感激的图书馆:

图书馆资源: 缩写和致谢

缩写词是用来指拥有下列那些未发表的信件或手稿的图书馆。我本人所使用过的手稿或信件的允方和出处也在这个清单里做了说明。我遵守关于未出版手稿引用的"正当使用"的条款,符合管理学术研究中手稿使用的著作权法。在我对未出版材料广泛引用的例子里,我征得了作者的单位和拥有原始文献的图书馆的允许。

Ca OHM:加拿大安大略省汉密尔顿市麦克马斯特大学。伯特兰·罗素档案。

CDS:伊利诺伊州卡本代尔市南伊利诺伊大学杜威研究中心。

CLSU:加利福尼亚州洛杉矶市南加利福尼亚大学文献研究中心第 184 件收集稿:威廉·托里·哈里斯论文集。

CLU:加利福尼亚州洛杉矶市加利福尼亚大学。F. C. S. 席勒论文集。

CST-Ar:加利福尼亚州斯坦福市斯坦福大学。档案,大卫·斯塔尔·乔丹论文集(SCO58)。

CtY:康涅狄格州纽黑文市耶鲁大学。大学图书馆,手稿和档案,詹姆斯·罗兰·安格尔论文集,托马斯·戴维森论文集和沃尔特·李普曼论文集。

CU-Banc:加利福尼亚州伯克利市加州大学。班克罗夫特图书馆,档案,沃林·威尔克森论文集。

DHU:华盛顿特区霍华德大学。默兰德—斯宾加恩研究中心,乔尔·斯宾加恩论文集。

DLC:华盛顿特区国会图书馆,詹姆斯·麦肯·卡特尔论文集,斯卡德·克利斯论文集,艾格尼丝·梅耶论文集。

DNA-I, II:华盛顿特区国家档案馆。

IaU:爱荷华州爱荷华市爱荷华大学。特色藏品,露丝·苏科论文集。

ICarb S:伊利诺伊州卡本代尔市南伊利诺伊大学莫里斯图书馆,特色藏品,约翰·杜威论文集,悉尼·胡克论文集,约瑟夫·拉特纳论文集和悉尼·拉特纳论文集。

InU-Li：伊利诺伊州芝加哥市芝加哥历史学会。手稿部门，弗洛拉·J.库克论文集。

ICU：伊利诺伊州芝加哥大学。档案馆，威廉·雷尼·哈珀论文集，约翰·杜威论文集，莱文森论文集，詹姆斯·H.塔夫茨论文集。

InU-Li：印第安纳州布卢明顿市印第安纳大学。莉莉图书馆。

IUCIU：伊利诺伊州芝加哥大学学园伊利诺伊大学。手稿资料室和特色藏品。

KyBgW：肯塔基州博林格林纽泽西州立学院。图书馆手稿部，特色藏品。

MdBJ：马里兰州巴尔的摩市约翰·霍普金斯大学。特色藏品，档案，丹尼尔·科伊特·吉尔曼论文集，Ms.1。

MH-Ar：马萨诸塞州坎布里奇市哈佛大学档案馆。哲学部档案。

MH-H：哈佛大学霍顿图书馆。威廉·詹姆斯论文集，巴雷特·温德尔论文集，列夫·托洛茨基·埃塞尔论文集，皮尔士的论文集。

MH-L：哈佛大学法学院。手稿与特色藏品。

MiU-H：密歇根州安阿伯市密歇根大学历史馆。詹姆斯·B.安格尔论文集，亨利·卡特·亚当斯论文集，弗兰克·B.曼尼论文集，乔治·赫伯特·米德论文集，里德·贝恩论文集。

MNS-Ar：明尼苏达州阿波利斯市明尼苏达大学。大学档案，哈利·诺曼·加德纳论文集。

Nhd：新罕布什尔州汉诺威市达思茅斯大学。小阿德尔伯特·艾姆斯论文集。

NiP：新泽西州普林斯顿市普林斯顿大学。伍德罗·威尔逊的论文集。

NIC：纽约州伊萨卡市康奈尔大学。特色藏品。

NLS：苏格兰州爱丁堡市苏格兰国家图书馆。帕特里克·戈德斯论文集。

NN：纽约州纽约市纽约公共图书馆。手稿资料室和特色藏品。

NNC：纽约州纽约市哥伦比亚大学。手稿大全，珍藏本，手稿图书馆。哲学论文杂志，约翰·杜威论文集，E.R.A.塞利格曼论文集，约翰·雅各布·科斯论文集，赫伯特·施耐德论文集。

NNC-Ar：纽约州纽约市哥伦比亚大学。大学档案，尼古拉斯·默里·巴特勒论文集。

NNYi：纽约州纽约市犹太人研究伊沃学会。贺拉斯·卡伦论文集。

NNYU：纽约州纽约市纽约大学。手稿资料室和特色藏品。

OCH：俄亥俄州辛辛那提市希伯来协和学院。美国犹太人档案雅各布·雷德·马库斯研究中心，犹太宗教学院。

OU：俄亥俄州哥伦布市俄亥俄州立大学。珍本和手稿图书馆收藏的约瑟夫·丹尼论文集。

PPAmP：宾夕法尼亚州费城美国哲学学会。法兰兹·鲍亚士论文集。

PPBf：宾夕法尼亚州梅里恩市巴恩斯基金会。

TNJ：田纳西州纳什维尔市联合大学图书馆。范德堡大学，大学档案馆。

UVt：佛蒙特州伯灵顿市佛蒙特大学。特色藏品，贝利/豪图书馆。约翰·杜威论文集，乔治·戴克休增论文集，约翰·威利斯顿·库克论文集。

UVt-Ar：佛蒙特州伯灵顿市佛蒙特大学。大学资料收藏品，马休·H.巴克姆论文集、伊利亚斯·莱曼论文集，H. A. P. 托里论文集。

VtHi：佛蒙特州巴雷市佛蒙特历史学会。历史社会图书馆，收藏品 MIsc 363。

ViU：弗吉尼亚州夏洛茨维尔市弗吉尼亚大学。艾伯特和雪莉微型特色藏品图书馆。

Whi：威斯康辛州麦迪逊市威斯康辛历史学会。档案，特色藏品。

WiU：威斯康星州麦迪逊市威斯康星大学。手稿和珍本图书馆。马克斯·C.奥托论文集，默尔·科蒂论文集，理查德·T.伊里论文集，安妮塔·麦考米克·布莱恩论文集，贺拉斯·弗里斯论文集，哈斯凯尔·费恩论文集。

支持我研究的费用一方面来自我任南加州大学的英语教授时的工资，另一方面是来自南加州大学荣誉退休学院的肯尼士（Kenneth T.）和艾琳（Eileen L.）诺里斯基金会的补贴。另外，我在克莱蒙特·麦肯纳学院任爱德华·S.古尔德人文学科与政治学教授时，该大学不仅向我提供了研究经费，而且还给予了我必不可少的秘书的帮助。在克莱蒙特·麦肯纳学院院长安东尼·福克劳拉（Anthony Fucaloro）的帮助下，我得到了一份暑期科研补助金。

哥伦比亚大学出版社主任威廉·斯特拉（William Strachan）从一开始就表达了对这本书的热情，并鼓励我完成书的写作。苏珊娜·赖安（Suzanne Ryan）和安妮·麦考伊（Anne McCoy）两人则是督促我，使得写作得以持续进行。我非常感谢编辑玛格丽特·B.雅玛什塔（Margaret B. Yamashita）女士，是她既有技巧又有热情，最终使这本书定稿成为现在的样子。任何一个学者对出版社的编辑还能抱有什么更好的希望吗？当我的经纪人约翰·赖特（John Wright）把本书交给哥伦比亚大学出版社的时候，这是何等的幸运啊！

另外，还有很多人帮助了我：康妮·巴特林（Connie Bartling）、迈尔斯·克拉克（Miles Clark）、理查德·德雷克（Richard Drake）、斯塔尔·格里芬（Starr Griffin）、辛迪·吉蒙德（Cindi Guimond）、约翰·库尔茨（John Kurtz）、布兰达·朗（Blenda Long）、盖伊伦·莱斯（Gaylene Rice）和琳达·塔特希尔（Linda Tuthill）。

自从我想写一本约翰·杜威传，然后开始阅读成千上万页的未出版的手稿和已出版的著作，并最终在2001年的夏天开始执笔，到现在已经过去了将近二十年。平时，我的妻子海伦（Helen），我的孩子小海伦、劳拉（Laura）和杰伊（Jay），甚至我的孙子梅根（Megan）、卡米尔（Camille）、亚历山德拉（Alexandra）和玛格丽特（Margaret）都不得不强忍着听我给他们讲很多约翰·杜威的故事，好在他们一直用爱包容着我。

最久远最甜蜜的情债是怀旧——对哥伦比亚大学的怀旧。我入大学与杜威去世发生在同一年，而且我听说过他，现在是五十年前的事了，是从他的同事和学生那听说的，好比小约翰·赫尔曼·兰德尔、马克·范·多伦、莱昂内尔·特里林和欧内斯特·内格尔。与杜威最早接触的线头织进我青少年时代生活的网络，而且现在这些线织出了经纬。你瞧，这就是一本书！

杰伊·马丁（Jay Martin）

注　释

著　作

约翰·杜威著作中的缩略语

　　EW(后面是卷和页):《早期著作,1882—1898 年》(卡本代尔:南伊利诺伊大学出版社,1969—1972 年),5 卷本。

　　MW:《中期著作,1899—1924 年》(卡本代尔:南伊利诺伊大学出版社,1976—1983 年),15 卷本。

　　LW:《后期著作,1925—1953》(卡本代尔:南伊利诺伊大学出版社,1981—1990年),17 卷本,另加索引。

报纸文章使用中的一个缩略语

　　NYT:《纽约时报》(*New York Times*)。大部分文章来自伊利诺伊州卡本代尔市南伊利诺伊大学杜威研究中心的剪报,这些简报主要来自《纽约时报》。

人　物

约翰·杜威书信中所提到的姓名缩写

　　杜威家人

　　AC:爱丽丝·奇普曼(Alice Chipman)

　　ACD:爱丽丝·奇普曼·杜威(Alice Chipman Dewey)

　　ASD:阿奇博尔德·斯普拉格·杜威(Archibald Sprague Dewey)

　　CMD:查尔斯·米纳·杜威(Charles Miner Dewey)

DRD：戴维斯·里奇·杜威（Davis Rich Dewey）

ED：伊芙琳·杜威（Evelyn Dewey）

Eliz. D：伊丽莎白·杜威（Elizabeth Dewey）

FD：弗雷德里克·A. 杜威（Frederick A. Dewey）

Gordon D：戈登·杜威（Gordon Dewey）

Jane D：简·杜威（Jane Dewey）

JD：约翰·杜威（John Dewey）

LD：露西·杜威（Lucy Dewey）

LRD：露西娜·里奇·杜威（Lucina Rich Dewey）

RD：罗伯塔·杜威（Roberta Dewey）

SD：萨比诺·杜威（Sabino Dewey）

其他人

ACB：艾伯特·C. 巴恩斯（Albert C. Barnes）

JB：乔·安·博伊兹顿（Jo Ann Boydston）

JDG：约翰·D. 格雷夫斯（John D. Graves）

GD：乔治·迪库赞（George Dykhuizen）

GHM：乔治·赫伯特·米德（George Herbert Mead）

HAPT：H. A. P. 托里（H. A. P. Torrey）

JR：约瑟夫·拉特纳（Joseph Ratner）

RL：罗伯塔·洛维茨（Roberta Lowitz）

RLG：罗伯塔·洛维茨·格兰特（Robert A. Lowitz Grant）

SH：悉尼·胡克（Sidney Hook）

WJ：威廉·詹姆斯（William James）

WRH：威廉·雷尼·哈珀（William Rainey Harper）

WTH：W. T. 哈里斯（W. T. Harris）

引文来源

题词页

JD >AC, 12/22/1885, ICarbS.

摘录页

Mortimer J. Adler, notes on Dewey's lectures in course, "Types of Philosophic Thought" 10/3/21, ICarbS; Jack C. Lamb, "John Dewey: A Look Back" type-script, 1959, ICarbS.

第一卷　崭露头角(p.1)

孩童时期(p.5)

Burlington (Vt.) *Daily Free Press*, 1/18/1859; JD > Mrs. Porter, 7/29/33,VtHi; ASD > Editors, *Daily Free Press*, 6/17/1862; JD > Louise Romig, 4/2/31, ICarbS; MW 1:7–8; JD > JR, 11/19/46, ICarbS; LW 6:102; JD > ACD, 9/14/1894, ICarbS; JD > AC 8/6/1885, ICarbS; JD > RL, 6/15/37, ICarbS; Margaret Buckham > Jo Ann Boydston, 7/28/68, ICarbS; JD > Merrit P. Allen, 11/5/45, ICarbS; ASD, 5/26/1860, ICarbS; ASD > JD, 10/21/1885, ICarbS; Ruth Noble Warren > JR, 4/5/47, ICarbS; JD > Dear Girls, 6/1/18, ICarbS; RD > George Axtelle, 3/9/61, ICarbS.

基督教的影响(p. 19)

Typescript, ICarbS; JR > T. R. Powell, 11/30/46, ICarbS; LRD > JD, 2/2/1883, ICarbS; SH, "Some Memories of John Dewey 1859–1952," *Commentary* 14 (1952), 46; GD, *The Life and Mind of John Dewey* (Carbondale, Ill., 1973), 7; JD > Bertha Aleck, 11/11/36, ICarbS; JD > Scudder Klyce, 7/5/15, DLC; M. F. P., *Adams Mission Monthly* 1, no. 1 (April 1899), 1; M. F. P., *Adams Mission Monthly*, 1; *The Hundredth Anniversary of the Founding of the First Congregational Church* (Burlington, Vt., October 1905), 63–64; JD > Louise Romig, 4/2/31, ICarbS; *Records of First Congregational Church of Burlington*, vol. 3, 1871; JR > Professor Becker, 12/7/46, ICarbS; EW 1:91; JD > Max C. Otto, 10/19/41, WHi; Lewis O. Brastow, *The Work of the Preacher* (Boston, 1914), 188, 25; LW 5:149.

约翰·杜威教育的开始(p. 25)

This section relies on Jay Martin, *Harvests of Change: American Literature 1865–1914* (Englewood Cliffs, N.J., 1967), 2–24; quoted in Sylvia Bowman, *The Year 2000* (New York, 1958), 74; Mrs. E. F. Ellet, *The Court Circles of the Republic* (Hartford, 1869), 550; Arthur M. Schlesinger, *The Rise of the City* (New York, 1933), 57; quoted in Don M. Wolfe, *The Image of Man in America* (Dallas, 1957), 130–31; Thomas Wentworth Higginson, *Contemporaries* (Boston, 1899), 276; William Dean Howells, *Literary Friends and Acquaintance* (London, 1900), 135; Stow Persons, *American Minds* (New York, 1958), 241; Henry Holt, *Garrulities of an Octogenarian Editor* (Boston, 1923), 49–50; Minot J. Savage, *The Religion of Evolution* (Philadelphia, 1886), 43; Elbert Hubbard, *The Romance of Business* (Aurora, Ill., 1917), 12; Washington Gladden, *Working People and Their Employers* (New York, 1876), 15; GD, *The Life and Mind of John Dewey* (Carbondale, Ill., 1973), 2; Irwin Edman, "America's Philosopher Attains an Alert 90," *New York Times Magazine*, 10/16/49, 17; SH, *John Dewey: An Intellectual Portrait* (New York, 1939), 5; quoted in Ray Bearse, ed., *Vermont*, 2d ed. (Boston, 1966), 2; Burlington City Council Records, 4/3/1865; Samuel N. Thayer, "Report of the Health Officer," 80, 81,

93; Eldridge Mix, *Burlington City Documents*, 1866, 103, 106, 104; L. G. Ware, *Burlington City Documents*, 1868, 59; "Annual Report of the [Burlington] City Government," 1869–70; Joseph Auld, *Picturesque Burlington* (Burlington, 1896), 92; Matthew H. Buckham, "Burlington as a Place to Live In," *Vermont Historical Gazetteer* 1 (1867), 724; L. G. Ware, "Report of the Superintendent of Common Schools," *Burlington City Documents*, 1868, 59; *Vermont School Register*, 1867–68; JD > GD, 10/15/49, UVt; JD > Mrs. Porter, 7/29/33,VtHi; RD > Pearl H. Weber, 9/13/67, ICarbS; JD > Mrs. Porter, 7/29/33,VtHi; M. Buckham > JB, 7/28/68, CDS; JD > JR, 10/2/46, ICarbS; JD > GD, 10/15/49, UVt; DRD, in "*Delta Psi* Goodrich Memorial, Burlington," 1925, 22; Lewis S. Feuer, "John Dewey's Reading at College," *Journal of the History of Ideas* 19 (1958), 415–21; Jane D, "Biography of John Dewey," *The Philosophy of John Dewey*, ed. Paul Arthur Schilipp (Evanston, Ill., 1939), 11; JD > JR, 10/2/46, ICarbS; JD > GD, 10/15/49, UVt; JD > JR, 10/2/46, ICarbS; LW 5:147; James Marsh > Samuel Taylor Coleridge, 3/23/1829; quoted in Fred N. Scott, *The Castalian* 6 (1891), 21; JD > AC, 12/31/1885, ICarbS; James Marsh, "Preliminary Essay," *North American Review* 15 (1822), 107; LW 5:179; JD > Warring Wilkerson, 8/8/03, CU-BANC; quoted in GD, *The Life and Mind of John Dewey* (Carbondale, Ill., 1973), 332; Herbert Schneider, "Reminiscences About John Dewey at Columbia, 1913–1950," typescript, box 6, folder 66, 3, ICarbS; Joseph Torrey, *Memoir of the Life of James Marsh, D.D.* (Boston, 1843), 79; JR > Professor Becker, 12/7/46, ICarbS; LW 5:148–49; JD > HAPT, 11/17/1883, VtU; JD > JR, 10/2/46, ICarbS; JD > JR, 10/17/46, ICarbS.

教书生涯? (p. 46)

Charles Babcock, *Venango County, Pennsylvania* (Chicago, 1919), 138, 199; *The Derrick*, Oil City, 7/14/80, 1; JD > AC, 12/23/1885, ICarbS; Max Eastman, "John Dewey," *Atlantic Monthly* 168 (1941), 672; John W. Maguire, "John Dewey, Vermont Teacher," *Journal of Rural and Small Schools* 2 (1987), 38–39; Eastman, "John Dewey," 673; EW 1:4; EW 1:4–5; JD > Merle Curti, 7/1/50, WiU; JD > WTH, 5/17/1881, CLSU; Clarence Pelag, "John Dewey Started

His Career in Oil City," *The Derrick*, clippings file, CDS; JD > WTH, 10/21/1881, CLSU; LW 5:148; JD > WTH, 10/22/1881, CLSU; JD >WJ, 6/3/1891, MH-H; JD > WTH, 12/17/1886, CLSU; LW 5:150; JD > WTH, 12/17/1886, CLSU; Herbert Kleibard, *The Struggle for the American Curriculum 1893–1958* (Boston, 1986), 35; JD > WTH, 9/12/1890, CLSU; *Gazeteer and Business Directory of Chittenden County, Vermont, 1882–3* (Syracuse, N.Y., 1882), 166; quoted in the University of Michigan *Argonaut 3* (1885), 292; HAPT > G. S. Morris, 2/11/1882, MdBJ; EW 1:20–21; WTH's notes on bottom of JD > WTH, 7/1/1882, CLSU; JD > Daniel Coit Gilman, 8/11/1882; JD, "Application," 9/20/1882, MdBJ; LRD > JD, box 48, folder 5, ICarbS; JD > D. C. Gilman, 9/4/1882, MdBJ.

哲学生涯？（p. 58）

LRD > JD, 9/22/1882, ICarbS; CMD > JD, 2/23/1883, ICarbS; LRD > JD, 1887, ICarbS; DRD > JD, 12/7/1882, ICarbS; Aunt Sarah > JD, 9/7/1882, ICarbS; LRD > JD, 9/22/1882, ICarbS; ASD > JD, 9/22/1882, ICarbS; The Girls > JD, 9/22/1882, in a P.S., ICarbS; Fragment, LRD > JD [n.d., 1882], ICarbS; LRD > JD, 2/2/1883, ICarbS; DRD > JD, 12/1882, ICarbS; LRD > JD, 2/2/1883, ICarbS; DRD > JD, 2/6/1883, ICarbS; CMD > JD, 2/23/1883, ICarbS; CMD > JD, 5/13/1883, ICarbS; ASD > JD, 5/2/1883, ICarbS; ASD > JD, 10/16/1882, ICarbS; JD > HAPT, 10/5/1882, VtU; JD > HAPT, 10/5/1882, VtU; G. S. Morris, "The Fundamental Conceptions of University and Philosophy," paper read at Johns Hopkins Metaphysical Club, 12/12/1882, Johns Hopkins *University Circulars* 2 (1883), 59, 54, MdBJ; JD > HAPT, 10/5/1882, VtU; Morris, "The Fundamental Conceptions," 54; JD > HAPT, 2/14/1883, VtU; *University Circulars*, 2/1883, 63, "Remarks at a dinner given by the Aristogenic Society at the University Club," 5/17/35, "to mark the selection of Professor Dewey as one of the ten living Americans who have been the greatest service to the world," DLC; *University Circulars*, 4/1883, 54; JD > HAPT, 2/4/1883, VtU; JD > WTH, 1/17/1884, CLSU; LW 5:151; LW 5: 153.

杜威在哲学上受到的影响（p. 68）

Neil Coughlan, *Young John Dewey: An Essay in Intellectual History* (Chicago,

1975), 32; LW 5:152; Robert Mark Wenley, *The Life and Work of George Sylvester Morris* (New York, 1917), 128, 228; EW 3:17; G. Stanley Hall, *Life and Confessions of a Psychologist* (New York, 1923), 215; G. S. Morris > D. C. Gilman, 5/15/1884, MdBJ; Herbert Kleibard, *The Struggle for the American Curriculum 1893–1958* (Boston, 1986), 35; JD > HAPT, 2/14/1883, VtU; LW 5:152; JD > WTH, 1/17/1884, CLSU; EW 1:60.

成为一名哲学家（p. 74）

JD > WTH, 12/29/1882, CLSU; JD > WTH, 3/29/1883, CLSU; JD > T. R. Ball, 5/28/1888, MdBJ; EW 1:42; D. C. Gilman > Matthew H. Buckham, 3/30/1883, VtU; Matthew H. Buckham > D. C. Gilman, 4/3/1883, MdBJ; HAPT > D. C. Gilman, 4/15/1883, MdBJ; Arthur Yager, "Minutes of the Seminar of Herbert Baxter Adams in History and Political Science," Johns Hopkins University, 10/31/1884, 4–9, MdBJ; *University Circulars*, 6/1884, 118; JD > WTH, 5/15/1884, CLSU; JD > WTH, 1/17/1884, CLSU; G. S. Morris > D. C. Gilman, 5/15/1884, MdBJ; EW 1:48, 49, 50–51, 56, 56–57; JD > WTH, 1/17/1884, CLSU; EW 1:58, 59–60, 60; G. S. Morris > D. C. Gilman, 5/21/1884, MdBJ.

找到哲学领域和工作（p. 80）

JD > S. O. Levinson, 11/1/32, ICU; William Dean Howells, *Prefaces to Contemporaries, 1882–1920*, ed. George Arms et al. (Gainesville, Fla., 1957), 38; LW 5:153; JD > James B. Angell, 7/19/1884, MiU-H; University of Michigan *Argonaut*, 12/17/1884; JD > AC, 11/22/1885, ICarbS; JD > Dearest Family, 11/9/19, ICarbS; *Argonaut*, 10/1883, 23–24; *Argonaut*, 11/1883, 83; JD > HAPT, 2/28/1886, VtU; University of Michigan *Chronicle* 17 (1886), 155; University of Michigan *Palladium*, 1884; *Monthly Bulletin* 6 (October 1884), 1; EW 1:61, 63, 62; quoted in John Q. Axelson, "John Dewey," *Michigan Educational Journal* 43 (May 1966), 13–14; *The University*, 1884, 7; "The Inclusiveness of Science," *The University*, 1884, 2; "Minutes and Constitution of the Philosophic Society of the University of Michigan," 1884; *Argonaut* 3/1884, 1–2; JD > WTH, 12/23/1884, CLSU.

恋爱中的杜威(p. 91)

JD > AC, 12/24–25/1885, ICarbS; *Argonaut*, 4/1885; S. F. Weston > JD, 7/21/27, ICarbS; Linda Robinson Walker, "John Dewey at Michigan: The First Ann Arbor Period," *Michigan Today*, Summer 1997, 4–5; *Fenton Independent*, 11/23/01; JD > Horace Kallen, 12/17/17, OHC; Linda Walker to Jay Martin, 3/4/99; Walker, "John Dewey at Michigan," 2; Alice Lethbridge, *Flint Journal*, 11/13/71, 16; Walker,"John Dewey at Michigan," 4; AC > JD, 4/6/1886, ICarbS; *Argonaut*, 5/22/1886; JD > Corinne C. Frost, 8/11/37, NNC; JD > AC, 6/25/1885, ICarbS; John Chipman, Chipman Genealogy, Burton Historical Collection, Detroit; Sarah M. Churchill > AC, 5/30/1881, ICarbS; JD > ACD, 8/6/1885, ICarbS; JD > AC, 9/15/1885, ICarbS; JD > AC, 12/31/1885, ICarbS; EW 1:64; EW 1:80 (emphasis his).

杜威哲学的扩展(p. 99)

EW 1:81–89; Ann Arbor *Register*, 12/11/1884; EW 1:151; JD > HAPT, 2/16/1886, VtU; JD > John Williston Cook, 1/16/1892, VtU; Harper & Bros. > JD, 12/11/85, ICarbS; JD > AC, 12/22/1885, ICarbS; JD > AC, 12/24–25/1885, ICarbS; AC > JD, 12/24–25/1885, ICarbS; AC > JD, 12/20/1885, ICarbS; JD > AC, 12/22/1885, ICarbS; JD > AC, 12/23/1885, ICarbS; JD > AC, 12/23/1885, ICarbS; AC > JD, 12/24/1885, ICarbS; CMD > JD, 1/30/1886, ICarbS; ASD > JD, 1/6/1886, ICarbS; JD > AC, 4/8/1886, ICarbS; JD > AC, 4/11/1886, ICarbS; EW 2:4; James A McLellan, *Applied Psychology* (Toronto, 1888); James Rowland Angell, 1936, CtY; HJ > Croom Robertson, 3/15/1887, MH-H; G. S. Hall, *American Journal of Psychology*, 1 (1887), 156, 157; JD > ACD, 8/5/1894, ICarbS; JD > Frederick T. Gates, 6/15/03, CDS; Linda Robinson Walker, "John Dewey at Michigan: The First Ann Arbor Period," *Michigan Today*, Summer 1997, 4; quoted in GD, *The Life and Mind of John Dewey* (Carbondale, Ill., 1973), 57; Walker, "John Dewey at Michigan," 5; *Detroit Free Press*, 7/1886, 3; JD > AC, 3/31/1886, ICarbS; JD > AC, 3/31/1886, ICarbS; JD > AC, 4/1/1886, ICarbS; AC > JD, 4/2/1886, ICarbS; JD > AC, 4/8/1886, ICarbS; JD > AC, 4/12/1886, ICarbS; LRD > JD, 8/1?/1886, ICarbS; JD > AC, 4/1/1886, ICarbS; review of Tilden: *The Christian Union* 33, no. 12

(1886), 22.

杜威声誉的建立(p. 108)

JD > AC, 3/29/1886, ICarbS; *Argonaut* 4 (May 1886), 224; EW 1:246; Report of talk, "The Rise. . .," *Argonaut* 4 (1886), 224; EW 1:237; *Argonaut* 5 (March 1887), 140; *Argonaut*, 6/29/1887; Johns Hopkins *University Circulars*, 1883, 81; JD > HAPT, 1/3/1889, UVt; quoted in Hugh Hawkins, *Pioneer: A History of Johns Hopkins University 1874–1889* (Ithaca, N.Y., 1960), 203.

弗雷德·杜威(p. 111)

Lillian W. Johnson > JR, ICarbS; Frances Browne Rogers > Editor, *Michigan Today*, Spring 1998, 17; James B. Edmundson > JD 10/17/29, ICarbS; Pearl Hunter Weber > JB 5/13/67, CDS; JD > ACD, 11/27/1894, ICarbS; JD > ACD, 10/16/1894, ICarbS; FD > JD, 6/19?/02, ICarbS; FD > JD & ACD, 6/19?/02, ICarbS; FD > JD, 9/21/02, ICarbS; FD > JD, 3/1/05, ICarbS; FD > ACD, 3/20/09, ICarbS; FD > ACD, 3/22/09, ICarbS; JD > ACD, 8/31/18; NYT, 12/30/34, 17; JD > Bertha Aleck, 1/3/37, ICarbS; JD > S. O. Levinson, 9/1/27, ICU; JR > Francis Davenport, 4/4/46, ICarbS.

前往明尼苏达大学,重返密歇根大学(p. 117)

JD > HAPT, 3/28/88, VtU; GD, *The Life and Mind of John Dewey* (Carbondale, Ill., 1973), 58; ibid.; *Ariel*, 4/27/1889; ibid.; JD > James B. Angel, 4/19/1889, MiU-H; *Ariel*, 5/21/1889; S. C. Griggs > JD, 12/27/1889, ICarbS; JD > WTH, 1/29/90, CLSU; James B. Angell > James B. Tufts, 7/1/1889, ICarbS; University of Michigan *Calendar, 1889–90*, 54–55; University of Michigan *Monthly Bulletin*, March 15, 1891, 92.

关于伦理的写作(p. 120)

Dewitt H. Parker and C. B. Vibbert, *University ofMichigan: An Encyclopedia Survey* (Durham, N.C., 1998), 674; JD > WJ, 5/10/1891, MH-H; EW 3:239; EW 3:290; EW 3:345, 345–46; EW 4:221; EW 4:361; JD > Thomas Davidson, 3/14/1891, CtY (emphasis his); "Comte's Social Philosophy," *The Christian Union* 33, no. 13 (1886): 22; Mr.Tilden's Political Philosophy," *The Christian Union* 33, no. 12 (1886), 22.

乌托邦骗局(p. 124)

JD > ACD, 6/6/1891, ICarbS; JD > ACD, 6/12–14?/1891, ICarbS; JD > ACD, 6/6/1891, ICarbS; JD > ACD, 6/6/1891, ICarbS; JD > Henry Carter Adams, 4/29/1889, MiU-H; Enclosure in JD > H. C. Adams, 4/29/1889, MiU-H; JD > WJ, 6/3/1891, MH-H; EW 3:139; JD > James Rowland Angell, 3/11/1892, CtY; JD > T. Davidson, 3/8/1892, CtY; (University of) *Michigan Daily*, 4/16/1892; *Michigan Daily*, 4/8/1892; *Detroit Tribune*, 4/8/1892, 4/18/1892; Corydon Ford, *The Child of Democracy* (Ann Arbor, Mich., 1894); JD > James Rowland Angell, 4/25/92, CtY; JD > J. R. Angell, 4/22/92, CtY; William L. Lawrence, "Scholars Forms 'Court of Wisdom' to Guide World," NYT, 9/20/36; JD > WJ, 6/3/1891, MH-H (emphasis his); JD > WJ, 11/22/91, MH-H; JD > Joseph Denney, 2/8/1892, OU; JD > J. R. Angell, 3/11/1892, CtY; Speech files, Hull House, 1/21/1892, CDS; *Michigan Daily*, 1/27/1892, 1.

家庭生活(p. 132)

Quoted in Linda Walker, "John Dewey at Michigan: The Birth of Pragmatism 1889–1894," *Michigan Today*, Fall 1997, 17; JR > Francis Davenport, 4/5/46, ICarbS; Bertha Wolfe Levi > JD, 10/20?/29, ICarbS; *Springfield Republican*, 6/19/1890; *Hampshire County Journal*, 6/21/1890; JD > ACD, 9/2/1892, ICarbS; JD > ACD, 8/16,19/1892, ICarbS; JD > ACD, 8/25/1892, ICarbS; JD > ACD, 8/16/1892, ICarbS; JD > ACD, 8/31/1892, ICarbS; ACD > JD, 6–7?/1893, ICarbS; Corliss Lamont, ed., *Dialogue on Dewey* (New York, 1959), 30; *Sociological Theory and Social Research: Selected Papers of Charles Horton Cooley* (New York: Holt, 1930), 6; Friends of the Elementary School > President Harper, 5/31/1899, ICarbS.

哈珀和芝加哥大学(p. 137)

James H. Tufts, "Memorandum," ICU; JD > WRH, 2/15/1894, ICU; JD > WRH, 3/5/1894, ICU; JD > WRH, 3/19/1894, ICU; JD > ACD, 7/9/1894, ICarbS; JD > WRH, 4/10/1894, ICU; Tufts, "Memorandum," ICU; JD > WRH, 4/10/1894, ICU; *University of Chicago Weekly*, Fall 1894, 7; JD > ACD, 6/13/1894, ICarbS; ACD > JD, 6/24/1894, ICarbS; ACD > JD, 6/15/1894; ACD > JD, 6/22–24/1894; JD > ACD, 6/13/1894, JD > ACD, 5/10?/1894,

ICarbS; JD > ACD, 10/9/1894, ICarbS; JD > ACD, FD, ED, 9/14,16/1894, ICarbS; JD > ACD, FD, ED, 10/25/1894, ICarbS; ACD > JD, 9/6?/1894, ICarbS; JD > ACD, 9/30/1894, ICarbS.

第二卷 历经沧桑(p. 145)

LW 9:57; Ruby M. York > JD, 5/10/48; JD > York, 5/12/48, ICarbS; LW 5:153.

财富与贫困(p. 149)

My account draws on my *Harvests of Change*, 240–44; Thorstein Veblen: *The Portable Veblen*, ed. Max Lerner (New York, 1948), 271; W. T. Stead , *If Christ Came to Chicago* (Chicago, 1894), passim; quoted in Wayne Andrews, *Architecture, Ambition, and Americans* (New York, 1955), 220; Stead, *If Christ*, 115; quoted in Joseph Dorfman, *Thorstein Veblen* (New York, 1935), 100; Donnelly, "St. Louis Platform," quoted in John D. Hicks, *The Populist Revolt* (Minneapolis, 1955), 436; Donald McCurry, *Coxey's Army* (Boston, 1929), 37–39.

伊芙琳·杜威(p. 154)

JD > ACD, 10/16/1894, ICarbS; JD > William Wirt, 5/10/14, InU-Li; MW 8:207; Evelyn Dewey, *New Schools for Old* (New York, 1919), 336; *The Dalton Laboratory Plan* (New York, 1922), vi, v; JD > ED, 5/15?/1894, ICarbS; ED > JR, 1/8?/34, ICarbS; Katherine Glover and Evelyn Dewey, *Children of the New Day* (New York, 1934), 5, 6, 313; JD > RL, 10/13/39, ICarbS.

另一种教育(p. 158)

JD > ACD, 10/18/1894, ICarbS; JD > ACD, 5/17/1894; ACD > JD, 5/18/1894, ICarbS; JD > ACD, 5/10/1894, ICarbS; JD > ACD, 6/19/1894, ICarbS; JD > FD & ED, 11/22/1894, ICarbS; JD > ACD, 7/9/1894, 8/21/1894, 9/20/1894, ICarbS; JD > ACD, 7/2/1894, ICarbS; JD > ACD, 7/2/1894, ICarbS; JD > ACD, 7/9/1894, ICarbS; JD > FD & ED, 7/14/1894, ICarbS; JD > ACD, 7/14, 16/1894, ICarbS; JD > ACD, 7/23/1894, ICarbS; JD > ACD, 11/18/1894, 7/20/1894, ICarbS; JD > ACD, 7/28,29/1894, ICarbS; JD > ACD, 8/7/1894, ICarbS; JD > ACD, 8/23/1894, 8/28/1894, 8/7/1894, 7/4,5/1894, ICarbS; JD >

ACD, 8/18,19/1894, ICarbS; JD > ACD, 11/18/1894, ICarbS; JD > ACD, 11/18/1894, ICarbS; quoted by JD to ACD, 10/19/1894, ICarbS; quoted by JD to ACD, 7/5/1894, ICarbS; JD > ACD, 10/10/1894, ICarbS; I have arranged Dewey's letter into a dialogue, but I quote all statements in it without change; ACD, FD > JD, 7/30/1894, ICarbS; JD > ACD & Children, 8/5/1894, ICarbS; JD > ACD, 8/5/1894, ICarbS; JD > ACD, 7/20,21/1894, ICarbS; DRD > JD, 2/6?/1883, ICarbS; JD > AC, 4/11/1886, ICarbS; JD > ACD, 9/23/1894, ICarbS; Helen Mead > FD & ED, ICarbS; JD > ACD, 9/23/1894, ICarbS; JD > ACD, 7/20/1894, ICarbS; JD > ACD, 7/16/1894, ICarbS; JD > ACD, 7/16/1894, ICarbS; JD > ACD, 7/19/1894, ICarbS; JD > ACD, 7/16/1894, ICarbS; JD > FD, ED, ACD, 10/27/1894, ICarbS; JD > ACD, 10/9/1894, ICarbS; JD > ACD, 12/8 or 9/1894, ICarbS; JD > ACD, 11/22/1894, ICarbS; JD > James T. Farrell, 9/9/41, ICarbS.

莫里斯·杜威(p. 179)

JD > ACD, 9/20/1894, ICarbS; JD > ACD, 12/8 or 9/1894, ICarbS; JD > ACD, 12/3, 4/1894, ICarbS; JD > ACD, 11/22/1894, ICarbS; WTH letter for JD, 12/7/1894, ICarbS; LRD > JD & ACD, 6/29/1896, ICarbS; JD > WRH, 5/16/1895, ICU; JD > Harry Norman Gardiner, 10/27/1895, MNS-Ar.

在芝加哥大学过于劳累的工作(p. 183)

ACD > JD & LRD, 7/28, 29?/1895, ICarbS; George Herbert Palmer > James B. Angell, 5/22/1895, MiU-H; JD > WRH, 1/11/1896, ICU; JD > Frank A. Manny, 9/4/1896, MiU-H; Wilbur S. Jackman > JD, 11/7/02, ICarbS; JD > WTH, 4/14/03, CLSU; JD > Wilbur S. Jackman, 2/21/03, ICarbS; JD > WRH, 4/24/03, ICarbS; JD > Richard T. Ely, 2/18/03, WHi; JD > WRH, 12/22/03, 1/19/04, ICU; JD > Macmillan, 5/12/1897, NN; JD > Thomas McCormick, 11/19/1900, ICarbS; JD > W. S. Jackman, 6/4/02, ICarbS.

更多的出版物(p. 186)

EW 5:xiv; EW 5:96, 104, 97, 104; EW 5: 113, 119, 121; EW 5:147, 148; JD > JR, 10/7/46, ICarbS; JD > ACD, 5/22/1894, ICarbS; JD > ACD, 8/18, 19/1894, ICarbS; JD > ACD, 8/25, 26/1894, ICarbS; John Dewey and James A. McLellan, *The Psychology of Number . . .* (New York, 1897), vii, xiii; John

Dewey, *Studies in Logical Theory*, Decennial Publications of the University of Chicago, 2d series, vol. 11 (Chicago, 1903, 1909), 86, 382; MW 2:296, 298, 302; WJ > JD, 10/17/03, MH-H; JD > WJ, 1/20/04, MH-H; WJ > F. S. C. Schiller, 11/15/03, MH-H; C. S. Peirce, *The Nation* 76 (1904), 220; Handwritten on bottom of JD > C. S. Peirce, early 1904, MH-H; JD > C. S. Peirce, 1/19/03, MH-H; F. S. C. Schiller, "In Defense of Humanism," *Mind* 13 (1904), 529–30; WJ, "The Chicago School," *Psychological Bulletin* 1 (1904), 1; WJ > JD, 12/3/03, NNC; F. H. Bradley, "On Truth and Practice," *Mind* 13 (1904), 309; *Chautauqua Assembly Herald*, July 23, 1896, 1.

进步教育(p. 199)

MW 1:10, 15, 12; Henry S. Townsend, "Educational Progress," *Hawaiian Almanac and Annual* (Honolulu, 1899), 163; JD > Flora J. Cooke, 8/16/1898, ICHi; JD > Flora J. Cooke, 9/1/1898, ICHi; quoted in Benjamin O. Wist, "The Influence of John Dewey upon Education in Hawaii," typescript, ICarbS.

实验学校(p. 203)

"Minutes of the Meeting of the Three Trustees of the Chicago Institute," 4/30/02, ICU; ibid., 5/5/02, ICU; ibid., 5/7/02, ICU; Robert McCaul, "Dewey's Chicago," *School Review* 67 (1959), 279ff.; Robert McCaul, "Dewey and the University of Chicago," part 1: July 1894–March 1902," *School and Society* 89 (1961), 152–57; part 2: April 1902–May 1903, 179–83; part 3: September 1903–June 1904, 202–6; JD > ACD, 7/16/1894, ICarbS; JD > ACD, 8/5/1894, ICarbS; JD > WRH, 7/16/04, ICU; WRH > JD, 4/7/04, ICarbS; JD > WRH, 4/11/04, ICU; JD > ACD, 6/13/1894, ICarbS; WRH > JD, 8/2/01, ICU; JD > WRH, 7/22/01, ICU; WRH > JD, 8/2/01, ICU; WRH > JD, 4/30/04, ICU; ACD, "The Place of the Kindergarten," *The Elementary School Teacher*, January 1903, 273; see also "Written by Mrs. Dewey," Teachers College Library Archives, 15 pp. typescript, 1; Frank Pierrepont Graves > Miss Carr et al., 6/6/04, ICarbS; WRH > JD, 2/29/04, ICU; ACD > WRH, 5/5?/04, ICarbS; Max Eastman, "John Dewey," *Atlantic Monthly* 168 (1941), 679; JD > WRH, 4/6/04, ICU; JD > WRH, 4/7/04, ICarbS.

辞职（p. 210）

JD > WRH, 4/11/04, ICU; Wallace Heckman > JD, 11/27/12, ICU; WRH > JD, 4/18/04, ICU; ACD > WTH, 4/21/04, CLSU; JD > WTH, 4/25/04, CLSU; WRH > JD, 4/26/04, ICU; WRH > ACD, 4/30/04, ICU; Anita McCormick Blaine> S. R. McCormick, 4/27/03, WHi; JD > WRH, 4/27/04, ICU; JD > Warring Wilkerson, 4/28/04, CU-BANC; JD > Frank A. Manny, 4/29/04, MiU-H; T. W. Goodspeed > JD, 5/17/04, ICU; Pearl Hunter Weber, ICarbS; JD > WRH, 5/10/04, ICU; James McKeen Cattell: "Remarks at a dinner given by the Aristogenic Society at the University Club," 5/17/35, DLC.

露西·杜威（p. 215）

ACD > JD, 7/17/1900, ICarbS; ACD > ED, 11/28/1918, ICarbS; JD > ACD, 9/25/02, ICarbS; Wolfgang Brandauer > LD, 7/20/22, ICarbS; ACD > Anne C. Edwards, 9/5/23, NIC; ACD > A. C. Edwards, 9/25/23, NIC; JD > S. O. Levinson, 1/27/28, ICU; JD > Ruth Levinson, 7/24/31, ICU; JD > Louise Romig, 6/7/33, CDS; JD > Bertha Aleck, 11/11/39, 2/23/43, ICarbS.

简·杜威（p. 218）

JD > Anita McCormick Blaine, 7/19/1900, WHi; JD > Mrs. James H. Tufts, ICU; ACD > JD, 7/15/02, ICarbS; JD > ACD, 9/20/02, ICarbS; Jane D > ACD, 2/7/14, ICarbS; Jane D > SD, 2/9/14, ICarbS; ACD > LD, 8/23/18, ICarbS; ACD > ED, 7/26/18; ACD > ED, 1/2/19, ICarbS; JD > ED, 10/8/18, ICarbS; "Notes from Sidney Hook's Visit," 4/21/83, CDS; JD > GHM, 1/4/26, ICarbS; *Physical Review*, 12/28/26, 1108–24; Jane D > Dearest Family, 1, 2?/27, ICarbS; JD > RLG, 4/11/39, ICarbS; Jane D > James McKeen Cattell, 12/13/39, DLC; Cattell > Jane D, 12/15/39, DLC; JD > RLG 7/5/40, 2/1/40, 3/1/42, ICarbS; JD > Bertha Aleck, 10/6/40, ICarbS; JD > RLG, 2/28/39, 1/25/41, ICarbS; ED > JR, 1/8/34, ICarbS; *Journal of Applied Physics*, 6/47, 49.

哥伦比亚的救济（p. 223）

JD > WTH, 4/25/04, CLSU; JD > F. J. E. Woodbridge, 4/4/04, NNC; JD > Cattell, 4/12/04, DLC; Cattell > JD 4/13–15/04, DLC; JD > Cattell, 4/16/04, DLC; WTH > JD, 4/30/04, CLSU; JD > Cattell, 4/21/04, DLC; Cattell > JD, 4/26/04, DLC; JD > Cattell, 4/28/04, DLC; Nicholas Murray Butler > JD,

5/2/04, NNC-Ar; F. P. Graves > Miss Carr et al., 6/6/04., ICarbS; E. C. Moore > JD, 5/22/04, ICarbS; JD > Dewey family, 7/1/04, ICarbS; JD > Dewey family, 7/1/04, ICarbS; JD > ACD, 3/1,3/05, ICarbS; James E. Russell > JD, 5/3/04, ICarbS; JD > Cattell, 5/27/04, DLC.

回到欧洲(p. 228)

JD > Warring Wilkerson, 4/28/04, CU-BANC; ACD > WTH, 4/9/04, CLSU; JD > ACD, 3/16/05, ICarbS; ACD > JD, 7/15?/02, ICarbS; ACD > Mary Bradshaw, 7/22?/04, ICarbS; 8/2/04, ICarbS; JD > FD & ED, 9/1/04, ICarbS; JD > Patrick Geddes, 9/9/04, NLS.

重新开始(p. 231)

JD > ACD, 2/16, 17?/05, ICarbS; Jane Addams: GHM > JD, 10/1/04, ICarbS; "Eulogy on Gordon," ICarbS; Jane Addams, *The Excellent Becomes the Permanent* (New York, 1932), 61–72; JD > WJ, 11/21/04, MH-H; JD > ACD, 3/16/05, ICarbS; JD > LD & Jane D, 2/19,20/05, ICarbS; JD > ACD, 3/1, 3/05, ICarbS; JD > ACD, 3/1, 3/05, ICarbS; JD > ACD, 3/13/05, ICarbS; JD > ACD, 2/16, 17?/01, ICarbS; JD > FD, 3/13/05, ICarbS; JD > ACD, 3/1, 3/05, ICarbS; JD > ACD, 3/6–10/05, ICarbS; Walter Pitkin > JR, 3/2/47, ICarbS; quoted by Nima H. Adlerblum, "A Tape-Recording on John Dewey," typescript, box 71/3, 12, ICarbS; ibid., 2–3, 3, 4; David Starr Jordan > JD, 3/19/06, 3/23/06, CSt-AR.

高尔基事件(p. 238)

JD > ACD, 2/20/05, ICarbS; "$8,000 for Revolutionists," NYT, 4/15/06, 3; "Mark Twain's Position," NYT, 4/15/06, 1, 3; "Gorky and Actress Asked to Quit Hotels," NYT, 4/15/06, 3; "Boston Will Snub Them," NYT, 4/15/06, 3; "Not Asked to White House," NYT, 4/15/06, 3; quoted in Max Eastman, "John Dewey," *Atlantic Monthly* 168 (1941), 684, *New York World*, 5/5/06, 1; JD > Upton Sinclair, 8/24/22, InU-Li.

活动的五条轨迹(p. 242)

JD > Hu Shi, 10/27/39, ICarbS; "Organization in American Education," MW 10:405; "Federal Aid to Elementary Education," MW 10:125–26; "Nationalizing Education," MW 10:208; "A Call to Organize," *The American*

Teacher 2 (February 1913): 27; JD and Arthur O. Lovejoy, form letter 11/17/14, TNV; JD > Barrett Wendell, 12/7/14, MH-H; JD > Editor of *The Nation*, 3/30/16, ICarbS; "Memorandum of Professor John Dewey, for John A. Kinneman via Constance Roudebush," ICarbS; Oswald Garrison Villard > Joel Springarn, 10/17/10, DHU; Bessie Breuer Papers, box 3/9, ICarbS; O. G. Villard > Joel Springarn, 2/28/11, DHU; Eleanor Roosevelt > JD, 11/13/45, ICarbS; Roy Wilkins > JD, 10/19/49, ICarbS; Donald O. Johnson, *The Challenge to American Freedom: World War I and the Rise of the American Civil Liberties Union* (Lexington, Ky., 1963); NYT, 1/5/31, 2; JD > Arthur Dunn, 2/12/23, ICU.

更多的专著(p. 250)

Ethics (1908): MW 5:6, 4; EW 4:56; MW 5:4; MW 5:388, 389; MW 6:179, 191; Burgess Johnson, *As Much as I Dare: A Personal Recollection* (New York, 1944), 186–87; LW 5:156.

杜威的教学风格(p. 258)

Marion B. White > JR, 4/3/47, ICarbS; Pearl Hunter Weber > JB, "Reminiscences," ICarbS; Brand Blanshard, "Interview," 5/18/67, ICarbS; E. A. Burtt, "Interview," 4/13/67, ICarbS; Ernest Nagel, "Interview," 10/10/66, ICarbS; Corliss Lamont, ed., *Dialogue on Dewey* (New York, 1959), 41; Max Eastman, "John Dewey," *Atlantic Monthly* 168 (1941), 682; Thomas Munro, "Interview," 4/26/67, ICarbS; Bruce Raup, "Interview," 7/24/67, ICarbS.

第一次世界大战(p. 263)

In the ensuing account I draw some details from Alan Brinkley, *The Unfinished Nation: A Concise History of the American People*, 2d ed. (New York, 1997), 562 ff.; MW 8: 203; JD > George S. Fullerton, 12/4/14, ICarbS; MW 8:198.

新的限制(p. 269)

NYT, 2/14/17; NYT, 2/14/17; JD > Franz Boas, 3/19/17, PPAmP; F. Boas > JD, 3/12/17, PPAmP; MW 10:257; James McKeen Cattell, "Memories of My Last Days at Columbia, Confidential Statement," printed privately at

Garrison-on-Hudson, N.Y., 1928, 24 pp.; Robert Mark Wenley, "Report of My Recollections of My Conversation with Dewey on the Cattell Case," 2/28/17, MiU-H; Diary notes for 10/7/17, CtY; Columbia *Spectator*, 10/11/17, 1; JD > ACD, 7/26/18, ICarbS; JD > ACD, 7/26/18, ICarbS; MW 10:1–6; NYT, 12/16/17; JD > Charles Beard, 12/17/17, CDS; "Never Mind What You Think About the I.W.W.," *New Republic*, 6/22/18, 242.

劫后余波（p. 275）

JD > Thomas S. Eliot, 1/6/14, 3/5/14, MH-H; W. E. Hocking > JD, 2/3/17, 2/6/17, MH-Ar; JD > Professor Hoernle, 11/16/17, MH-Ar; Columbia *Spectator*, 5/22/18; Palo Alto *Daily*, 5/28/18, 1; *Seven Arts*, October 1917, 688–702; reprinted in Randolph Bourne, *History of a Literary Radical* (New York, 1956), 242; MW 11:180–85; MW 10:159; MW 11:70–71; MW 10:292.

波兰项目（p. 278）

Brand Blanshard, "Interview," 5/18/67, ICarbS; ACB > JD, 5/14/18, ICarbS; ACB > JD, 4/20/18, ICarbS; B. Blanshard > JB, 7/5/74, ICarbS; ACB > JD, 5/15/18, ICarbS; ACB > JD, 4/20/18, ICarbS; Louise Levitas Henricksen, *Anzia Yezierska: A Writer's Life* (New Brunswick, N.J., 1988), 4–5; MW 10:162; Anzia Yezierska, *All I Could Never Be* (New York, 1932), 28; Mary V. Dearborn, *Love in the Promised Land* (New York, 1988), 141; ACB > JD, 4/26/18, ICarbS; ACB > JD, 5/24/18, ICarbS; ACB > JD, 6/28/18, ICarbS; LD > Jane D, 7/8/18, ICarbS; JD > ACD, 8/1/18, ICarbS; ACB > JD, 4/20/18, ICarbS.

亚历山大对杜威的影响（p. 285）

MW 11:350; F. Matthias Alexander, *Man's Supreme Inheritance* (London, 1918), xx–xxii; Jane D, "Biography of John Dewey," *The Philosophy of John Dewey*, ed. Paul Arthur Schilpp (Evanston, Ill., 1939), 44–45; JD > LD & ED, 8/20/18, ICarbS; MW 11:253–55; JD > Randolph Bourne, 5/22/18, ICarbS; ACD > ED, 1/2/19, ICarbS.

费城故事（p. 287）

Anzia Yezierska, *Hungry Hearts* (1920) (New York, 1920, 1985), 135, 141; JB, ed., *The Poems of John Dewey* (Carbondale, Ill., 1977), 4–5; ACB > JD, 6/12/18, ICarbS; B. Blanshard > JB, 7/5/74, ICarbS; Anzia Yezierska, *All I Could*

Never Be (New York, 1932), 96–97; Louise Henricksen > JB, 3/4/75, ICarbS; JB, ed., *Poems*, 5; LW 10:285; JB, ed., *Poems*, 14; JD > ACB, 9/6/18, ICarbS; Anzia Yezierska > Ferris Greenslet, 10/25/20, MH-H; Anzia Yezierska, "Prophets of Democracy," *The Bookman* 52 (1921), 496; B. Blanshard > JB, 7/5/74, ICarbS; JD > Cale Young Rice, 12/5/17, KyBgW; JD > Dear family, 6/28/18, ICarbS.

杜威对波兰的兴趣 (p. 293)

ACB > JD, 5/24/18, ICarbS; ACB > JD, 6/7/18, ICarbS; ACB > JD, 6/12/18, ICarbS; JD > Jane D, 7/12/18, ICarbS; JD > ACD, 7/13/18, ICarbS; JD > Dear Family, 7/21/18, ICarbS; quoted in Howard Greenfield, *The Devil and Dr. Barnes* (New York, 1987), 58; JD > ACD, 8/1/18, ICarbS; Herbert Croly > E. M. House, 8/3/18, CtY; JD > ACD, 8/3/18, ICarbS; JD > ACD, 8/3/18, ICarbS; Col. M. Churchill > JD, 8/15/18, DNA-I; JD > ACD & Jane D, 8/18/18, ICarbS; JD > Dear Daughter, 8/20/18, ICarbS; Louis L. Gerson, *Woodrow Wilson and the Rebirth of Poland 1914–1920* (New Haven, Conn., 1953), 90–93; ED > ACD & Jane D, 8/14/18, ICarbS; JD > H. T. Hunt, 9/20/18, DNA-I; JD > Woodrow Wilson, 9/25/18, DLC; W. Wilson > Joseph Tumulty, 9/30/18, DLC; W. Wilson > JD, 10/4/18, Ni P; ACB > JD, 8/15/18, ICarbS; Col. M. Churchill > JD, 11/6/18, Military Intelligence Division, RG 165, "Records of the War Department, General and Special Staffs," DNA-I; "Memorandum for Major Hunt, Subject: Polish Affairs," War Department, 9/3/18, DNA-I.

第三卷 融入世界 (p. 301)

JD > W. E. Hocking, 2/16/17, MH-Ar; JD > B. I. Wheeler, 10/9/19, ICarbS; ACD > JD, 3/26/14, ICarbS; JD > ACD, 7/13/1898, ICarbS; JD > S. H. Goldenson, 11/21/18, ICarbS; JD > JDG 6/20/49, ICarbS.

爱丽丝的抑郁 (p. 306)

Gordon O. Chipman > Mother, 2/2/1864, ICarbS; Leo Weigant, "Women of Fenton," typescript, CDS; JD > ACD, 10/7/1894, ICarbS; ACD > JD,

12/1896, ICarbS; JD > ACD, 7/4/1897, ICarbS; JD > ACD, 8/4/1897, ICarbS; JD > ACD, 3/22/1900, ICarbS; ACD > JD, 5/23/06, ICarbS; ED > Dearest Family, 8/15/09, ICarbS; JD > ED, 9/14/13, ICarbS; ACD > JD, 3/26/14, ICarbS; ACD > ED, 8/10/18, ICarbS; ACD > ED, 7/21/18, ICarbS; ACD > ED, 7/26/18, ICarbS; ACD > JD, 8/11/18, ICarbS; ACD > JD, 8/11/18, ICarbS; ACD > ED, 1/2/19, ICarbS; ACD > ED, 7/30/18, ICarbS; ACD > Eliz. D & FD, 11/18/18, ICarbS.

日本之行(p. 310)

JD > Dearest Family, 12/28/18, ICarbS; Arthur Yager, "Minutes of the Seminar of Herbert Baxter Adams in History and Political Science," Johns Hopkins University, 10/31/1884, MdBJ; ACD > Children, 2/11/19, ICarbS; Jane D, "Biography of John Dewey," *The Philosophy of John Dewey*, ed., Paul Arthur Schilipp (Evanston, Ill., 1939), 40; JD > SD, 2/11/19, ICarbS; JD > N. M. Butler, 1/10/19, NNC-Ar; N. M. Butler > JD, 1/17/19, ICarbS; LD > ED, 4/26/19, ICarbS; JD > Wendell Bush, 8/1/19, NNC; JD > John Jacob Coss, 4/22/20, NNC.

中国和"新文化"(p. 314)

JD > Kids, 5/12/19, ICarbS; Letters 161,162; ACD > SD & Family, 6/1–5/19, ICarbS; quoted in Chow Tse-tsung, *The May Fourth Movement: Intellectual Revolution in Modern China 1915–1924* (Cambridge, Mass., 1960), 175; Barry Keenan, *The Dewey Experiment in China* (Cambridge, Mass., 1977), 11; Kazuko Tsurumi, ed., *John Dewey: A Critical Studyof the American Way of Thinking* (Tokyo, 1950), 186; Hu Shi, ed., *Collection*, vol. 1, 320; see also *Hsin Ch'ng-nien* 6 (April 1919), 342–58; JD > Dear Children, 6/10/19, ICarbS; JD > Dear Children, 5/19/19, ICarbS; Chow, *The May Fourth Movement*, 182–83; W. Theodore de Bary et al., eds., *Sources of Chinese Tradition*, vol. 2 (New York, 2000), 151–73; Robert W. Clopton and Tsuin-chen Ou, *John Dewey: Lectures in China 1919–1920* (Honolulu, 1973), 1; JD > JDG, 6/20/49, ICarbS; JD > Dear Children, 5/9/19, ICarbS; Tsung Hai Cheng, "Memoirs of a Seer's Visit to Our Land 1919–1921," written c. 1932, typescript, ICarbS; Notes, box 67, folder 14, ICarbS; JD > ACB, 1/15/20, ICarbS; J. J. Coss, 11/15/19, NNC;

ACD > ED, 5/26/19, ICarbS; JD > Wendell Bush, 8/1/19, NNC; ACD > Eliz. D, 7/16/20, ICarbS; JD > Dearest Family, 11/9/19, ICarbS; JD > Dearest Family, 4/11/20, ICarbS; JD > ED, 1/8/20, ICarbS; JD > Dewey Family, 7/25/21, ICarbS; JD > Dearest Children, 10/26/20, ICarbS; JD > J. J. Coss, 4/22/20, NNC; NYT, 10/19/20, 10; JD > Col. Drysdale, 12/2/20, no. 2702, Service Report, DLC; JD > ACB, 9/12/20, ICarbS; JD > ACB, 9/12/20, ICarbS; T. Fu > Professor Muirhead, no date, 1920, ICarbS; JD > ACB, 9/12/20, 12/5/20, ICarbS; JD > Dearest Children, 10/26/20, ICarbS; Kenneth Duckett, "Interview with Lucy Dewey and Jane Dewey," Report of the Field Trip, 11/4/66, CDS; JD > Horace Fries, 3/8/51, WHi; JD > Roderick Chisholm, 10/23/45, 10/15/45, ICarbS; JD > J. J. Coss, 1/13/20, NNC; Walter Lippmann > JD, 6/14/21, CtY; Columbia *Spectator*, 10/14/21, 2–3; Columbia *Spectator*, 10/15/21; NYT, 9/20/24; NYT, 3/15/27; Hu Shi > JD, 6/29/39, ICarbS; Robert W. Clopton and Tsuin-chen Ou, *John Dewey: Lectures in China 1919–1920* (Honolulu, 1973), 305–6; T. V. Song and Menglin Jiang > JD, 11/15/45, ICarbS; JD > JR, 3/25/46, ICarbS; JD > Edward Lindeman, 3/25/46, NNC; Chinese embassy > JD, 3/26/46, ICarbS; T. Y. Wang > JD, 7/20/27, ICarbS; Ardelia Ripley Hall > JD, 7/25/27, ICarbS; JD > F. S. C. Schiller, 7/18/22, CLU.

拒绝同盟，拒绝战争（p. 327）

MW 15:82; S. O. Levinson, "The Legal Status of War," *New Republic*, 3/9/18, 171–73; MW 13:411; JD > Hon. William E. Borah, 3/6/22, DLC; Walter Lippmann, "The Outlawry of War," *Atlantic Monthly* 132 (1923): 245–53; MW 15:119, 115; John Haynes Holmes > S. O. Levinson, quoted in Levinson > JD, 10/4/23, ICU.

萨比诺·杜威（p. 330）

The following account is based on two interviews with Sabino Dewey, one by Sylvia Smith Ashton and the other by Kenneth Duckett, 2/10/67, both in CDS; SD > ACD, 8/10/18, 7/6/18, 7/9/18, ICarbS.

理想主义的破灭（p. 333）

In this historical commentary, I follow my own article, "Crises and

Continuity in the Twentieth Century: Ideals and Other Deals in the 20s," *In Search of the American Dream*, ed. Robert C. Elliott (San Diego, 1974), 26–27.

去土耳其(p. 335)

Eleanor Bisbee, *The New Turks: Pioneers of the Republic, 1920–1950* (Philadelphia, 1951), 28; Robert M. Scotten, first secretary of the U.S. embassy > U.S. secretary of state, 9/23/24, ICarbS; MW 15:418–20; ACD > SD, 8/2/24, ICarbS; MW 15:418, 420; MW 15:303, 307; MW 15:275; Ernest Wolf-Gazo, "John Dewey in Turkey: An Educational Mission," *Journal of American Studies of Turkey* 3 (1996), 23; LW 2:193; ACD, box 71, folder 23, ICarbS.

后去墨西哥(p. 341)

American consulate general, Mexico City > U.S. secretary of state, 6/10/26, DNA-II; ACD > Dear Children, 8/29/25, ICarbS; JD > ACD, 7/7/26, ICarbS; JD > ACD, 8/12/26, ICarbS; JD > ACD, 8/12/26, ICarbS; JD > Nima Adlerblum, 11/4/44, ICarbS; George C. Booth, *Mexico's School-Made Society* (Stanford, Calif., 1941), 86; LW 2:198, 202, 162.

失去爱丽丝(p. 344)

JD > Scudder Klyce, 7/27/27, DLC; JD > E. R. A. Seligman, 10/3/27, NNC; Department of Health, City of New York, Certificate of Death no. 17087; GHM > JD, 7/14/27, ICarbS; JD > Mrs. Thomas, 7/27/27, ICarbS; JD > E. A. Burtt, 8/14/27, MiU-H; JD > Helen Mead and GHM, 7/27/27, ICarbS; John Macrae > ACD, 10/3/21, CDS; Mabel Castle > JD, 9/18/27, ICarbS; Dorothea Moore > JD, 7/15/27, ICarbS; Max Eastman, "John Dewey," *Atlantic Monthly* 168 (1941): 678; JD > W.R. Houston, 5/21/44, ICarbS; B. Anderson > JD, box 102/8/4, ICarbS; ACD > LD, 8/2/18, ICarbS; ACD > LD, 10/10/18, ICarbS; *Notable American Women 1607–1950*, ed. Edward T. James et al. (Cambridge, Mass., 1971), 467; NYT, 8/9/12; see JB, "John Dewey and the New Feminism," *Teachers College Record,* 441–48; JD > A. K. Parker, 7/25/02, ICU; James Giarelli, "Dewey and the Feminist Successor Pragmatism Project," *Free Inquiry* 13 (1992–93), 30–31; JD > Scudder Klyce, 7/5/15, DLC; ACD > Editor, NYT, 2/14/15.

杜威在苏联（p. 350）

Frances Ralston Welsh > U.S. Office of Eastern Affairs, 5/19/28, DNA-II; James Harvey Robinson & JR > S. O. Levinson, 12/8/27 (form letter), ICU; Anzia Yezierska, *All I Could Never Be* (New York, 1932), 230–31; Eliz. D, "Europe and Russia, 1928, 'Casual Notes,'" passim; JD > GHM, 6/20/28, ICarbS; *The Survey*, 12/15/28, 348–49; A. G. Kalashnikov > JD, 7/20/28, ICarbS; News clipping in "Places" file, 7/29/28, ICarbS; Walter Duranty, "Russians' Entertainment for John Dewey," NYT, 7/22/28; LW 3:243; JD > SH, 7/25/28, ICarbS; NYT, 11/11/28, 22; Corliss Lamont, "Interview," Dewey Project, 5/20/66, 11, CDS; Advertisement in *New Republic*, 2/6/29.

另外三本书（p. 358）

LW 3:203, 204, 205, 243–44, 223; JD > Oscar Cargill, 11/12/47, ICarbS; LW 1:283, 290.

吉福德讲座（p. 362）

Sir Alfred Ewing > JD, 3/12/28, ICarbS; JD > A. Ewing, 3/23/28, ICarbS; N. M. Butler > JD, 4/18/28, ICarbS; JD > SH, 5/10/29, ICarbS; *The Scotsman*, 4/18/29, 7; LW 4:3, 5, 58, 163, 221, 248, 250; *The Scotsman*, 5/18/29, 3.

再次享受生活（p. 368）

The Scotsman, 5/6/29, 12; NYT, 11/8/30; Myrtle McGraw, "Interview," Dewey Project, 2/6/67, 5, 6, 8, CDS; "Memo to be filed with Brand Blanshard typescript," CDS; F. S. C. Northrop > JR, 7/23/46, ICarbS.

杜威 70 岁（p. 371）

Henry R. Linville > JD, 10/20/29, ICarbS; William H. Kilpatrick > Herbert Schneider, 5/25/29, NNC; H. Linville > National Committee to Honor John Dewey, 10/15/29, ICarbS; H. Linville > J. R. Angell, CtY; in *John Dewey: The Man and His Philosophy: Addresses Delivered in New York in Celebration of His Seventieth Birthday* (Cambridge, Mass., 1930), 136–37; Oliver Wendell Holmes Jr. > H. Linville, 5/2/29, ICarbS; Felix Frankfuter > H. Linville, 10/15/29, ICarbS; J. H. Robinson, *Vermont Alumni Weekly* 9 (1929): 89; LW 5:418, 420; Arthur O. Lovejoy > JD, 11/2/29, ICarbS; H. Linville > JD, 10/20/29, ICarbS; JD > Jane Addams, 10/26/29, UVt.

股市崩盘及其后果（p. 376）

I follow my own article, "The Crash," in *In Search of the American Dream*, ed. Robert C. Elliott (San Diego, 1974), 28–29; LW 2:368; "Dewey Aids La Follette," NYT, 10/23/24; "Why I Am for Smith," *New Republic*, 11/7/28, 320; "The Need for a New Party, I: The Present Crises," *New Republic*, 3/18/31, 115; Arthur M. Schlesinger Jr., *The Age of Roosevelt* (Cambridge, Mass., 1957), 147; "Liberals Here Plan an Opposition Party," NYT, 9/9/29, 1; "John Dewey Assails the Major Parties," NYT, 10/14/29, 2; Edward J. Bordeau, "John Dewey's Ideas About the Great Depression," *Journal of the History of Ideas* 32 (1971), 70; "Dewey Declares America Forgoes Faith in Prosperity," *Herald Tribune* (international ed.), 11/1930; *Bulletin of the League for Independent Political Action*, 11/30, 3; NYT, 12/26/30; "The Professor and the Senator," NYT, 12/27/30, 12; "Norris Declines to Head New Party," NYT, 12/27/30, 12; "Dewey on Norris' Rejection," NYT, 12/31/30; B. C. Vladeck > JD, 7/10/30, ICarbS; Benjamin C. Marsh, *Lobbyist for the People* (Washington, D.C., 1953), 87 ff; NYT, 10/26/30, 21; "The Need for a New Party, I: The Present Crises," *New Republic,* 3/18/31, 115; "The Need for a New Party, II: The Breakdown of the Old Order," 3/25/31, 150; "Lobby Asks Special Session on Debts," *People's Lobby Bulletin*," October 1933, 1; *People's Lobby Bulletin*, November 1933, 1; John Dewey, *People's Lobby Bulletin*, MAY 1932, 1 (emphasis his).

杜威的政治哲学（p. 387）

LW 2:217; LW 2:220, 219–20, 256, 303, 339, 365, 366 (emphasis his), 371–72; W. E. Hocking, *Journal of Philosophy*, 6/6/29, 329; LW 11:6, 21, 22, 27, 41–42, 40; LW 11:295; LW 11:299; LW 11:362; LW 11:367; LW 11:372; LW 14:254.

杜威对艺术的兴趣（p. 398）

Quoted in Howard Greenfield, *The Devil and Dr. Barnes* (New York, 1987), 65; Joseph Torrey, *A Theory of Fine Art* (New York, 1874), 43; Michigan *University Record* 1, no. 4 (1891): 58–59; Michigan *University Record*, September–November 1891; Lionel Trilling > JD, 1/11/39, ICarbS; John Herman Randall Jr. > George Eastman, 7/10/64; Stored in Morris Library, Southern Illinois University, Carbondale, Special Collections; JD > Gertrude

Stein, 2/19/32, CtY; Paul Monroe, ed., *A Cyclopedia of Education* (New York, 1911); MW 6:375–79; MW 13:362; quoted in ibid., 106; Thomas Munro, "Interview," 4/26/67, CDS; JD > JR, 3/24/31, ICarbS; JD > SH, 3/10/30, ICarbS; Munro, "Interview," 9; Michigan *University Record* 1, no. 4 (1891): 58; JD > Leo Stein, 2/22/26, CtY; John Dewey, "A Comment on the Forgoing Criticisms" [made by Benedetto Croce], ICarbS; LW 15:98; LW 6:332, 333; LW 10:9; LW 10: 329, 350, 25; LW 14:255–56.

最后的教育使命（p. 406）

Jane D > GD, 3/5/67, UVt; GD, *The Life and Mind of John Dewey* (Carbondale, Ill., 1973), 265; LW 9:203.

列昂·托洛茨基（p. 407）

Exchange of telegrams between President Cardenas and the American Committee for the Defense of Leon Trotsky, signed by John Dewey et al., ICarbS; Delmore Schwartz, "For Rhoda," *In Dreams Begin Responsibilities* (Norfolk, Conn., 1938), 94; JD > SH, 4/4/37, ICarbS; Alex Gumberg > JD, 5/11/37, ICarbS; JD replied, 5/11/47, ICarbS; NYT reported 2/17/37 that committee members reported pressure to resign ("Trotsky Inquiry Under Fire Here," 4); Cowley > JD, 6/4/37, ICarbS. JD > Cowley, 6/12/37, ICarbS; Bruce Bliven > George Eastman, 6/22/64, ICarbS; JD's resignation from the *New Republic* is JD > Bliven, 5/26/37, ICarbS; JD > John T. Flynn, 3/21/41, ICarbS; SH, "Interview," 4/6/73, 345, CDS; JD > Agnes Meyer; JD > RL, 4/3/37, ICarbS; Dewey also told Novack about his family's opposition to his going to Mexico: Lev Trotskii Exile Papers, MH-H; E. A. Ross > George Novack, 3/24/37, handwritten fragment, Ross Papers, UWi; JD > RL, 4/3/37, ICarbS; Trotsky's account of the hearings is in *Writings of Leon Trotsky: 1937–38* (New York, 1970), 62–129; LW 11:306–9; also "Preliminary Statement by Dr. Dewey," 4/10/37, CDS; McDermott, LW 11:xxvi; Albert Glotzer, reporter, *Transcript of the Proceedings of the Preliminary Commission of Inquiry* (New York, 1937), 617 ff. and xiii–xiv; Marion Hammett and William Smith, "Inside the Trotsky 'Trial,' " *New Masses*, 4/27/37, 6; *Pravda*, 11/20/50; NYT, 10/23/49, 62; "Trotsky Trial Was 'Pink Tea,' Beals Asserts," *Brooklyn Eagle*,

4/19/37, 2; Dewey's response to Beals is in JD > RL, 4/20/37, ICarbS; "For Immediate Release": Statement to the Press by John Dewey, Chairman, Commission of Inquiry into the Charges Made Against Leon Trotsky in the Moscow Trials, 222 West 23d Street, New York City, photocopy, CDS; Bertram Wolfe > Arthur and Rosemary Mizener, Friday–Sunday, April 1937, ICarbS; Suzanne La Follette later wrote: "Dr. Dewey is marvelous–unperturbed, and is as full of fight as if he were half his age. He does not hesitate to take the offensive and to take it with a vigor that is truly amazing. He is truly admirable. La Follette > Leon Trotsky, 12/16/37, MH-H; SH, "Interview," 4/6/73, 345, CDS; Trotsky's closing speech is in Glotzer, *Proceedings*, 459–585; ibid., 585; Alice Rühle-Gerstel, "Trotsky in Mexico," *Encounter* 58 (1982), 36; JD > RL, 4/25/37, ICarbS; quoted in Jean van Heijenoort, *With Trotsky in Exile* (Cambridge, Mass., 1978), 110; Albert Glotzer, *Trotsky: Memoir & Critique* (Buffalo, N.Y., 1989), 272; "The Unity of Man," LW 13:322–26; "Dr. John Dewey Here; Tells of Trotsky 'Trial,' " *St. Louis Star-Times*, 4/21/37; "Dr. Dewey Discusses Roosevelt, Trotsky," *St. Louis Post Dispatch*, 4/21/37; JD > J. T. Farrell, 11/8/48, ICarbS; JD, "For Release in Morning Papers of May 10, 1937; Speech by Dr. John Dewey at Mecca Temple, Sunday evening, May 9," WiU-H; JD's first draft with SH corrections and JD's alterations are in ICarbS; see p. 3; JD et al., *Not Guilty: Report of the Commission of Inquiry into the Charges Made Against Leon Trotsky in the Moscow Trials* (New York, 1938); Emma Goldman > JD, 1/10/38, NN; JD > Emma Goldman, 2/21/38, Institute of Social History, Herengracht, 262, Amsterdam; JD > RL, 1/31/38, ICarbS; Leon and Natalia Trotsky > JD, via Anita Brenner, 10/3/37, Western Union, CDS; JD et al. > Leon Trotsky, 2/16/38, Compania Telegraphica Mexicana, via Western Union; Leon Trotsky, *The New International*, June 1938, 163–73; JD > J. T. Farrell, "Interview," Dewey Project, 11/5/65, 12, CDS; LW 11:259; GHM, Seminar Notes, 1926, ICU; JD > Max Eastman, 5/12/37, InU-Li; see also SH, "Interview," 4/6/73, 30, CDS; and JD > RL, 4/15/37: "It has been one of the most interesting experiences intellectually of my life–and it is not without emotional traits," ICarbS.

杜威的逻辑（**p. 424**）

LW 11:528; *Common Sense* 8 (1939), 11; JD > J. H. Tufts, 2/2/39, ICarbS; Herbert Schneider, "Interview," Dewey Project, 18–19, CDS; LW 12:5; JD > JR, 6/23/49, ICarbS; JD > ACB, 11/30/34, ICarbS; JD > Arthur Bentley, 1/8/49, ICarbS; JD > Haskell Fain, 4/26/49, WHi; LW 12:3, 4; C. S. Peirce > JD, 12/8/03 MH-H; JD > H. H. Peirce, *1/19/03*, MH-H; JD > C. S. Peirce, 12/23/03, MH-H; JD > C. S. Peirce, 1/11/04, MH-H; C. S. Peirce > JD, 12/24/03, MH-H; JD > Paul Weiss, 10/1/31, MH-H; LW 3:314, 315; LW 6:273; LW 11:421; Peirce, *Collected Papers* (1908), vol. 6, 482; JD > Emmanuel G. Mesthene 10/2/45, ICarbS; LW 15:72; JD > JR, 3/25/46, ICarbS; JD > Haskell Fain, 4/26/48, WHi; JD > A. Ames Jr., 7/2/47, NhD; William Gruen, "The Naturalization of Logic," *The Nation*, October 22, 1938, 427; EW 4:19, 20, 29, 33, 21; C. S. Peirce, *Monist*, April 1893; R. W. Sleeper, "Dewey's Attack on Peirce and Wittgenstein's Dilemma," unpublished typescript, box 27, folder 13, ICarbS.

杜威和价值判断（**p. 431**）

MW 13:10; C. W. Morris > S. Morris Eames, 2/6/65; Corliss Lamont, "Interview," Dewey Project, 5/20/66, 11, CDS, 11–12; LW 13:250.

杜威的八十大寿庆典（**p. 434**）

JD > SH, 3/22/39, IUCIU; JD > SH, 3/25/39, ICarbS; JD > Horace Kallen, 3/30/39, NNYU; Jerome Nathanson > Charles Beard, 7/13/39; Beard > Nathanson, 7/20/39; Nathanson > Beard, 9/13/39; Beard > Nathanson, 9/17/39; Nathanson > Beard, 9/19/39; Beard to Nathanson, 9/22/39, Jerome Nathanson Papers, CDS; JD > J. Nathanson, 6/27/39, Nathanson Papers; JD > H. Kallen, 10/5/39, OCH; ED > JD, 5/26/39, ICarbS; JD > H. Kallen, OCH; JD > SH, 10/5/39, ICarbS; JD > ACB, 10/7/39, ICarbS; LW 14:224, 225, 227; NYT, 10/21/39, 19; "Proceedings of the Annual Meeting of the Trustees of the Barnes Foundation," 12/6/39, ICarbS; JD > RLG, 1/16/40, ICarbS.

教育与自由（**p. 439**）

MW 8:408, 409–10; GD, *The Life and Mind of John Dewey* (Carbondale, Ill.,

1973), 274; LW 11:161; LW 11:340; LW 11:378; LW 11:530; LW 14:488; MW 14:366; LW 14:368; LW 14:372.

伯特兰·罗素 (p. 442)

NYT, 3/1/40, 23; JD > W. E. Hocking, 5/16/40, MH-H; John Herman Randall Jr. > Dora Black Russell, 5/24/40, CaOHM; in Horace Kallen, "Behind the Bertrand Russell Case," *The Bertrand Russell Case*, ed. John Dewey and Horace Kallen (New York, 1941), 28; JD et al. > Fiorello LaGuardia, 4/2/40, CaOHM; JD > W. E. Hocking, 5/16/40, MH-H; NYT, 4/6/40, 1, 15; JD > Fiorello LaGuardia, 4/6/40, CaOHM; JD > ACB, 4/6/40, ICarbS; JD > ACB, 4/6/40, ICarbS; J. H. Randall > F. LaGuardia, 4/14/40, CaOHM; NYT, 4/20/40; ibid.; LW 14:233–34; JD > W. E. Hocking, 5/16/40, MH-H; LW 14:358–59; J. H. Randall Jr. > Mrs. Russell, 5/24/40, CaOHM; Bertrand Russell > JD, 5/30/40, ICarbS.

更多的争议 (p. 449)

NYT, 10/4/40, 14; ibid.; LW 14:374; ibid.; LW 5:319, 323, 325; Robert Maynard Hutchins, *The Higher Learning in America* (New Haven, Conn., 1936), passim; LW 5:265, 266; JD > Corliss Lamont, 9/15/40, ICarbS; JD > Edwin H. Wilson, 7/16/40, ICarbS; LW 11:395; LW 11:399; LW 11:592, 597; LW 11:403, 407; Donald A. Piatt > JD, 8/2/39, ICarbS; *Fortune*, June 1943, 159–60, 194, 196, 198, 201–2, 204, 207; LW 15:267, 261–62; "A Reply to John Dewey," LW 15:474–85; LW 15:332, 335; LW 15:486; LW 15:337; FBI New York Office file no. 100–25838, 4/29/43, CDS.

关于教育进一步的观点 (p. 459)

NYT, 10/27/39; LW 6:102; LW 6:105, 106, 109 (emphasis his), 110–11; LW 13:410, 3, 11; NYT, 3/2/38, 8.

战后 (p. 464)

LW 15:301–2; JD > SH, 12/18/49, ICarbS; Richard McKeon > JD, 1/23/50, quoted in LW 16:556; McKeon > JD, 3/20/50, quoted in LW 16:557; JD > McKeon, 3/24/50 quoted in LW 16:557; LW 16:339, 406.

约翰和罗伯塔（p. 467）

Melvin Arnold > JD, 10/20/49, ICarbS; Augustus Thomas > Charles H. Lake, 4/16/34, ICarbS; JD > Letter of Recommendation, 11/22/36, ICarbS; JD > RL, 1/7/37, ICarbS; JD > RL, 4/10/37, ICarbS; JD > RL, 6/17/37, ICarbS; JD > RL, 6/13/37, ICarbS; JD > RL, 6/14/37, ICarbS; JD > James T. Farrell, 7/29/41, ICarbS; Myrtle McGraw, "Interview," Dewey Project, 2/9/67, CDS; JD > Max Otto, 4/10/46, WHi.; RLG > Roy and Mazlia Peabody, 12/19/40, ICarbS; Hu Shi > RLG, 2/8/41, ICarbS; JD > RLG, 10/6/41, ICarbS; JD > W. R. Houston, 12/9/46, ICarbS; Cyrus S. Eaton > Charles J. Burchell, 5/2/48, ICarbS; JD > Burchell, 4/28/48, ICarbS; JD > Ferner Nuhn, 9/30/47, IaU; JD > RL, 11/2/39, ICarbS; Horace Kallen > RL, 6/26/39, ICarbS; JR > JD, 1941, ICarbS; Harold Taylor, "Interview," 4/8/66, typescript, CDS; "Interview with Horace Kallen, George Axtelle, and Morris Eames," 10/6/66, CDS; Melvin Arnold > JD, 5/18/50, ICarbS; McGraw, "Interview," CDS; JD > ED, 5/2/48, ICarbS; McGraw, "Interview," CDS; ED > JR, 12/9/51, ICarbS; Kallen, Axtelle, Eames, "Interview," 10/6/66, ICarbS; JD > Seng-nan Fen, 2/15/47, ICarbS.

最后的生日庆典（p. 475）

Ömer Celal Sarc > JD, 10/3/49, ICarbS; Columbia University Oral History, tape "Presented by Professor Oliver Reiser," Vertical file, 104, 4, ICarbS; Harry S. Truman > JD, 10/6/49, in Harry W. Laidler, ed., *John Dewey at Ninety* (New York, 1950), n.p.; Laidler, *John Dewey*, "Introduction, Remarks"; LW 17:84, 86; Laidler, *John Dewey*; NYT, 10/23/49; NYT, 10/19/49; JD > JDG, 11/29/49, ICarbS; Loyd D. Easton > JD, 12/28/49, ICarbS; JD > Easton, 1/4/50, ICarbS.

尾声（p. 478）

JR > ED, 12/18/50, ICarbS; Sidney Ratner and Jules Altman, eds., *John Dewey and Arthur F. Bentley: A Philosophical Correspondence, 1932–1951*(New Brunswick, N.J., 1964), 27–28; LW 16:5, 292; JD > Sebastian de Grazia, 1/25/49, ICarbS; JD > Read Bain, 10/25/49, MiU-H; JD > Matthew Lipman, 10/24/50, ICarbS; JD > Corinne Frost, 9/1/41, ICarbS; Edward C. Lindeman

> JD, 11/29/50, ICarbS; Manuscript II, "The Story of Nature," ii, 35, Dewey Collection, box 61, folder 12, ICarbS; Corliss Lamont, ed., *Dialogue on Dewey* (New York, 1959), 50: JR > JD, 7/6/49, ICarbS; *Washington Post*, 10/23/49; JD > Bob Rothman, 10/22/50, ICarbS; JD > Ferner Nuhn, 1/7/50, ICarbS; James T. Farrell, 10/5/50, ICarbS; JD > Boyd H. Bode, 2/15/51, CDS; RD > Bob Rothman, 5/11/51; "Good Morning, Professor," typescript, box 77, folder 16, 1951, 2, 4, ICarbS; NYT, 6/12/51; ED > JR, 12/1/51, 5/21/52, ICarbS; Ed > JR, 5/21/52, ICarbS; David Miller > JB, *3/10/82*, ICarbS; GD, *The Life and Mind of John Dewey* (Carbondale, Ill., 1973), 321; Jane D > Max Otto, 6/8/52, WHi; ED > JR, 6/26/52, ICarbS.

最后还想说的话(p. 488)

James Gutmann, "Interview," Dewey Project, 5/19/66, 16, CDS; Ernest Nagel, "Interview," Dewey Project, 10/10/66, 13, CDS; fragment from a philosophical club address, ca. 1900, box 51, folder 6, ICarbS; Lyndon B. Johnson > James T. Farrell, 11/30/66, ICarbS; Clifford Geertz, *Available Light: Anthropological Reflections on Philosophical Topics* (Princeton, N.J., 2000), 21; GHM, "The Philosophy of John Dewey," unpublished typescript, ICarbS; JD > Scudder Klyce, 3/24/27, DLC; JD > JDG, 7/26/49, ICarbS; Vertical file 99, ICarbS; LW 5:155; JD > Wendell T. Bush, 1/6/39, NNC; JD > Scudder Klyce, DLC; JD > RL, 4/5/40, ICarbS; JD > Agnes Meyer, 7/13/51, DLC; JD > Sterling Lamprecht, 7/24/40, NNC; Adelbert Ames Jr. > JD, 7/27/49, quoting JD > A. Ames Jr., 7/20/49, ICarbS; JD > JDG, 7/27/49, ICarbS; LW *11:217*; James Gouinlock, *John Dewey's Philosophy of Value* (New York, 1972), 359; JD, "The University School," typescript, 10/31/1896, ICarbS; EW 5:436–37; EW5:437; ACD, "Education Along the Lines of Least Resistance," typescript, 12/31/1893, ICarbS; Ellen Condliffe Lagemann, " The Plural Worlds of Educational Research," *History of Education Quarterly* 29 (1989), 212; Hutchins > Pearl Hunter Weber, 1/16/68, ICarbS; Bob Rothman > JD, 10/22/50, ICarbS; JD > George Santayana, 3/9/11, OCH; JD, "The Future of Philosophy," typescript of a talk to the Graduate Department of Philosophy, Columbia University, 11/13/47, ICarbS; LW 17:466–70; JD,

"Philosophy and Reality," typescript, box 51, folder 6, 13, ICarbS; JD, "Types of Philosophic Thought," syllabus, 1921–22; MW 13:360; Mortimer J. Adler, notes on course, "Types of Philosophic Thought," notes for 10/3/21, 1, 2, 4; R. W. Sleeper, "What Is Metaphysics?" *Transactions of the Charles S. Peirce Society* 28, no. 2 (1992): 186; James T. Kloppenberg, "Pragmatism: An Old Name for Some New Ways of Thinking," *Journal of American History* 83 (June 1996): 100–38; Morris Dickstein, ed., *The Revival of Pragmatism: New Essays on Social Thought, Law, and Culture* (Durham, N.C., 1998); Mark Bauerlein, review of Dickstein in *Philosophy and Literature* 23 (1999), 424–28.

注：我在伊利诺伊州卡本代尔市南伊利诺伊大学杜威研究中心存放了关于杜威生活更为完整和详细的文档。

索 引

　　按照惯例，该索引仅为文中重要主题与人物提供条目，不包括文中顺带提到的名称或其他信息。

译后记

  本译著的出版是集体智慧的结晶,共同努力的结果。参加翻译的人员有:华东师范大学杜威教育研究中心研究员,教育学部教育学系副教授杨光富博士;华东师范大学计算机科学与技术学院张宏菊老师;华东师范大学档案馆馆员胡琨博士;上海开放大学助理研究员沈岚霞博士;上海市教育科学研究院高等教育研究所助理研究员王薇老师;2013级外国教育史专业硕士研究生陈凡(现为上海市鞍山初级中学教师);2014级少年儿童组织与思想意识教育专业硕士研究生张婷妹(现为上海市宝山区少年宫高级教师、副校长);2014级少年儿童组织与思想意识教育专业硕士研究生戴元智(现为上海市虹口区祥德路小学大队辅导员);2014级外国教育史专业硕士研究生于婷(现为好未来教育科技集团教师);2014级外国教育史专业硕士研究生冯抒阳(现为上海戏剧学院附属高级中学教师);2014级外国教育史专业硕士研究生武计苓(现为上海市第六师范附属小学教师);2014级外国教育史专业硕士研究生韩敏(现为上海市共康中学教师);2016级比较教育学硕士研究生钱黎(现为深圳市龙华区第二实验学校教师);2017级外国教育史专业硕士研究生张丹宁(现为上海市长宁区天山第一小学教师);2018级外国教育史专业硕士研究生周志杰;2019级外国教育史专业硕士研究生陈钰颖。

  参与本书翻译人员的分工如下:杨光富:"孩童时期"、"基督教的影响"、"约翰·杜威教育的开始"、"教书生涯?"、"哲学生涯?";杨光富、张宏菊:"注释"、"索引";钱黎:"杜威在哲学上受到的影响"、"成为一名哲学家"、"找到哲学领域和工作"、"恋爱中的杜威"、"杜威哲学的扩展";沈岚霞:"杜威声誉的建立"、"弗雷德·杜威"、"前往明尼苏达大学,重返密歇根大学"、"关于伦理的写作"、"乌托邦骗局"、"家庭生活"、"哈珀和芝加哥大学";张丹宁:"财富与贫困"、"伊芙琳·杜威"、"另一种教育"、"莫里斯·杜威";陈钰颖:"在芝加哥大学过于劳累的工作"、"更多的出版物"、"进步教育"、"实验学校"、

"杜威对艺术的兴趣"、"约翰和罗伯塔"、"最后的生日庆典"、"尾声";王薇:"辞职"、"露西·杜威"、"简·杜威"、"哥伦比亚的救济"、"回到欧洲"、"重新开始"、"高尔基事件"、"活动的五条轨迹";胡琨:"更多的专著"、"杜威的教学风格"、"第一次世界大战"、"新的限制"、"劫后余波"、"波兰项目"、"亚历山大对杜威的影响"、"费城故事"、"杜威对波兰的兴趣";韩敏:"爱丽丝的抑郁"、"日本之行"、"中国和'新文化'"、"拒绝同盟,拒绝战争";武计苓:"萨比诺·杜威"、"理想主义的破灭"、"去土耳其"、"后去墨西哥"、"失去爱丽丝";于婷:"杜威在苏联"、"另外三本书"、"吉福德讲座"、"再次享受生活"、"杜威70岁";冯抒阳:"股市崩盘及其后果"、"杜威的政治哲学";陈凡:"最后的教育使命"、"列昂·托洛茨基"、"杜威的逻辑"、"杜威和价值判断";戴元智:"杜威的八十大寿庆典"、"教育与自由"、"伯特兰·罗素"、"更多的争议"、"致谢";周志杰:"关于教育进一步的观点"、"战后";张婷妹:"最后还想说的话"。译稿由我和陈钰颖同学共同审校完善,最终定稿。

感谢华东师范大学出版社教育心理分社社长彭呈军先生的大力支持。在他的帮助之下,我已在华东师范大学出版社出版了3本译著,其中《糟糕的教育:揭穿教育中的神话》(2018年出版)一书还入选中国教育新闻网2019年度"影响教师的100本书"。正是因为他一如既往的信任与支持,我的第四本关于杜威传记的译著才得以正式出版。感谢华东师范大学杜威教育研究中心主任、国际与比较教育研究所所长彭正梅教授的指导与关心,他不仅把这本译著列入《国际杜威教育思想研究丛书》,同时还欣然为丛书撰写前言,极大提升了本译著的影响与品质。感谢编辑孙娟老师,在书稿的翻译过程中,她不仅给予及时的督促与指导,而且还花费了大量的时间和精力对译稿进行逐字逐句地推敲与完善。当然,更要感谢参与翻译的志同道合的朋友与研究生们。正是各位的辛勤付出,才使得译著得以如期出版。

虽然译者做了最大的努力,但囿于学识与能力的局限,很难达到我国著名翻译家严复先生所提出的"信、达、雅"的要求。敬请学界前辈、各位读者批评并加以指正,以便我们再版时加以完善。

华东师范大学教育学部教育学系、基础教育改革与发展研究所

杨光富

2020年10月26日